O DIREITO CIVIL em movimento

Desafios contemporâneos

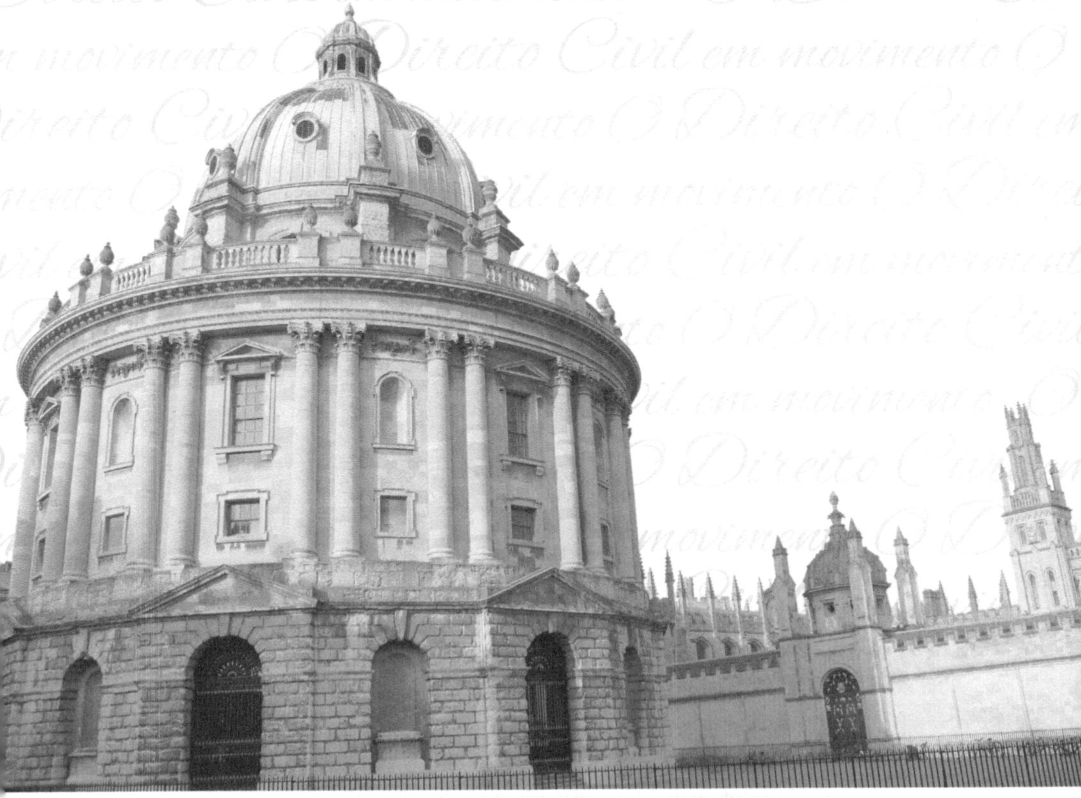

NELSON ROSENVALD

O DIREITO CIVIL em movimento

Desafios contemporâneos

5ª edição
Revista, ampliada e atualizada

2025

EDITORA JusPODIVM
www.editorajuspodivm.com.br

EDITORA
*Jus*PODIVM
www.editorajuspodivm.com.br

Rua Canuto Saraiva, 131 – Mooca – CEP: 03113-010 – São Paulo – São Paulo
Tel: (11) 3582.5757
• Contato: https://www.editorajuspodivm.com.br/central-de-relacionamento

Diagramação: Equipe *Jus*PODIVM

Capa: Ana Caquetti

R815d Rosenvald, Nelson
O Direito Civil em Movimento - Desafios Contemporâneos / Nelson Rosenvald – 5.ed., rev., atual. e ampl. - São Paulo: Editora JusPodivm, 2025.
464 p.

ISBN: 978-85-442-5418-9

1. Direito Civil. I. Rosenvald, Nelson. II. Título.

CDD 342.1

BIBLIOTECÁRIA RESPONSÁVEL

Ana Carolina Ribeiro Mois – CRB7 – RJ 007348/0

5.ª ed., *2.ª tir.:* jan./2025.

"Sendo capaz de existir com incertezas,
mistérios, dúvidas, sem qualquer tentativa
irritável de alcançar fato e certeza".

John Keats

What if it rained?
We didn't care
She said that someday soon
The sun was gonna shine
And she was right
This love of mine
My valentine

As days and nights
Would pass me by
I tell myself that I was waiting for a sign
Then she appeared
A love so fine
My valentine

And I will love her for life
And I will never let a day go by
Without remembering the reasons why
She makes me certain
That I can fly

And so I do
Without a care
I know that someday soon
the sun is gonna shine
And she'll be there
This love of mine
My *valentine*

What if it rained
We didn't care
She said that someday soon
The sun was gonna shine
And she was right
This love of mine
My valentine

(*My Valentine* – Paul McCartney).

Dedico este livro à minha mulher,
namorada e melhor amiga, Wanessa.

NOTA DO AUTOR A 5ª EDIÇÃO

Como já se tornou costume no Direito Civil em movimento, cada edição celebra o fim de uma estação e o início da seguinte.

Nos últimos anos, mudei o foco de meus escritos no tempo livre. Ao invés de passear distraidamente pelo Direito Privado e ter o olhar atraído por uma curiosidade do mundo real, busquei com mais intensidade as conexões entre a Responsabilidade Civil e as jurisdições do *common law*.

Esse câmbio propicia uma 5ª Edição *suis generis*, com supressão de textos que considero superados pela velocidade da marcha do tempo. Em contrapartida, ingressam artigos mais longos que aqueles que propus na métrica inicial dos seis parágrafos.

Espero que o resultado seja agradável ao leitor.

NELSON ROSENVALD

Procurador de Justiça do Ministério Público de Minas Gerais
Professor do Doutorado e Mestrado do IDP/DF
Pós-Doutor em Direito Civil pela Universidade Roma Tre (2011)
Pós-Doutor em Direito Societário pela Universidade de Coimbra (2015/7)
Doutor e Mestre em Direito pela PUC/SP
Visiting academic na Faculdade de Direito de Oxford (2016/7)
Professor Visitante na Universidade Carlos III - Madrid (2018)
Fellow - European Law Institute
Fellow - Society of Legal Scholars
Membro do grupo Iberoamericano de Responsabilidade Civil
Presidente do Instituto Brasileiro de Estudos de Responsabilidade Civil (IBERC)

APRESENTAÇÃO

Este livro é um espaço para comentar questões jurídicas que permeiam nosso cotidiano e, infelizmente, não recebem as respostas fáceis que a frenesi da vida demandaria. Os temas aqui tratados se referem a fatos jurídicos pioneiros e/ou inusitados (acontecidos aqui ou no exterior) que escapam ao exame dos manuais (pela especificidade) ou mesmo de publicações especializadas (pela novidade), recebendo um exame conjunto, à luz do Direito comparado e do Direito brasileiro.

Em uma passagem do livro "As consequências econômicas da paz", John Maynard Keynes escreve que as pessoas práticas podem não possuir tempo suficiente para avaliar argumentos teóricos e lamenta pelo fato de o mundo ser regido por ideias ultrapassadas de filósofos e economistas.

Posso acrescentar à lista juristas, doutrinadores, legisladores, magistrados. Muito do que se diz e propaga reside no terreno do lugar-comum. Eventualmente, intelectuais apresentam ideias progressistas. Todavia, nem sempre o que é novo é bom. Muito pelo contrário, a experiência demonstra que o conservadorismo é saudável, mesmo que a defesa de ideias tradicionais não conceda prestígio a quem as defenda.

Acontece que o mundo do Direito também é habitado pelos legisladores ocultos. Romancistas, líderes religiosos, artistas, jornalistas, roteiristas de cinema e televisão e blogueiros. Sim, devemos prestar muita atenção àquilo que comentam e por qual motivo.

Por isso, quero dividir com vocês percepções do Direito Civil colhidas nos últimos dois anos e que não se encontram na coleção de sete volumes em coautoria com o amigo Cristiano Chaves. Vários dos escritos evocam outras áreas do conhecimento que traduzem a nossa cultura e ideias, delimitando o que é ou não moralmente e legalmente admissível. Afinal, como dizia Alexis de Tocqueville, nenhuma sociedade pode ser compreendida sem a devida referência à psicologia de seus membros.

Agradeço à Professora de Direito Civil Ana Cristina de Melo Silveira pela colaboração na publicação dos artigos e também à Jornalista Camilla Oliveira Luz Pinto pela criação e atualização do meu site.

Servi-me de uma métrica de seis parágrafos para redigir cada artigo. Eventualmente, passei dos limites. Porém, tenho a convicção de que o brasileiro ainda se acostumará com duas características do acadêmico norte-americano: trazer a realidade para o Direito e não tergiversar. Esse foi o meu sincero propósito nestes 95 pequenos textos, que expressam a grandeza dos desafios do Direito Civil contemporâneo, aqui e alhures.

Nova Lima, junho de 2017.

O Autor

SUMÁRIO

I

DIREITOS DA PERSONALIDADE

A OBRIGATORIEDADE DA VACINAÇÃO E A PRIVACIDADE DA FAMÍLIA

"Veja, governador, não há nada mais imparcial que uma doença. Sem discriminar, afeta a todos, independentemente do status social, conta bancária, crenças políticas ou religiosas. Por favor, fale com os médicos que tratam de minha filha, que diariamente tratam crianças com terríveis doenças. Pergunte-os se a obrigação de vacinar é necessária".

Esse é um trecho de uma carta que Nicola Pomaro, um pai italiano, escreveu ao chefe do executivo local, pedindo-lhe para não se insurgir contra uma nova lei tornando a vacinação compulsória. A filha de Nicola tem baixa imunidade, pois passou por quimioterapia e não pode ser vacinada. Ela era uma menina saudável de 3 anos de idade quando em 2015 adoeceu em decorrência de anemia aplástica severa, uma doença letal da medula óssea. Foi necessário um transplante de medula óssea nos EUA e quimioterapia, o que comprometeu o seu sistema imunológico. Inúmeras crianças se encontram na mesma situação em razão das mais distintas doenças, com um trágico dado em comum: imunodeficiência. Esse quadro fragiliza o sistema imunológico a ponto de impedir a sua vacinação, colocando-as em sério risco de contrair doenças fatais caso os índices de vacinação continuem a cair. De fato, os índices de sarampo na Itália dispararam, na mesma proporção da redução do número de pessoas vacinadas em 2017, aquém do limite mínimo que os cientistas afirmam como necessário para prevenir a circulação da doença pela população em geral. Conforme a nova lei aprovada em maio último, as crianças até 6 anos necessitam ser imunizadas para que possam entrar no berçário ou na pré-escola. Pais que inscrevem os seus filhos na escola após essa idade sem comprovante de vacinação serão multados. O cronograma de vacinação abrangeria 12 doenças – da pólio ao sarampo. O fato é que a taxa de 95% é o recomendado pela Organização Mundial de Saúde para alcançar a imunidade da população ("herd immunity"). Paradoxalmente, a poliomielite pode ressurgir, pois várias pessoas não estão sendo imunizadas neste momento. Na Alemanha, os pais que se recusam a vacinar os filhos podem pagar multas de até €2,500. As sanções foram agravadas pela lei que entra em vigor nesse mês, pois o sarampo está na iminência de se tornar epidêmico. Doravante, crianças cujos pais omitam a vacinação serão excluídas das creches. Os colégios terão de informar as autoridades quais são os pais que não vacinaram os filhos, o que para muito seria uma violação as leis de proteção de dados pessoais. Há um mês uma corte alemã decidiu que o pai tinha o direito de vacinar o filho, apesar das objeções da mãe, com quem a criança vivia desde a separação do casal.

De onde surgiu tal estado de coisas? Podemos ressaltar três aspectos: primeiro, a difusão de "teorias anticientíficas" com base no desacreditado trabalho de um médico, Andrew Wakefield, cujo registro médico foi cancelado na Inglaterra em 2010. A influência de um grupo conhecido como "anti-vaxxers" e de políticos populistas propiciou uma falsa ligação entre vacinas e uma "conspiração" capaz de causar doenças específicas como leucemia, intoxicação, inflamação, imunodeficiência, mutações genéticas hereditárias, câncer, autismo e alergias; some-se a isso o fato de que pais ingênuos ou negligentes não percebem o ponto de agir contra uma doença que jamais conheceram concretamente, pois a vacinação sempre foi efetiva nas últimas décadas. Infelizmente, as pessoas esquecem o que é a morte na infância e quantas crianças morreram ou ficaram com encefalite ou terríveis doenças cerebrais que causaram atraso mental ou foram institucionalizadas para o resto da vida a partir do sarampo; finalmente, seja por empáfia ou por menosprezarem o que estava ao seu redor, os profissionais da área de saúde não escutaram todas essas pessoas, negligenciaram as difíceis conversas com as famílias hesitantes e sequer foram treinados para "to give a jab", informando devidamente ao público geral o que é ciência e o que é fantasia, a final, vacinas podem causar reações adversas em um número reduzido de pessoas – assim como vários medicamentos – mas é incontroverso que os benefícios superam amplamente os riscos.

E aqui começa o debate. O que é fundamental: a liberdade de efetuar equivocadas decisões sobre a saúde ou o direito da comunidade de se proteger contra essas decisões? O exercício da escolha por adultos competentes é uma pedra angular no direito médico. Em geral, a recusa ao tratamento será honrada, mesmo se irracional ou se acarrete a própria morte do paciente. Naquilo que nos interessa, a vacinação é uma forma de medicina preventiva que apresenta riscos (muito reduzidos), e talvez a pessoa que apresente a sua objeção consciente jamais entrará em contato com o vírus e a doença. Porém, a vacinação é pertinente não apenas em casos de pandemias, mas como rotineira forma de proteção da saúde pública, pois quando um significativo número de pessoas recusa a vacinação, a imunidade do grupo ("efeito rebanho") é reduzida e a natureza voluntária da vacinação se torna uma questão de saúde pública. Cabe entender qual será o ponto de equilíbrio entre a autoridade parental e os melhores interesses da criança, considerados individual e coletivamente. Um primeiro dado é que nos raros casos de efeitos colaterais decorrentes da vacinação (recentemente a vacina H1N1 utilizada em 2009 foi relacionada a narcolepsia em crianças), surge a responsabilidade objetiva do fabricante decorrente do defeito do produto. Em alguns países, como na Inglaterra, existem esquemas de fundos coletivos para a reparação de danos difusos relacionados a essas ocorrências. Contudo, só se cogitará de responsabilidade subjetiva quando a vacina for aplicada negligentemente, apesar da prévia advertência quanto ao fato de que aquele paciente tinha alguma alergia ou imunodeficiência.

Em um sentido leigo, quando se diz que a vacinação é compulsória, isso significa que se uma criança não for vacinada da forma prescrita por lei, uma pena pecuniária será aplicada, seguida de uma constrição patrimonial em caso de inadimplemento, até chegar ao extremo de uma ordem de prisão. Na maioria das jurisdições, a sanção se resume à multa, o que, em um primeiro momento gera o efeito positivo de constranger os pais à vacinação. Ocorre que, muitos optam por não pagar, entendendo aquela multa como um preço a ser pago para a aquisição do "direito a não vacinação". Assim, em tese, o termo "compulsório", só se aplicaria nos casos em que a criança fosse momentaneamente separada dos pais para ser vacinada, contra a sua vontade ou a dos pais. Isso não acontece nos estados democráticos. Daí a necessidade de recorrer a métodos coercitivos que imponham sanções legais ao invés da aposta em instituições coercitivas que façam uso da força para assegurar o cumprimento de ordens. Pode-se exemplificar com regras nos EUA que permitem aos pais a recusa à vacinação, porém advertem que essa escolha acarretará restrições para a interação de seus filhos com outras crianças, mediante proibição de ingresso em berçários, pré-escolas, colégios e mesmo o acesso a unidades pediátricas, objetivando a proteção da saúde das demais pessoas. Vale dizer, a coerção e certos métodos de persuasão afetam a natureza voluntária da vacinação. Essa forma de "incentivo forçado" é variada e seletiva, começando por uma leve persuasão pela via de aconselhamentos e orientação, recurso às vacinas combinadas e preços atrativos para o destinatário quando ofertadas pela rede particular. O estímulo passa também por "cutucadas" que incentivem a alteração de padrões comportamentais, tais como o condicionamento do pagamento da seguridade social à prova da vacinação, majoração do pagamento de médicos para incentivar o aperfeiçoamento de lembretes e de sistemas de registro de pacientes, além de campanhas promocionais com o slogan "no jab, no play" (sem picada, sem brincadeira). Contudo, quando a sanção premial falha, entra em cena a multa pecuniária e restrição à convivência em locais públicos. Alguns poderiam defender o apelo à norma criminal para desestimular e punir aqueles que rejeitam a vacinação através de tipos como o risco de transmissão de doenças evitáveis. Porém, creio que essa seria uma forma inapropriada de uso da legislação criminal, propensa a exacerbar a discriminação.

Para alguns o uso de penalidades civis seria contraproducente, provocando ressentimento e desconfiança por parte da população e fragilizando o comprometimento voluntário dentre os objetivos da vacinação. Com subsídios nas teorias de Hart e Austin, a normatividade e a coercibilidade da lei podem conflitar, sendo que sanções compulsórias podem reduzir a força normativa de um imperativo legal ao ameaçar tornar uma certa ação não opcional, oferecendo ao cidadão apenas uma escolha e removendo a oportunidade de uma obediência voluntária, condição necessária para a eficácia do apelo normativo. Enfim, seria mais um argumento para exacerbar um sentimento antivacina, agora justificado pela postura antilibertária do Estado. Outros juristas, contudo, acreditam que a coerção não retira a força normativa da política de vacinação. Trata-se de transcender a corrente da bioética principialista, que se tornou clássica, porém cuja apreciação é centrada na solução dos dilemas éticos da saúde: com enfoque na autonomia e beneficência. Quando ingressamos no âmbito da vacinação infantil, medidas necessárias e proporcionais exercem um papel democrático de conciliar as posições do indivíduo como parte da família e da sociedade. O significado do que seja necessário e proporcional, depende não apenas da apreciação científica do risco em relação ao surto da doença, mas de uma série de fatores contextuais, sociais e políticos, incluindo questões de segurança nacional que demandarão uma restrição das liberdades civis em atenção à proteção da saúde pública. Na Convenção Europeia de Direitos Humanos o art. 5° efetua tal balanceamento: o art. 5° (1) assegura o direito à liberdade estabelecendo uma obrigação positiva estatal de evitar interferências ilícitas que atentem contra esse direito e uma obrigação negativa de se abster da prática de tais ações. Todavia, o próprio artigo 5° (1) (e) cria uma explícita exceção nos casos de difusão de doenças contagiosas, quando as livres opções colocam em risco a própria pessoa ou terceiros.

A responsabilidade moral da vacinação detém um aspecto relacional e multifacetado, o que justifica medidas em termo de saúde pública que dificultem uma decisão parental de optar pela sua recusa. Quando pais tomam decisões em nome de filhos, considerações adicionais sobre o cuidado com as crianças e a autonomia parental entram em cena, considerando-se qualquer forma de medicina preventiva dentro do conceito dos melhores interesses das crianças. Assim, o direito dos pais de recusar a intervenção médica está sujeito à revisão, pois uma queda na absorção de vacinas e um aumento nas taxas de infecção podem rapidamente converter um surto em uma epidemia, justificando a coerção como necessária e adequada. O potencial de comprometimento de direitos humanos e liberdades civis pode ser mitigado pelo desenvolvimento e aperfeiçoamento de legislações de saúde que estabeleçam proporcionais e graduadas abordagens de indução à vacinação, em variadas formas. É sempre importante olhar para o passado e rememorar que vacinas simples, como as que Pasteur concebeu e, posteriormente, outras mais complexas (como as que previnem a diarreia por Rotavírus ou a meningite por Meningococo ou Pneumococo) alteraram quadros dramáticos como o da "peste negra" no medievo e a gripe espanhola de 1918. Vacinas não matam, nem provocam sequelas. O que mata e deixa sequelas aos sobreviventes são as doenças que as vacinas evitam.

O DIREITO DE DESCONECTAR

A França é conhecida como o berço da "*liberté, égalité, fraternité*". Porém, para além das três gerações de direitos fundamentais e da generosa jornada de 35 horas de trabalho semanais, somos brindados com uma inovação sem precedentes no direito comparado: "o Direito de desconectar" fora dos horários de trabalho ("*le droit de la déconnexion*" ou "*the right to disconnect*"). A partir de 1/1/17, entrou em vigor o artigo 25 da lei El Khomri – que rege direitos trabalhistas – nos seguintes termos: "O desenvolvimento das tecnologias da informação e da comunicação, se mal gerido ou regulado, pode ter um impacto na saúde dos trabalhadores, entre os quais o peso do trabalho e a sobrecarga informacional, a confusão das fronteiras entre a vida privada e a vida profissional. Riscos associados com o uso da tecnologia digital".

As empresas com mais de 50 empregados serão obrigadas a estabelecer horas – normalmente durante a noite e fim de semana – nas quais não haverá intrusão na vida privada, evitando o chamado "info-obesity". Devido a isso, de agora em diante os empregadores serão obrigados a definir procedimentos formais para impedir que o trabalho invada o tempo pessoal do funcionário. Ilustrativamente, a política da Volkswagen, é a de desligar seus servidores de e-mail após determinada hora, ou ainda a regra da Daimler, de que os funcionários estão livres para excluir todas as mensagens recebidas enquanto em férias. Consultores recomendam que os funcionários evitem a função "responder a todos" nos e-mails para grupos, de modo que apenas uma pessoa seja solicitada a ler um e-mail e responder, em vez de metade do escritório. Algumas empresas até mesmo desligam completamente seus sistemas de e-mail durante a noite. De fato, atualmente há muito mais estresse relacionado ao trabalho do que nas gerações anteriores, e o estresse é constante. Os funcionários saem fisicamente do escritório, todavia não "deixam" o trabalho, permanecendo presos por uma espécie de coleira eletrônica. Textos, mensagens e e-mails colonizam a vida do indivíduo, acarretando a síndrome do *burnout* e outras doenças associadas.

Poderá o "direito de desconectar" chegar ao Brasil? Assim como eles, adoramos criar leis para acreditar que tudo mudará. Porém, essa específica legislação é típica do estilo francês de homenagear os prazeres da vida em detrimento da aspereza do trabalho. Surpreendentemente, a produtividade do trabalhador na França é em média superior à do norte-americano e mesmo do vizinho alemão. Na verdade, o que define o cidadão francês não é a sua atitude perante o trabalho, mas o seu respeito perante o lazer. O tão invejado "*savoir vivre*" consiste em definir a esfera pessoal não como uma entidade passiva – as sobras de uma existência que não foram devorados pelo escritório – mas uma entidade separada, cuja soberania vale à pena defender, mesmo que isso signifique que a planilha de alguém não terminará no tempo demandado pelo empregador. Saborear um pernil de cordeiro com um bom vinho Bordeaux requer paz de espírito! Simplificando, o lazer para o francês é um fim em si mesmo, não apenas um meio para "recarregar" as baterias para uma nova semana de trabalho.

Por outro lado, críticas à nova lei pululam. Em uma economia globalizada, fazer negócios em diferentes fusos horários se tornará difícil. Sob o ângulo contratual, empregados estão sujeitos a um quadro de deveres definidos no momento da contratação e estão plenamente conscientes do nível de estresse ou tensão associado a estes dispositivos tecnológicos. Ademais, funcionários motivados podem sentir que suas carreiras estão sendo prejudicadas pelo governo. É particularmente sensível a crítica quanto à restrição à esfera de liberdade. Ilustrativamente, um jovem solteiro pode ser acusado de violar a política da empresa quando queira "mostrar serviço". Para cumprir com as novas restrições, ele teria de renunciar à sua vantagem comparativa (ou seja, mais tempo livre e menos obrigações de fora do escritório), e a empresa deixaria de se beneficiar de seu trabalho adicional (completamente voluntário). Ou seja, em um viés libertário, as políticas que afetem a vida privada dos empregados devem ser resolvidas por meio de contratos particulares entre os indivíduos e seus empregadores. Para alguns juristas, o novo direito de desconectar deveria ser tratado da mesma forma que as empresas determinam a negociação salarial e pagam o tempo livre. O jovem solteiro receberia o mesmo nível de consideração que a mãe de três filhos. Sua disposição para trabalhar horas extras lhe fornece uma vantagem quando se trata de pedir tempo livre. Por outro lado, a mãe trabalhadora valorizará o tempo livre com a família à noite, mais do que alguns dias de férias adicionais. Em ambos os casos, os funcionários teriam a liberdade de negociar uma política que funcione para eles.

De fato, a pioneira legislação envolve uma série de direitos fundamentais, por vezes concorrentes. No âmbito estrito da intimidade, garante não apenas um espaço temporal imune a interferências externas (tradicional "*right to be alone*"), como franqueia um tempo para o livre desenvolvimento da personalidade do trabalhador, imune às pressões cotidianas. No tocante à privacidade, permite que a vida familiar e afetiva seja intensificada. Acautela-se ainda a integridade psíquica, uma vez que o saneamento do meio ambiente de trabalho é fator preventivo de doenças ocupacionais. Por outro lado, pode-se alegar que há aí um certo "populismo legiferante" capaz de contaminar o princípio da livre-iniciativa e ofender o sistema meritocrático, reduzindo os incentivos à premiação daqueles que são mais eficientes no exercício de certas atividades econômicas. Por último, não custa lembrar que o trabalhador é estático e o capital é fluido e transnacional. Se o empregado francês quer paz, muitos empregadores encontrarão mão de obra abundante e barata em países periféricos, pronta para ser acionada a qualquer dia e hora.

No Brasil, inexiste o rótulo do "direito de desconectar". O que temos é um controle "*ex post*" dos danos injustos decorrentes das patologias associadas ao desempenho das atividades profissionais, sobremaneira a síndrome de "*burnout*". Pela via da responsabilidade civil, a justiça trabalhista converte em um "passivo" da empresa, a impossível tarefa de restaurar a saúde do empregado ao "*status quo*" anterior ao exaurimento profissional. Ou seja, não há um aparato especificamente direcionado ao enfrentamento de um padrão de ilicitude ofensivo à vida privada do funcionário, mas apenas a loteria do sistema judiciário, disponível quando a lesão à personalidade já se manifestou explícita e irreversivelmente. Por outro lado, sem qualquer consideração a tudo que foi dito nesse *post,* muitos empregados podem simplesmente considerar legítimo o apequenamento da vida privada, desde que a demonstração do constante emprego de vias digitais fora do horário de trabalho – e a obrigatoriedade de respondê-las – proporcione-lhes o recebimento de significativas horas extraordinárias. Esse é o meu temor.

AS BIOGRAFIAS NÃO AUTORIZADAS

Como muitos de vocês, aguardei o julgamento da ADI 4815, proposta pela Associação Nacional dos Editores de Livros (Anel). Na essência, postula-se a declaração de inconstitucionalidade parcial dos artigos 20 e 21 do Código Civil, visando primeiramente a que, mediante interpretação conforme a Constituição, seja afastada do ordenamento jurídico brasileiro a necessidade do consentimento da pessoa biografada e das pessoas retratadas como coadjuvantes (ou de seus familiares, em caso de pessoas falecidas) para a publicação ou veiculação de obras naquilo que toca às biografias referentes a "pessoas públicas ou envolvidas em acontecimentos de interesse coletivo." Enquanto o STF e o legislativo não se manifestam, o indivíduo preserva a exclusividade sobre a versão de seu percurso de vida. No Brasil de 2015, exige-se a prévia autorização do biografado (ou de seus herdeiros) para a divulgação de escritos a seu respeito. Consequentemente, de 2005 a 2015, 19 livros foram proibidos de circular por ordens judiciais. As heterobiografias se tornam escassas e custosas, pois o "altruísmo" oneroso consequente ao consentimento do biografado e sucessores, normalmente inviabilizará a publicação da obra.

Na etimologia grega, "biografia" traduz a vida transcrita. Uma das modalidades em que se desdobra o direito à informação consiste no direito dos cidadãos ao conhecimento de sua história e à construção da memória coletiva. A personalidade cuja trajetória pessoal, profissional, artística ou política gere dimensão social, goza de uma esfera de intimidade naturalmente mais estreita. Certamente, há uma margem de dados e acontecimentos que não se franqueiam indistintamente, mas essa reserva não defere ao biografado o direito potestativo de submeter a sociedade à exclusão absoluta sobre as informações suscetíveis de lícita apuração ou que sejam voluntariamente reveladas pelos seus detentores. A história de vida do ser humano passa a se confundir com a história coletiva, na medida de sua inserção em acontecimentos de interesse público. As biografias, em sua articulação do geral e do particular, em sua capacidade de desenhar o contexto e mergulhar no indivíduo são instrumentos privilegiados de acesso ao sujeito e a sociedade.

Nesse gênero literário, o autor lança-se à narrativa factual e contextual do seu investigado, perscrutando-lhe as grandezas e as fraquezas, os méritos e os defeitos, bem assim as atitudes que servem para comprovar a congênita falibilidade subjacente à sua condição humana. A liberdade de criticar inclui a de contar versões menos abonadoras sobre quem quer que seja e oferecê-las ao crivo do debate público. E para que tal possa ser executado no limiar da legalidade, o biógrafo necessita adentrar as intimidades, coletando depoimentos, ouvindo aqueles que se relacionam aos fatos investigados, perseguindo documentos em repositórios públicos ou privados. Freud escreveu sobre a vida de seus pacientes, referiu-se a passagens da infância de Leonardo da Vinci, bem como à relação de Dostoievsky com o pai e algumas obsessões de Shakespeare (a posteridade foi pródiga em biografias de Freud, que se contam às dezenas).

Tudo o que se publica termina por contribuir à formação do que se convencionou chamar de opinião pública. A uma publicação segue-se críticas, comentários e análises, além de outras obras que lhe contrapõem informações e argumentos, para que enfim sedimentem-se. Cada livro publicado livremente dá forças ao necessário contraponto à narrativa oficial. O que define a figura pública não é sua visibilidade ou fama, mas o fato de que ao longo de sua trajetória essa figura deixa rastros, documentos, que, por causa da significância dessa trajetória dentro da trajetória histórica de uma comunidade, ganha sentido e pode ser narrada, estudada, explicada e interpretada. Neste caso, o sujeito é "sintoma" de seu tempo, tanto quanto é "sintoma" desse tempo o desejo de saber sobre esse sujeito.

Daí porque o biografo jamais poderá assumir um discurso ufanista, asséptico, estranho aos sentimentos, às virtudes e aos vícios, em suma, às características do biografado, sejam elas quais forem, ou hajam sido. De fato, ninguém pode ser proibido de contratar um *longa manus* para compor elogios a seu respeito, glorificando a sua vaidade. Mas reduzir o estudo da pessoa a uma biografia chapa-branca é suicídio cultural. Como bem resumiu Ruy Castro (Folha de São Paulo de 13.5.15), "o único biografado possível é o biografado morto. Não se pode confiar no biografado vivo. Ele mente sobre si mesmo, exige acesso ao original antes da publicação – para ver se está tudo "certo"– e, se for o caso, desmente que tenha dito algo cuja publicação autorizou".

De fato, a tarefa do verdadeiro biógrafo não é a de defender, perante tribunais eclesiásticos a beatificação daquele cuja vida retrata. Em um mundo marcado pelo pluralismo de visões, o grave é condenar o leitor à ditadura da biografia única – aquela ditada pelo biografado. Freud explica: não somos os melhores juízes de nossos atos nem os melhores narradores de nossa história. Ninguém domina a verdade sobre a sua própria vida, como recentemente decidiu a 5ª Câmara de Direito Privado do Tribunal de Justiça de São Paulo ao negar a cautelar do músico João Gilberto para recolher os exemplares do livro que leva o seu nome, lançado em 2012 e organizado pelo professor da USP Walter Garcia. Para o relator, desembargador João Francisco Moreira Viegas, o músico agiu com o intuito de estabelecer a censura prévia e admitir isso seria reviver práticas da ditadura militar. Com efeito, é inconstitucional a exigência de autorização prévia.

Especificamente no caso das biografias a solução possível para a convivência entre liberdade de expressão e intimidade do biografado é dar precedência ao direito que não anula o outro, permitindo que posteriormente se corrijam os equívocos de origem. Assim, como já manifestou o Min. Ayres Britto, quando se parte da tutela à intimidade antes do direito à liberdade de expressão, este ficou prejudicado e não pode ser exercido. No caso inverso, há uma ponderação que leva ao entendimento de que biografar é uma descrição de coisas já acontecidas, é atividade de quem apenas descreve o modo pelo qual o biografado viveu e já fez o concreto uso de sua intimidade e vida privada. Noutros termos, o ato de biografar não se traduz em interceptar escutas telefônicas, bisbilhotar recintos privados, esconder-se em armários alheios ou qualquer outra forma de obstruir o direito que assiste à pessoa humana de desfrutar de uma vida íntima e manter relações de natureza privada. Nada disso! Biografar é a descrição do que vem depois desse desfrute, materializado por um modo a que o biógrafo teve acesso.

Contudo, se quem se dispõe a elaborar uma biografia descambar para o campo da invencionice, ou então da coleta de dados tão maliciosamente distorcidos a ponto de ofender a honra do biografado, além de causar a estes prejuízos de ordem patrimonial, moral ou à imagem, sempre haverá uma saída menos gravosa do que desrespeitar a liberdade de expressão e impor a censura. Da mesma forma, será ilícita a subtração de documentos reservados, a invasão de computadores que contenham dados sigilosos, a violação de comunicação privada, e o ingresso em recintos domiciliares, que representam o asilo inviolável do indivíduo. Poderá a vítima intentar ação penal por calúnia, injúria ou difamação, ressalvada a possibilidade de exigir reparação no âmbito cível, aliado ao amplo e célere exercício do direito de resposta.

Este é o equacionamento da tensão entre liberdades comunicativas e direitos da personalidade. Ao lado de biografias sérias e embasadas em ampla e consistente pesquisa fática, o mercado editorial sempre disponibilizará trabalhos que beiram a leviandade. Infelizmente, em nome da liberdade já foram e ainda serão cometidas grandes atrocidades. A liberdade de expressão permite que todas as obras se franqueiem ao público, ainda que somente as primeiras constituam trabalhos legitimamente dignos de proteção.

Post scriptum – Em junho de 2015, por unanimidade, o Plenário do Supremo Tribunal Federal julgou procedente a ADI 4815 e declarou inexigível a autorização prévia para a publicação de biografias. Seguindo o voto da relatora Ministra Cármen Lúcia, a decisão dá interpretação conforme a Constituição da República aos artigos 20 e 21 do Código Civil, em consonância com os direitos fundamentais à liberdade de expressão da atividade intelectual, artística, científica e de comunicação, independentemente de censura ou licença de pessoa biografada, relativamente a obras biográficas literárias ou audiovisuais (ou de seus familiares, em caso de pessoas falecidas). A relatora destacou que a Constituição prevê, nos casos de violação da privacidade, da intimidade, da honra e da imagem, a reparação indenizatória, e proíbe "toda e qualquer censura de natureza política, ideológica e artística". Assim, uma regra infraconstitucional (o Código Civil) não pode abolir o direito de expressão e criação de obras literárias.

DO MÍNIMO AO MÁXIMO EXISTENCIAL

Recentemente descobri que vasculhar e separar lixo não é apenas uma triste constatação da pobreza das nações periféricas, mas parte de uma filosofia de vida que tem até nome: *freeganismo*. O nome vem de *free* (grátis, livre) + *vegan* (quem não consome nenhum derivado de ou testado em animais).

Pelos relatos da imprensa, os adeptos adotam estratégias alternativas de sobrevivência, negando-se a integrar a engrenagem capitalista: resgatam desperdícios em vez de ir ao mercado. É difícil calcular quantos *freegans* existem no mundo, porque muitos se organizam em comunidades pequenas, em grupos que não estão na internet. No Meetup.com há vários grupos de *dumpsterdiving* (literalmente um mergulho no lixo), cada qual com as suas especificidades. Alguns levam a filosofia ao limite e residem em casas invadidas, como afirmação de que a moradia deveria ser um direito gratuito. Em resumo, exonerados de pagar aluguel ou comida, os *freegans* podem se dar ao luxo de não trabalhar e ter o que muitos de nós defendem como essencial: tempo para estar com a família e os amigos.

Quando reflito sobre esse novo *modus vivendi* – também conhecido como *life without money* – procuro compreender as razões daqueles que vivem em nações de alto IDH e espontaneamente renunciam as vantagens materiais que o sistema possa oferecer.

Constato ainda a elasticidade do conceito do "mínimo existencial" e a distância entre a noção de existência digna e aquilo que se entenda como o mínimo para uma existência digna. A dignidade é qualidade intrínseca ao ser humano, um imperativo categórico. Ela será generalizadamente respeitada e promovida, sem parâmetros quantitativos. Porém, ao tratarmos das condições mínimas para que o indivíduo subsista com dignidade, podemos fazer um giro de cento e oitenta graus entre os extremos da sobrevivência física e o desejo incessante pelo supérfluo, passando pelo plano médio da reunião de condições materiais e imateriais que permitam a fruição de direitos fundamentais e o desenvolvimento dos direitos da personalidade.

Os *freegans* reproduzem na atualidade o que historicamente fizeram grupos de indivíduos singularmente livres do desejo de status que atormentava os seus contemporâneos. Na Antiguidade, Epicuro afirmava que simplesmente alimentos e abrigo eram necessários, casas caras e bens luxuosos podiam seguramente ser desprezados por todas as pessoas com uma mente filosófica e racional. Quando Sócrates viu uma pilha de ouro e joias sendo levada em procissão pelas ruas de Atenas, exclamou: "Veja quantas coisas existem que não queremos". Na Europa do medievo, os santos abstinham-se de bens materiais. Nada de casas e animais. Santo Hilário viveu em uma cela de um metro por um metro e meio. São Francisco de Assis afirmava que era casado com a "Senhora Pobreza".

Tempos depois, em sua "A riqueza das nações", Adam Smith apontou que nas sociedades modernas incontáveis bens eram desnecessários pelo ângulo da mera subsistência, porém vinham se tornando necessários, pois ninguém poderia ser rotulado como respeitável e ter uma vida psicologicamente confortável sem possuí-los. De fato, há algum tempo, no meio pobre, havia uma cultura de classe, o essencial era sobreviver. Hoje, a pobreza ainda é parte da realidade, mas os desassistidos também expressam o gosto pelas marcas, moda, luxo, turismo e jogos. Acreditam que é ilegítimo serem privados dos símbolos do status. As normas estéticas se generalizam. Todos procuram aquilo que o mercado arbitra como o máximo existencial, entendendo-se o termo "existencial" como o acesso à condição plena de consumidor, sem que sequer lhes tenha sido plenamente outorgada a condição humana de cidadão. Desfrutar de um mínimo de bens imateriais em termos de educação, saúde básica, saneamento, assistência social e um espaço público de convivência, parece um dado secundário na vida daqueles que, paradoxalmente, sentem-se envergonhados pela restrição econômica a obtenção dos bens que sempre consideramos como supérfluos.

Desde o princípio, observa *Ortega y Gasset* na Meditação sobre a técnica, o conceito de necessidade humana engloba indiferentemente tanto o objetivamente necessário quanto o supérfluo. Donde se deduz que o empenho do homem em viver é inseparável de seu empenho em estar bem. Mais ainda: a vida significa para ele não só um simples estar, mas um bem-estar. As necessidades biologicamente objetivas não são por si mesmas necessidades para o ser humano. Quando se encontra atado a elas, nega-se a satisfazê-las e prefere sucumbir. Só se convertem em necessidades quando aparecem como condições de "estar no mundo", que, por sua vez, só é necessário de forma subjetiva. Enfim o homem é um animal para o qual só o supérfluo é necessário.

Talvez os economistas estejam certos quando frisam que a noção de mínimo existencial não se prende ao estado objetivo de pobreza, mas a falta daquilo que em certo contexto enseja a reação negativa dos outros, pelo parâmetro das regras de decência. É o julgamento da comunidade sobre a nossa indecência – e não a falta de renda adequada a sobrevivência –, o dado que mais afeta as pessoas em seu sentimento de respeitabilidade. Não discordo do diagnóstico, mas só há um problema: lamentavelmente, o planeta não suportará a pretensão de sete bilhões de pessoas ao máximo existencial.

A APPLE, O FACEBOOK E A VIDA PRIVADA

Não estarei insinuando nenhuma novidade se disser que em nossa época tudo se sabe. No passado, a nossa virtude ou nossa abjeção era enterrada no mistério de quatro paredes. Por exemplo: – a família. No bom tempo a família tinha intimidades invioláveis. Fazia-se o diabo dentro de um lar, com a prévia certeza de um sigilo total. Com os novos tempos, porém, as coisas mudaram. A máxima **potência** *de nossos dias é a INFORMAÇÃO. As quatro paredes sumiram até o último vestígio. Vocês entendem? É como se a gente vivesse, amasse e morresse na via pública, como um cachorro vadio. Nunca houve alcova para cães. E o pior é que nós também perdemos a nossa.*

Nelson Rodrigues – "A morte, essa velha senhora", O Globo, 1.2.73.

O Governo dos Estados Unidos exigiu que a Apple colaborasse com o FBI em suas investigações contra o atirador Syed Rizwan Farook. Ele e sua esposa assassinaram 14 pessoas na Califórnia em em dezembro de 2015, antes de a polícia matar o casal. Um tribunal emitiu uma ordem para que a empresa ajude a desabilitar o software de segurança instalado no iPhone de Farook para que outros terroristas sejam localizados. Apesar de a Casa Branca insistir que se trata do rastreamento de um único telefone, a Apple se recusa a cooperar, temendo pela vulnerabilidade de milhões de pessoas e alegando que a única forma de evitar que essa poderosa ferramenta caia em mãos erradas é "jamais criá-la". Mark Zuckerberg se solidarizou com Tim Cook (Apple), afirmando que as autoridades não deveriam ter acesso clandestino para obter um atalho sobre programas criptografados, tanto por não representar um real aumento de segurança para o cidadão americano, como por "não ser a coisa certa a ser feita".

Eis aí uma pequena amostra do acirrado debate entre a preocupação com a segurança pública e a indevida intrusão em nossas vidas privadas. A controvérsia se intensifica na medida em que essa tensão entre a sociedade e o Estado é mediatizada por grandes corporações que controlam bancos de dados de inestimável valor existencial, possuindo os seus próprios códigos de ética para deliberar em que medida esses "ativos" podem ser precificados no mercado. É ultrajante, mas, em toda a sua singularidade e complexidade, o ser humano é reduzido a um perfil na web, um conjunto de algoritmos imerso no mundo virtual. De fato, quem será que devemos temer: o Estado ou Zuckerberg?

Longe se vai o tempo em que a vida privada se resumia ao "*right to be alone*", ou seja, ao direito do cidadão de excluir dos holofotes tudo aquilo que dissesse respeito ao que é ou o que faça. Em sua roupagem moderna, privacidade e intimidade foram os termos cunhados por Brandeis e Warrens no final do século XIX para justificar o direito dos ricaços nova-iorquinos de impedir que a imprensa bisbilhotasse o que acontecia em suas festas. Tratava-se de uma lógica puramente proprietária da vida privada, não propriamente de um direito da personalidade. Assim como ninguém poderia entrar em minha casa sem a minha permissão, o mesmo se aplicaria quanto a exclusividade sobre a minha vida.

E, passados mais de 100 anos, retornamos ao título desse post para indagar: quem exerce maior autoridade sobre a vida privada dos americanos? Um magistrado da Suprema Corte ou Mark Zuckerberg? O diagnóstico sombrio é feito por Jeffrey Rosen, um dos mais prestigiados constitucionalistas dos Estados Unidos. A questão chave é a impossibilidade da Constituição norte-americana de 1787 superar os desafios impostos pela tecnologia digital, sobremaneira na colisão com o direito à privacidade. No livro "Constitution 3.0: Freedom and Technological Change", o autor cria uma ficção do Planeta Aberto, uma espécie de panóptico. Em sua distopia, no ano de 2025, o Facebook controla o streaming de todas as câmeras de vigilância, além de arquivar o seu conteúdo. Em qualquer parte do planeta, um internauta é capaz de selecionar um pedestre e segui-lo eletronicamente depois de identificá-lo com o software de reconhecimento facial. Parece que o futuro antecipou a sua vinda... Google e Facebook já viabilizam tecnologias similares.

Este aberto insulto à privacidade de um cidadão viola a Constituição americana? Paradoxalmente, a resposta é negativa. A Suprema Corte considera que não há expectativa de privacidade no espaço público. O problema é que a definição constitucional dos limites entre o público e privado é analógica, enquanto o século XXI é digital. Quando os patriarcas da democracia americana conceberam os ideais de liberdade de expressão e de inviolabilidade da pessoa, propriedade e documentos, havia o objetivo de proteger os cidadãos contra o Estado inimigo, mas não de Mark Zuckerberg nem do mercado. Quantos, entre as centenas de milhões de usuários, refletem sobre as consequências do GPS embutido em smartphones que carregamos no bolso? O fato, diz Jeffrey Rosen, é que atualmente temos menos direito à privacidade do que os nossos tataravôs. "Eles, ao menos, podiam trancar seus papéis numa gaveta".

Quando se defronta com um dilema em que novas tecnologias desafiam direitos fundamentais, Rosen sugere a aplicação de um teste do século 19. "O que faria Brandeis?" (o autor que referi no tópico precedente, primeiro judeu americano a ocupar a Suprema Corte e coautor, com Samuel Warren, de "O Direito à Privacidade", em 1890). Em 1928, a Suprema Corte enfrentou um *leading case* tecnológico aos direitos individuais, no caso de um comerciante que vendia álcool em plena Lei Seca. O telefone do investigado havia sido grampeado, através da linha interceptada na via pública. Contudo, em voto minoritário, Brandeis escreveu que a tecnologia do grampo revelava muito mais sobre a intimidade do dito comerciante do que uma mera inspeção física de sua residência. Casualmente, antecipou a era cibernética, afirmando que chegaria um tempo em que as autoridades devassariam a vida de um cidadão sem ingressar em sua casa. Rosen faz uma pungente defesa da privacidade: "Ela impede que sejamos julgados fora de contexto". Uma sociedade só é verdadeiramente livre quando reconhece que as pessoas se conduzem de maneira diferente em público e certos tipos de informação só podem ser compreendidos num contexto de intimidade. A exposição constante aniquila a intimidade. E, sem intimidade, ele conclui, não temos autonomia para desafiar expectativas sociais, apenas para nos conformar com elas.

O *HATE SPEECH* E "MEIN KAMPF" NO DOMÍNIO PÚBLICO

No Brasil, assim como na Europa, os direitos autorais expiram 70 anos após o ano da morte do autor (art. 43, Lei n. 9.610/98). Esse fato jurídico também se aplica a Adolf Hitler e a sua obra "Mein Kampf". O livro – cujo significado é "Minha luta" – é um manifesto escrito no período em que Hitler esteve na prisão, após o fracassado golpe (*putsch*) de 1923 e publicado a partir de 1925. Para aqueles que vivem no Brasil, a data não é uma efeméride, pois o livro sempre esteve disponível em tradução para quaisquer línguas, e, mais recentemente, pela internet. Todavia, para os alemães o termo final do copyright é motivo de apreensão e controvérsia, pois, a partir do momento em que o livro cai no domínio público, instala-se o debate sobre o que Hitler significa para a Alemanha hoje, num momento delicado em que o país recebe uma onda de imigrantes, com consequências imprevisíveis.

No âmbito estritamente literário, a autobiografia de Hitler sequer é um livro bem redigido. Pode ser resumido como um fracasso de estilo, gramática e sintaxe, povoado de ideias desconexas e, em várias passagens, incompreensível. Contudo, à época de seu lançamento, obteve avassaladora repercussão, pois a combinação do darwinismo social com o antissemitismo encontrou em uma Alemanha devastada e envergonhada pela primeira guerra um perfeito ambiente para disseminar o orgulho da "raça ariana" e legitimar as pretensões de Hitler: primeiro, alcançar o poder; em seguida, aniquilar a democracia; finalmente, expandir o domínio germânico pela força bélica e dizimar seis milhões de judeus, ciganos, pessoas com deficiência e quem mais não se adequasse ao perfil ariano.

Após a 2ª Guerra Mundial, considerando que o "terceiro reich" havia sido eliminado e que Munique era o local do último endereço privado de Hitler, os americanos decidiram que os direitos autorais do livro seriam transferidos para o governo da Bavária, que imediatamente proibiu a impressão do livro. O banimento se deu até o final de 2015. A partir daí, uma primeira ideia foi a de que o Governo da Bavária lançasse uma edição escolar do livro, para evitar que partidos políticos de extrema direita publicassem a "Minha luta". Em seguida, houve uma reviravolta e, por enquanto, tão somente uma edição acadêmica será permitida. Fora isso, qualquer pessoa que apregoar o livro será processada por incitamento ao ódio. As Leis Alemãs contra o *hate speech* são tão amplas que, recentemente, um homem alemão foi considerado culpado de provocar o ódio racial ao retirar a camisa para nadar em uma piscina pública, revelando uma tatuagem do campo de extermínio de Auschwitz estampada em sua parte inferior das costas.

A restrição à liberdade de circulação de obras que exaltassem o "discurso do ódio" inicialmente surgiu de uma necessidade de "desnazificação" da Alemanha e superação dos traumas da aventura nazista (anos 50), seguida de uma fase de acerto de contas com o passado, com vários julgamentos de alemães que haviam servido ao regime (anos 60). Todavia, desde os anos 80, Hitler virou um fenômeno de marketing, dada a curiosidade das novas gerações em conhecer esse período de sua história. No resto do mundo não é diferente: documentários sobre Hitler e o nazismo são constantemente televisionados, sempre com bons índices de audiência. Mais recentemente, alguns traumas pós-guerra foram superados. Na copa do mundo de 2006, sediada na Alemanha, a bandeira nacional foi finalmente erguida. Ademais, a maioria dos cidadãos considera o País um modelo de tolerância e liberdades democráticas, sendo desnecessário seguir com o sentimento de culpa e vergonha.

No Brasil, o *leading case* sobre o tema foi veiculado no *Habeas Corpus* n. 82.424-2, julgado pelo STF em 2003 e tornou-se o principal caso pátrio que envolveu o *Hate Speech*. Nele, figurava como paciente o editor Siegfried Ellwanger, acusado do crime de racismo devido a publicações de caráter antissemita. Debateu-se a questão da oposição entre o direito fundamental à liberdade de expressão e a dignidade da pessoa humana. Para a maioria dos ministros que decidiram sobre o HC, a liberdade de expressão é direito fundamental restringível em situações nas quais sua manifestação não observe os limites impostos pela Constituição Federal. Tal embate foi resolvido pela sobreposição do anseio maior constitucional e pela primazia de um dos valores basilares de nossa República: a dignidade da pessoa humana. O fundamento da decisão é o de que o *hate speech* fomenta ideias e valores preconceituosos, que em nada acrescem a um civilizado debate inerente às deliberações democráticas das liberdades de opinião e de expressão, desviando-se de qualquer espécie de racionalidade comunicativa e servindo apenas como ultraje à dignidade da pessoa humana de pessoas ou grupos minoritários.

E na Alemanha? O artigo 1° da Lei Fundamental de Bonn de 1949 enuncia que "a dignidade da pessoa humana é inviolável". A materialização dessa norma é vista em recentes fatos: a recepção de 1.000.000 de refugiados em 2015; o cuidado com a preservação da intimidade e liberdades fundamentais de seus cidadãos e, também, em políticas públicas, como a construção de presídios que se mais se assemelham a alguns hotéis em termos de conforto. Estamos diante de uma nação heterogênea, plural e complexa, que se ergueu do pesadelo nazista e edificou um modelo social, cultural, econômico e político digno de admiração. O governo alemão pode banir o livro, pois a suástica e outros símbolos nazistas são proibidos. Donos de livraria obviamente se sentem desconfortáveis em fazer publicidade do livro. Ademais, pesa o argumento de que a livre circulação encorajaria grupos fascistas a intimidar minorias. Paradoxalmente, a vedação apenas alimenta o culto em torno do livro e amplifica o seu poder de sedução, por via de sites que difundem o radicalismo e o ódio. Assim como nos últimos anos tem feito o cinema e o teatro – exibindo um Hitler simplesmente ridículo –, já é hora de desmistificar "Mein Kampf" e colocá-lo sob os holofotes, para que as novas gerações conheçam a intrínseca maldade de suas ideias. Só assim o livro será guindado ao seu verdadeiro posto: a irrelevância.

DIREITO AO ESQUECIMENTO: INCIDIRÁ O STF *NO VENIRE*?

Na iminência do histórico julgamento do STF, tracei algumas considerações sobre a polêmica das biografias. Alguns dias depois, por unanimidade, o Plenário da Suprema Corte julgou procedente a Ação Direta de Inconstitucionalidade 4815, declarando inexigível a autorização prévia para a publicação de biografias. Com inspiração no voto da relatora, ministra Cármen Lúcia, a decisão concedeu interpretação conforme a Constituição aos artigos 20 e 21 do Código Civil, em consonância com os direitos fundamentais à liberdade de expressão da atividade intelectual, artística, científica e de comunicação, independentemente de censura ou licença de pessoa biografada (ou de seus familiares, em caso de pessoas falecidas), relativamente a obras biográficas literárias ou audiovisuais. O Ministro Luís Roberto Barroso ressaltou que os direitos do biografado não ficarão desprotegidos: qualquer sanção pelo uso abusivo da liberdade de expressão deverá dar preferência aos mecanismos de reparação *a posteriori*, como a retificação, o direito de resposta, a indenização e até mesmo, em último caso, a responsabilização penal.

Superado o episódio, desponta o segundo *round* da tensão entre, de um lado, o bloco da liberdade de expressão e direito à informação e, de outro, os direitos da personalidade (privacidade, imagem e honra). Sim, a beligerância não se exaure no plano das biografias. O atualíssimo *direito ao esquecimento* também evoca essa colisão de princípios. O tema surgiu na discussão sobre a possibilidade de a pessoa impedir a divulgação de informações que, apesar de verídicas, não sejam contemporâneas e causem transtornos das mais diversas ordens. O direito ao esquecimento confere ao sujeito a prerrogativa de não ser eternamente lembrado pelo equívoco pretérito ou por situações constrangedoras e vexatórias, preservando-se a sua esfera da intimidade. Em dezembro de 2014 o STF declarou a repercussão geral do direito ao esquecimento, com base recurso extraordinário oriundo de um processo movido pelos familiares de Aída Curi, que morreu aos 18 anos de idade, em 1958, vítima de um crime bárbaro. A história desse crime, um dos mais famosos do noticiário policial brasileiro, foi apresentada no programa Linha Direta com a divulgação do nome da vítima e de fotos reais, o que, segundo seus familiares, trouxe a lembrança do crime e todo sofrimento que o envolve. Os irmãos da vítima moveram ação contra a emissora com o objetivo de receber reparação por danos morais, patrimoniais e à imagem. Por maioria de votos, o STJ entendeu que, nesse caso, o crime era indissociável do nome da vítima. Isto é, não era possível que a emissora retratasse essa história omitindo o nome da vítima, a exemplo do que ocorre com os crimes envolvendo Dorothy Stang e Vladimir Herzog.

No direito comparado, O caso mais reverberado do direito ao esquecimento é o *Lebach*, julgado pelo Tribunal Constitucional Alemão. Em 1969 ocorreu uma chacina de quatro soldados alemães. Três pessoas foram condenadas, sendo dois à prisão perpétua e o terceiro condenado a seis anos de reclusão. Poucos dias antes do terceiro deixar a prisão (por cumprir a pena), um canal de televisão alemão voltou a citar o crime ocorrido há anos atrás, retratando o crime através da dramatização por pessoas contratadas e ainda, apresentando fotos reais e os nomes de todos os envolvidos. Em virtude disso, foi pleiteada uma tutela liminar para impedir a exibição do programa. O Tribunal Constitucional Alemão entendeu que a proteção constitucional da personalidade não admite que a imprensa explore, por tempo ilimitado, da pessoa do criminoso e de sua vida privada. Assim, o canal restou impedido de exibir o documentário.

O direito ao esquecimento se restringe aos acontecimentos pretéritos que perturbam intensamente a pessoa - ou os seus familiares -, a ponto de ansiar que o fato seja excluído do debate público ou sequer rememorado por qualquer membro da coletividade. Contudo, é imprescindível o balanceamento entre a proteção da intimidade e as liberdades informacionais. Com efeito, o direito ao esquecimento não propicia a ninguém o direito potestativo de submeter a sociedade à supressão de fatos ou à releitura da história (incluindo a própria história). Por outro lado, mostra-se eficiente mecanismo de controle sobre a razoabilidade do emprego dos fatos pretéritos, ou seja, a forma pela qual o evento é rememorado e a destinação a ele concedida. Cuida-se de uma tutela em face daquilo que conhecemos como *superinformacionismo*, uma fórmula bombástica que combina a velocidade do pós-moderno, que dissemina toda e qualquer notícia, com a curiosidade de uma sociedade ávida pelo entretenimento.

Em princípio, parece-nos que a Suprema Corte incidiria em uma espécie de *venire contra factum proprium*, caso opte por prestigiar a tutela inibitória do direito ao esquecimento, tal como se passou no exemplo citado da Alemanha. No recente julgamento das biografias não autorizadas, a Ministra Relatora priorizou o acesso da sociedade à historiografia das pessoas notórias, considerando que "não é proibindo, recolhendo obras ou impedindo sua circulação, calando-se a palavra e amordaçando a história que se consegue cumprir a Constituição". Se em um giro de 180 graus o STF considerar que o direito ao esquecimento defere ao protagonista dos fatos (ou aos seus parentes) o poder de censurar o trabalho da imprensa e de historiadores, fatalmente incorrerá em conduta manifestamente contraditória ao comportamento adotado no julgamento das biografias, lesando a legítima expectativa da sociedade quanto à total transparência de sua história e a promoção das liberdades comunicativas, sobremaneira no que diz respeito a personalidades públicas e fatos de interesse coletivo.

Por isso, creio que será no estrito campo das relações privadas que haverá espaço para a delimitação das estremas do direito ao esquecimento. Sem entrar na polêmica do direito ao esquecimento no universo digital, o Supremo Tribunal terá que fixar as balizas desse complexo modelo jurídico. As seguintes indagações aguardam respostas: Podemos considerar que o direito ao esquecimento abrange qualquer fato ocorrido no passado que incomoda de tal forma um sujeito, a ponto de desejar que o assunto não seja reavivado por qualquer membro da sociedade? Qual é o lapso temporal daqueles que pleiteiam o direito de esquecer? O que determina se um acontecimento pretérito deverá ou não ser trazido à tona? Verificada a ilicitude do fato, qual seria a melhor sanção a se aplicar: a tutela inibitória (eliminação da informação), a tutela reparatória genérica do dano moral, ou a tutela específica para se exigir a atualização das informações, a fim de que o público conheça a verdade contextualizada? Essas são algumas pistas que serão percorridas no julgamento da RE 1010606, quanto à possibilidade de a vítima ou seus familiares invocarem a aplicação do direito ao esquecimento na esfera civil, considerando a harmonização dos princípios constitucionais da liberdade de expressão e do direito à informação com aqueles que protegem a dignidade da pessoa humana e a inviolabilidade da honra e da intimidade.

Post-Scriptum – Enuncia o tema 786, de 11.2.2021 (Relator. Min. Dias Toffoli) ser "incompatível com a Constituição a ideia de um direito ao esquecimento, assim entendido como o poder de obstar, em razão da passagem do tempo, a divulgação de fatos ou dados verídicos e licitamente obtidos e publicados em meios de comunicação social analógicos ou digitais. Eventuais excessos ou abusos no exercício da liberdade de expressão e de informação devem ser analisados caso a caso, a partir dos parâmetros constitucionais - especialmente os relativos à proteção da honra, da imagem, da privacidade e da personalidade em geral - e as expressas e específicas previsões legais nos âmbitos penal e cível".

A DIGNIDADE DA PESSOA HUMANA NO CPC/15

Dispõe o art. 8º do CPC/15: "Ao aplicar o ordenamento jurídico, o juiz atenderá aos fins sociais e às exigências do bem comum, resguardando e promovendo a dignidade da pessoa humana e observando a proporcionalidade, a razoabilidade, a legalidade, a publicidade e a eficiência".

O dispositivo é lapidar, atuando como guia hermenêutico sobre as demais normas do CPC. A par da importância dos demais princípios e conceitos jurídicos indeterminados inseridos no art. 8º, destaca-se o apelo à dignidade da pessoa humana. De que maneira a dignidade poderá se relacionar com as normas de direito processual? O maior cuidado do intérprete é no sentido de jamais banalizar a dignidade, fazendo dela um elixir processual, tal como muitas vezes se vê na esfera do direito civil. Penso que não há maiores dificuldades em transpor a noção constitucional do princípio para, em seguida, adaptá-la às singularidades do processo.

A dignidade da pessoa humana é uma cláusula geral de proteção e promoção da pessoa humana que atua em dois níveis: a) possui uma eficácia negativa, resguardando-nos de qualquer tentativa de coisificação, seja a agressão proveniente do Estado ou da sociedade, salvaguardando a intrínseca humanidade por todos compartilhada; b) possui uma eficácia positiva, gerando um *facere* do ordenamento jurídico, orientando a promoção da autonomia patrimonial e existencial de cada ser humano, provendo-nos de condições materiais e legais para reivindicarmos o protagonismo de nossas trajetórias de vida.

Transpondo a eficácia negativa da dignidade para o CPC/15, da mesma forma que o ser humano não será instrumentalizado pelos fins alheios, no processo, a parte não pode ser reduzida a um objeto da atividade processual ou passivo destinatário de decisão-surpresa. Isso significa que aos litigantes é assegurada a participação na construção dos provimentos jurisdicionais (arts. 9º e 10, CPC/15), sendo o direito ao contraditório um espaço privilegiado para que a parte seja um real sujeito do processo e partícipe ativo de sua trajetória em tudo que seja necessário para a solução do caso concreto.

A outro lado, a eficácia positiva da dignidade da pessoa humana relaciona-se intimamente com o modelo colaboracionista do Estado Democrático, sendo uma de suas vertentes a materialização da autodeterminação e liberdade de escolha, notadamente vivificada no art. 190 do CPC/15. A norma conforma os negócios processuais realizados entre as partes plenamente capazes (mas que não se encontrem em manifesta situação de vulnerabilidade), para fins de mudança de procedimentos em direitos que admitam autocomposição, respeitados os limites do ordenamento quanto à validade desses acordos (v.g. não podem ter por objeto poderes do juiz, renúncia ao núcleo essencial de direitos fundamentais, bem como acordos irrevogáveis ou que envolvam a integralidade do direito). A gestão procedimental, por acordos pré-processuais ou processuais, representa uma "contratualização" de espaços antes completamente infensos à atuação das partes.

Bons presságios, portanto. O Processo Civil contemporâneo se desliga da concepção redutora de ferramenta estatal de validação de fórmulas concebidas em laboratório, transformando-se em uma técnica a serviço de uma ética de direito material, ou seja, instrumento capaz de verter direitos fundamentais e cláusulas gerais em prol da efetivação de uma tutela justa, orientada em última instância aos fins da pessoa humana.

SEMPRE ELE: O TESTEMUNHA DE JEOVÁ

Acabo de ler mais uma obra do excelente escritor inglês Ian McEwan, "A Balada de Adam Henry". O livro aborda um tema recorrente da atualidade: a postura racionalista do Estado laico perante decisões extremas justificadas pela liberdade religiosa.

Como pano de fundo, uma experiente magistrada, na iminência dos 60 anos, cuja vida íntima se esfacela, não obstante o sucesso profissional adquirido no enfrentamento de duas décadas de processos nas varas de família. De outro lado, um rapaz de 17 anos (o Adam Henry do título), diagnosticado com câncer, necessitando de urgente transfusão de sangue. Essas vidas se cruzam quando o jovem e seus pais – que professam a fé das testemunhas de Jeová – denegam o consentimento ao ato médico. A juíza se vê obrigada a decidir o pedido do hospital de tratamento compulsório – face ao agravamento rápido da leucemia –, sendo que a sua missão não consistirá em salvar o adolescente, porém decidir o que é legal e razoável.

Os dilemas morais se intensificam quando a audiência preliminar, envolvendo os pais e representantes do hospital, termina em impasse, pois os pais se mostram firmes em suas convicções religiosas e inexiste tratamento alternativo capaz de salvar Adam Henry. A juíza opta por visitar o jovem internado, na iminência de completar a maioridade. Surge a partir daí uma delicada negociação: de um lado a persuasão estatal no sentido de tornar possível que as pessoas alcancem a idade adulta e tenham condições psíquicas para adotar as próprias decisões sobre o seu ideal dworkiano de uma "vida boa", mesmo que isso signifique o precipitar da própria morte; de outro lado, a vontade autônoma de um rapaz maduro e determinado em sua crença genuína, confiante em prosseguir no autossacrifício, um supremo teste de fé.

Questões filosóficas, religiosas e éticas se entrecruzam, sobremaneira a distinção entre o conceito jurídico da capacidade e conceito médico da competência.

Em princípio o jovem não teria aptidão jurídica para deliberar sobre a sua própria vida (na Inglaterra a capacidade civil plena também se alcança aos 18 anos). Todavia, o "testemunha" de Jeová demonstrava suficiente compreensão e inteligência para adotar escolhas informadas existenciais, sobremaneira por estar tão próximo da maioridade.

Caberia então à Meritíssima juíza decidir que pesos daria aos desejos do rapaz, levando em consideração a doutrina dos *best interests*. Mas poderia o seu bem-estar ser considerado com base em uma vida na qual pouco se conheceu da sociedade secular? Seria essa uma escolha livre ou o jovem precisaria ser protegido de sua religião e de si mesmo? Seria a sua vida mais preciosa que a sua dignidade?

Os desdobramentos do livro mostram que Adam Henry procurava aquilo que é um anseio comum a todos nós, incluindo aqueles que possuem a mente aberta: um sentido para a vida. Contudo, às vezes é difícil oferecer a alguém alguma coisa no lugar de sua religião...

O APERFEIÇOAMENTO MORAL

Na iminência dos jogos olímpicos do Rio de Janeiro, para além dos conhecidos problemas brasileiros (infraestrutura, segurança, Zika, crise política...), teremos que lidar com a recente revelação do esquema generalizado de 'doping' da Rússia, pelo qual a excelência no esporte é utilizada como instrumento de política, com o consentimento dos atletas envolvidos, apesar dos riscos a que estão expostos. Infelizmente, dissemina-se a noção de que o atleta que não faz uso de estimulantes é "*naive*", podendo mesmo prejudicar a equipe. A dopagem é cada vez mais elaborada e as agências de controle sempre estão um passo atrás daqueles que se valem de métodos ilícitos.

Aqui se revela um dilema moral: o recurso das mais avançadas terapias não possui como objetivo a cura de doenças, mas o "melhoramento genético" como forma de aperfeiçoar as capacidades físicas de uma pessoa, colocando-a além das normas gerais do esporte, tradicionalmente ditado pelo binômio talento/esforço. Essa degeneração do esporte em espetáculo – pela busca desenfreada por corpos perfeitamente ajustados a uma modalidade esportiva – provoca um mal-estar generalizado. Para quem defende o banimento desses atletas pelo COI, prevalece a noção de que esportistas geneticamente modificados ofendem a segurança e a igualdade, seja por colocar em risco a própria integridade dos atletas, como por permitir flagrantes injustiças em termos de resultados. Em contrapartida, outros poderiam alegar que sempre houve uma desigualdade genética natural entre os atletas e as desigualdades genéticas provocadas pelo melhoramento não seriam piores do que aquelas, principalmente se o tratamento for seguro e disponível para todos os competidores. Pessoalmente, acredito que o pior do melhoramento genético, em qualquer nível, é o de corromper a essência de uma competição esportiva, na qual há de prevalecer o talento natural associado à ética do empenho. A integridade de um esporte não se resume tão somente ao "jogar conforme as regras", mas ao fato de se honrar as excelências determinantes a cada prática e premiar as habilidades e dons dos melhores "players".

De fato, o Filósofo Michael Sandel (Contra a Perfeição, Ed. Civilização Brasileira, 2013) enfatiza que a questão fundamental não consiste em assegurar o acesso igual ao melhoramento, e sim se devemos aspirar a ele. Será que deveríamos dedicar as nossas proficiências tecnológicas para curar doenças e auxiliar pessoas a recuperarem a saúde ou será que também deveríamos nos melhorar reconstruindo nossos corpos e nossas mentes? Ou, até que ponto a dignidade humana é reduzida quando se permite a criação de duas classes de seres humanos: aqueles que têm acesso às tecnologias de melhoramento físico e psíquico – verdadeiros "super-humanos" – e os demais, reles mortais da subespécie do "homo sapiens", que terão que lidar com o natural envelhecimento corpóreo e intelectual. Ademais, o melhoramento genético impacta diretamente na liberdade de cada qual perseguir os seus resultados conforme os próprios esforços e a consequente responsabilidade decorrente daquilo que se faz e alcança. Se a ciência permitir que se sobrepuje o acaso da loteria genética pela escolha do melhoramento terapêutico, com a dedicação ao esporte perdendo o protagonismo para esteroides e músculos modificados, o atleta transmitirá o mérito da conquista própria para o farmacêutico, desvirtuando o caráter de dádiva, inerente as potências e êxitos humanos.

Porém, a questão do melhoramento nos esportes é apenas a ponta do 'iceberg' em termos de uma sociedade distópica. O ser humano não persegue apenas um aperfeiçoamento físico, ele deseja manipular a sua própria natureza tendo a ciência como ferramenta para incrementar a memória, habilidades cognitivas, o humor e até mesmo escolher as características físicas de nossos filhos. Esse é um vasto campo no qual a filosofia do direito procura estudar os efeitos do "enhancement". Alguns poderiam crer que o recurso a qualquer técnica de 'melhoramento' é legítimo e cabe na autonomia existencial de "ser o melhor", dentro das exigências competitivas das sociedades liberais. Todavia, ao invés de alterarmos a essência humana para nos adequarmos as contingências do mundo, deveríamos unir recursos e esforços para tornar mais tolerantes e inclusivas as pessoas, coletividades e instituições, cientes de nossas limitações, como seres humanos imperfeitos que somos.

E, para que isso aconteça, ao invés de um aperfeiçoamento físico ou cognitivo, necessitamos urgentemente de um "melhoramento moral". Lamentavelmente o ser humano é despreparado para o futuro. O desenvolvimento alcançado pela educação e pela filosofia dos últimos 2.500 anos nos adaptou a vida em pequenas comunidades, mas não nos equipa com a psicologia moral necessária para enfrentar os novos tempos de uma civilização tecnológica a beira da destruição de seus recursos naturais. Alcançamos um momento crucial em que a saída para evitar a catástrofe será um 'upgrade' em nosso altruísmo e senso de justiça para direcionar toda essa tecnologia em prol do bem da humanidade.

Temos que reconhecer que as sociedades democráticas avançaram em termos de preparar as pessoas para a não violação da integridade alheia, inclusive com conquistas recentes em termos de respeito à cor, opção sexual e religiosa. Por outro lado, receio que essa evolução moral seja apenas um "epitélio" de civilidade, pois a história demonstra que quando as condições políticas retrocedem, multidões rapidamente retomam comportamentos bárbaros que aparentemente haviam sido superados, o que exige que cada nova geração seja arduamente treinada para introjetar condutas virtuosas.

Mais do que um compromisso geral de abstenção em não ofender direitos de terceiros, precisamos de pessoas que se disponham a agir de modo colaborativo em benefício de todos – e não apenas dentro de seu círculo de conhecimentos –, sobremaneira em prol de indivíduos desconhecidos de locais distantes e das gerações futuras. Se Buda, Confúcio e Sócrates não nos permitiram alcançar esse estágio evolutivo superior, os acadêmicos Ingmar Persson e Julian Savulescu ("Unfit for the Future" – Oxford Press, 2012) sugerem que o único modo de enfrentar os desafios necessários à sobrevivência da espécie humana será a exploração de novas tecnologias e da biomedicina para ampliar os horizontes de nossa consciência moral, convertendo-nos em seres solidários e cooperativos, capazes de sacrifícios pessoais em prol de pessoas anônimas e gerações distantes. De forma clara e direta, a tese é a de que devemos acelerar a internalização de motivação moral em cada indivíduo através dos recursos que a neurobiologia possa nos oferecer a curto prazo, como drogas, tratamentos e engenharia genética, a fim de que cada pessoa aperfeiçoada possa agir da mesma forma que as pessoas moralmente mais evoluídas da sociedade. O homem médio seria tal como Mandela, Luther King e Madre Teresa. Os críticos objetariam que essas pessoas se tornariam robôs estúpidos, pois o "aperfeiçoamento biomoral" eliminaria a intrínseca liberdade humana de praticar atos imorais, ao invés de simplesmente nos conceder a base moral, legal e a prudência de refrear a prática de comportamentos demeritórios. A par desse dilema, se é inegável que em breve a ciência nos ofertará os meios, como você vislumbra o humano dos próximos tempos? Um ser prometeico, individualmente programado para a plenitude física e cognitiva, mesmo egoisticamente ciente de que o acesso a essa vida será um luxo de poucos em detrimento de muitos, ou um indivíduo geneticamente direcionado a uma moral virtuosa, que contribua coletivamente para a permanência de toda a espécie de forma duradoura?

A BIOGRAFIA MORAL

"To give away money is an easy matter and in any man's power. But to decide to whom to give it and how large and when, and for what purpose and how, is neither in every man's power nor an easy matter."

Aristotle

A riqueza continua a se acumular para os que se encontram no topo da pirâmide a uma taxa maior do que proporcionalmente à população em geral. Para as pessoas desprovidas de grandes recursos, beneficência significa trabalho voluntário em instituições que acolhem pessoas idosas, pessoas com deficiência ou mesmo, colocar as habilidades manuais a serviço do próximo. Já para os mais afortunados cresce o desejo em realizar grandes doações filantrópicas com impacto tangível e duradouro na vida alheia. Esse movimento é visto no "Giving Pledge". Criado por Bill e Melinda Gates e Warren Buffett, em 2010, o Compromisso de Doação é um conceito simples: um convite aberto aos bilionários para dedicar a maior parte de sua riqueza à filantropia. O compromisso não envolve apoiar um determinado conjunto de causas ou organizações, basta que o indivíduo dê ao menos metade de seu patrimônio líquido para causas filantrópicas ou organizações de caridade, seja durante sua vida ou em testamento. A doação envolve uma gama diversificada de causas, incluindo alívio da pobreza, assistência em desastres, saúde global, educação e pesquisa médica. Atualmente o compromisso inclui 204 indivíduos representando 23 países. (lista completa no https://givingpledge.org/PledgerList.aspx)

O "Giving Pledge" não é uma empresa, marca ou um produto. É uma ideia, que envolve uma promessa de doação. Quem assina o projeto não formaliza uma transferência patrimonial pela via contratual, apenas subscreve uma carta em que explicita seus motivos e como pretende ajudar com sua doação. Portanto, uma vez que alguém se compromete, como garantir que siga em frente? Afinal, trata-se de um compromisso moral para uma doação, não de um vínculo negocial. O desafio mais amplo para o "Giving Pledge" é que os recém-ricos são menos dispostos a se comprometer a doar metade de seu patrimônio líquido. Quem sabe o que a vida pode lhes trazer? Então, eles somente começam a pensar mais seriamente sobre a filantropia à medida que envelhecem, quando o dinheiro parece menos "gastável", por assim dizer. Porém, o grande impulso no mundo da filantropia é encorajar as doações ao longo da vida. Mais tempo para dar também significa mais tempo para melhorar como filantropos. Assim, em uma época em que os bilionários do setor de tecnologia seriamente refletem sobre as suas responsabilidades corporativas e pessoais, há um novo movimento nos bastidores para ampliar a conversa que Gates iniciou há quase uma década. Trata-se do "Founders Pledge". Enquanto o Giving Pledge é meramente uma afirmação pública de um compromisso, o "Founders Pledge" é um documento vinculativo. Nesse novo tipo de promessa não há necessidade de ser um bilionário – ou mesmo um milionário com êxito empresarial comprovado. Para subscrever o Compromisso dos Fundadores tudo o que se pede é que o candidato se comprometa em doar uma porcentagem de seus lucros - um mínimo de 2% dos rendimentos - o que deixa em aberto a possibilidade de que no futuro alguém esteja doando centenas de milhões de dólares, se construir uma "startup" "unicórnio" (empresa que alcança avaliação de US$ 1 bi). A grande sacada é a de envolver jovens aspirantes a bilionários em tecnologia a afirmar publicamente sua disposição de doar parte de sua fortuna pessoal - mas fazê-lo antes que realmente tenham dinheiro para cumprir a promessa. Pelo fato de que no "Founders Pledge" o esforço se torna muito mais acessível, cerca de 1.500 pessoas já assinaram o compromisso - oito vezes o número que assinou o "Giving Pledge".

Uma terceira via de compromisso com doações é o "Pledge 1%". Solicita-se às empresas a importância de 1 por cento do seu patrimônio, tempo, produto ou lucro para esforços filantrópicos. Tal como o "Giving Pledge", o "Pledge 1%" não é vinculativo e de difícil controle (como estimar 1% do tempo?), porém, mais de 8.500 empresas já assinaram esta iniciativa em responsabilidade corporativa e social. O compromisso de 1% não concorre com os dois outros esforços, porque está focado em contratar com uma empresa, não com um bilionário. Em comum, "Giving Pledge", "Founders Pledge" e "Pledge 1%", alteraram a percepção em torno da filantropia, conferindo certa estatura social às grandes doações. As três iniciativas não rivalizam. Pelo contrário, há um mundo em que esses três programas se juntam para fazer uma colcha filantrópica. Talvez um jovem empreendedor assine o "Founders Pledge", estabelecendo um padrão para sua filantropia pessoal e, em seguida, prometa 1% para definir um padrão para a filantropia de sua empresa. E quando ela realmente se torna grande - tornando-se um bilionário genuíno - ela assina o "Giving Pledge".

Todo esse conjunto de novas iniciativas se relaciona com a identificação de uma tendência palpável: a construção de biografias morais. Quando os indivíduos estão na fase de acumulação, ganhar dinheiro é um fim intermediário de alta prioridade. Porém, quando as pessoas atingem um nível de segurança financeira subjetivamente definida, existe o potencial para uma mudança na bússola moral na qual a acumulação de riqueza deixa de ser um fim e se torna um meio para alcançar outros fins. Esses fins podem ser a formação de uma bela aposentadoria, uma grande herança, ou o desfrute de mais lazer. Porém, há muito Keynes ("The Economic Possibilities for Our Grandchildren." Em Essays in Persuasion) sugeria uma perspectiva adicional: uma mudança na "natureza do dever perante um vizinho", quando se torna razoável ser economicamente propositivo para os outros, após isto deixar de ser razoável para si mesmo. A mudança de riqueza de um fim para um meio é sem dúvida a transformação mais significativa de capacidade e caráter para indivíduos que resolveram o seu problema econômico. Famílias desenvolvem as suas biografias espirituais na junção de suas capacidades pessoais com a bússola moral, quando percebem como a sua riqueza pode ser uma ferramenta para cuidar dos outros. Esta percepção pode ser antecipada e quantificada pelo "solution capital", um novo conceito que mede a quantidade de fundos que uma família tem, para além de suas necessidades futuras de gastos e de seus herdeiros, e que podem ser dedicadas à filantropia, uma vez que está além do que eles precisam para sustentar as suas despesas. De acordo com a Forbes, os 1.826 bilionários do mundo detêm mais de US$ 7 trilhões em patrimônio líquido agregado. Se metade de suas participações fossem suficientes para sustentar suas futuras necessidades de gastos, isso representaria mais de US$ 3 trilhões em capital de solução direcionado a serviços sociais.

Entender a natureza mais verdadeira da filantropia é compreender a moralidade subjacente do propósito de doar dinheiro. Como Aristóteles eloquentemente citou na epígrafe, qualquer um pode dar dinheiro, porém o que importa é para onde e para quem vai o dinheiro. É o propósito moral da doação. A expressão biografia moral (criada pelo Professor de Sociologia Paul G. Schervish), refere-se à maneira pela qual os indivíduos combinam conscientemente dois elementos da vida cotidiana: a capacidade pessoal e a bússola moral. Viver uma biografia moral é algo tão simples como levar uma vida boa e algo tão profundo quanto seguir os ensinamentos de Aristóteles sobre liberdade e virtude. O dramático crescimento da riqueza em tempos recentes, gerou uma liberdade e uma escolha material sem precedentes. Também proporcionou horizontes espirituais únicos de bússola moral para os detentores de riqueza. Hoje, um número crescente de indivíduos está excedendo suas metas financeiras com relação à provisão de suas necessidades materiais, e fazendo isso em idades cada vez menores. Pela primeira vez na história, a questão de como alinhar a ampla capacidade material de escolha com a capacidade espiritual de caráter foi colocada diante de tantas pessoas.

Como resultado, a questão primordial que a maioria dos detentores de riqueza enfrenta hoje é como preencher sua necessidade de fazer escolhas mais sábias para forjar a biografia moral da riqueza em sua vida. Compreender como os detentores de riqueza abordam o patrimônio como uma ferramenta para o cuidado com outros evidencia a necessidade de forjar uma biografia moral, na busca por efetividade e significado.

Como poderemos aplicar estas ideias no direito civil brasileiro? Por mais que os nossos bilionários tenham "zero" de preocupação com a sua biografia moral, uma lição teórica da experiência estrangeira já pode ser extraída. É imperativo compreender a falácia da dicotomia entre as situações existenciais e patrimoniais. A realidade é complexa demais para fraturar os direitos da personalidade das percepções econômicas que lhe são subjacentes. A biografia moral envolve a honra objetiva da pessoa (natural ou jurídica), sua reputação e credibilidade. Porém essa idoneidade é precificada no mercado e empresas que possuem a marca da beneficência – ou cujos controladores sejam socialmente percebidos como filantropos – valem mais, duram mais e faturam mais. A respeitabilidade de indivíduos e instituições é parametrizada e o ciclo virtuoso permite que doadores que se comprometem a auxiliar projetos humanitários contem com os recursos para materializar a sua biografia moral. Esqueçamos a ideia simplória de que vivemos a iminência da substituição do "ter" pelo "ser". Eles caminham em par, de mãos dadas. Por vezes, o "ser" demanda o "vir a ter" (mínimo existencial), ou o "não ter" (prodigalidade), mas na maior parte do tempo "ser" e "ter" se condensam de forma que uma funcionalização dos atributos intrínsecos conforme cada contexto é a melhor forma de protegermos e promovermos a dignidade da pessoa humana.

II

OS EXTREMOS DA VIDA

O NASCIMENTO INDESEJADO E O EMBRIÃO COMO PRODUTO DEFEITUOSO

Uma instituição médica holandesa em Utrecht enfrenta um sério problema ético, médico e legal. 26 óvulos de pacientes podem ter sido fertilizados pelo esperma errado! Quando o fato foi divulgado em dezembro/16, a estatística era a seguinte: 9 das mulheres fertilizadas já haviam se tornado mães, 4 estavam grávidas e os demais 13 embriões se encontravam congelados. A técnica utilizada não foi a tradicional FIV (fertilização "in vitro"), mas a ICSI ("*Intra Citoplasmatic Sperm Inject*") que faz uso de microscópio e micromanipuladores, e o embriologista seleciona um único espermatozoide a ser injetado diretamente no óvulo. A falha do (s) técnico (s) do laboratório ocorreu continuamente entre abril/15 e novembro/16, sendo debitada ao fato de que se utilizou uma pipeta inadequada para injetar o esperma. Embora a pipeta fosse trocada a cada vez, o técnico usou a mesma parte superior de borracha até encontrar vestígios de esperma e levantar a dúvida. Como não houve o cuidado de se colocar um filtro no topo de borracha, uma quantidade de espermas de um tratamento anterior permaneceu no equipamento, sendo possivelmente inserida nos óvulos utilizados nas intervenções subsequentes. Enfim, há uma chance de que alguns dos bebês não tenham sido fertilizados pelo pretendido pai e de que alguns dentre os embriões congelados também procedam de um esperma indevido.

Apenas com esse breve relato, podemos destacar vários centros de interesses merecedores de tutela no âmbito da responsabilidade civil: a) as mulheres que foram informadas da indevida paternidade após o nascimento; b) as mulheres que foram informadas da indevida paternidade ainda grávidas; c) as mulheres que foram informadas da indevida paternidade, encontrando-se o embrião ainda em estágio de crio conservação; d) as mulheres que efetivamente engravidaram dos homens desejados mas foram submetidas aos riscos do procedimento; e) os homens que forneceram o seu material genético para fins de fertilização, sem que o sêmen fosse efetivamente fertilizado no óvulo desejado (perda de uma chance de paternidade); f) os homens que forneceram material genético para fins de fertilização de um óvulo de uma determinada mulher e cujo sêmen deu origem a uma criança, uma gravidez ou a um embrião congelado.

Para quem queira trabalhar todos os possíveis desdobramentos jurídicos desse multifacetado evento, há material para todos os gostos. O mais evidente é a responsabilidade objetiva da clínica médica pelo risco da atividade, obviamente afastando qualquer discussão sobre a existência de um ilícito. Ademais, só o fato de já estar "exposto" ao risco real e objetivo – mesmo que se constate "*a posteriori*" que o embrião procedeu do pai desejado – já seria uma causa de pedir para demandas de responsabilidade civil em sua função preventiva. Lateralmente, caso confirmado algum nascimento fruto de sêmen indevido, abre-se a polêmica do dano injusto decorrente do "*wrongful birth*". Tradicionalmente, demandas pelo "nascimento indesejado" surgem nos casos em que os pais alegam que o médico não alertou devidamente sobre o risco de engravidar ou dar à luz uma criança com anormalidades genéticas ou congênitas graves, impedindo que eles pudessem adotar uma decisão informada sobre levar ou não a gravidez adiante. Certamente, a legislação brasileira não permite tal escolha, mas na Holanda o aborto é permitido até determinado estágio da gravidez e algumas mulheres poderiam ter se valido dessa alternativa, caso informadas previamente de que o ascendente genético não coincidia com o pretendido pai. Subjacente a toda essa confusão, ainda há de se cogitar que casais que recorrem a técnicas de reprodução desejam filhos, "a qualquer custo".

Em face de suas grandes proporções, não há na literatura médica notícia de um evento semelhante ao noticiado na Holanda, já chamado "*mix-up wrong sperm scandal*". Todavia, existem precedentes isolados, como em um caso de 2014 em Ohio (USA) em que uma mulher e sua parceira homoafetiva processaram uma clínica por enviar material genético de um doador negro ao invés de um branco, conforme havia sido convencionado. O casal se serviu da tese do "*wrongful birth*", sob o fundamento de que como lésbicas, possuíam clara noção do que é discriminação e jamais desejariam ter um filho condenado ao preconceito pela inadequação de sua cor com a das duas mães, que planejavam criar o filho em uma comunidade de 3.300 pessoas, dentre as quais 97% são brancas. Além dos danos decorrentes do nascimento indesejado, as autoras buscam indenização pelos danos patrimoniais decorrentes da mudança para uma cidade multirracial em que a criança possa ser melhor acolhida. O que me chama a atenção é que no episódio norte-americano há um terceiro fundamento para a reparação de danos: o "*Breach of Warranty*".

O que isso significa? Trata-se de uma ação de responsabilidade civil do fornecedor pelo déficit de segurança decorrente da inserção de um produto defeituoso. Ao contrário do CDC brasileiro, tanto na "*common law*" como no direito europeu, não se cogita da ideia de um "serviço" defeituoso como base para a demanda proposta pelo consumidor. Ilustrativamente, um procedimento médico de inseminação artificial não é encarado como uma atividade de risco inerente e eventual responsabilidade objetiva será centrada no produto que, ao ser posto em circulação, objetivamente, não atende à razoável expectativa de segurança desejada para aquele contexto. Portanto, para evitar a árdua constatação do ilícito dos médicos no descumprimento de deveres de cuidados relacionados a sua profissão, tal como um apartamento ou uma frigideira, partes separadas do corpo, como órgãos e amostras de tecidos extraídos, são biomateriais humanos referidos como propriedades e produtos expostos as mesmas imperfeições, seja no tocante a defeitos nas fases de concepção ou informação. Na Inglaterra o precedente foi uma decisão de 2009 ("*Yearworth v. North Bristol NHS Trust*"), na qual a corte de apelação decidiu que o sêmen congelado antes de uma sessão de quimioterapia seria de titularidade da pessoa que o ejaculou para fins de armazenamento. Assim, o hospital foi responsabilizado pelo dano causado pela perda do produto em razão da falha no processo de congelamento. Isso demonstra a tendência a uma definição mais elástica de propriedade, incluindo partes do corpo humano, sangue, sêmen e órgãos.

E sendo um órgão uma propriedade, a quem pertence? Assim como no caso em que um rim inadequado é objeto de transplante, o produto já se encontra no corpo do receptor do órgão, sendo ele que sofre o dano na qualidade de proprietário do produto defeituoso. O mesmo acontece quando pacientes recebem sangue contaminado e sofrem uma infecção. A doutrina considera que órgão são produtos com base na Diretiva 85/374/EEC. Em ambos os exemplos, mesmo não se tratando de uma substância manufaturada, a propriedade foi extraída da titularidade do doador e ganha pelo receptor, sendo o fornecedor considerado como o corpo médico que realizou o processo de remoção do sangue ou tornou o órgão um objeto adequado ao transplante. Dessa forma, em caráter profilático, hospitais devem considerar a segurança do órgão ou do sangue em si, não apenas o cuidado da equipe médica envolvida. Voltando para o caso do sêmen fertilizado indevidamente, consumidoras serão as mulheres que portam um embrião em seu corpo, como produto gerado em parte por um sêmen (produto) defeituoso, proveniente de outrem que não o real doador. Em contrapartida, servindo-se da mesma lógica proprietária, aquele que teve o seu esperma introduzido em outras receptoras – que não aquela a quem destinou a propriedade – poderá alegar a apropriação indébita do bem ("*conversion*") e os consequentes danos decorrentes desse comportamento. Enfim, um raciocínio bem diferente do brasileiro, no qual toda a controvérsia seria inequivocamente centrada na ofensa a direitos da personalidade, basicamente na ofensa ao corpo e à intimidade. Apesar de minha clara preferência por uma abordagem existencial da temática, talvez seja a hora de considerar que a adoção de claras regras sobre direitos de propriedade pode ser um instrumento valioso para conferir segurança jurídica no tocante à atribuição de direitos sobre partes separadas do corpo humano, algo que não é facilmente justificável sobre o amplo guarda-chuva da dignidade da pessoa humana.

OS EMBRIÕES DE SOFIA VERGARA

A bela atriz colombiana Sofia Vergara – mais conhecida pela série *Modern Family* –, protagoniza um evento bioético capaz de comprovar que a vida imita a arte. O seu ex-noivo, Nick Loeb, insiste em dar prosseguimento ao uso dos embriões que congelou com a artista e arcar sozinho com os custos de criar os bebês. Eles fecundaram dois embriões femininos que estão congelados em uma clínica em Los Angeles, com a ideia de que fossem implantados em uma mulher que levasse a gestação adiante. Depois de tentativas fracassadas, o casal se separou em 2014, mas dois embriões femininos permanecem na clínica e Vergara deseja que assim permaneça indefinidamente. Porém, Loeb iniciou uma cruzada pelo Judiciário, pleiteando a custódia dos dois embriões, para que sejam nidados mediante gestação de substituição e, posteriormente, por ele criados. O empresário alega razões morais para vetar a destruição dos embriões ou a permanência em um congelador.

Várias filigranas jurídicas envolvem o caso. Primeiramente, o casal havia assinado um contrato sobre o destino dos embriões, inclusive sobre a necessidade de que ambos estivessem de acordo em qualquer escolha a eles conferida, mas o documento não contemplou a possibilidade de uma separação do casal. Para Loeb, há uma espécie de subversão axiológica na discussão, pois se embriões são criados com o propósito de vida, devem ser tratados como seres vivos e não como propriedade. Ele ainda sofisma ao alegar que se a mulher tem o direito de levar uma gravidez a termo – mesmo que o homem a isso objete – inversamente, caso o homem se disponha a assumir todas as responsabilidades parentais, também terá o direito de levar os embriões a termo, mesmo que a mulher discorde. Ao contrário de aborto, pondera Nick, a controvérsia não se relaciona com o direito da mulher sobre o próprio corpo, mas com o direito do pai de proteger a vida de sua criança por nascer, pois a posição de Sofia, no sentido de manter os embriões "sentados em um freezer até o fim dos tempos", seria, segundo ele, "equivalente a matá-los".

Recentemente a querela recebe um novo e eletrizante episódio. No início de dezembro a Justiça de Louisiana recebeu uma "*right-to-live lawsuit*" ajuizado por "Emma" e "Isabella" – nome concedido aos dois embriões femininos congelados – em face de Sofia Vergara. As demandantes buscam garantir a sua nidação e nascimento sendo posteriormente confiadas ao pai natural, que está disposto e desejoso que elas nasçam. O argumento nuclear das demandantes é o de que, por não terem nascido, foram privadas de uma legítima expectativa de confiança que foi criada para elas. Um terceiro demandante é o curador dos embriões, que atua em prol dos beneficiários. Por sinal, Louisiana é um Estado americano "pró-vida" onde até mesmo os embriões excedentários pré-nidados possuem o status jurídico de pessoas, como qualquer ser humano já nascido. Por ora, os embriões permanecem congelados em uma clínica de fertilização em Beverly Hills (Califórnia). Definitivamente, o Sr. Nick Loeb quer figurar na evolução do direito nos Estados Unidos. A demanda é um marco em termos de discussão sobre quando a vida começa; quem detém o poder de colocar o fim nela e, se homens tem os mesmos direitos que mulheres sobre embriões congelados.

Quando o episódio foi noticiado pela 1ª vez, eu comentei que se esse evento se passasse no Brasil algumas conclusões seriam sistematicamente extraídas, na ausência de um Estatuto do Embrião. Primeiramente, há um contrato que define o planejamento familiar do casal, no qual as partes optaram pelo consenso decisório, seja qual fosse a opção em relação aos embriões excedentários (nidação, adoção, crioconservação ou descarte). O pacto não previu a hipóteses de separação, porém o art. 112 do Código Civil valoriza a intenção das partes no momento interpretativo. Assim, se a deliberação conjunta era a tônica das decisões do casal, evidentemente a comunhão de vontades será o norte para qualquer deliberação posterior ao rompimento. No silêncio de qualquer dos interessados, o embrião permanecerá congelado. Em reforço, pelo artigo 1597, IV, do Código Civil, tratando-se de embriões excedentários – resultantes de fecundação homóloga – caso a conjugalidade pereça, qualquer tentativa subsequente de nidação dependerá de autorização prévia, por escrito, dos ex-cônjuges ou companheiros. Nesse sentido, o Enunciado n. 107 do CJF. Excepcionalmente, razões extraordinárias podem reverter essa perspectiva inicial. Nos EUA, em 2 casos, um na Pensilvânia e um em Illinois, mulheres obtiveram a custódia de embriões fertilizados apesar das objeções do ex-marido. Em ambos os casos, a mulher havia sofrido um tratamento de quimioterapia e os embriões eram sua última chance de ter um filho biológico. Juízes decidiram que o interesse da mulher em se tornar uma mãe superava o interesse do homem em não se tornar um pai.

Ocorre que o ajuizamento de uma demanda por Emma e Isabella contra Sofia Vergara remete a discussão a outro patamar. Qual é o status moral do embrião? Não esperem uma resposta pronta e acabada, seja por parte da religião, filosofia e muito menos do direito. Mesmo a teoria concepcionista – que amplamente tutela o nascituro – tão somente considera como pessoa o embrião que já foi nidado ao útero, sem, contudo, estender a tutela dos direitos da personalidade ao pré-embrião. A legislação do Estado da Louisiana transcende o viés concepcionista, pois estende ao embrião excedentário o status moral de pessoa, o que em tese lhe faculta o direito ao nome (tal como consta da inicial do processo) e, fundamentalmente, o direito de acesso à concepção uterina e ao subsequente nascimento. Pragmaticamente, tendo a crer que o embrião crioconservado é uma vida humana que merece respeito, um ser humano em potencial. A ausência de personalidade não priva o embrião de deferência e tutela jurídica. Todavia, não me atrevo a lhe conceder a qualificação de "pessoa", titular de situações jurídicas existenciais. Em termos de ponderação, isso significa que embriões crioconservados não são "*comoddities*", objetos que se prestem a qualquer uso na ordem do mercado, como matéria-prima para cosméticos, ou mero descarte. Todavia, não fazem jus a um nome e a uma pretensão para constranger os ancestrais genéticos a prosseguir o processo pela via trifásica embrião/ nascituro/ pessoa nascida. Nesse estágio primário da vida, a autonomia reprodutiva e a intimidade da mãe merecem irrestrita proteção, sem que se cogite de um balanceamento de interesses que crie uma obrigação de aproveitamento de todos os embriões concedidos por fertilização artificial. Já tivemos oportunidade de tangenciar essa questão quando em 2008 que o Supremo Tribunal Federal decidiu quanto à improcedência da ADI 3510, reconhecendo a constitucionalidade das pesquisas com células tronco e da própria Lei de Biossegurança.

Disso tudo, tiro duas conclusões: primeira: a utilização da engenharia genética para produzir bebês sob encomenda deve sofrer certa moderação para que se evite o uso descontrolado da vida humana incipiente, evitando-se que o progresso da biomedicina represente um episódio da erosão de nossas sensibilidades humanas; segunda: partindo da premissa que no Brasil não há lugar para uma discussão como essa (aliás, pelo recente movimento no STF estamos à beira da legalização do aborto a despeito do Parlamento), já é hora do Congresso implementar o Estatuto do Embrião, para, dentre outras, pacificarmos questões como, qual dos progenitores poderá encerrar a vida humana incipiente e, em quais condições, bem como a colisão do consentimento do eventual "pai" com a denegação por parte da mulher que não quer se tornar mãe dos embriões congelados.

ENQUANTO VOCÊ DORMIA...

Em 2013, Marlise Muñoz, moradora do Texas (USA), 33 anos de idade, sofreu morte cerebral subsequente a um colapso, devido a um coágulo de sangue no pulmão. A sua família planejava honrar o seu *living will*, retirando o seu suporte vital, diante do diagnóstico irreversível. Todavia, por imposição legal, ela permaneceu viva com o auxílio das máquinas hospitalares, pois estava grávida de 14 semanas de seu segundo filho. Após uma batalha judicial, o suporte vital foi removido. Dentre os 50 estados americanos, o Texas é um dos 12 em que qualquer estágio de gravidez automaticamente invalida as diretivas antecipadas. Casos como esse começam a frequentar o Judiciário americano, diante da proliferação da saudável prática do exercício da autodeterminação para além do campo patrimonial.

Esse conflito entre o ocaso de uma vida e o início de outra é uma das questões médicas, éticas e jurídicas mais intrigantes, em meio à execução de diretivas antecipadas. Em regra, as diretivas antecipadas podem ser inquinadas de invalidade ou ineficácia. No primeiro caso, pelo menos em países como o Brasil, seria flagrante a nulidade da cláusula de eutanásia, em que a pessoa declara que sua vida será abreviada na eventualidade de uma doença crônica, grave e incurável (§ 2°, art. 2°, Resol. CFM 1995/12, c/c art. 41. Resol. CFM 2.217/2018). Em outros casos, o conteúdo das diretivas antecipadas é válido, mas há uma espécie de ineficácia superveniente. Poderíamos exemplificar com a pessoa que dispensa tratamentos fúteis que prolonguem a sua vida com intenso sofrimento e sem resultados efetivos – uma válida prática de ortotanásia. Porém, muitos anos depois, ao tempo da terminalidade da vida, surge nova terapêutica, sem a mácula da desproporcionalidade. O representante do autor das diretivas poderá aquiescer ao tratamento, não obstante aparente conflito de interesses com a pessoa em estado de inconsciência. Presume-se aqui que o princípio do "best interest" do paciente terminal é preservado ao se adotar uma boa prática médica.

Porém, diante de diretivas antecipadas válidas e eficazes, como conciliar o interesse da gestante terminal com o do feto? Advogados aconselham os seus clientes a inserir nas diretivas antecipadas uma "cláusula de gravidez", externando o desejo da mulher em suspender o suporte vital, mesmo em desfavor do feto. Contudo, dificilmente tal cláusula será perfilhada dentre as instruções existenciais. De outro lado, há o interesse do nascituro. A sua posição jurídica varia conforme as legislações e tribunais, desde o extremo da equivalência a um mero "objeto", ao outro extremo da plena equiparação a uma pessoa já nascida, passando pelas zonas intermédias da pessoa eventual (com a aquisição de direitos condicionada ao nascimento com vida) e da apreciação do nascituro como pessoa, exclusivamente no tocante aos direitos da personalidade, relegada à aquisição de direitos patrimoniais à eventualidade do nascimento com vida.

Some-se a isto o envolvimento do representante designado nas diretivas, bem como cônjuge e parentes, sem se olvidar dos médicos que atuam no caso. A resolução do CMF 1995/12 é de certa forma semelhante ao modelo dos EUA, estabelecendo duas formas de declarações prévias de vontade: a) as diretivas antecipadas: um documento que descreve os passos que os prestadores de cuidados de saúde poderão ou não adotar quando você não mais puder falar por si; b) a nomeação de um procurador para cuidados com a saúde. Essa pessoa será a voz ativa nas decisões de cuidados de saúde quando o declarante estiver impossibilitado de se autodeterminar. Discute-se se o representante possui poderes para decidir nesses casos, já que lhe é vedada a possibilidade de opinar em assuntos que transcendam a órbita da pessoa representada. Por exemplo, não lhe cabe solicitar o divórcio da pessoa inconsciente ou a adoção de uma criança em tal estágio. Quanto à família, por vezes, haverá divergência entre núcleos distintos: o cônjuge a favor do prolongamento da gravidez e os pais e/ou irmãos favoráveis à imediata ortotanásia, conforme o previsto. Aliás, na maioria dos estados americanos se os pais não forem casados, os cuidados de saúde serão de titularidade dos parentes da mulher, a menos que o parceiro tenha sido nomeado como procurador para cuidados com a saúde. Enfim, em última instância, prevalecerá a heteronomia dos tribunais, em uma sempre árdua tentativa de adequar os múltiplos centros de interesses.

Face a esses distintos contextos de ponderação de bens, em alguns estados norte-americanos a gravidez automaticamente impede a execução do "*living will*". Essa é a tendência predominante. Em outros, em um giro de 180 graus, prevalecerá a autonomia existencial e o direito à privacidade da mulher, expressos na "cláusula de gravidez", mesmo diante da objeção do cônjuge ou dos parentes. Uma terceira variante aponta para o padrão médico de conciliar a ineficácia temporária das diretivas com a avaliação sobre a possibilidade do feto se desenvolver ao ponto de sobreviver até o nascimento, ou se a preservação da vida causará à gestante severo sofrimento, que não poderão ser aliviados pelos médicos. Finalmente, em outras unidades da federação, procedimentos de prolongamento da vida da gestante serão admitidos a menos que ela tenha previamente estabelecido que um "substituto dos cuidados da saúde" possa recusar a manutenção do suporte vital, ou obtenha uma ordem judicial para eliminar procedimentos de prolongamento da vida.

E no Brasil? Aqui não há uma orientação que estabeleça uma concordância prática entre, de um lado, os direitos fundamentais da mulher grávida em situação de terminalidade de vida que possui diretivas antecipadas e, de outro, o interesse estatal em proteger uma vida em potencial. Para mim, duas indagações são fundamentais para começo de qualquer discussão: a) seria constitucional em nosso sistema uma "cláusula de gravidez" nas diretivas antecipadas?; b) seria constitucional um pronunciamento estatal no sentido de suprimir a eficácia de uma cláusula de gravidez? Respondendo ao 1° quesito, a decisão da mulher em levar adiante as diretivas antecipadas, inclusive no período de gravidez, concerne ao seu direito fundamental de adotar decisões relativas à procriação, relacionamento familiar e integridade corporal, mesmo em detrimento do feto. Essas são as mais íntimas escolhas que a pessoa realiza em seu período de vida e merecem respeito, pois vivificam a sua dignidade na vertente da autonomia, conforme reconhecido pela Constituição Federal. Todavia, se não houver "cláusula de gravidez" nas diretivas antecipadas, entendo legítima a proteção ao nascituro se a sua sobrevivência for viável, suspendendo-se a eficácia das diretivas antecipadas. A outro giro, respondendo ao 2° quesito, normas estatais que suprimem a eficácia de diretivas antecipadas no período de gravidez – tal e qual ocorre na lei americana – não deveriam servir de modelo para o Brasil. Não apenas violam o direito da mulher à liberdade de recusa de tratamento, discriminando-as perante todas as outras pessoas, em razão da gravidez, mas também a discrimina em função do gênero, ou em razão de sua incompetência para decidir. Ofende-se ainda o direito à autonomia reprodutiva ao argumento de se preservar uma potencialidade de vida, sem ao menos se estabelecer uma fronteira com os casos de viabilidade do feto. Sejamos francos: se no Brasil sequer há coragem de se discutir a questão do aborto por desejo da gestante – seja em termos de princípios, como de políticas públicas –, será muito difícil em um futuro próximo questionar até que ponto as razões de Estado poderiam ou não interferir na plena eficácia de um legítimo ato de autonomia existencial, as diretivas antecipadas.

O DIREITO À IMAGEM E O CADÁVER

Cena 1: 26 de outubro de 1976. Ao saber da morte do pintor Di Cavalcanti, o cineasta Glauber Rocha despenca para o funeral, com a câmera na mão e o intuito de homenagear o velho amigo. O registro virou o curta "Di-Glauber" que, lamentavelmente, poucos brasileiros puderam assistir. Logo após a primeira sessão, a filha do pintor, Elizabeth Di Cavalcanti, iniciou uma batalha jurídica para proibi-lo. Em 1979, a 7ª Vara Cível concedeu liminar a um mandado de segurança impetrado por Elizabeth, vetando a exibição do filme. A decisão vale até hoje. O filme pode ser encontrado na internet, mas jamais fez carreira no cinema. Segundo a família, na década de 70, num encontro em Paris, Di e Glauber teriam feito um acordo. Di pintaria Glauber e seria filmado pelo cineasta. Ironicamente, Glauber teria perguntado a Di se queria ser filmado "vivo ou morto". Quando soube da morte do amigo, o cineasta resolveu registrar as últimas imagens do artista plástico. O filme ganhou o Prêmio Especial do Júri do Festival de Cannes, em 1977, antes que a Justiça proibisse a exibição em território nacional. A filha de Di considerou a obra desrespeitosa, por mostrar o pai morto. Na época, Glauber se justificou dizendo que "filmar meu amigo Di morto é um ato de humor modernista-surrealista que se permite entre artistas renascentes: Fênix/Di nunca morreu. No caso o filme é uma celebração que liberta o morto de sua hipócrita-trágica condição".

A censura ao documentário-arte filmado por Glauber Rocha sobre a morte de Di Cavalcanti (1897-1976) foi uma lástima (com a recente decisão do STF quanto a interpretação conforme a CF dos artigos 20 e 21 do Código Civil, o documentário poderá circular livremente). O cineasta homenageou um amigo filmando o velório e enterro do pintor modernista. Glauber editou uma profusão de imagens, sons e falas variadas, reunidas sob uma trilha sonora avessa ao ritual fúnebre: Pixinguinha, Paulinho da Viola, Jorge Ben e até o sambinha de Lamartine Babo, "O Teu Cabelo Não Nega..." o filme evoca a obra de Di Cavalcanti alternada com cenas do velório no Museu de Arte Moderna (MAM) e do sepultamento no

Cemitério São João Batista, no Rio de Janeiro. Contestador, Glauber subverteu um pequeno enterro de um grande homem num filme original e numa homenagem imortal. É bem verdade que Glauber provocou um alvoroço no velório de Di Cavalcanti. Pedia para as pessoas olharem para a câmera e foi um pouco desrespeitoso como informam os jornais da época. Mas, no filme, ele mesmo explicava que Di teria pedido para ele ir filmá-lo e que, por inúmeras razões, isto nunca foi possível. Essa era a sua última chance. O curta é sua homenagem ao modernista e um olhar mais aprofundado em relação ao filme indica isto.

Cena 2: Em 24/6/2015, morre em acidente automobilístico o cantor Cristiano Araújo. Instantaneamente, uma série de fotos do seu corpo povoam as redes sociais. Nas insólitas imagens, tiradas momentos antes do velório, o sertanejo aparece em uma maca, ainda com marcas de ferimentos no rosto, e, depois, de terno. Segundo a Funerária responsável pelo translado do corpo, após exames no IML, Cristiano foi encaminhado para uma clínica de tanatopraxia, que prepara mortos para seus funerais. Em seguida, foi conduzido ao Palácio da Música, no Centro Cultural Oscar Niemeyer, em Goiânia. Uma das fotos foi publicada no Instagram de uma mulher chamada Fernanda Rezende. Na legenda, ela diz: "e aí chego em casa e vem meu pai todo chateado com sua cervejinha me contar: 'quer ver ele? Fui eu que o arrumei'. Agora a ficha caiu...impossível não ficar triste. Descanse em paz!". O pai de Fernanda é Edson Rezende, funcionário da Clínica responsável pela arrumação do corpo do cantor para o funeral.

Dois funcionários da Clínica, que filmaram a preparação do corpo do cantor para o funeral, foram demitidos por justa causa e indiciados pela Polícia Civil de Goiás, com base no artigo 212 do Código Penal Brasileiro- vilipêndio a cadáver. No vídeo, que acabou circulando pelas redes sociais e por aplicativos de mensagem nesta quinta-feira, uma das funcionárias filma com o celular o colega preparando o corpo e até mesmo o processo de retirada dos órgãos. A morte de Cristiano Araújo – o cantor que ninguém conhecia, exceto milhões de fãs de música sertaneja – teve cobertura maior do que a tragédia envolvendo o político Eduardo Campos.

Sem adentrarmos ao plano comparativo da qualidade e relevância da obra por eles produzida, o certo é que nos quase 40 anos que separam a morte De Di Cavalcanti e Cristiano Araújo, assistimos a progressiva irrupção da civilização do espetáculo, que, dentre outros atributos, assume uma substituição de ideias e debates intelectuais pela mera publicidade, aparência e consumo de escândalos e sensacionalismos. O entretenimento vulgar e a banalização lúdica da cultura alcançam o desejo de bisbilhotar a intimidade alheia, mesmo que isso alcance o extremo de revelar o perverso e o macabro do compartilhamento do dissecar de um corpo morto, com a finalidade de fruição da intimidade alheia por um público indiferente em relação à imoralidade e ávido por uma atitude passiva, aquilo que

Marshall McLuhan chamava de "banho de imagens", principalmente as que evocam catástrofes e inconscientemente amenizam bastante a vida das pessoas.

Como podemos aprender com Di Cavalcanti e Cristiano Araújo para a fixação de parâmetros objetivos de ponderação e aferição da licitude da captação da imagem de corpos mortos? A partir de breves indagações, sugerimos cinco critérios para afastar a discricionariedade judicial na ponderação entre imagem, honra e privacidade, de um lado, e, de outro, o direito da sociedade a informação sobre fatos verdadeiros de interesse público. Primeiro: o morto era uma pessoa notória? Sim, em ambos os casos. Segundo: em qual ambiente houve a captação? As imagens do corpo de Di Cavalcanti foram filmadas em espaço público – o MAM do Rio – e seu enterro também. Já as de Cristiano Araújo foram obtidas sigilosamente, em local reservado. Terceiro: qual era a finalidade da captação das imagens? Glauber Rocha nutria objetivos artísticos que jamais violentariam a honra de Di Cavalcanti, refletida em seus familiares. Em contrapartida, as imagens de Cristiano foram obtidas com o fútil propósito de disseminação do trágico, que encontra respaldo na curiosidade e frivolidade daqueles que se nutrem das paixões baixas do comum dos mortais pela desgraça alheia. Quarto: a exibição das imagens era necessária para a compreensão do fato ou da narrativa? Enquanto o documentário de Glauber necessariamente só faria sentido com as cenas do corpo devidamente coberto no velório e enterro, é inominável o abjeto sentimento derivado da captação de imagens do corpo mutilado de Cristiano Araújo (e de sua namorada por extensão). Quinto: Houve consentimento em vida daquela pessoa ou dos familiares após a morte? A negativa no caso de Cristiano Araújo é óbvia. Quanto a Di Cavalcanti, sabemos que ele não produziu um testamento em que expressamente recomendasse a filmagem de seu funeral, mas o contrato verbal com Glauber envolvia uma permuta entre duas formas de arte: uma pintura e um filme, porém só a primeira havia sido entregue em vida...

O GÊNIO E A EUTANÁSIA

O físico britânico Stephen Hawking gravou uma entrevista para a emissora BBC, afirmando que optará pela eutanásia quando se tornar "um peso" para os outros. O cientista, cuja vida foi retratada no filme "A Teoria de Tudo", e está preso a uma cadeira de rodas desde 1970, disse que considera o suicídio assistido "apenas em casos de grave sofrimento", ou então se um dia se der conta de que não pode mais "dar uma contribuição à humanidade". Hawking, de 73 anos, sofre de esclerose lateral amiotrófica (ELA), doença que o imobilizou, mas milagrosamente lhe concede o movimento de um músculo do rosto que, aliado a mais avançada tecnologia de detecção por um sensor nos óculos, permite a comunicação por meio de um programa que codifica o movimento e o exterioriza por um sintetizador de voz. "Manter alguém vivo contra a sua vontade é o tratamento mais indigno que pode existir. Por qual razão deixamos os humanos sofrer?", indagou. No entanto, ele deixou claro que, antes de morrer, ainda pretende "destrinchar outras dúvidas sobre o Universo".

De fato, o caso Hawking é bem distinto do que sucedeu com Vincent Lambert (recente decisão do TEDH respeitante à suspensão de tratamento e o direito à morte digna). O Francês estava em Estado Vegetativo Persistente (EVP), portanto inconsciente e sem possibilidade de interagir com o mundo e responder a qualquer forma de estímulo. Em contrapartida, o genial físico britânico está plenamente lúcido, "senhor de si" e, apesar de todas as limitações físicas, mantém uma indomável aptidão para superar os limites da ciência, como poucos na história.

Assim, não surpreende que Hawking considere que a fronteira entre a vida e morte não se encontre no paradigma médico da cessação das atividades cerebrais, mas no momento em que sua sobrevivência física se torne indigna, conforme aquilo que exprime o seu *modus vivendi*. Para alguém que preserva o vínculo com o mundo exterior por caprichosos movimentos faciais, a possibilidade de "contribuir com a humanidade" é a única razão que justifica persistir na vida, apesar da progressiva degradação corporal sofrida nos últimos 50 anos.

Na entrevista, Hawking trata de eutanásia e suicídio assistido. Aquela é a promoção do óbito de pessoas que padecem de grave sofrimento, com antecipação do momento da morte. O suicídio assistido difere da eutanásia, pois a ação que provoca a morte provém do próprio paciente, com o auxílio de terceiros. No Brasil ambos os comportamentos são penalmente tipificados.

Curioso é que, de uma forma bem peculiar, o cientista emitiu as suas diretivas antecipadas, pois antecipou o seu ideal de "vida boa", frisando que a morte será querida e procurada no momento em que, na ponderação entre a dor e a criatividade, a balança pesar pelo lado do puro sofrimento, mesmo que ainda não se encontre em situação de terminalidade. Pode-se inferir que, quando esse momento chegar, Hawking almejará a eutanásia ativa – sendo ministrada alguma substância para provocar o óbito –, ou então a sua modalidade passiva, que se materializa com a antecipação da morte pela suspensão de tratamentos ordinários ou cuidados paliativos.

A eutanásia é apenas legalizada em três Países da Europa (Holanda, Bélgica e Luxemburgo). Ainda é ilegal no Reino Unido, mas o *zeitgeist* oscila e uma comissão de inquérito recomendou uma revisão da lei pelo Parlamento, para permitir aos médicos ajudar doentes a acabar com seu sofrimento. Caso Stephen Hawking vivesse em "terra brasilis", fatalmente a sua manifestação de vontade não seria atendida pelo médico, seja pelo óbice do direito penal como pelo temor de sofrer sanção administrativa, pois o próprio artigo 41 do Código de Ética Médica (Resolução n. 2.217/2018 CFM) veda a abreviação da vida do paciente, ainda que a pedido deste ou de seu representante legal.

O ESTADO VEGETATIVO PERSISTENTE

Em 5 de Junho de 2015, por 12 votos contra 5, o Tribunal Europeu de Direitos Humanos autorizou definitivamente a interrupção de tratamento de suporte de vida do Francês Vincent Lambert. Considerou que a paralisação da alimentação intravenosa não ofendia o sistema de direitos humanos europeu, a final, não existe um consenso no continente sobre o tema e, por isso, seria possível conceder uma margem de apreciação aos Estados. Assim, o Tribunal de Estrasburgo compartilhou a decisão do Conselho de Estado – máxima instância administrativa da França – que, em junho de 2014, autorizou a cessação da manutenção da vida de Lambert.

Em 2008, Vincent foi vítima de acidente de motocicleta, ficando tetraplégico, com lesões cerebrais irreversíveis, desde então vivendo em estado vegetativo. O embate judicial criou uma cizânia familiar: de um lado, contra a decisão, os pais de Lambert e dois de seus irmãos, afirmando que o paciente não era um terminal e que a provocação da morte seria um ato desumano e degradante; de outro, outros cinco irmãos e a esposa, Rachel Lambert, afirmando que não havia esperança de recuperação e que Vincent jamais gostaria de viver nessa situação. A decisão da corte de Estrasburgo servirá de *leading case* para a análise de questões semelhantes, não só entre os franceses, mas por toda a Europa.

Esse julgamento remete ao caso Terri Schiavo, que vivia em estado vegetativo há 15 anos, quando, em 2005, a Suprema Corte dos Estados Unidos deferiu o pedido do marido da paciente no sentido de supressão de seu tubo de alimentação.

A decisão do TEDH evoca importante embate ético e jurídico, pois o paciente se encontrava em Estado Vegetativo Persistente. A EVP é uma condição de incapacidade que aconteceu em determinado momento e ainda persiste. Caracteriza-se por uma situação clínica de completa ausência de consciência de si e do ambiente circundante. Não há uma impossibilidade de interação com o próximo;

ausência de resposta a qualquer forma de estímulo e incontinência urinária e fecal. Porém, não há morte cerebral, pois restam preservadas as funções hipotalâmicas e anatômicas suficientes para a sobrevivência.

A determinação quanto à interrupção do tratamento de Vincent Lambert seria de fato uma eutanásia ou na verdade conduziria a uma ortotanásia? Em França houve um debate feroz, lá a eutanásia é ilegal. Porém os médicos podem suprimir cuidados, com base na lei Leonetti de 2005, sobre eutanásia passiva. O paciente não estava ligado a aparelhos, recebia somente nutrição e hidratação artificial (AHA), que foram suspensas, como forma de viabilizar a abreviação da vida.

Para muitos especialistas, essa seria uma prática eutanásica, eis que nutrição intravenosa e hidratação seriam cuidados paliativos básicos que manteriam os pacientes vivos por muito tempo. Consequentemente, a sua paralisação provocaria a morte por sede e fome. Contudo, a maior parte dos experts relaciona a AHA a um verdadeiro tratamento médico – tal como a diálise e a ventilação mecânica – tendo em vista que as pessoas em EVP não sentem o desconforto da fome e sede. Ademais, o verdadeiro cuidado básico seria aquele que melhora a qualidade de vida, não o que gera danos e desconfortos para o paciente.

Nessa árdua temática, tendo a simpatizar com a posição de Luciana Dadalto (obra que prefaciei "Testamento Vital", Ed. Atlas), favorável a aproximação da EVP com a ortotanásia, diante de um paciente que permanece fora de possibilidades terapêuticas. A vida social de Vincent Lambert já foi ceifada pelo estágio vegetativo, ainda que a vida biológica possa perdurar por vários anos, razão pela qual ele integra o grupo daqueles que estão em fim de vida. De fato, o que caracteriza a terminalidade na maior parte dos casos é a constatação de uma doença crônica, grave (avançada/progressiva) e irreversível. Todavia, a literatura mais recente tende a ampliar esse conceito, associando a terminalidade a qualquer hipótese em que o paciente se encontra fora de possibilidades terapêuticas atuais, ou seja, revele-se o binômio impossibilidade de cura/recuperação e iminência de morte. Aí se encontra o Estado Vegetativo Persistente.

Subjacente a própria dificuldade em se enquadrar a EVP como eutanásia ou ortotanásia (o que serviria de parâmetro para definir a sua legalidade em Países como o Brasil), encerra-se a própria judicialização do direito à morte. Independentemente do conteúdo do veredito, prevalecerá o ato de heteronomia dos julgadores sobre as crenças e valores do paciente em situação de inconsciência. Decisões sobre o fim da vida são comumente terceirizadas aos médicos, familiares e até mesmo as mais altas cortes de justiça, quando na verdade o melhor árbitro é o próprio paciente – por meio de declarações prévias –, ou alguém que ele indique, pela via de uma representação permanente, no papel de decisor substituto.

Sim, precisamos de um marco legislativo que delimite eutanásia, ortotanásia e distanásia, além de estabelecer requisitos de capacidade, validade, eficácia e formalização das Diretivas Antecipadas de Vontade (DAVs). Que prevaleça um ambiente de segurança jurídica no qual o cidadão saiba que o exercício de sua autonomia existencial prospectiva será respeitado pelos profissionais da medicina, familiares e pelo Estado. Enquanto esperamos pelo ideal, façamos bom uso da elogiável Resolução n. 1995/12 do Conselho Federal de Medicina.

A DIGNIDADE NA MORTE

Em uma palestra sobre as Diretivas Antecipadas de Vontade. Enquanto ajustava os slides do PowerPoint, o pensamento voava e recuperava as imagens da delicada pintura de Edvard Munch: "Morte no Ambulatório". Notabilizado pelo quadro "O Grito", o pintor tem uma obra extensa e muito dela retrata os seus dramas internos, nos quais convivem a fragilidade da vida, solidão e melancolia.

As doenças moldaram a maneira de Munch (1863-1944) ver o mundo e, obviamente, influenciaram a evolução artística do pintor norueguês. Porém, de todas as doenças com as quais conviveu, nitidamente a mais marcante foi a tuberculose que ceifou a vida de sua irmã Sophie, em 1877, quando ela tinha apenas 15 anos. O fato em si já é dramático para qualquer pessoa, mas, no caso de Munch, havia um precedente: sua mãe fora vítima da mesma doença quando ele tinha cinco anos de idade. O jovem artista percebeu então quão íntima e devastadora era a experiência da morte.

Em "Morte no Ambulatório", a paciente desenganada e às portas da morte está sentada na cadeira de vime, cujo espaldar alto, junto com o travesseiro, impede que ela seja identificada. As pessoas expressam dor e sofrimento por uma palidez esverdeada que visceralmente as congrega com a doença que aniquila a pessoa amada. A atitude contemplativa e respeitosa do médico denota que ele perdeu as esperanças, apenas medita. Munch é aquele personagem mais isolado no canto esquerdo. Está virado de costas para a paciente, como a renegar a tragédia que se faz presente. Não encontra consolo na família, pois parece ter a sensação de que nada poderá servir de lenitivo diante de dor tão extrema.

Atualmente a experiência da espera da morte é um fato raro. Quando a doença cronifica de forma grave e irreversível, em uma espécie de acordo tácito, familiares e médicos escamoteiam o inevitável. A heteronomia se manifesta pela reanimação, intubação, traqueostomia, ventilação, diálise e técnicas experimentais que desafiam em vão o "inimigo que não pode ser vencido". Ao invés de um desfecho sereno, procedimentos fúteis e desproporcionais acarretam um processo de passamento penoso e indigno. Mais que uma distanásia: uma mistanásia em um leito isolado de um CTI.

Como recuperar a naturalidade da vivência da morte? Se o paciente terminal estiver consciente poderá se valer do consentimento informado (art. 15, CC) para expressar os seus desejos e crenças sobre o decesso que reflita o seu estilo de vida, o ideal de "morte boa". Suspensão de esforços terapêuticos e cuidados paliativos normalmente protagonizam o rol de cuidados e tratamentos que a pessoa almeja receber para humanizar o fim da vida.

Porém, nem sempre a ortotanásia se viabiliza. O habitual é que o doente incurável sequer possa se manifestar, pois privado de consciência, eventualmente em estado vegetativo persistente. Daí o mérito das Diretivas Antecipadas de Vontade (Resolução CFM 1995/12). Seja pela possibilidade de enunciarmos declarações prévias ou nomearmos um procurador para cuidados com a saúde, é libertador contarmos com um instrumento de autonomia prospectiva, pelo qual hoje expressaremos validamente as nossas determinações sobre os cuidados desejados, com a segurança de que serão respeitadas pelo médico e familiares, na eventualidade de algum dia estarmos silentes quando a morte irromper.

OS 20 ANOS DA LEI DE TRANSPLANTE DE ÓRGÃOS: "*OPT-IN*" OU "*OPT-OUT*"?

Tracey Jollife, 50 anos de idade, já doou 16 óvulos, 80 doses de sangue e deixará o seu cérebro para a ciência. Para o futuro próximo, em um procedimento de risco elevado, ela pretende destinar parte de seu fígado para um beneficiário cuja identidade desconhece. Recentemente, Tracey doou 1 rim, compondo uma seleta minoria de cidadãos ingleses que ainda em vida doaram órgãos que podem salvar a vida de pessoas completamente estranhas. Antes de 2006 na Inglaterra, apenas familiares poderiam receber doações de órgãos em vida, mas uma alteração legislativa criou a figura da "doação altruística não direcionada" em prol de desconhecidos. Desde então, mais de 500 pessoas doaram com base nesse novo esquema. 9 em 10 pessoas que se encontram nas listas de espera de transplante aguardam por um rim e, ao contrário do que diz a lenda, é seguro ceder um rim ainda em vida, pois precisamos apenas do rim remanescente para sobreviver sem que a expectativa de vida dos doadores sofra decréscimo.

De fato, tais decisões fazem a diferença para a vida de muitas pessoas. Todavia, a maior parte dos transplantes resulta de captação de órgãos de pessoas recém-falecidas, seja na Inglaterra como no Brasil (e na maior parte dos países), com base no critério da morte encefálica. A nossa legislação de referência é a Lei n. 9434, de 4 de fevereiro de 1997. Nesses 20 anos de vigência, a mais aguda controvérsia ocorreu em 2001, quando da alteração do sistema originário de doação presumida ("*opt-out*") para o de doação com consentimento informado ("*opt-in*"). Esse dualismo demonstra a tensão entre os que defendem de um lado, a preservação da autonomia de potenciais doadores, a rejeição da ideia do cadáver como propriedade estatal e a perspectiva moral de que uma doação só se explica como ato de liberalidade e, de outro lado, aqueles que abraçam a responsabilidade comunitária, tomando o silêncio em vida de cada pessoa como uma manifestação solidarista em prol de vários receptores desesperançados, pelo qual todo potencial doador se converte em um potencial receptor de órgãos.

A par do embate de ideias, a experiência demonstra que os países que ingressaram no sistema do "*opt-out*" (v.g. Portugal, Espanha e Áustria) alcançaram números bem mais satisfatórios de transplantes de órgãos do que Estados como EUA, Inglaterra e Alemanha, que se filiaram ao "*opt-in*". A razão é singela: a lei é apenas o primeiro passo de toda uma mudança cultural. Quando qualquer um é obrigatoriamente tido como doador a menos que expressamente se manifeste em contrário, surge uma conscientização bem maior sobre o tema, já que as pessoas conversarão abertamente com os seus entes queridos sobre o consentimento. Enquanto no sistema do "*opt-in*", o tema só é discutido entre aqueles que assumidamente serão doadores, tornando-se um tabu para a maior parte da sociedade, no sistema do "*opt-out*" a zona cinzenta é banida, pois toda a comunidade se envolve na discussão e mesmo aqueles que se recusam a se tornar doadores, assim procedem confiantes de assumirem a decisão correta. Um exemplo claro foi a reforma legislativa do País de Gales, como primeira nação do Reino Unido a ingressar no sistema do consentimento presumido em 2015. Imediatamente houve um impacto positivo na redução das longas filas de espera decorrentes da escassez de órgãos.

Os leitores podem perceber que eu preferia a redação originária do art. 4º da Lei n. 9.434/97 à sua versão atual, resultado da redação dada pela Lei n. 10.211/01, que não apenas aboliu sumariamente o sistema do "*opt-out*", como criou uma jabuticaba jurídica: na atual redação do referido dispositivo o consentimento informado do potencial doador não basta para consumar a doação, sendo imprescindível a ratificação "*post mortem*" pelos familiares. Ou seja, nossa estrutura jurídica desmerece a autonomia existencial da pessoa, submetendo a decisão do doador ao crivo dos valores, crenças e convicções de seus parentes. Todavia, a doutrina aposta na superação dessa norma pelo art. 14 do Código Civil, que tanto valida o consentimento quanto a revogação do ato de disposição do próprio corpo "*post mortem*". Para os civilistas, cônjuge, companheiro e parentes só poderiam se manifestar supletivamente, quando do silêncio em vida do potencial doador. Contudo, a Lei n. 9.434/97 não sofreu qualquer alteração e na prática a Comissão Intra-Hospitalar de Doação de Órgãos e Tecidos para Transplantes (CIHDOTTs) se apoia na vontade dos familiares como critério decisivo para o transplante, mesmo que a recusa deles venha a deslegitimar o ato de autonomia prospectiva do "*de cujus*".

Em um país com mais de 40 mil pessoas na lista de espera por um transplante, esse "estado de coisas" é desesperador. Mesmo nos casos em que inexiste contraindicação médica, problemas logísticos ou estruturais para o transplante, mais de 40% das famílias brasileiras recusam a doação de órgãos quando consultados após o diagnóstico de morte encefálica. As razões oscilam entre o desejo pela manutenção do corpo íntegro, convicções religiosas, aquiescência com a retirada só após a morte cardiovascular, descontentamento com o atendimento médico, ou por mera indecisão. Na ausência de perspectiva quanto a uma alteração legislativa que restitua o Brasil ao quadro de nações que perfilham o sistema da doação presumida, algumas estratégias podem ser utilizadas para gerar melhores resultados em termos de disponibilização de órgãos para transplantes: a) as pessoas que queiram ser doadoras devem ser encorajadas não apenas a se registrar, mas a comunicar as suas intenções a família, minimizando o risco de uma posterior denegação; b) se não há evidência do desejo do paciente quanto a ser ou não um doador, nem ele teve condições de expressar o seu posicionamento por meio de uma Diretiva Antecipada de Vontade – ou designado um representante para decidir com caráter vinculativo –, deverá ser seguida a hierarquia familiar da Lei n. 9.434/97 quanto ao consentimento. Porém, previamente a família será questionada se houve manifestação oral no sentido da doação; c) o registro de doação de órgãos poderia dispor de um espaço para informações adicionais, não apenas uma adesão à condição de doador, mas uma opção para um texto livre que justifique o ato, auxiliando a sua compreensão por parte de todas as pessoas afetivamente envolvidas.

Porém, o fundamental vem agora: se o paciente manifestou expressamente o seu desejo de doar, o consentimento deve ser respeitado pela família, mesmo que o doador não tenha atingido a maioridade. A força desse consentimento é inequívoca quando comunicado de forma irreversível. Todavia, para alcançarmos uma interpretação conforme do art. 4° da Lei de Transplantes, submetendo o poder decisório da família ao respeito ao direito fundamental à autonomia e intimidade do doador de órgãos, entendo que a única situação em que os entes queridos poderão cancelar o consentimento informado do falecido será o fornecimento de evidências concretas de uma alteração das circunstâncias. Vale dizer, o interessado deve providenciar informações relevantes no sentido de que o doador genuinamente mudou de ideia, sem, contudo, ter revogado o registro. Certamente, os profissionais de saúde devem ser cautelosos quanto à prova, pois a presunção será sempre em favor da doação. Assim, se os próprios membros da família discordarem quanto a essa "alteração de circunstâncias", a hierarquia da Lei de Transplantes não prevalecerá, mesmo que membros da família que estejam no topo da lista invoquem objeções, pois mesmo uma forte recusa pode apenas ser consequência de um mal-entendido ou de ausência de informações. Motivações religiosas ou o receio de retaliação do corpo se incluem entre as objeções que devem ser repelidas. Enfim, mesmo com as deficiências embutidas no quadro legislativo em vigor, faz-se necessário introduzir parâmetros objetivos que, simultaneamente, sejam capazes de adequar a Lei 9.434/97 à Constituição Federal e gerar resultados práticos que ampliem a captação de órgãos, redução das dramáticas filas de espera (com todos os custos nela embutidos) e, principalmente, respeito à autonomia dos mortos e consideração por todos que anseiam por uma sobrevida digna.

III

PESSOA E VULNERABILIDADES

HÁ FUNGIBILIDADE ENTRE A TOMADA DE DECISÃO APOIADA E AS DIRETIVAS ANTECIPADAS DE VONTADE?

O art. 116 da Lei n. 13.146/15, criou um *tertium genus* em matéria de modelos protetivos de pessoas em situação de vulnerabilidade. Além dos tradicionais institutos da *tutela* e *curatela* surge a *Tomada de Decisão Apoiada*. Essa interessante figura já era aguardada. Ela concretiza o art. 12.3 do Decreto 6.949/09 que promulgou a Convenção das Nações Unidas sobre os Direitos das Pessoas com Deficiência, nos seguintes termos: "Os Estados Partes tomarão medidas apropriadas para prover o acesso de pessoas com deficiência ao apoio que necessitarem no exercício de sua capacidade legal". O novo art. 1.783-A do Código Civil veicula a sua essência: "A tomada de decisão apoiada é o processo pelo qual a pessoa com deficiência elege pelo menos 2 (duas) pessoas idôneas, com as quais mantenha vínculos e que gozem de sua confiança, para prestar-lhe apoio na tomada de decisão sobre atos da vida civil, fornecendo-lhes os elementos e informações necessários para que possa exercer sua capacidade". Em outras palavras, cuida-se de negócio jurídico homologado judicialmente, pelo qual a pessoa, com qualquer forma de limitação em sua autodeterminação, designará apoiadores que lhe assistirão exclusivamente na prática dos atos que tenham sido previamente definidos pelo beneficiário.

A TDA (Tomada de decisão apoiada) surge em um paradigma diverso a curatela. Essa é tradicionalmente vocacionada à tutela da sociedade e da família e não da pessoa curatelada em si. A coletividade se sente mais segura por excluir um "anormal" do trânsito social e o núcleo familiar evita que o curatelado possa esvaziar o patrimônio comum. A pessoa declarada civilmente incapaz é inserida em um estatuto diferenciado, sendo comprometida a sua autonomia. Em sentido diverso, a Tomada de decisão apoiada é um modelo jurídico que se aparta da curatela, tanto na estrutura como na função. É um paradigmático exemplo da influência que o Direito Constitucional exercita sobre o direito civil na tão esperada "personalização da pessoa humana". Definitivamente, é figura bem mais elástica do que a curatela, pois estimula a capacidade de agir e a autodeterminação da pessoa beneficiária do apoio, livre do estigma social da curatela, medida nitidamente invasiva à liberdade da pessoa. Na tomada de decisão apoiada o beneficiário (ou pessoa apoiada) conserva a capacidade de fato. Mesmo nos específicos atos em que seja coadjuvada pelos apoiadores, a pessoa com deficiência não sofrerá restrição em seu estado de plena capacidade, apenas será privada de legitimação para a prática de episódicos atos da vida civil. Após estabelecida a TDA, o beneficiário perde a idoneidade para a consecução isolada dos atos descritos no termo, homologados pelo juiz e averbados no Cartório de Pessoas Naturais.

Esse modelo personalizado, flexibilizado e dúctil poderá beneficiar várias classes de pessoas, em diversos níveis de deficiência. Em um amplo mosaico que compreende desde indivíduos com graves formas de incapacidade psíquica, até sujeitos afetados por patologias meramente físicas, pode-se prever que a TDA será um instituto massificado em um país continental com mais de 20% da população comprometida por algum nível de deficiência. Ela beneficiará pessoas com deficiência física, psíquica ou sensorial com restrição na autodeterminação; pessoas sem deficiência, porém privados de parcela de autonomia, em caráter temporário ou permanente e pessoas com doença crônica degenerativa. Porém, há uma *zona gris* entre a TDA e as diretivas antecipadas de vontade no campo das *end-life decisions*. A Resolução n. 1995/12, do Conselho Federal de Medicina estabelece a possibilidade de uma pessoa realizar declaração prévia de vontade, não apenas delimitando os parâmetros de tratamento para uma eventual situação de ausência de consciência e impossibilidade de decisão autônoma, como também facultando-lhe a indicação de um procurador para cuidados com saúde que transmita essa vontade aos médicos, ou faça prevalecer a sua própria vontade se o representado declinou em externá-la previamente. A declaração de recusa de tratamentos desproporcionais e inúteis não consiste em ato eutanásico de aceleração da morte, mas exercício de autodeterminação constitucionalmente tutelada, respeitante ao percurso biológico que prosseguirá sem intervenções e terapias excessivas e fúteis incapazes de conter o processo natural de evolução da patologia.

Em princípio, estamos diante de institutos estruturalmente e funcionalmente distintos. A TDA surge para acompanhar um sujeito fragilizado, tutelando a sua vontade residual. Portanto, opera efeitos imediatos e requer a comprovação de uma atual e efetiva limitação no autogoverno em audiência de entrevista perante o juiz. Em contrapartida, as diretivas antecipadas pressupõem a capacidade plena de quem redige o "testamento biológico" e somente produzirá efeitos sob a condição suspensiva de uma eventual impossibilidade absoluta de manifestação de vontade. Cuida-se de instrumento adequado para o exercício de uma autonomia terapêutica prospectiva. A outro lado, a TDA requer a atualidade da condição de impossibilidade de gestão dos próprios interesses por parte de quem a pleiteie, cenário este que em nada se assemelha a incerteza e indeterminação do "se e quando" da configuração de um objetivo processo de morte.

Excepcionalmente, será viável flexibilizar o suporte legal da TDA para disciplinar o exercício do consentimento informado de beneficiários que, apesar da plena capacidade ao tempo do pedido, estejam na iminência de uma intervenção cirúrgica programada ou com uma patologia já diagnosticada, que, em um ou outro caso, conduzirão a um provável prognóstico de restrição na autodeterminação. Nesses casos, faz todo sentido a ampliação do escopo da TDA, mesmo que com excepcional postergação de sua eficácia *pro futuro*, sem que tal medida seja considerada uma forma de sub-rogação de uma declaração antecipada de vontade, porém expressão de consentimento informado, na qual o potencial beneficiário antecipará as circunstâncias em que prestará adesão aos tratamentos propostos pelos médicos. Cremos que essa seja uma legítima solução de compromisso hábil a evitar uma dilação excessiva do espaço entre o decreto de TDA e sua eficácia e a hermenêutica literal do vocábulo "atualidade", que engessa a pertinência subjetiva dos candidatos às medidas de apoio.

Há ainda um pormenor. Perdurando a omissão legislativa no trato das diretivas antecipadas (como visto, o tema é disciplinado por Resolução do CFM), fatalmente juízes e tribunais interpretarão extensivamente as normas da tomada de decisão apoiada para nela acomodarem as decisões sobre o fim da vida. Na recusa do protagonismo parlamentar, veremos que uma disciplina nascida e estruturada para responder a um certo escopo, será chamada pela *law in action* a ampliar o seu espectro, validando-se disposições de um particular, na plenitude de sua autodeterminação, sobre o futuro consenso ou dissenso a tratamentos de saúde ao tempo da terminalidade da vida.

COLISÃO DE VULNERABILIDADES

Após uma batalha jurídica de 4 anos, a Suprema Corte Inglesa decidirá nos próximos dias o "*wheelchair vs buggy bus case*". Em resumo, um cadeirante ingressou com uma ação cujo objetivo é obrigar as empresas de ônibus a exigir que pessoas saudáveis com carrinhos de bebê se retirem dos espaços destinadas às pessoas com deficiência motora. O demandante alegou que não conseguiu entrar em um ônibus, pelo fato de uma mãe com um carrinho ter se recusado a desocupar o lugar, pois não queria acordar o seu bebê. Ele afirma que a diretriz atual das companhias de ônibus para esses casos, de apenas "solicitar, mas não exigir" a desocupação do assento, é discriminatória. Em defesa, a empresa alega que a política da argumentação, em detrimento da imposição, é a solução possível a ser aplicada em um conflito tão sensível.

Para o cadeirante, o que a mais alta corte britânica julgará em breve serão as "medidas razoáveis que todas as empresas de ônibus e trem do país devem adotar para que pessoas com deficiência tenham acesso a coisas que outras pessoas em sociedade já tenham como garantidas". Na instância inferior, o autor obteve uma compensação por danos extrapatrimoniais de £ 5.500 e as operadoras rodoviárias foram obrigadas a alterar em 6 meses a política de "apenas pedir, mas não constranger" as pessoas saudáveis a se retirar do espaço exclusivo dos cadeirantes. Porém, a decisão foi revertida pela corte de apelação, ao argumento de que a prioridade dos cadeirantes não pode lhes atribuir o poder de determinar que a transportadora retire os pais do espaço reservado.

Muitos podem considerar que atribuir às empresas de transporte o poder de constranger pais com carrinhos a abrir espaço para cadeirantes seria um caso menor para a Suprema Corte. Porém, subjacente à lide se encontra uma desafiadora questão: em sociedades que alcançaram um estágio civilizacional mais avançado, as discussões éticas e jurídicas transcendem a pauta da afirmação de direitos, alcançando uma nova etapa, que concerne à graduação das várias vulnerabilidades previamente reconhecidas, quando eventualmente se encontrarem em tensão.

Acessibilidade é a palavra da ordem para pessoas com deficiência. A Lei Brasileira de Inclusão entrou em vigor em Janeiro de 2016 para ratificar a mensagem inclusiva da Convenção de Direitos da Pessoa com Deficiência (a primeira internalizada no Brasil com o quórum especial que lhe defere status constitucional). Acessibilidade é o que resume a substituição do paradigma subjetivo e médico da punição pela exclusão social da pessoa "diferente", pelo paradigma social da adaptação da coletividade e do entorno ao acolhimento, respeitando-se as suas particularidades e promovendo os seus direitos fundamentais, dentre os quais se encontra a superação de todas as barreiras que sirvam de pretexto à exclusão. Daí a meta da edificação de um desenho universal, com a disponibilização de apoio para que a pessoa com deficiência encontre autonomia, não apenas no sentido psíquico da autodeterminação, como também no acesso a meios que lhe permitam fruir de sua capacidade de fazer e alcançar as suas potencialidades.

De um lado, o Brasil se encontra no estado embrionário de substituir o viés da proteção pelo da promoção de direitos fundamentais das pessoas com deficiência (inclusive com sérias possibilidades de retrocesso, vide o PL 757, que se encontra no Senado Federal). De outro, o julgamento da Suprema Corte Inglesa revela um plano qualitativamente diverso de abordagem da deficiência naquele país. Há muito os cadeirantes já obtiveram o direito a um espaço com *design* especial nos ônibus. Já não se trata de uma assimetria vertical opondo os que possuem acessibilidade e os que não possuem direitos e lutam pelo "vir a ter", porém de um enfrentamento cujo cerne é *quem possui mais direitos,* envolvendo um conflito horizontal entre dois grupos vulnerados, cada qual a seu modo. Os cadeirantes, com o seu *handicap* motor e a sua acessibilidade e direito a não discriminação já conquistados pelo *Equality Act* de 2010, em oposição aos recém-nascidos e pais que, além do carrinho com o bebê, carregam bolsas e por vezes outras crianças, demandando um espaço mais amplo e seguro no transporte de ônibus. No caso concreto, onde reside a hipervulnerabilidade? No fundo, surge um ressentimento mútuo, com cada pai e mãe torcendo para que na próxima parada não surja um deficiente físico que os obrigue a descer, quando o ideal seria a igualdade de acesso para todos.

Realmente esse é o ponto. Em toda sociedade que rompe a barreira da invisibilidade das pessoas deficientes, é inevitável que o passo seguinte será a irrupção de conflitos com outros grupos em situações de vulnerabilidade. Como bem coloca Andrew Solomon, no livro "Longe da Árvore", o próprio conceito clássico de deficiência física se amplia e passa a designar o problema do idoso cuja dor nos tornozelos transforma as caminhadas longas num suplício. No tocante ao julgamento da corte inglesa, se toda ponderação requer pressupostos objetivos para evitar o "decisionismo", a minha argumentação se inclina pela tutela primordial à garantia de locomoção dos cadeirantes, principalmente pelo aspecto psicológico da segurança de que poderá pegar um ônibus sem receios quanto à privacidade de um lugar adequado, livre da angústia da demora da espera pelo próximo veículo. Devo admitir que sob o ponto de vista quantitativo, há muito mais pais com bebês do que deficientes em ônibus e a opção de dobrar os carrinhos e colocar as crianças em seu colo também pode acarretar incômodos e, eventualmente, acidentes. Porém, no viés da mobilidade, na falta de assentos disponíveis, é bem mais fácil para os pais com carrinhos cumprir o restante do percurso a pé do que os cadeirantes. Enfim, esse julgamento é apenas um *avant-première* em termos de um futuro de afirmação de identidades: transexuais, pessoas com *Down*, surdos, anões, esquizofrênicos, autistas, pessoas idosas, prodígios... por vezes confrontando uns aos outros na busca por direitos, pois ser inteiramente típico é estado raro e solitário. Na maior parte, somos imperfeitos pontos fora da curva.

Post scriptum- Em janeiro de 2017 a Suprema Corte da Inglaterra deu a vitória ao homem com deficiência, na disputa com uma mulher com um carrinho sobre o espaço da cadeira de rodas em um ônibus.

Isso significa que os motoristas de ônibus terão de fazer mais para acomodar os usuários de cadeira de rodas. O tribunal disse que a empresa deve considerar novas medidas para persuadir os usuários de cadeiras de rodas a se mudarem, sem que seja um dever legal movê-los. Ele decidiu que a política do FirstGroup de exigir que um motorista simplesmente pedisse a um usuário que não fosse uma cadeira de rodas que deixasse o espaço livre sem tomar medidas adicionais era injustificada. No entanto, o julgamento ficou aquém de torná-lo um requisito legal para as empresas de ônibus para obrigar os passageiros não cadeirantes a se retirar do espaço.

A DIGNIDADE E A CURATELA

O que os outros se diziam: que Sorôco tinha tido muita paciência. Sendo que não ia sentir falta dessas transtornadas pobrezinhas, era até um alívio. Isso não tinha cura, elas não iam voltar, nunca mais. De antes, Sorôco aguentara de repassar tantas desgraças, de morar com as duas, pelejava. Daí, com os anos, elas pioraram, ele não dava mais conta, teve de chamar ajuda, que foi preciso. Tiveram que olhar em socorro dele, determinar de dar as providências, de mercê. Quem pagava tudo era o Governo, que tinha mandado o carro. Por forma que, por força disso, agora iam remir com as duas, em hospícios. O se seguir.

Guimarães Rosa – "Sorôco, sua mãe, sua filha"

Em "Sorôco, sua mãe, sua filha", Guimarães Rosa narra o momento em que um homem viúvo conduz a sua mãe e a sua única filha para a estação ferroviária. O destino de ambas era o manicômio de Barbacena. Esse brevíssimo conto de 4 páginas, que abre o livro "Primeiras estórias", é uma pérola do maior escritor brasileiro de todos os tempos. Que me perdoe Machado de Assis...

Esse relato evidencia a triste procissão dos "trens de doido", que diuturnamente abasteciam o manicômio de Barbacena com gente de todo o Brasil. Milhares de "ignorados de tal", condenados a uma internação sem interdição, privados de sua liberdade e vida, sem que houvesse formal alteração em seu *status personae*. Alguns eram verdadeiramente insanos, outros, apenas mereciam maiores cuidados (epiléticos, deprimidos, alcoólatras). A maioria dos internos, infelizmente, eram os "párias sociais" (prostitutas, homossexuais, moradores de rua, militantes políticos, mães solteiras e gente incômoda de modo geral). Em comum, ninguém era civilmente incapaz, porém todos tinham a humanidade confiscada ao receberem o passaporte para o hospital. No "colônia", pelo menos 60 mil pessoas morreram, tantos outros morreram de invisibilidade.

O fato é que a curatela jamais coincidiu com a pobreza e o miserável nunca foi um sujeito legalmente descapacitado. A índole patrimonialista da curatela naturalmente reservou a incidência do instituto para a gestão patrimonial do "louco abastado". A acentuada preocupação com a conservação dos bens direcionou o legislador a elaboração de normas que exigissem cuidadosa prestação de contas da administração do acervo da pessoa interdita, mediante balancetes periódicos. Assim, a funcionalização da curatela à preservação de titularidades se prestou a duas palpáveis consequências: a uma, privou o curatelado de qualquer tipo de cuidado pessoal, propósito de tratamento ou recuperação, afinal ele estava imerso no acervo patrimonial; a duas, excluiu completamente da curatela as pessoas com deficiência psíquica, porém desprovidas de bens.

Atualmente, a subversão de valores constitucionais se reproduz pela farsa. Inegavelmente a via da curatela é franqueada a qualquer ser humano, independentemente de sua condição patrimonial, pois a curatela se funcionaliza à sedimentação da clausula geral de proteção e promoção da pessoa humana. Todavia, vivenciamos uma inexplicável epidemia de incapacitação de pessoas com deficiência, cuja lógica só se explica por um baixo índice civilizatório, retratado por uma subversão de valores, na qual se patrimonializa a curatela para a obtenção do mínimo existencial de famílias completamente marginalizadas e desassistidas pelo Sistema Universal de Saúde.

Nesse cenário há um grande número de pessoas que já nascem vulneradas, atingidas em sua dignidade, pela soma de condições adversas de ordem psicofísica, social e econômica, sem acesso ao direito fundamental à saúde, para as quais seria em tese assegurado de modo igualitário através de ações e serviços para proteção, promoção e recuperação de todos que possuam impedimentos de longo prazo de natureza intelectual. A insuficiência de políticas públicas que contemplem vulnerabilidades específicas impede a efetivação do cuidado e tratamento de pessoas fragilizadas por toda a sorte de deficiências. Em busca de alguma solução ou paliativo, a falta de informação adequada associada à carência material culmina por conduzir essas pessoas ao processo de curatela. O resultado é uma indústria de interdições malconduzidas, embasadas em frágeis perícias, reproduzidas com um impressionante automatismo e acolhidas por magistrados cuja percepção imediata da indigência familiar se sobrepõe à necessária sensibilidade acerca da real necessidade de submeter as pessoas à curatela. Pode-se admitir que o desfecho do processo gere uma presumida vulnerabilidade da pessoa incapaz. Todavia, é inadmissível que a única saída que o sistema propicie (ou tolere) para a tutela de uma pessoa vulnerada seja a naturalização da condição jurídica de incapaz.

Como consequência de um processo que já no nascedouro desvirtua a funcionalização da curatela, o curador fatalmente direcionará o valor do benefício para o mínimo existencial – quiçá o mínimo vital – da entidade familiar, sem que se imponha qualquer espécie de fiscalização judicial sobre a concretização dos cuidados médicos e afetivos essenciais ao processo de recuperação da pessoa ou minoração de sua condição de suscetibilidade. Causa espécie o desconhecimento da população sobre o fato de que o aludido benefício é obtido sem o requisito da curatela e da indigna privação da autonomia da pessoa com deficiência. Que a sociedade então preste atenção ao Art. 40 do Estatuto da Pessoa com Deficiência (Lei n. 13.146/15): "É assegurado à pessoa com deficiência que não possua meios para prover sua subsistência nem de tê-la provida por sua família o benefício mensal de 1 (um) salário-mínimo, nos termos da Lei no 8.742, de 7 de dezembro de 1993". Infelizmente, a instrumentalização do processo a uma finalidade previdenciária culmina por oficializar, no Brasil do século XXI, uma realidade completamente infensa a afirmação de direitos fundamentais, sejam aqueles inseridos na Carta Constitucional, como os incorporados por Tratados Internacionais de Direitos Humanos. A civilização de um País, ensina PIETRO PERLINGIERI, "é medida com base no tratamento reservado as pessoas mais vulneráveis, aos marginalizados, aos diversamente hábeis, a efetiva concretização histórica da centralidade da pessoa".

A AUTONOMIA PROGRESSIVA DOS ADOLESCENTES

Recentemente, escrevi sobre o novo Código Civil da Argentina, numa espécie de inventário sobre o que há de relevante por lá em termos de modelos jurídicos e personalização do direito privado. Pela evidente restrição de espaço, negligenciei um precioso avanço legislativo: trata-se da autonomia progressiva dos adolescentes. Na recém-nascida codificação civil argentina, os adolescentes são aqueles que possuem entre 13 e 18 anos. Estatui o artigo 26, da Lei n. 26.994/14, que a pessoa menor de idade que conta com suficiente grau de maturidade poderá exercitar pessoalmente atos que sejam permitidos pelo ordenamento, tendo o direito de ser ouvida em todo o processo judicial que lhe seja concernente, assim como a participar das decisões sobre a sua pessoa. Presume-se que o adolescente entre treze e dezesseis anos tenha aptidão para decidir a respeito de tratamentos não invasivos, que não comprometam o seu estado de saúde e provoquem um risco grave a sua integridade física ou a própria vida. Porém, em caso de tratamentos invasivos que comprometam o seu estado de saúde ou ponham em risco a integridade ou a vida, o jovem prestará o seu consentimento com assistência dos pais. Eventual conflito se resolverá tendo em conta o interesse superior, com base na opinião médica respeitante as consequências da realização do ato médico. A partir dos dezesseis anos, o adolescente será considerado como um adulto para as decisões atinentes aos cuidados com o próprio corpo.

A noção de autonomia progressiva no exercício de situações existenciais transcende o estático conceito de capacidade, rigidamente determinado a partir de faixas etárias predeterminadas em abstrato pelo onipotente legislador. Enquanto no Brasil, o Código Civil categoriza o menor de 16 anos de idade como absolutamente incapaz – silenciado pela voz de seu(s) representante(s) –, o novo Código Civil Argentino se vale da dinâmica noção de competência, emanada da bioética. Ao invés do artificialismo do par capacidade/incapacidade, a competência se localiza em cada ato concretamente praticado por uma determinada pessoa humana em fase de desenvolvimento da personalidade, legitimando a sua atuação direta e a consequente responsabilidade nas situações em que o consentimento for suficiente para formar convicção e decisão razoável sobre determinadas questões que digam respeito a sua intimidade. Em respeito à regra de proporcionalidade, criam-se parâmetros objetivos para o estabelecimento de quais pessoas e em quais condições e matérias, a autonomia gradualmente alçará de um mínimo a um máximo espaço de liberdade. Assim, o autogoverno de um menino de 3 anos não é o mesmo que o de um jovem de 14 anos. Da mesma forma, decisões autorreferentes sobre tratamentos anticoncepcionais são bem mais palatáveis que aquelas atinentes à própria sobrevivência de um Testemunha de Jeová.

Em verdade, a idade se converte em apenas mais uma pauta a ser considerada na ponderação, pois prevalecerá o conceito empírico e essencialmente mutável de maturidade suficiente para a prática do concreto ato. Por conseguinte, idades cronologicamente iguais não importarão em capacidades idênticas para os atos da vida civil. Certamente, a real materialização do conceito de autonomia progressiva postula a prévia escuta da criança ou adolescente nas questões que firam os seus atributos existenciais, sendo-lhes concedido um assistente sempre que depoente num conflito de interesses com os seus pais. O Direito à escuta não consiste somente numa garantia processual, porém princípio vetor em todas as matérias que envolvam ou afetem a criança ou adolescente, nos planos judicial, administrativo, familiar e educativo. Enquanto a escuta é uma prerrogativa de qualquer criança – independentemente do nível efetivo de entendimento –, distinto será o impacto que a escuta terá na posterior tomada de decisão, essa, sim, condicionada à idade e maturidade da pessoa em correspondência ao tipo de questão que se encontra em jogo. Qualquer decisão que se afaste daquilo que o jovem manifestou será submetida a um ônus argumentativo. Por mais que a opinião infantil não se mostre determinante, em função do peso que ela manifesta na formação do conceito do interesse superior da criança, caberá ao magistrado aportar argumentos de peso que justifiquem a manifestação em sentido diverso àquela colhida da pessoa mais interessada na decisão.

Quanto ao Brasil, confesso que incomoda a ausência de regras e parâmetros objetivos que proporcionalizem o dado da gradual conquista da autonomia, que não passa de uma constatação da realidade! No laboratório do legislador, certa noite, dormimos incapazes e, no dia seguinte, despertamos capazes. Mais frustrados ainda nos sentimos, no exato instante do advento do Estatuto da Pessoa com Deficiência, pois, apesar do salto qualitativo em termos de autodeterminação para aqueles que antes eram interditados como indivíduos sem discernimento e privados de suas escolhas existenciais, a Lei n. 13.146/15 soa paradoxal ao apresentar o novo rol dos absolutamente incapazes ainda monopolisticamente composto de pessoas menores de 16 anos – como se seres humanos de 13, 14 ou 15 anos fossem completamente inaptos para o estabelecimento de qualquer deliberação moral sem o escrutínio de seus responsáveis.

No mais, o Código Civil Argentino não descobriu a pólvora, mas apenas se espelhou nas diretrizes previstas no art. 12 da Convenção Internacional dos Direitos da Criança (Nov./1989), prevendo que: "1. Os Estados-partes assegurarão à criança, que for capaz de formar seus próprios pontos de vista, o direito de exprimir suas opiniões livremente sobre todas as matérias atinentes à criança, levando devidamente em conta essas opiniões em função da idade e maturidade da criança. 2. Para esse fim, à criança será, em particular, dada a oportunidade de ser ouvida em qualquer procedimento judicial ou administrativo que lhe diga respeito, diretamente ou através de um representante ou órgão apropriado, em conformidade com as regras processuais do direito nacional". Essas diretrizes foram posteriormente especificadas na Opinião Consultiva 17/2002 da Corte interamericana de Direitos Humanos ao interpretar dispositivos da Convenção Americana de Direitos Humanos (Pacto de São José da Costa Rica) que versam acerca de direitos fundamentais de crianças e adolescentes.

Pois bem, a referida convenção foi ratificada no Brasil em 1990 e, ao contrário dos argentinos, não fizemos o dever de casa. Sequer o ECA aborda essa temática. Nossa mora legislativa já alcança 25 anos, mas nada impede que, em cada caso levado ao judiciário, o controle de convencionalidade seja levado a sério em prol dos direitos fundamentais das crianças, particularmente o direito de ser ouvido e expressar as suas opiniões e consentimento.

A CURATELA COMO A TERCEIRA MARGEM DO RIO

Em outubro de 2017, mais uma vez palestrei no IBDCivil, dessa vez em Curitiba. Em sua 5ª edição, trata-se de um evento indispensável para a compreensão dos mais relevantes temas do Direito Civil da atualidade. O questionamento que me foi proposto pela organização do Congresso é o seguinte: "A curatela implica em mitigação da capacidade legal plena derivada do artigo 12 da Convenção de Direitos da Pessoa com Deficiência?". A CDPD é a primeira convenção internacional de direitos humanos internalizada no Brasil com quórum qualificado (pelo Decreto 6.949/09), o que lhe concede posição primária na ordem normativa brasileira, com equivalência às Emendas Constitucionais (§ 3°, art. 5°, CF). A indagação acima referida fere especificamente o art. 12.4 da CDPD, disciplinando que "Os Estados Partes assegurarão que todas as medidas relativas ao exercício da capacidade legal incluam salvaguardas apropriadas e efetivas para prevenir abusos, em conformidade com o direito internacional dos direitos humanos. Essas salvaguardas assegurarão que as medidas relativas ao exercício da capacidade legal respeitem os direitos, a vontade e as preferências da pessoa, sejam isentas de conflito de interesses e de influência indevida, sejam proporcionais e apropriadas às circunstâncias da pessoa, se apliquem pelo período mais curto possível e sejam submetidas à revisão regular por uma autoridade ou órgão judiciário competente, independente e imparcial. As salvaguardas serão proporcionais ao grau em que tais medidas afetarem os direitos e interesses da pessoa".

Pois bem, o Estatuto da Pessoa com Deficiência (Lei n. 13.146/15) necessariamente guarda deferência à CDPD, inclusive com acato às suas salvaguardas, de modo que as medidas relativas ao exercício da capacidade legal protejam e promovam a autonomia das pessoas com deficiência. Mas será que isso efetivamente acontece? O título do post é uma homenagem ao mais famoso conto de Guimarães Rosa, publicado na obra "Primeiras Estórias". Aqui, a terceira margem do rio serve como metáfora aplicada ao caminho percorrido pela Lei

Brasileira de Inclusão, que não aderiu a outras duas vias possíveis, sendo que a escolha entre as três alternativas oscilará conforme o peso que se queira conceder entre o necessário cuidado (proteção) da pessoa com deficiência e a promoção de sua autonomia.

Nesse balanceamento, a "primeira margem do rio" consiste em reproduzir o caminho trilhado pela legislação reformista de países como Alemanha ('Betreuung') e Grécia, substituindo-se qualquer forma de restrição de capacidade civil e curatela por modelos jurídicos hábeis a prover o acesso de pessoas com deficiência ao suporte que necessitarem no exercício de sua capacidade legal. Já a "segunda margem do rio", seria um giro de 180 graus, de forma a enfatizar o cuidado em detrimento da autonomia, preservando-se a incapacidade absoluta para aqueles casos em que a pessoa não possua resquícios de autodeterminação. Contudo, a existência de uma norma que abstratamente preveja uma espécie de incapacidade generalizada viola a dignidade da pessoa humana e a essência da CDPD, pois despersonaliza 'a priori' seres humanos em razão de exclusiva avaliação de sua integridade psíquica. Esse aspecto é bastante evidenciado no novo desenho do instituto do "guardianship of adults", na Europa Continental. Outrossim, trata-se de um desserviço à regra da proporcionalidade em um duplo viés: seja pelo fato da curatela ilimitada reduzir a pessoa a uma doença e se olvidar de uma avaliação holística na qual se leve em consideração os seus afetos, crenças, potencialidades e direitos fundamentais; seja ainda pela tentativa de subversão axiológica das bases do direito civil contemporâneo, ao se pretender funcionalizar as situações existenciais às patrimoniais (e não o contrário!), com o objetivo de acautelar o princípio da segurança jurídica, equivocadamente compreendido como o resguardo da higidez de institutos clássicos como a prescrição e a teoria das nulidades. Em verdade, "segurança jurídica" no Estado Democrático de Direito significa acesso a direitos fundamentais, o que implica a indispensável tarefa de pontual adaptação dos institutos patrimoniais tradicionais às exigências de promoção de direitos das pessoas com deficiência. Jamais o oposto!

A terceira margem do rio é o Estatuto da Pessoa com Deficiência. A Lei n. 13.146/15 aceita a premissa da deficiência como um fato jurídico, ou seja, uma condição humana orgânica, completamente dissociada da incapacidade. Ao se conceituar a deficiência como uma vulnerabilidade, o legislador não tolera que um impedimento de longo prazo seja automaticamente sancionado como fato ilícito com a eficácia punitiva do cerceamento da capacidade jurídica da pessoa com deficiência. Doravante, a deficiência dever ser conceituada como a interação de uma condição médica com fatores ambientais que agregam à loteria natural (John Rawls) e potencializam os seus efeitos negativos. Algo que na "common law" é palpável pela distinção entre os termos "impairment" (debilitação) e "disability" (deficiência). Assim, o fato de uma pessoa ser incapaz de mover as pernas não importa em deficiência, isso só ocorrerá quando a debilitação lhe impeça de, por exemplo, entrar em uma biblioteca. Assim, a deficiência pode ser evitada se o contexto social aponte para a superação de barreiras pela via de adaptações razoáveis na arquitetura das cidades.

Contudo, a Lei Brasileira de inclusão segue um modelo semelhante ao do direito italiano, admitindo a convivência entre as medidas de suporte à autonomia (através da regulamentação da Tomada de Decisão Apoiada no CC) e a curatela. Com efeito, o fato jurídico da deficiência será aferido em uma tripla gradação: a) regra geral da deficiência como vulnerabilidade e preservação da capacidade plena; b) a eventualidade da deficiência qualificada pela Tomada da Decisão Apoiada quando houver limitação da aptidão decisória; c) a excepcionalidade da deficiência qualificada pela curatela (art. 84, § 1°), nos casos em que um laudo biopsicossocial possa objetivamente aferir uma absoluta impossibilidade de interação social. Porém, a curatela será associada a uma incapacidade relativa, na qual preponderará um projeto terapêutico individualizado, na qual o decisivo será a abordagem da pessoa em sua singularidade, de forma que a extensão da curatela possa oscilar de uma pequena restrição à capacidade (com a preservação quase integral da autonomia e assistência do curador em situações devidamente delimitadas) a uma drástica limitação da capacidade em casos graves, que recomendem uma curatela de ampla extensão, tendo basicamente o curador um acentuado poder de representação sobre os interesses da pessoa curatelada. O foco na concretude do caso e uma análise multidisciplinar dos espaços residuais de autogoverno do curatelando são as garantias de que a regra da proporcionalidade será preservada.

A permuta do vocábulo "interdição" por "curatela" não se resume ao politicamente correto. O câmbio de uma legislação punitiva e excludente do indivíduo incapaz para uma ordem comprometida com a inserção social da pessoa com deficiência é aferido por uma proporcionalização da curatela em dois níveis: a) personalização da curatela; b) funcionalização da curatela. Para além da intervenção qualitativamente diversa pela via do projeto terapêutico individual, a personalização da curatela se materializa na restrição da atuação do curador ao exercício de direitos de natureza patrimonial, pois uma transferência de poderes decisórios sobre atos existenciais se traduziria em uma delegação coercitiva da titularidade de direitos fundamentais. Por conseguinte, recai forte ônus persuasivo sobre o autor da demanda, para provar a necessidade de substituição da vontade do curatelado em aspectos concernentes à sua intimidade e ao livre desenvolvimento da personalidade (art. 749, CPC/15). Por fim, a funcionalização da curatela é patente ao se priorizar a promoção da autonomia do curatelado como norte de qualquer restrição temporária sobre a capacidade civil (art. 758,

CPC/15). O antigo curador de bens se converte em um cuidador da saúde em um processo colaborativo de reconquista da autodeterminação, ostentando deveres fiduciários perante o curatelado, devendo agir com base em seus melhores interesses (art. 755, CPC/15). A funcionalização requer que a pessoa do curador não se identifique necessariamente com um familiar e que, por vezes, seja pluralizado, pela via de uma curatela compartilhada ou fracionada (art. 1.775-A, CC).

Retornamos à indagação que justifica esse escrito: "A curatela implica em mitigação da capacidade legal plena derivada do artigo 12 da Convenção de Direitos da Pessoa com Deficiência? Com base nos parágrafos precedentes respondemos: Sim. A curatela mitiga o exercício da capacidade legal da pessoa com deficiência. Todavia, a subsistência desse modelo jurídico em nosso ordenamento jurídico não ofende a CDPD. A LBI e o CPC/15 inseriram salvaguardas apropriadas e efetivas que personificam e funcionalizam a curatela, proporcionalizando a sua excepcional incidência, conforme planejamento terapêutico individualizado, de modo compatível com a proteção e promoção internacional dos direitos humanos.

OS CONFINS DA AUTOCURATELA

A "autocuratela" é um negócio jurídico de eficácia sustida, através do qual a pessoa que se encontra na plenitude de sua integridade psíquica promove a sua autonomia de forma prospectiva, planeando a sua eventual curatela, nas dimensões patrimonial e existencial, a fim de que no período de impossibilidade de autogoverno existam condições financeiras adequadas para a execução de suas deliberações prévias sobre o cuidado que receberá e a sua compatibilização com as suas crenças, valores e afetos.

Para além da cláusula geral do princípio do consentimento informado (art.15, CC), a admissibilidade da autocuratela foi a princípio extraída de uma interpretação extensiva da Resolução n. 1995/12 do CFM. Em vistas de uma futura e possível declaração judicial de incapacidade resultante da eclosão de uma doença crônico-degenerativa, o indivíduo que possui a integridade das faculdades mentais elabora diretivas antecipadas de vontade (DAV's) manifestando os tipos de cuidados de saúde que desejará receber na eventualidade da terminalidade da vida, indicando a forma particularizada de lidar com o processo de morte, caso se encontre inconsciente. Consequentemente, se há a possibilidade de instituição de uma representação duradoura, a fim de que se eleja uma pessoa capaz de exteriorizar a singularidade daquele que se encontra em situação de incompetência de autodeterminação nos momentos derradeiros da existência, por qual razão não se alagar as fronteiras da representação duradoura, concedendo-se a pessoa a liberdade de nomear um representante para cuidados com a saúde, caso perca a possibilidade de autodeterminação, mesmo sem se encontrar no terreno da terminalidade? Assegura-se ao indivíduo a iniciativa de escrever a sua biografia, mesmo que as suas mãos já não tenham forças para redigir as suas derradeiras linhas. O representante, portanto, agirá dentro do perímetro previamente definido pela pessoa, sobre o seu conceito de "qualidade de vida", ou seja, consoante o que sente e percebe.

Atualmente, a autocuratela rompe o território das diretivas antecipadas, sendo explicitamente reconhecida pelo ordenamento jurídico nacional pós-CDPD. A Convenção de Nova York, com natureza de norma constitucional derivada de sua submissão a quórum qualificado, insere dentre os seus princípios gerais, no Artigo 3°, "a": "O respeito pela dignidade inerente, a autonomia individual, inclusive a liberdade de fazer as próprias escolhas, e a independência das pessoas". Desse dispositivo se depreende que, tanto na tomada de decisão apoiada como na autocuratela, o indivíduo poderá transmitir aos apoiadores e curador poderes para interferir em questões relacionadas a sua esfera de intimidade e privacidade, justamente por não se tratar de delegação coercitiva de direitos fundamentais, mas de ato jurídico de autocontenção de atributos existenciais em prol de pessoa cuja legitimidade e atuação serão submetidas a um controle judicial.

Como se não fosse suficiente a eficácia direta da dita convenção de direitos humanos sobre o aparato infraconstitucional, com o advento da Lei n. 13.146/15, tornou-se possível exercitar a autocuratela de forma autônoma ou dentro de um planejamento pessoal que envolva sucessivamente o modelo jurídico da tomada de decisão apoiada (art. 1.783-A, CC) e a curatela. Imaginemos uma pessoa deficiente com doença degenerativa, como o diagnóstico de Alzheimer. Nas primeiras fases da enfermidade o requerimento de apoio será importante instrumento de preservação da dignidade e autonomia da pessoa vulnerável. A pessoa apoiada mantém a condição de plenamente capaz e os apoiadores não serão representantes ou assistentes do beneficiário, mas meros coadjuvantes na tomada de decisões. Contudo, com a progressiva evolução da doença, a pessoa poderá programar a "autocuratela", na qual designará um representante duradouro de sua confiança que a substituirá praticamente em todas as decisões da vida cotidiana. A sentença judicial constituirá a incapacidade relativa do curatelado, e o curador conforme as peculiaridades do caso exercitará uma curatela de maior ou menor extensão. Isto é, a curatela ordinariamente será restrita a atos de assistência, podendo, contudo, evoluir para a representação caso a pessoa não demonstre condições mínimas de autogoverno. Ademais, o raio da autocuratela como negócio jurídico atípico, amplia o seu perímetro em dois pontos: primeiro, as diretivas antecipadas são apropriadas para a manifestação de orientações futuras quanto aos cuidados quanto à saúde do paciente, porém, pode não ser interpretado como o espaço adequado para que alguém exteriorize as suas preocupações quanto a questões afetivas e existenciais, que envolvam a sua intimidade ou o espaço familiar de privacidade; segundo, a autocuratela na versão mais ampla da CDPD e da LBI permite a pessoa não apenas a programação futura de sua esfera existencial, como também lhe faculta a organização e administração de sua dimensão patrimonial, mesmo que esse enfoque econômico seja acessório, no sentido de que a escolha de um curador que eficazmente zele pela manutenção de um certo padrão de vida será a garantia de que o curatelado preservará o seu padrão financeiro e, consequentemente, terá acesso a um tratamento condigno. Evidentemente, ao tempo que as condições psíquicas da pessoa demonstrem a necessidade da curatela, o projeto pessoal será submetido a um controle de legitimidade em dois níveis: primeiro, abstratamente será aferido se o conteúdo do ato de autodeterminação não ofende o ordenamento jurídico; segundo, concretamente será avaliado se as condições de saúde da pessoa demandam uma correção qualitativa ou quantitativa dos limites por ela previamente apresentados à atuação do curador.

Outrossim, a autocuratela poderá ser levada a efeito mesmo de forma autônoma a uma TDA. Ao dispor o §1° do art. 755 do CPC/15 que "A curatela deve ser atribuída a quem melhor possa atender aos interesses do curatelado", inequivocamente, será o ato de autocuratela o fator preponderante para elucidar qualquer dúvida sobre a pessoa (ou pessoas, em caso de autocuratela conjunta) que possa exercer a assistência após a sentença que decrete a curatela. O instrumento mais prático de autocuratela consiste em uma declaração a ser realizada por instrumento particular ou pela via de escritura pública lavrada em cartório de notas, com determinação do nome do futuro curador e margem de atuação.

Alternativamente, para um futuro próximo, podemos antever a autocuratela sendo realizada de forma remunerada, mediante negócio jurídico bilateral de mandato, tendo como destinatários profissionais liberais ou pessoas jurídicas que possuam "expertise" no sentido de propiciar os melhores consultores financeiros e outros especialistas em cuidados. Além da questão demográfica (crescimento exponencial da população de pessoas idosas e, consequentemente, de doenças degenerativas), muitas pessoas adoecem sem ter uma família – ou ao menos pessoas confiáveis por perto – e anseiam pela canalização dos seus rendimentos para a fiel execução de suas instruções sobre a qualidade de vida que anseia. Abre-se aí mais uma oportunidade de mercado.

A TOMADA DE DECISÃO APOIADA

O art. 116 da Lei n. 13.146/15 cria um *tertium genus* em matéria de modelos protetivos de pessoas em situação de vulnerabilidade. Além dos tradicionais institutos da tutela e curatela, surge a Tomada de Decisão Apoiada. O Título IV, do Livro IV da Parte Especial do Código Civil, passa a vigorar acrescido do art. 1.783-A, consubstanciando 11 parágrafos. Essa importante inovação já era aguardada. Ela concretizará o art. 12.3 do Decreto 6.949/09 que promulgou a Convenção das Nações Unidas sobre os Direitos das Pessoas com Deficiência, nos seguintes termos: "Os Estados Partes tomarão medidas apropriadas para prover o acesso de pessoas com deficiência ao apoio que necessitarem no exercício de sua capacidade legal". O novo modelo jurídico também se inspira no legislador italiano, que através da Lei n. 6/2004 introduziu no Código Civil (arts. 404 a 413) a figura do *amministratore di sostegno*, ou seja, o administrador de apoio, e ingressa no Brasil por meio do Estatuto da Pessoa com Deficiência quase que simultaneamente com a sua introdução no art. 43 do Código Civil da Argentina, com vigência programada para 2016.

Tutela e curatela são instituições protetivas da pessoa e dos bens dos que detêm limitada capacidade de agir – seja pela idade ou pela submissão a prévio processo de interdição –, evitando os riscos que essa carência possa impor ao exercício das situações jurídicas por parte de indivíduos juridicamente vulneráveis. Contudo, por mais que o legislador paulatinamente procure reformá-las – de forma a adequá-las ao modelo personalista do direito civil constitucional –, pela própria estrutura, tutela e curatela são medidas prioritariamente funcionalizadas ao campo estritamente patrimonial. Em contrapartida, a Tomada de Decisão Apoiada é um modelo jurídico que se aparta dos institutos protetivos clássicos na estrutura e na função. Ela é contemplada pelo art. 116 da Lei n. 13.146/15 para ingressar no Título IV do Livro IV da Parte Especial do Código Civil, que passa a vigorar acrescido do Capítulo III (após o estudo da tutela e curatela). O novo art. 1.783-A veicula a sua essência: "A tomada de decisão apoiada é o processo pelo qual a pessoa com deficiência elege pelo menos 2 (duas) pessoas idôneas, com as quais mantenha vínculos e que gozem de sua confiança, para prestar-lhe apoio na tomada de decisão sobre atos da vida civil, fornecendo-lhes os elementos e informações necessários para que possa exercer sua capacidade".

Na Tomada de Decisão Apoiada o beneficiário conservará a capacidade de fato. Mesmo nos específicos atos em que seja coadjuvado pelos apoiadores, a pessoa com deficiência não sofrerá restrição em seu estado de plena capacidade, apenas será privada de legitimidade para praticar episódicos atos da vida civil. Pensemos em uma pessoa com mais de 18 anos ou emancipada (pois para os menores o sistema dispõe da autoridade parental e tutela), que em razão de uma dificuldade qualquer ou um déficit funcional (físico, sensorial ou psíquico), permanente ou temporário, sinta-se impedida de gerir os seus próprios interesses e até mesmo de se conduzir pelo cotidiano da vida. Ela necessita de auxílio e, para tanto, o Direito Civil lhe defere a tomada de decisão apoiada. Cuida-se de figura bem mais elástica do que a tutela e a curatela, pois estimula a capacidade de agir e a autodeterminação da pessoa beneficiária do apoio, sem que sofra o estigma social da curatela, medida nitidamente invasiva à liberdade da pessoa. Não se trata de um modelo limitador da capacidade de agir, mas de um remédio personalizado para as necessidades existenciais da pessoa, no qual as medidas de cunho patrimonial surgem em caráter acessório, prevalecendo o cuidado assistencial e vital ao ser humano. Enquanto a curatela e a incapacidade relativa parecem atender preferentemente à sociedade (isolando os incapazes) e à família (impedindo que dilapide o seu patrimônio), em detrimento do próprio interdito, a Tomada de Decisão Apoiada objetiva resguardar a liberdade e dignidade da pessoa com deficiência, sem amputar ou restringir indiscriminadamente seus desejos e anseios vitais.

De acordo com o § 1° do art. 1.783-A, "Para formular pedido de tomada de decisão apoiada, a pessoa com deficiência e os apoiadores devem apresentar termo em que constem os limites do apoio a ser oferecido e os compromissos dos apoiadores, inclusive o prazo de vigência do acordo e o respeito à vontade, aos direitos e aos interesses da pessoa que devem apoiar". O preceito revela que o núcleo do apoio é fornecer qualidade de vida à pessoa com deficiência, cabendo aos dois apoiadores seguir fielmente o termo levado a juízo, tendo em consideração as concretas e efetivas necessidades e aspirações do beneficiário. O beneficiário do apoio conservará a sua autodeterminação em todos os atos que não estejam incluídos no acordo. Assim, para a satisfação dos atos ordinários da vida cotidiana, não necessitará de auxílio dos apoiadores. Mais uma vez, constatamos que o apoio é uma medida de natureza ortopédica, nunca amputativa de direitos.

A tomada de decisão apoiada não surge em substituição à curatela, mas lateralmente a ela, em caráter concorrente, jamais cumulativo. Em razão dessa forçosa convivência, paulatinamente a doutrina terá que desenvolver critérios objetivos para apartar a sutil delimitação entre o âmbito de aplicação de cada uma dessas medidas. Desde já podemos cogitar das zonas cinzentas em que concorrem todos os pressupostos legais para a incapacitação judicial, porém, antes que se inicie o processo de interdição, o vulnerável delibera por requerer a Tomada de Decisão Apoiada. Estender-se-ia ela à pessoa com deficiência psíquica permanente, ainda não curatelada, que almeja ser beneficiária do apoio? Cremos, inclusive, que a Tomada de Decisão de Apoio poderá contribuir decisivamente para uma "avalanche" de levantamento de interdições. Ao invés de restringirmos a possibilidade da pessoa curatelada acessar o regime de tomada de decisão apoiada enquanto não ocorre o levantamento da interdição, podemos tranquilamente admitir que, com base no tradicional, "quem pode o mais, pode o menos", defira-se à pessoa curatelada – ou o curador, ou o Ministério Público – a legitimidade de, alternativamente ao requerimento de levantamento de interdição (que se acolhido lhe restituirá capacidade plena), pleitear ao juiz competente a substituição da curatela pelo modelo de Tomada de Decisão Apoiada, no qual se libertará das amarras da incapacidade relativa, com preservação do importante auxílio de dois apoiadores.

Dos 11 anos de experiência italiana, extrai-se que, mais do que uma reforma, a introdução da administração apoiada se tornou uma verdadeira revolução institucional – reconhecida inclusive pela Corte Constitucional (9/12/2005, n. 440), culminando por confinar a interdição em um espaço residual. Realmente, a experiência demonstra que a curatela desempenha uma função patrimonial básica: a de solucionar problemas concretos como comprar, vender, alugar um imóvel e investir uma soma em dinheiro. À medida que o Estatuto da Pessoa Deficiente supre essa finalidade, por meio de auxiliares tidos como apoiadores sem que a pessoa apoiada seja privada de sua capacidade de fato, a tendência inexorável é que no Brasil se reproduza o êxito do Código Civil da Itália. Afinal, modelos jurídicos como esse materializam o princípio da Dignidade da Pessoa Humana na dupla acepção: protetiva e promocional das situações existenciais.

OS DEVEDORES ANÔNIMOS

Após os Alcoólicos Anônimos, Narcóticos Anônimos e outros grupos para compulsivos, eis que desponta uma nova e concorrida sigla: Os Devedores Anônimos. Interessante matéria da revista Trip (Junho/2015) aborda os sentimentos de vergonha e orgulho que se encontram na base do relacionamento dos compradores compulsivos com o dinheiro. Um dos motivos mais frequentes para contrair dívidas é o de perseguir um padrão de vida fictício ou ceder com frequência ao prazer das compras – que, para os compulsivos, é o prazer da experiência de compra antes de ser o prazer da posse. Em tempo: nesses grupos não existe "alta" e os frequentadores antigos se apresentam como devedores em reabilitação.

Chamou-me a atenção a entrevista com Arthur Bueno – Doutor em Sociologia pela USP. Ele afirma que o impulso decisivo para a adesão ao grupo de devedores seja ocasionado por um fato relativamente corriqueiro: a inclusão em cadastros de inadimplentes. Esse fato demonstra o papel exercido pelas instituições econômicas na definição do que são condutas adequadas ou excessivas, justificadas ou injustificadas, racionais ou irracionais, normais ou patológicas. É somente após ficar com o "nome sujo" que muitos passam a se sentir envergonhados, reconhecendo-se como pessoas irresponsáveis ou mesmo portadoras de uma doença – "o endividamento compulsivo". O binômio culpa/vergonha prospera quando o devedor se torna incapaz de fazer jus aos compromissos assumidos e a promessa de felicidade proporcionada pelo dinheiro encontra limites na felicidade de outros agentes econômicos (empresas, bancos e credores).

Quatro em cada dez brasileiros estão endividados. 56 Milhões de adultos estão impedidos de obter crédito, submetidos à pecha do "nome sujo" na praça. Na maior parte das vezes não se trata de um mero inadimplemento pontual de obrigações – incumprimento temporário fruto de um lapso –, porém de uma condição duradoura e estrutural de endividamento excessivo, tida como superendividamento. Trata-se da impossibilidade manifesta do devedor de boa-fé de honrar o conjunto de suas dívidas não profissionais, exigíveis e vincendas. O passivo acumulado em decorrência do consumo excessivo extrapola o ativo (renda e patrimônio pessoal), com sacrifício ao mínimo existencial.

Toda sociedade é, por definição, "excludente", por deliberadamente selecionar aqueles que serão incluídos ou excluídos da coletividade. Em um primeiro momento, as religiões cumpriam essa função social, posteriormente este papel foi delegado à medicina-psiquiatria. Como o ideal da modernidade e dos iluminismos se amparava no cientificismo e no progresso, o direito desenvolveu o método racional e objetivo da teoria das incapacidades para extirpar a autonomia e segregar aqueles que representavam entraves à estabilidade das relações sociais. O superendividado do século XXI sofre uma espécie de interdição social, pois o seu clamor por auxílio para reconstrução da vida financeira não é ouvido. A remessa do nome a um cadastro de inadimplentes implica em exclusão da pessoa do acesso ao crédito, pela via de um tribunal de exceção que pode se chamar Serasa ou SPC. Na sociedade do hiperconsumo, que nos seduz ao endividamento e converte o supérfluo em essencial, isso equivale a rebaixar o superendividado ao posto de um não cidadão, tal qual o interdito por transtornos mentais graves e permanentes.

Diz-se, por aí, que "rico é pródigo, pobre faz lambança". Se o código civil é efetivamente o monumento ao cidadão comum, além de descompromissada com a proporcionalidade, a interdição do pródigo é absolutamente desconectada com a realidade. No Brasil, demograficamente impera a classe média baixa, por essência incapaz de sucumbir à prodigalidade. Assim, em termos de respeito às diretrizes da eticidade e da operabilidade, muito mais efetivo do que legislar para 0,1% da população seria regrar o superendividamento. Paradoxalmente, nossa legislação resguarda de várias maneiras a pessoa jurídica que propugna pela recuperação judicial (Lei n. 11.101/05), mas se omite quanto ao direito da pessoa natural renegociar globalmente os seus débitos, através de um modelo de moratória civil, de modo a obter um "fresh start" em sua trajetória de vida.

Jamais defenderíamos o paternalismo estatal como forma de eximir o devedor da sua responsabilidade, para ingenuamente internalizá-la nas estratégias de marketing dos credores. Todavia, principalmente nos casos de superendividamento ativo inconsciente (seja por imaturidade, displicência ou até por analfabetismo funcional) e superendividamento passivo – consequente aos "acidentes da vida", como desemprego, morte ou doença na família –, o ordenamento deve imediatamente desenvolver regras e instâncias capazes de mediar o diálogo entre as partes envolvidas, concretizar o papel cooperativo dos credores no *duty to mitigate the own loss*, resguardando o mínimo existencial da pessoa. Nessa hora, estaremos levando a sério o superendividamento.

A INTERDIÇÃO DO BIPOLAR

A Revista Veja divulgou um estudo genético, com base em dados de 86.000 islandeses, sugerindo a ligação entre ser criativo e o risco de desenvolvimento de distúrbios mentais, como esquizofrenia e transtorno bipolar. Na pesquisa publicada pela revista Nature Neuroscience, uma equipe de pesquisadores sugere que pintores, escritores, atores e bailarinos têm 25% maior probabilidade de carregar as variações genéticas que predispõem às doenças do que outros profissionais, como agricultores, vendedores ou artesãos. Para chegar a essas conclusões, os pesquisadores procuraram no DNA dos islandeses as variações que aumentam o risco de esquizofrenia e transtorno bipolar. Em seguida, analisaram o genoma de pessoas do mesmo país que fazem parte de associações artísticas. Na comparação, os indivíduos ligados às artes tinham uma chance 17% maior de apresentar as variáveis ligadas aos males. Segundo a reportagem, a associação entre a criatividade e a loucura remonta à noção romântica do século XVIII, quando o artista passou a ser um gênio, lutando com seus demônios interiores e a força de sua inspiração. O pintor Vincent Van Gogh e o cientista Isaac Newton foram algumas das grandes figuras conhecidas por mergulharem na criatividade, mas também na insanidade. No século XVIII, o poeta inglês Lorde Byron disse que todos os seus colegas que faziam poesias eram loucos. A ciência acaba de encontrar fortes evidências que comprovariam a tese de Byron.

A escolha do bipolar para o debate é sintomática. Já é hora de retirar da penumbra determinados "arquétipos" jurídicos, preservados no vigente código civil – talvez por inércia –, remetendo-os a um exame crítico e conforme a Constituição Federal.

De acordo com a redação original do Código Civil (art. 3°, III), eram absolutamente incapazes de exercer pessoalmente os atos da vida civil "Os que mesmo por causa transitória, não puderem exprimir a sua vontade". A incapacidade transitória encontra nas pessoas com transtorno bipolar o público principal. O bipolar

– há até algum tempo conhecido como psicótico maníaco-depressivo – é um ser ciclotímico, que oscila entre as fases de mania e de apatia. Nos episódios de mania, demonstra grande agitação e euforia, enquanto na fase apática, ingressa em depressão, tendo como resultado a total perda de prazer pelas atividades sociais e o isolamento. Entre estes extremos, o bipolar vive fases de eutimia, nas quais prevalece um estado de equilíbrio e humor. Todavia, nos momentos críticos pode praticar atos patrimoniais ou existenciais extremamente prejudiciais.

Tchaikovsky, Mozart, Van Gogh, Gauguin, Robin Williams, Hemingway, Agatha Christie, Platão, Newton, Lincoln e Ulisses Guimarães. Conforme os relatos históricos, estes seres humanos extraordinários seriam interditados como absolutamente incapazes à luz do citado dispositivo legal, pois em determinados momentos de suas vidas não suportariam a pressão das circunstâncias e escapariam das redomas daquilo que o seu contexto histórico definiu como "normalidade". Atualmente, a bipolaridade, em maior ou menor grau, afeta uma em cada vinte pessoas, convertendo-se em uma questão social.

Com exceção dos casos mais graves, a interdição do bipolar caracteriza ofensa à regra da proporcionalidade. Privar uma pessoa de sua autonomia pelo fato de acidentalmente praticar atos jurídicos fora de sua condição psíquica habitual seria uma desmesurada reprimenda do ordenamento jurídico a quem pede por tratamento e não pela pecha do isolamento pela via da incapacitação. Devemos apartar a capacidade legal do portador de transtorno bipolar da incapacidade natural de querer e entender em certo momento. A curatela, como bem reconhece o artigo 1767 do Código Civil, só se aplica aos que carecem de necessário discernimento por uma "causa duradoura". Portanto, em tais hipóteses, razoável será o recorte entre a incapacidade e a interdição, para que aquela seja reconhecida apenas como elemento ensejador da sanção de invalidade do ato jurídico praticado pelo bipolar nos momentos de apatia ou euforia, sem que a decisão desconstitutiva dos efeitos do negócio jurídico seja remetida ao registro de pessoas naturais, a ponto de privar a pessoa da capacidade de agir.

Em outras palavras, a incapacidade será localizada em relação a um determinado ato e momento, desde que sobeje provado que a pessoa bipolar sofreu prejuízo e o outro contraente poderia perceber a sua especial situação psíquica. Dessa maneira, restam equalizados os princípios da segurança jurídica e estabilidade do tráfego negocial, viabilizando-se um dimensionamento entre a preservação da esfera de liberdade do bipolar com a boa-fé de terceiros que com ele estabeleçam relações. Se o ordenamento jurídico quer promover a autonomia existencial, urge materializar a capacidade civil como direito fundamental que somente será excepcionado em hipóteses extraordinárias, e, jamais como sanção punitiva, porém como medida protetiva.

O INCOMPETENTE. A INTERDIÇÃO E A INTERNAÇÃO DO USUÁRIO DE DROGAS

É desesperadora a epidemia de crack que se alastra por todos os cantos do Brasil. Sob o ângulo humanitário, sentimo-nos impotentes diante da convivência com as "cracolândias", quase ao lado de nossas casas. A lógica demanda a construção de clínicas pelo País inteiro com pessoal treinado para lidar com os dependentes.

Mas, as políticas públicas são eficazes no sentido de internar essas pessoas e tratá-las. Já no aspecto jurídico – que nos interessa nesse espaço –, é surreal crer que membros do judiciário exijam a prévia interdição do dependente químico como condição para a sua internação. Daí a necessidade de distinguir os vocábulos capacidade e competência.

Enquanto a capacidade é o critério legal que autoriza a pessoa a tomar decisões autônomas e válidas, a competência traduz um conceito clínico de possuir habilidades para a tomada de decisões válidas em relação ao tratamento. A capacidade exprime um significado estático. Ela está ou não presente em todas as circunstâncias e exprime um prejulgamento do ordenamento sobre a viabilidade do consentimento da pessoa ser tido como relevante. Prende-se a ideia do discernimento, indispensável para a autônoma prática dos atos da vida civil. Já o conceito de competência, referendado pelos profissionais de saúde, mostra-se dinâmico e oscilante, agregando fatores adicionais de percepção para o exame clínico, destacando-se o estado psíquico presente, determinante no desfecho do processo decisório do indivíduo.

Assim, poderemos perceber situações em que o indivíduo possui capacidade de entendimento, pois consegue discernir entre o certo e o errado, porém carece de capacidade de autodeterminação racional, sendo pois incompetente para perseguir aquele comportamento que sabe ser o adequado. De uma leitura do art. 4°, II, do Código Civil, extrai-se a classificação como relativamente incapazes dos "ébrios habituais e os viciados em tóxico".

O dependente químico pode apresentar psicose exógena, mas o abuso de substâncias entorpecentes não suprimirá a sua capacidade, quando o comportamento de risco não advém de anomalia psíquica ou de uma demência que lhe prive ou mitigue o discernimento. Todavia, ele é incompetente, posto inapto para combater o vício e adotar uma conduta responsável, não obstante a seriedade do quadro clínico. Vale a pena chegar perto de uma cracolândia, explica Drauzio Varella, para entender como é primária a ideia de que o craqueiro pode decidir em sã consciência o melhor caminho para sua vida. Com a droga ao alcance da mão, ele é um farrapo automatizado que não tem outro desejo senão o de conseguir a próxima pedra para o cachimbo.

Frear essa sequência perversa de eventos neuroquímicos não é tão difícil: basta manter o usuário longe do crack. Assim, por vezes, a incompetência poderá justificar a internação da pessoa, seja ela voluntária, involuntária ou compulsória. A matéria é disciplinada pela Lei n. 10.216/01. Apesar de prenunciar uma longa jornada, de altos e baixos, será essa a medida mais adequada para preservar a integridade psicofísica da pessoa, permitindo o retorno à sociedade sem a pecha da incapacidade. O fundamental é que nesse processo a pessoa receba acompanhamento ambulatorial, apoio psicológico e oferta de emprego decente, com a condição que persevere longe do vício, submetendo-se à constante fiscalização médica por exames periódicos.

Infelizmente, ainda há uma equivocada prática de submeter a internação à prévia curatela da pessoa, como se houvesse uma correlação de prejudicialidade entre a supressão da capacidade e o acesso ao tratamento necessário ao reestabelecimento do paciente. É certo que uma internação involuntária poderá se conjugar a um processo de interdição se a perda da autonomia do indivíduo decorre da própria privação de discernimento associada a um quadro de premente risco de agressão a si ou a terceiros por transtornos psicóticos, grave depressão ou mania.

Todavia, em situações caracterizadoras de incompetência, como no tratamento de dependência química, a internação se autonomiza, cuidando-se basicamente de efetivação do direito fundamental à saúde por via de políticas públicas de acesso à tratamento, o quê estabilizará a competência da Vara de Fazenda Pública, sem que a interdição do paciente consista em condição de procedibilidade ou óbice ao tratamento.

Em sede de capacidade, direito fundamental da pessoa, a regra da proporcionalidade sempre apontará a sua preferência para alternativas terapêuticas em detrimento da supressão de liberdades civis.

O ALIENISTA E A TUTELA ECONÔMICA DO INDIVÍDUO

Em "O Alienista", Machado de Assis narra a trajetória do médico Simão Bacamarte, que chega a Itaguaí-RJ e funda o hospício "Casa Verde". Em seu plano de internar todos aqueles que agem de forma peculiar, a primeira pessoa que lhe chama a atenção é o "Costa". Ele era um homem de posses que havia dilapidado a sua herança em empréstimos a fundo perdido. Costa era muito querido na cidade, tanto pela generosidade, como pela incapacidade de cobrar os empréstimos não pagos. Este personagem do final século XIX retrata a moldura jurídica do pródigo.

Passados cento e trinta anos da 1ª edição do épico machadiano, o pródigo perpetua a sua condição de relativamente incapaz no artigo 4º., IV, do Código Civil.

A prodigalidade é aferida pelo comportamento da pessoa que desperdiça desvairadamente o seu patrimônio. A interdição do pródigo é uma confissão de que o regime das incapacidades não foi estabelecido para proteger a pessoa, mas o patrimônio. Para quem crê que o status econômico define a pessoa humana, a decência estará ligada à riqueza e a indecência à pobreza. Assim, a (in)capacidade jurídica oscilará conforme a aptidão do indivíduo para desenvolver atividades econômicas. Se a submissão do patrimônio à simples vontade do pródigo poderá levá-lo à ruína, o virtuoso ordenamento protegerá a pessoa contra si própria, transferindo o seu consentimento para a pessoa de seu curador.

Porém essa excessiva preocupação com a tutela econômica do indivíduo não encontra eco na realidade contemporânea. A pessoa possui autonomia existencial, e se deseja fazer liberalidades com aquilo que titulariza – seja por trabalho, jogos, ou herança –, trata-se do império de seu foro íntimo, um traço da personalidade imune à interferência estatal pela pena da interdição, a não ser que a prodigalidade seja um sintoma de uma patologia grave, que justificará a incapacitação parcial ou total. Se o sistema jurídico acolhe a livre iniciativa (art. 170, CF), facultará ao ser humano a alternativa de abdicar de seus bens. Para que alguém pretenda "ser", defere-se a opção entre o "ter" e o "não ter". O desígnio de uma vida eventualmente apontará para o desprendimento e o minimalismo, mesmo que para a maioria de nós este comportamento diferenciado sugira uma forma insegura de sobrevivência, estranha ao receituário forjado na cultura ocidental, infenso ao desapego.

Ao invés da neutralização do sujeito pela interdição, a razoável intromissão do direito privado sobre a atuação do pródigo será no sentido de lhe assegurar um mínimo existencial, mesmo para que no futuro não se converta em um encargo para o Estado. O ideal seria a constituição de um patrimônio de afetação pela via judicial. Trata-se de acervo autônomo ao patrimônio pessoal, afeto a regras próprias de gestão e administração, sob a supervisão da autoridade judiciária. Aliás, sempre se reservará aos herdeiros necessários o direito de pleitear a redução das doações inoficiosas (549 CC).

Diz-se, por aí, que "rico é pródigo, pobre faz lambança". Se o Código Civil é efetivamente o monumento ao cidadão comum, além de descompromissada com a proporcionalidade, a interdição do pródigo também é desconectada com a realidade. No Brasil, demograficamente impera a classe média baixa, por essência incapaz de sucumbir à prodigalidade. Em respaldo às diretrizes da eticidade e operabilidade, muito mais efetivo do que legislar para 1% da população (os pródigos em potencial), seria cuidar do fenômeno do superendividamento – ativo (por abuso do crédito) ou passivo (por acidente da vida) –, que se impõe quando o conjunto de débitos da pessoa ultrapassa o seu patrimônio e a sua capacidade de endividamento.

Paradoxalmente, a legislação resguarda a pessoa jurídica que propugna pela recuperação judicial (Lei n. 11.101/05), mas ignora o direito da pessoa natural renegociar globalmente os seus débitos, através de um modelo de moratória civil, de modo a obter um "*fresh start*" em sua trajetória econômica. A remessa do nome a um cadastro de inadimplentes estanca o acesso ao crédito, pela via de um tribunal de exceção, que pode se chamar Serasa ou SPC. Na sociedade de hiperconsumo, que nos seduz ao endividamento, isto equivale a converter uma legião de superendividados naquilo que Bauman define como refugos humanos.

A história se repete, agora como farsa, concebendo mais uma categoria de interdição social, a se somar à dos pródigos e à dos mais diversos portadores de transtornos mentais.

"PARA SEMPRE ALICE"

No filme "Para Sempre Alice", uma brilhante escritora interpretada por Julianne Moore é precocemente diagnosticada com Alzheimer aos 50 anos. Aos poucos, ela começa a esquecer certas palavras e se perder pelas ruas de Manhattan.

A doença de Alzheimer coloca em prova a força da família de Alice, como acontece em praticamente todos os lares em que uma pessoa convive com a enfermidade. A personagem Alice Howland se aproximará da filha, vivida por Kristen Stewart, com quem sempre teve uma relação conturbada. Alec Baldwin dá vida a John, o marido da renomada escritora. "Para Sempre Alice" é um filme pungente, que merecidamente concedeu à Juliane Moore o Oscar de melhor atriz.

Transportando a película para o mundo do direito civil, indago como podemos funcionalizar o modelo da curatela em prol da máxima concessão de espaços de autonomia a essas pessoas, nos episódios em que uma enfermidade progressiva inexoravelmente remeta a pessoa à incapacidade.

Aqui se insere a autocuratela. Em vistas de uma futura e possível declaração judicial de incapacidade resultante da eclosão de uma doença crônico-degenerativa, o indivíduo que ainda possui a integridade das faculdades mentais elaborará as diretivas antecipadas de vontade (DAVs) sobre que tipo de cuidados de saúde desejará receber na eventualidade de sua interdição.

Assim, no uso de uma autonomia prospectiva, designará uma, ou mais de uma pessoa, para o múnus de curador – também designado procurador para cuidados de saúde –, com instruções sobre as suas peculiaridades existenciais e patrimoniais, decidindo livremente sobre o seu futuro.

Entre as vantagens da designação de um procurador para cuidados de saúde, podemos identificar a superação das incertezas sobre quem tem o poder de decidir sobre quais intervenções diagnósticas e terapêuticas poderão ser realizadas em pessoas incapazes, que ainda não foi interditada. Nesses casos, ele atuará segundo uma presumida vontade do representando, ou seja, em consonância ao que seria o melhor interesse ou conforme os desejos do paciente. A delegação de decisões (e de direitos fundamentais) que impactam positivamente na qualidade de vida do interdito consiste em legítima autolimitação de direitos da personalidade, posto praticada em prol da afirmação de sua dignidade.

Difundida essa prática de autodeterminação preventiva, poderemos evitar situações aviltantes a dignidade de pessoas que padecem de doenças degenerativas e cuja curatela irresponsável solapa o que lhes resta de humanidade, como tão bem retratado por Shakespeare na demência do velho Rei Lear, que sofre os maus-tratos de duas filhas e só em seus últimos momentos percebe que apenas era digno de amor verdadeiro de sua filha mais jovem, Cordélia, justamente aquela que não adulou o pai e foi expulsa do reino. Paradoxalmente, o seu procurador para cuidados com a saúde era o bobo da corte, que certa feita, dirigindo-se ao decrépito Lear, pronunciou: "você ficou velho antes de ficar sábio".

A GUARDA DE FATO COMO TERCEIRA VIA ENTRE A CURATELA E A TDA

Existem três formas de proteção e promoção de direitos fundamentais da pessoa com deficiência mental ou psíquica: a) curatela; b) tomada de decisão apoiada; c) guarda de fato. Não obstante as duas primeiras sejam modelos jurídicos reconhecidos na legislação civil brasileira, apartam-se em sua estrutura e função: a curatela é uma medida de incapacitação judicial de pessoas desprovidas de autodeterminação (art. 4°., III, CC), cuja função precípua é a de proteção de quem necessita de representação ou assistência para a prática dos atos da vida civil. Em contrapartida, a TDA (art. 1.783-A) é uma medida de apoio a alguém que mantem a capacidade plena, sendo a sua funcionalidade primordialmente localizada na promoção, pelos apoiadores, dos espaços de autonomia da pessoa com deficiência em situação de vulnerabilidade. Em contrapartida, considerando que o Código Civil prescindiu de uma tipificação ou caracterização legal da figura da guarda de fato, podemos afirmar que o guardador de fato será toda pessoa que custodie ou atenda alguém necessitado de proteção, sem possuir título legal que o habilite para tanto. Cuida-se de uma situação de atenção prolongada no tempo, ocupando uma posição de centralidade real entre as formas em que são atendidas as pessoas afetadas por uma deficiência. Por conseguinte, nos planos estrutural e funcional a guarda de fato tanto poderá mimetizar a curatela como a TDA, recaindo sobre um heterogêneo universo de pessoas com ausência ou déficit de capacidade natural e não são curateladas ou apoiadas. Em casos mais graves, sob o ângulo jurídico a pessoa deveria estar curatelada e em outras situações, bastaria a realização do negócio jurídico de apoio.

Esta ampla definição permite que sejam considerados guardadores de fato tanto pessoas naturais como pessoas jurídicas - tais como clínicas especializadas ou centros de residência para terceira idade. Justamente por se tratar de um dos instrumentos protetivos que mais se concilia com os fins da Convenção de Direitos da Pessoa com Deficiência, a intervenção da autoridade judicial se produzirá no momento em que tenha conhecimento da situação da guarda de fato. Todavia, as medidas que adotará a partir desse momento não se passarão no interno de um procedimento de modificação de capacidade. O Ministério Público não terá que automaticamente demandar a incapacitação ou promover a tomada de decisão apoiada (medida que só poderá ser iniciada pelo próprio interessado) se comprovado que nas circunstâncias do caso, a guarda de fato parece ser a instituição mais adequada para tutelar os interesses daquela pessoa. Com efeito, o melhor caminho para o magistrado que venha a ter conhecimento de uma guarda de fato que funcione a contento será a outorga ao guardião de faculdades já previstas para a tutela e curatela, como uma forma de agilizar trâmites e favorecer os interesses da pessoa sob a guarda. Não se trata de conceder um mandato ilimitado ao guardião, porém um reconhecimento da juridicidade da guarda com imposição de limites de atuação sob medida, conforme a concretude do caso.

Porém, para tanto, requer-se uma inovação legislativa que possa alçar aos planos da validade e eficácia os atos praticados pelo guardião de fato que redundam em utilidade à pessoa em situação de hipervulnerabilidade, convertendo-a em uma forma de representação legal que torne efetiva a proteção e salvaguarda dos seus interesses, sem a necessidade de se socorrer de uma sentença de curatela em casos em que o indivíduo preserve resíduos de autogoverno. Enquanto a legislação civil e processual não for aprimorada e o fato jurídico da guarda de fato de pessoas com deficiência se mantiver periférico ao direito, somente sobejará o recurso ao modelo da gestão de negócios para se conferir pós-eficácia aos atos praticados pelo guardião de fato quando revertam em utilidade/proveito da pessoa vulnerável. Cumpre recordar que em seu dia a dia, a pessoa maior com deficiência psíquica despida de representação terá a possibilidade de realizar uma atuação pessoal juridicamente válida na medida em que possua capacidade natural de se autodeterminar no momento em que atuou. Isto é, a pessoa não curatelada em tais circunstâncias possuirá uma capacidade formal, mas a eficácia real de seus atos dependerá daquilo que a capacidade natural lhe permita fazer. A evidente distinção consiste em que há uma presunção de invalidade dos atos praticados pela pessoa curatelada sem o seu curador (o registro civil facilmente comprovará) enquanto que na falta do devido processo legal, a pessoa interessada terá que provar a falta ou insuficiência de capacidade natural ao tempo da prática do ato pontualmente inquinado como inválido. Evidente, isso gerará reflexos, como a própria discussão sobre a boa fé daquele que com ele contratou e uma paralisia generalizada da esfera jurídica da pessoa sob a guarda de fato, ao somarmos a sua eventual falta de capacidade natural com a ausência de legitimação do guardião para atuar em seu nome, tudo isso associado ao receio de terceiros em realizar atos jurídicos com uma pessoa com deficiência psíquica em tais circunstâncias.

O fundamental é compreender que como um fato jurídico, a guarda de fato não consiste em uma instituição legal, porém em uma situação de fato que o direito toma em consideração para a produção de determinados efeitos. Assim, quando eventualmente ela se torna objeto de regulação legal (sujeitos, requisitos, conteúdo, efeitos e extinção), poderá até mesmo conservar a nomenclatura, mas especificamente quando o cuidado recai sobre pessoas maiores com deficiência psíquica ou pessoas idosas com doenças crônicas degenerativas, culminará por alterar a sua natureza, tornando-se um novo modelo jurídico de guarda, uma espécie de "guarda de direito" sem prévia incapacitação, ou uma espécie de "curatela light". Em outros termos, a guarda de fato se converte em uma situação transitória, cujo destino inexorável será o de desembocar em uma guarda legal. E para agravar, caso essa guarda de fato institucionalizada demande uma prévia avaliação formal da capacidade natural da pessoa com deficiência, ao fim e ao cabo teríamos um modelo jurídico parelho à curatela, apenas com a distinção do "nomen juris". Enquanto exerce a guarda de fato à revelia do direito, sem qualquer forma de legitimação da posição em que atue, o guardião estará privado de adotar medidas formais que redundem em benefício e interesse de outrem. Esse dado não é necessariamente negativo, pois cuidados básicos já são suficientes na maior parte dos casos em que a pessoa sob guarda de fato não possui patrimônio significativo que demande a tomada reiterada de decisões relevantes (que não poderiam ser levadas a efeito validamente pelo titular dos bens e por seu guardião). Assim, frequentemente, não será preciso que o guardião desenvolva qualquer atividade juridicamente relevante, fazendo com que a guarda de fato alcance os seus propósitos mesmo à margem do direito. Fundamentalmente, se a guarda de fato funciona adequadamente, não será necessária ou conveniente uma intervenção externa sobre a mesma, pois mesmo havendo em tese causa para uma curatela ou uma TDA, inexiste motivo para levar essas medidas adiante, pois as necessidades da pessoa estarão cobertas e, na medida do possível, bem atendidas.

Todavia, ao guardião de fato será interditada a possibilidade de peticionar em organismos oficiais, receber informações, ter acesso a conta bancária, a um notário, enfim, exercer a aquilo que se considera "administração ordinária" do patrimônio alheio, cingindo-se aos cuidados básicos com a vigilância da pessoa, alimentação e medicação. Ocorre que, na ausência de alternativas – como encontrar um segundo apoiador e iniciar um processo de Tomada de Decisão Apoiada - a premência da acreditação para a prática de atos (intervenções sanitárias e sociais imediatas, impedimento de esvaziamento patrimonial) muitas vezes conduz o guardião de fato a tomar a iniciativa de se converter em curador, sem que estejam presentes os requisitos legais para a adoção da medida excepcional e extrema de incapacitação. Quer dizer, por vezes, a curatela será uma opção necessária (embora dolorosa) para uma situação a princípio de guarda de fato, quando a pessoa tenha patrimônio significativo e careça completamente de autodeterminação, o que requer atos constantes de representação ou assistência. A titularidade de uma pluralidade de bens também dará ensejo a uma TDA quando a pessoa vulnerável com fragilização de autogoverno requeira coadjuvantes que possam lhe auxiliar em suas constantes decisões econômicas, evitando um descalabro patrimonial. Afora tais casos, como frisamos, em um país de enorme desigualdade socioeconômica como o Brasil, não haverá prejuízo de manter sobre a guarda de fato um enorme número de pessoas que se localizam no limiar do mínimo existencial, quando a atuação do guardião seja positiva sob o aspecto pessoal e afetivo.

Como alternativa entre o binômio legal curatela/TDA e simplesmente manter as coisas como estão (deixar a guarda de fato completamente alijada de controles), impõe-se a delicada questão de modelar um estatuto mínimo de uma guarda de fato, pela qual se atribua ao guardião funções e faculdades, sem, contudo, realizar-se uma prévia avaliação formal da capacidade natural da pessoa sob guarda nem um controle judicial sobre a nomeação do guardião. De fato, não teríamos aí uma curatela, tampouco uma tomada de decisão apoiada, o quê poderia gerar celeumas, pois qualquer intervenção legislativa sobre a guarda de fato implicará em um fator de heteronomia a limitar as possibilidades de atuação da pessoa com deficiência psíquica. Afinal, sem um controle judicial sobre a capacidade real de entender e querer da pessoa sob guarda de fato e da mensuração da idoneidade do guardião que atuará em seu nome, instala-se uma insegurança sobre a proteção adequada que se destine à pessoa com deficiência. No estágio atual do direito brasileiro, nada existe em termos de intervenção do ordenamento sobre a guarda de fato. Ocorre que, eventualmente, pessoas com deficiência psíquicas alijadas do sistema binário da curatela/TDA necessitarão da intervenção formal por parte do guardião, mesmo em aspectos envolvendo atos sanitários ou obtenção de informações administrativas. Essa acreditação poderá ser obtida através de uma ata notarial. De acordo com o art. 384 do CPC/15: "A existência e o modo de existir de algum fato podem ser atestados ou documentados, a requerimento do interessado, mediante ata lavrada por tabelião". Tratando-se a guarda de fato de um fato notório sobre o qual se fundam direitos e se legitimam situações patrimoniais e existenciais com transcendência jurídica, a ata notarial será um meio típico de prova com presunção de veracidade e fé pública. Outra via de acreditação do guardião de fato será o procedimento de jurisdição voluntária, atividade de natureza jurisdicional exercida pelo Estado em processos cujas pretensões consistem na integração e aperfeiçoamento de negócios jurídicos que dependem do pronunciamento jurisdicional. Por essa via, obtém-se a declaração judicial da existência da guarda sobre a pessoa com deficiência, podendo o magistrado, alheio à legalidade estrita, ditar as medidas convenientes e oportunas (parágrafo único do art. 723 do CPC/15) a fim de evitar riscos e/ou prejuízos patrimoniais ao indivíduo vulnerável.

Assim, a interpretação sistemática do artigo 1.590 do Código Civil conduz ao alargamento do conceito de guarda, no trato das relações verticais entre ascendentes e descendentes, sejam os vínculos biológicos, afetivos ou registrais. No conceito "lato sensu" de guarda como uma obrigação imposta a alguém de ter vigilância e zelo para conservação do bem, de coisas ou pessoas, que estão sob sua responsabilidade, podemos realizar um recorte "stricto sensu" para a guarda do direito de família, como um conceito dinâmico e poroso, que nos últimos anos se ampliou para acolher as formas de guarda unilateral, alternada, compartilhada (ou conjunta) e nidal, sendo comum a essas denominações a ideia da convivência familiar. Nessa constante ressignificação funcional do conceito de guarda, merece enfoque uma nova etapa, agora tendo como destinatários não apenas os filhos, mas aquelas pessoas cuja vulnerabilidade se potencializa pela persistência de uma deficiência psíquica ou intelectual congênita ou pela perda ou deterioração da autodeterminação na idade adulta ou na velhice. Ao alargar o conceito de responsabilidade parental, objetivando a persistência da convivência familiar com os filhos adultos incapazes, o art. 1.590 do Código Civil não apenas faz implícita menção aos genitores - protagonistas naturais da função de guardiões – mas faculta a compreensão, de ser o guardião o pai ou a mãe, ambos, ou mesmo terceiros, que detêm a guarda fática e jurídica deles.

A ABORDAGEM DAS "CAPACIDADES" DAS PESSOAS COM DEFICIÊNCIA: UM CONTRIBUTO DE MARTHA NUSSBAUM

Na influente obra "uma teoria da justiça" (1971), John Rawls revisita e remete a um nível mais alto de abstração a teoria do contrato social - encontrada em Hobbes, Locke, Rousseau. Em sua crítica ao utilitarismo e valorização dos imperativos da dignidade e inviolabilidade da pessoa humana, a teoria da justiça como equidade se revela a mais influente perspectiva de justiça liberal existente. Rawls acrescenta muito mais da ética Kantiana em sua teoria política do que o próprio Kant: a pessoa como um fim em si é uma ideia central de toda a estrutura rawlsiana. Nada obstante, as regras de justiça surgem como um arranjo institucional para atender uma racionalidade idealizada em um público específico de homens livres, iguais em capacidade e capazes de atividades produtivas que, para sair do estado de natureza, concebem um esquema de cooperação para vantagens mútuas. Restam excluídos do pacto as pessoas com deficiência física e psíquica, que terminam escondidas em instituições ou abandonadas. Por não contarem com representantes no desenho do princípio da justiça, culminam por não serem contempladas com medidas que atendam às suas necessidades específicas. O paradoxo é que mesmo pessoas com necessidades normais - aquinhoadas pela teoria do contrato social - também passam por momentos de sua vida em que necessitam da assistência de outra pessoa, como na infância e velhice. Eventualmente, a dependência assimétrica resulta de um acidente ou uma crise e depressão podem se tornar temporária ou permanentemente improdutivas, demandando cuidados especiais.

Em contrapartida, vários outros teóricos iluministas, adotaram abordagens comparativas endereçadas às realizações sociais. Ou seja, compararam sociedades que já existiam com as que poderiam surgir. Tal comparação tem como principal interesse a remoção de injustiças evidentes no mundo que viam (Smith, Bentham, Marx, Stuart Mill). Essas teorias substantivas não indagam o que seriam instituições perfeitamente justas, porém "como a justiça seria promovida" na sociedade em que vivem, de forma a prevenir e mitigar inaptidões. Trata-se de uma visão de justiça focada em realizações e feitos e não em arranjos, pois a justiça não pode ser indiferente as vidas que as pessoas podem viver de fato. Neste rol de pensadores, mais recentemente se encontram Amartya Sen e Martha C. Nussbaum. A ela dedicaremos maior espaço, homenageando sua obra intitulada "Fronteiras da Justiça" (Trad. Susana de Castro, Ed. Martins Fontes, São Paulo, 2013).

Partindo da concepção aristotélica do ser humano como ser social e político que se realiza através de suas relações com outros e da virtude como habilidade em inculcar atitudes corretas nas pessoas que apoiarão mudanças amplas na distribuição dos bens existentes, Martha Nussbaum apresenta o enfoque das capacidades - como espécie de enfoque dos direitos humanos - muito mais apto a determinar qual a justiça que cabe às pessoas com impedimentos sérios e incomuns do que a teoria da justiça procedimentalista de Rawls. Para ele, a escolha dos melhores princípios de justiça depende unicamente da determinação de um procedimento justo de escolha. Neste "institucionalismo transcendental" os sujeitos primários de justiça são os mesmos que escolhem os princípios. Já para Nussbaum, não é o procedimento, mas sim as consequências a serem atingidas que devem guiar a escolha dos princípios. Trata-se de uma teoria orientada para resultados, uma complementação necessária para a linguagem nem sempre "transparente" dos direitos humanos, na qual a incorporação de pessoas com necessidades especiais requer princípios que levem em consideração aquilo que elas possuem em comum com todos os outros seres humanos, a saber o desejo de florescer fazendo uso de suas capacidades humanas de modo adequado.

Partindo do princípio básico de que cada pessoa é um fim, Nussbaum, segue o enfoque das capacidades humanas para explicar o que as pessoas são de fato capazes de fazer e ser instruídas. Ao rejeitar as concepções políticas de pessoa fundadas em uma racionalidade idealizada, fornece a base filosófica sobre as garantias humanas centrais que devem ser implementadas por qualquer governo como um mínimo social básico do que o respeito pela dignidade humana requer. Em sociedades liberais plurais as "capacidades" introduzem um consenso entre pessoas que possuem concepções amplas de bem muito diferentes entre si. Mesmo se reconhecendo esta ínsita diversidade, há um nível mínimo para cada capacidade, abaixo do qual se acredita que aos cidadãos não está sendo disponibilizado um funcionamento verdadeiramente humano. Parafraseando Marx (Manifestos Econômicos e Filosóficos,1844), uma vida que tenha "funcionamentos verdadeiramente humanos", requer uma rica pluralidade de atividades vitais e capacidades para as quais todas as pessoas estão autorizadas, sendo que a racionalidade não é o único aspecto pertinente à noção de funcionalidade verdadeira humana.

Com esse ponto de partida, Nussbaum justifica uma lista - aberta e sujeita a contínua revisão - de um consenso sobreposto de dez capacidades como exigências centrais para uma vida com dignidade, com espaço para diversas possibilidades de realização: 1) Vida. Ter a capacidade de viver até o fim de uma vida humana de duração normal; não morrer prematuramente ou antes que a própria vida se veja tão reduzida que não valha a pena vivê-la; 2) Saúde física. Ser capaz de ter boa saúde, incluindo a saúde reprodutiva; de receber uma alimentação adequada e dispor de um lugar adequado para viver; 3) Integridade física. Ser capaz de se movimentar livremente de um lugar para outro; estar protegido contra ataques de violência, inclusive agressões sexuais e violência doméstica; dispor de oportunidades para a escolha em questões de reprodução; 4) Sentidos, imaginação e pensamento. Fazer essas coisas de um modo verdadeiramente humano, um modo informado e com educação adequada. Ser capaz de usar a imaginação e o pensamento em conexão com o experimentar. Usar a própria mente de modo protegido por garantias de liberdade de expressão; 5) Emoções. Ser capaz de manter relações afetivas com coisas e pessoas fora de nós mesmos. Não ter o desenvolvimento emocional bloqueado por medo e ansiedade; 6) Razão prática. Ser capaz de formar uma concepção de bem e de ocupar-se com a reflexão crítica sobre o planejamento da própria vida; 7) Afiliação. Ser capaz de viver voltado para os outros, reconhecer e mostrar preocupação com outros seres humanos. Ter as bases sociais de autorrespeito e ser capaz de ser tratado como um ser digno cujo valor é igual ao dos outros. Isso inclui disposições de não discriminação com base em raça, sexo, orientação sexual, etnia, casta, religião, origem nacional; 8) Outras espécies. Ser capaz de viver uma relação próxima e respeitosa com animais, plantas e o mundo da natureza; 9) Lazer. Ser capaz de rir, brincar, gozar de atividades recreativas; 10) Controle sobre o próprio ambiente, seja ele político - participando efetivamente das escolhas políticas que governam a própria vida - ou material, sendo capaz de ter propriedade, candidatar-se a emprego, participando de relacionamentos significativos de reconhecimento mútuo com os demais trabalhadores.

A abordagem das capacidades aponta para um foco informacional sobre a vantagem individual, julgada com relação à oportunidade e não um design específico de como uma sociedade deva ser organizada. Concentra-se na vida humana e não em rendas ou mercadorias que a pessoa possua. Bens primários são apenas meios para outras coisas, em especial para satisfazer os fins e a liberdade substantiva para realizá-los. Não se trata apenas do que uma pessoa realmente acaba fazendo, mas também o que ela é de fato capaz de fazer, quer escolha aproveitar ou não uma oportunidade. A métrica das capacidades é superior à métrica dos recursos, pois se concentra nos fins e não nos meios, lidando melhor com discriminações em face de pessoas incapacitadas, sendo sensível às variações individuais em funcionamentos. Enfim, uma vida com apropriada dignidade humana é constituída, pelo menos em parte, pela posse de um nível mínimo para cada qual das 10 capacidades da lista, abaixo do qual não há uma vida decentemente digna. Uma vez identificado esse limite extremo, procuramos um limite mais alto, aquele acima do qual não apenas a mera vida, mas a boa vida se torna possível.

Assim, o enfoque das capacidades explica a cooperação como justiça e inclusão como fins de valor intrínseco, para o qual seres humanos se unem por laços altruísticos e não por vantagens mútuas. Somos seres animais necessitados e temporários e o bem dos outros não é apenas um limite à busca dessas pessoas pelo próprio bem: faz parte de seu próprio bem. Assim, ao invés de ser um tema restrito às concepções individuais de bem - como na teoria de Rawls - um forte compromisso com o bem alheio faz parte da concepção pública compartilhada de pessoa. Relações não simétricas podem conter reciprocidade e verdadeira funcionalidade humana. A final, não somos obrigados a ser produtivos para ganharmos o respeito dos outros, pois a sociedade se une em função de um campo de afetos e compromissos, somente alguns dos quais dizem respeito à produtividade. A dignidade não é definida antes e independentemente das capacidades, mas sim de modo imbricado com elas e com suas definições.

"A capacidade é um aspecto da liberdade e se concentra especialmente nas oportunidades substantivas". Como coloca Amartya Sen, a vantagem de uma pessoa é considerada menor que a de outra se ela tem menos capacidade - menos oportunidade real - para realizar as coisas que tem razão para valorizar. A ideia de liberdade substancial diz respeito a sermos livres para determinar o que queremos, o que valorizamos e, em ultima instância, o que decidimos escolher. O conceito de capacidade está, portanto, ligado intimamente com o aspecto de oportunidade de liberdade. Ao propor um deslocamento fundamental do foco de atenção, passando dos meios de vida para as oportunidades reais de uma pessoa, a abordagem das capacidades altera bastante a compreensão dos autores e destinatários de políticas públicas.

Nenhuma Constituição protege a capacidade de forma abstrata. Deve haver uma avaliação prévia que estabeleça quais são boas e quais são as mais centrais, posto claramente envolvidas na definição das condições mínimas para uma vida humana digna. Aqui entra o cuidado como concepção de justiça. Conceber o cuidado como um direito social primário, significa refletir sobre um campo amplo de necessidades do lado tanto do que cuida, quanto daquele que é cuidado. A boa assistência aos dependentes, sejam eles crianças, pessoas idosas ou pessoas com deficiência, coloca o apoio às capacidades no âmbito da vida, da saúde e da integridade física no centro das atenções. Um bom apoiador para uma pessoa com vulnerabilidade psíquica - e boas políticas públicas que apoiem o cuidado individualizado - deve conhecer e adequar-se à natureza particular do impedimento da pessoa, alimentando sua necessidade estímulo cognitivo e seu interesse em não estar confinada em um único ambiente físico.

Um ponto fulcral sobre impedimentos e deficiências nasce da seguinte pergunta: deve-se promover apenas a capacidade em cada uma das dez áreas ou a efetiva funcionalidade? Os funcionamentos e as capacidades são diversos, porque tratam de diferentes aspectos de nossa vida e nossa liberdade. Talvez forçar todos os cidadãos a realizar essas funcionalidades seria antiliberal, mesmo em se tratando de objetivos sociais apropriados (como participação política e atividade religiosa). Por razões pessoais, alguém pode renunciar à funcionalidade concreta em questão. Lado outro, é apropriado para o planejamento político promover a saúde efetiva como um objetivo social. Se, por um lado, não é correto excluir escolhas pessoais de condução de vida que envolvam atividades arriscadas - sendo as pessoas previamente informadas do risco -, quando se trata de pessoas com impedimentos mentais, várias dessas não poderão fazer escolhas sobre sua assistência de saúde, consentir em relações sexuais, ou avaliar o perigo de uma ocupação. Assim, haverá muitas áreas para muitas dessas pessoas nas quais a funcionalidade em vez da capacidade, deverá ser o objetivo apropriado.

Vale dizer, a lista de capacidades permanecerá a mesma quando considerarmos pessoas com impedimentos mentais? E o nível social mínimo também permanecerá o mesmo? A resposta é positiva. Todos devemos ter a chance de desenvolver o âmbito total das faculdades humanas em qualquer nível que a condição pessoal permita, não por causa da produtividade social, mas porque isso é humanamente bom. Nada obstante, muitas pessoas com déficits cognitivos extremos jamais serão colocadas em uma posição em que certas capacidades assumam um nível significativo. A despeito dos melhores esforços alguns encontram extraordinárias barreiras em sua realização que nem sempre serão removidas por uma ação social inteligente. Onde a outorga direta de poder não for possível a sociedade deve oferecer a pessoa as capacidades por um sistema de apoios. O tipo de apoio deve ser estritamente adaptado para atender a pessoa onde a assistência for necessária, de modo que convide a pessoas a participar o quanto possível na tomada de decisão.

Infelizmente, a tendência persistente de todas as sociedades modernas é a de desabonar a competência das pessoas como impedimentos. Impedimentos são "naturalizados" por um cálculo econômico que nega o investimento em políticas públicas que defiram a essas pessoas atingir em algumas áreas um alto nível de funcionalidade. O ponto correto consiste em utilizar a linguagem da "realização humana" e disponibilizar o cuidado quando as pessoas querem e precisam dele. Por isto é perigoso utilizar uma lista diferente de capacidades para pessoas com impedimentos, mantendo-se uma lista única como conjunto não negociável de diretos fundamentais, para trazer todos, dentro do possível, aos limites mínimos de capacidade estabelecido para os outros cidadãos.

Talvez, um dos maiores méritos da abordagem das capacidades seja o de eliminar o descordo filosófico de direitos humanos sobre o conceito de "dignidade da pessoa humana". Pode-se argumentar plausivelmente que as premissas gerais subjacentes à teoria dos direitos humanos já abrangem muito do paradigma da deficiência, mas na prática não impõem esses padrões com eficácia. Para Nussbaum a posse efetiva de um conjunto de capacidades básicas não se baseia no talento individual de cada pessoa, porém do fio condutor do nascimento de uma pessoa em uma comunidade humana. Por isto que o enfoque das capacidades entende a garantia de um direito como uma tarefa afirmativa no plano material e institucional, o quê concede maior efetividade a sua proposta, ou seja, não se trata apenas de inibir a interferência da ação do Estado sobre certa pessoa. Garantir ao cidadão um direito à participação política e a liberdade de expressão significa colocá-lo em posição de capacidade de agir e de funcionar nessas áreas, como algo intrínseco à condição humana.

Paradoxalmente, o virtuosismo da tese de Nussbaum da abordagem das capacidades pode ser a sua maior fragilidade. O paradigma dos direitos humanos enfatiza a igual dignidade das pessoas com deficiência e reconhece sua autonomia para dirigir seu próprio desenvolvimento, independentemente de atingirem os níveis de funcionamento típico da espécie exigidos em cada uma das dez capacidades centrais de Nussbaum. A estrutura da deficiência, portanto, continua a se concentrar no papel da dignidade pessoal como um elemento-chave no discurso dos direitos humanos, enquanto a abordagem das capacidades de Nussbaum torna o grau de sua inclusão contingente à capacidade funcional que justifica suficientemente receber consideração. Ademais, talentos são mais específicos ao indivíduo do que as capacidades e, por definição, não são universalmente compartilhados. Assim, enquanto Nussbaum se concentra nas capacidades que são comuns aos seres humanos, uma estrutura de direitos das pessoas com deficiência aborda talentos que são cruciais para o florescimento humano individual e não na falta de capacidade geral medida em relação a uma linha de base funcional. O desenvolvimento de algum talento é um imperativo moral devido a cada pessoa, e para alguns pode ser menor do que para outros. Assim, a visão dos direitos humanos da deficiência da vida humana não é "apenas" sobre o florescimento individual, mas também sobre a dignidade e, portanto, necessita de uma visão maior de todas as pessoas que contribuem e estão presentes na sociedade.

Historicamente as pessoas com deficiência estão entre os membros mais politicamente marginalizados, economicamente empobrecidos e menos visíveis da sociedade. Muitas sociedades viram (e muitas continuam a ver) esta exclusão social como uma consequência "natural" das incapacidades inerentes às pessoas com deficiência e, portanto, justificada. Adotar um modelo de direitos humanos da deficiência e, em seguida, estendê-lo para outros grupos, reposiciona a deficiência como um conceito universal e inclusivo de sua posição de outsider para grupos tradicionalmente reconhecidos. Como seres humanos, cada um de nós tem pontos fortes e fracos, habilidades e limitações. Uma estrutura de direitos humanos para pessoas com deficiência valoriza o potencial sobre a função existente. Também reconhece o valor de cada indivíduo para seu próprio fim e avalia a eficácia da proteção dos direitos humanos à luz de fatores exógenos que afetam o desenvolvimento de cada pessoa. Fazer isso abraça a deficiência como uma variação humana universal, e não como uma aberração.

DISCRIMINAÇÃO NO CÁLCULO DOS LUCROS CESSANTES: O QUE A CALIFÓRNIA TEM A ENSINAR?

Em 2011, um jovem casal que esperava o nascimento de seu primeiro filho mudou-se para um apartamento no Brooklyn. O filho nasceu saudável, mas um ano depois um exame médico de rotina detectou chumbo em seu sangue. Descobriu-se que a poeira da tinta com chumbo no apartamento estava envenenando silenciosamente seu bebê. Nos anos seguintes, ele sofreu atrasos cognitivos significativos, bem como graves deficiências sociais e emocionais. A mãe da criança ajuizou ação indenizatória contra o proprietário, que foi considerado negligente. No cálculo dos danos, uma questão crítica para o júri era quanto essa criança teria ganhado ao longo de sua vida se não tivesse sido contaminada. Como de costume, os experts levaram em consideração o fato de o bebê ser hispânico. Como resultado, suas estimativas de danos foram significativamente menores do que teria sido o caso se o bebê fosse branco. O único detalhe incomum neste caso foi que o juiz federal, Jack B. Weinstein, do Distrito Leste de Nova York, se recusou a permitir tal iniquidade, colocando-se contra toda uma jurisprudência consolidada nos últimos 100 anos.

Em 2020 a Califórnia proibiu o cálculo de lucros cessantes com base em raça, gênero e etnia. A lei, que é a primeira do tipo - até a presente data não foi replicada em nível federal pela administração Biden -, proíbe expressamente reduções de danos por perda de ganhos futuros em casos de lesões corporais e morte por negligência quando essas delimitações forem baseadas em raça, gênero ou etnia. A prática de reduzir indenizações civis para os afro-americanos e outras minorias raciais e étnicas remonta ao início do século 20, quando os juízes o faziam com referência explícita a estereótipos ofensivos. Por exemplo, em *Blackburn v. Louisiana Ry. & Nav. Co.*, a Suprema Corte da Louisiana de 1911 reduziu a indenização por danos a um afro-americano em quase 70%, citando "a conhecida imprevidência da raça negra e a vida irregular que esses travões de cor levam". A jurisprudência consolidada também exige que as mulheres justifiquem ambições profissionais para fazer jus a indenizações maiores. Um tribunal rejeitou as evidências de aspirações de uma vida de uma jovem vítima de acidente de se tornar uma veterinária como "puramente especulativa" e "sem base probatória" devido à dificuldade de ingressar na única escola de veterinária da região. O mesmo ceticismo não foi demonstrado em casos em que os homens aspiravam a carreiras profissionais semelhantes. Apesar dessa discriminação generalizada em indenizações por danos, as legislaturas estaduais falharam em aceitar qualquer ação significativa para corrigir esse erro.

A Califórnia é há muito uma líder na área de responsabilidade civil. No caso de 1963 de Greenman *v. Yuba Power Products*, o estado abriu novos caminhos ao impor responsabilidade objetiva aos fabricantes por produtos defeituosos, uma abordagem que foi rapidamente adotada no segundo *restatement of torts*. Em 1968, o estado novamente abriu o caminho. Em *Dillon v. Legg*, a Suprema Corte da Califórnia estendeu a viabilidade da indenização em prol do bystander por sofrimento emocional. Esta lista de precedentes não acaba por aqui: inclui ainda *Summers v. Tice* (1948), que estabeleceu responsabilidade alternativa, permitindo que a vítima transfira o ônus da prova da causa de sua lesão para vários réus, mesmo que apenas um deles possa ter sido o responsável. Lembre-se ainda *Tarasoff v. Regents of California* (1976), que impôs um "dever de avisar" sobre terapeutas para informar terceiros ou autoridades se um cliente representar uma ameaça para si ou para outro indivíduo identificável. Por fim, *Sindell v. Abbott Laboratories* (1980), estabeleceu a *Market share liability* - doutrina que permite à vítima estabelecer um caso contra um grupo de fabricantes por um dano causado por um produto, mesmo quando o autor não sabe de que réu ele se originou - em razão de dano transgeracional rastreável ao DES, um medicamento comercializado para mulheres grávidas, aparentemente para prevenir aborto.

Atualmente a Califórnia está mais uma vez no pioneirismo das reformas de responsabilidade civil com a conversão da *Senate Bill* n. 41 em lei, proibindo expressamente reduções de danos por perda de ganhos futuros em casos de lesões corporais e morte por negligência quando essas mitigações são baseadas em raça, gênero ou etnia. No sistema de responsabilidade civil de qualquer jurisdição, lucros cessantes pesam bastante na afirmação do dano patrimonial. Quando a vítima fica gravemente ferida a ponto de prejudicar sua capacidade de trabalhar, o provável rendimento perdido deve ser calculado. Naturalmente, advogados, juízes e júris (nos EUA) estimam os ganhos futuros perdidos do demandante, com base no que razoavelmente teria auferido se não tivesse sofrido a lesão. Para auxiliar nessas avaliações, os especialistas muitas vezes contam com tabelas de expectativa de vida e salário - e nos EUA essas tabelas geralmente incluem números diferentes, com base na raça e gênero do demandante.

Normalmente, os experts adotam o *Bureau of Labor Statistics Current Population Survey*, que é atualizado trimestralmente, para determinar os ganhos perdidos projetados. A perda de potencial de ganho é um componente significativo dos danos e pode "fazer a diferença entre um prêmio modesto e considerável".

As tabelas baseadas em raça e gênero são comuns: uma pesquisa de 2009 conduzida pela National Association of Forensic Economics descobriu que 44% dos entrevistados afirmaram que contabilizam raça e 92% que contabilizam gênero ao projetar os salários futuros de uma criança lesada por um ilícito. Evidentemente, o uso de tais tabelas pode resultar em prêmios significativamente mais baixos para mulheres e pessoas de cor. Uma análise de 2016 do *Washington Post* descobriu, por exemplo, que o uso dessas tabelas significaria que, em demandas idênticas envolvendo lesões idênticas, uma demandante afro-americana de 20 anos obteria apenas US$ 1,24 milhão em salários futuros perdidos, enquanto sua contraparte masculina branca auferiria US$ 2,28 milhões - quase o dobro - mesmo mantido constante o nível de escolaridade dos dois demandantes.

Essas tabelas baseadas em raça e gênero são cada vez mais controversas. Os seus defensores argumentam que quaisquer disparidades nos ganhos futuros projetados são um sintoma de problemas sociais persistentes - não a causa. Eles também afirmam que os ganhos futuros perdidos devem ser estimados com a maior precisão possível. Cálculos precisos, em sua opinião, exigem a consideração de uma gama de características, incluindo raça e gênero. Nada obstante, esta prática é particularmente problemática no cálculo de indenizações para crianças vítimas que ainda não trabalharam ou não alcançaram um determinado nível de escolaridade, na medida em que especialistas são mais propensos a levar em consideração gênero e raça, em detrimento de fatores individualizados, como capacidade acadêmica, ética de trabalho, aspirações profissionais ou realização educacional.

Os críticos das tabelas respondem que tais disparidades são discriminatórias, arbitrárias e podem violar a Quinta e a Décima Quarta Emendas. O uso de estatísticas baseadas em raça para calcular a compensação viola o devido processo legal e o direito de propriedade porque não é cientificamente aceitável em uma população heterogênea categorizar pessoas com base na raça, uma construção social fictícia e mutável. Em vez disso, as disparidades entre "raças" estão associadas a diferenças socioeconômicas e tendem a diminuir significativamente quando os fatores socioeconômicos são controlados. Consequentemente, estatísticas baseadas em raça são inerentemente não confiáveis e seu uso em um tribunal para privar alguém de seu direito à indenização constitui ação estatal arbitrária e irracional e, portanto, uma negação do devido processo.

Neste sentido, uma análise desenvolvida pela Professora Martha Chamallas - uma das mais prolíficas estudiosas do tema - demonstra que a persistência da confiança judicial em tabelas baseadas em raça, etnia e gênero demanda ação estatal para fins de proteção igual, porque "é impossível separar o uso das estatísticas do padrão legal subjacente no caso, na medida em que nenhum princípio do direito constitucional está mais firmemente arraigado do que o princípio antidiscriminação conforme aplicado a classificações raciais explícitas. O uso de dados baseados em raça falha no nível rigoroso de escrutínio estrito exigido para passar na avaliação constitucional".

Em reforço, as tabelas reforçam rígidas barreiras raciais e étnicas, pois não levam em consideração o progresso futuro que poderia ser feito durante a vida do demandante, perpetuando estereótipos negativos que diminuem o valor do indivíduo e deixam de levar em conta o potencial humano. A erradicação das tabelas significaria a interrupção da perpetuação da discriminação do passado e o afrouxamento de seu controle sobre o futuro das vítimas. Exemplifique-se com uma menina negra de 3 anos gravemente ferida em um acidente de carro. Mesmo que esta criança não tenha sofrido discriminação no local de trabalho, e mesmo que a discriminação diminua ao longo de sua vida, as projeções sobre seus ganhos futuros irão incorporar os níveis de discriminação racial e sexual sofridos por mulheres negras que vieram de gerações anteriores. O resultado é que a compensação da menina será manchada não apenas pela discriminação, mas também por um nível de discriminação racial e sexual que ela provavelmente não enfrentaria.

Os críticos também observam que ao esvaziar as indenizações por danos contra mulheres e minorias, as tabelas prejudicam o acesso desses demandantes ao advogado no início do litígio. A final, advogados aceitam os casos com base em honorários de contingência (*contingency fee basis*). Dada essa forma de financiamento, os advogados só aceitarão casos se a provável indenização por danos for grande o suficiente para fazer o litígio valer a pena; quanto maiores os danos prováveis de um cliente em potencial, mais "vale a pena" seu caso.

Some-se a tudo isto o perverso cálculo de custo-benefício. A prática fornece justificativa econômica para a desvalorização dessas comunidades, o que resulta na adoção de comportamentos mais imprudentes por parte dos infratores, pois os "custos" percebidos dessa conduta são menores. Em termos pragmáticos, o uso de dados de raça e etnia em cálculos de indenização incentiva as empresas a colocar suas fábricas e operações em comunidades de baixa renda, ou de cor, onde eventuais compensações por danos patrimoniais e processos por homicídio culposo serão menos custosos do que se os danos ocorressem em locais onde a comunidade fosse predominantemente branca. Embora esse incentivo financeiro raramente seja explícito, a estatística demonstra uma desproporcional concentração de depósitos de resíduos perigosos em comunidades minoritárias.

Embora a constitucionalidade de tais tabelas seja objeto de debates há muito tempo, a controvérsia tomou vulto nos anos recentes. Em 2018, o Comitê de Advogados para Direitos Civis publicou um relatório pedindo reformas legislativas para evitar o uso de tais tabelas. Em 2019, dezesseis das organizações de direitos civis mais proeminentes do país - incluindo a ACLU e a NAACP - publicaram uma carta solicitando à *National Association of Forensic Economists* que congelem o uso de tabelas baseadas em raça e gênero, que se baseiam na "premissa flagrantemente falha de que as vidas das pessoas de cor e das mulheres valem menos do que as dos homens brancos".

Curiosamente, um dos raros casos de esforços de reforma federal bem-sucedidos em proibir o uso de raça ou gênero nos cálculos de danos se deu justamente no notório caso do Fundo de Compensação de Vítimas de 11 de setembro, projetado para fornecer uma alternativa compensatória sem discussão de culpa para litígios de responsabilidade civil em prol de familiares de mortos e feridos. O *special master* Kenneth R. Feinberg adotou tabelas neutras quanto à raça e gênero "para evitar qualquer preconceito em supostos padrões de vida profissional no futuro e para garantir consistência".

A expectativa é que a Suprema Corte finalmente se pronuncie sobre o tema, ou que, paulatinamente, as legislações estaduais se inspirem na iniciativa da Califórnia. Claramente uma concretização da função promocional da responsabilidade civil.

IMPUTABILIDADE, CAPACIDADE E RESPONSABILIDADE CIVIL

Coautoria: Raquel Salles

Tomamos como ponto de partida a noção mais comum de imputabilidade, no sentido de capacidade de compreender o caráter ilícito da conduta que se pratica. A imputabilidade, assim, é tratada como elemento subjetivo do ato ilícito, ao lado da culpa, enquanto a antijuridicidade, entendida como contrariedade ao direito, constitui o elemento objetivo do ilícito.

A imputabilidade em nosso sistema é atrelada à capacidade jurídica de exercício, que pressupõe a presença de sanidade e de maturidade. Tanto é assim que o Código Civil de 1916 não previu a responsabilidade civil dos sujeitos incapazes, deixando sob a exclusiva e integral responsabilidade de seus pais, tutores e curadores a obrigação de reparar danos causados.

Já o Código Civil de 2002, avançando, ainda que de um modo particular, sob a influência de sistemas estrangeiros, previu no artigo 928 a responsabilidade subsidiária dos incapazes, mitigada pela fixação equitativa da indenização como previsto no parágrafo único.

A doutrina, ainda longe de pacificar o assunto, debruçou-se sobre a nova norma com o intuito de compreender a natureza dessa responsabilidade. Para alguns, seria uma imputação objetiva, por entender ser impossível se cogitar para um sujeito sem discernimento a prática de um ato ilícito culposo, justamente por faltar o elemento subjetivo deste.

Para outros, seria esta responsabilidade subjetiva, fundada numa culpa objetiva, que remete à análise do erro de conduta independentemente das condições do sujeito, bastando-lhe o desvio objetivo de padrões/standards gerais de comportamento socialmente esperados em dadas circunstâncias. Foca mais na conduta causadora do dano do que no seu autor. A inimputabilidade, assim, simplesmente deixaria de ser um elemento necessário para a configuração do ato ilícito e não obstaria a própria responsabilidade subjetiva, porque ainda fundada na culpa. Essa concepção, todavia, esbarra nos limites da normativa brasileira, que pressupõe a inimputabilidade como consequência da incapacidade e, justamente por isso, não atribui a obrigação de indenizar diretamente, em primeiro plano, ao sujeito com o status de incapaz, mas apenas subsidiariamente. Se a intenção fosse adotar a culpa objetiva, desatrelada em absoluto da imputabilidade para atribuição geral da obrigação de indenizar nos moldes do sistema francês, não teria justificativa a subsidiariedade da responsabilidade do incapaz.

Enfim, para o que podemos chamar de terceira corrente, a responsabilidade dos incapazes seria essencialmente fundada na equidade, para justificar a atribuição, mesmo a um sujeito inimputável, da obrigação de reparar, função esta primária da responsabilidade civil, lastreada numa ponderação entre os interesses da vítima e do autor do dano quando este tiver condições patrimoniais de arcar com a indenização sem prejuízo do que lhe é necessário ou necessário para aqueles que dele dependem.

Em qualquer das três perspectivas, a inimputabilidade aparece indissociavelmente ligada à incapacidade jurídica de exercício. Mas todas chegam ao mesmo lugar, conferindo maior peso à antijuridicidade, para reconhecer a responsabilidade civil subsidiária e com indenização equitativa dos sujeitos incapazes.

Claramente a responsabilidade civil destacou-se da imputabilidade, mantida, entretanto, a noção comum, posta por nossa doutrina dominante e jurisprudência, de inimputabilidade como produto da incapacidade, exatamente porque nosso Código Civil não prevê a responsabilização primária dos sujeitos incapazes.

Apartamo-nos do sistema francês e das jurisdições da *common law*, que estabelecem a plena e direta responsabilidade civil dos incapazes, a partir de uma concepção de culpa desprovida de nuances subjetivas, ou seja, da chamada "culpa objetiva".

Aproximamo-nos dos sistemas italiano e alemão, que afastam a responsabilidade em primeiro plano dos sujeitos inimputáveis. Mas nestes últimos ordenamentos, porém, não há uma expressa vinculação da inimputabilidade à incapacidade.

De uma forma mais veemente, dispõe o Código Civil de Portugal: "Art. 489. 1. Se o acto causador dos danos tiver sido praticado por pessoa não imputável, pode esta, por motivo de equidade, ser condenada a repará-los, total ou parcialmente, desde que não seja possível obter a devida reparação das pessoas a quem incumbe a sua vigilância. 2. A indemnização será, todavia, calculada por forma a não privar a pessoa não imputável dos alimentos necessários, conforme o seu estado e condição, nem dos meios indispensáveis para cumprir os seus deveres legais de alimentos".

Não obstante a evidente aproximação com o parágrafo único do artigo 928 do Código Civil Brasileiro, o ordenamento português não se refere ao "incapaz", mas ao "não imputável".

Cumpre-nos avaliar se atualmente ainda convém manter a inimputabilidade como reflexo automático da incapacidade no campo da ilicitude ou se cabe advogar uma fratura entre os dois conceitos e, havendo, qual seria sua repercussão e, ainda, se essa repercussão é congruente com a ordem constitucional vigente.

Pois bem. Partindo primeiramente da literalidade da própria normativa aplicável, em nenhum momento o Código Civil de 2002 afirmou taxativamente que a pessoa incapaz jamais praticaria ato ilícito ou que seria sempre considerada inimputável. Sob uma perspectiva lógica inversa, tampouco afirmou categoricamente que a pessoa capaz deverá necessariamente sempre responder pelos danos por ela causados.

O que se vê, em verdade, é que o código estabelece uma responsabilidade equitativa das pessoas incapazes em geral, implicitamente incluindo (a aí temos um problema) pessoas civilmente imputáveis, por reunirem condições de compreensão do caráter lesivo da conduta que praticam e, por conseguinte, de autodeterminação, em hipóteses que deveriam ser, pensando bem, direcionadas àqueles que efetivamente não tinham essas condições.

Abre-se, assim, margem para uma interpretação favorável à tutela das vítimas, algo que não é apenas conveniente, mas necessário, à luz do princípio constitucional da solidariedade que informa o instituto da responsabilidade civil.

Ora, o mundo real comporta a existência de pessoas incapazes, porém civilmente imputáveis e, inversamente, de pessoas civilmente inimputáveis, todavia capazes. A pretendida fratura entre inimputabilidade e capacidade implica que um sujeito capaz pode ser inimputável e, um sujeito incapaz, imputável.

Com efeito, a capacidade está no plano da possibilidade de agir juridicamente, do exercício de atos jurídicos, traduzindo um conceito mais estático, ainda que comporte modulação, considerando-se a proporcionalidade da renovada curatela à luz do Estatuto da Pessoa com Deficiência. A imputabilidade, por seu turno, associa-se a uma capacidade natural, traduzindo um conceito mais dinâmico e pontual, como real ou concreta aptidão para responder ao tempo do fato danoso, aptidão esta que pressupõe a compreensão do ato lesivo praticado e de suas possíveis consequências.

Assim, pode-se afirmar que, em se tratando de sujeitos incapazes, sob curatela, o direito brasileiro denota uma presunção de ausência de condições de autodeterminação no campo do agir danosamente em áreas reservadas à atuação do curador, ou seja, uma presunção de inimputabilidade. Todavia, parece-nos possível romper tal presunção mediante a comprovação de que o autor do dano compreendia, ao tempo do ato, o caráter lesivo de sua conduta, tornando-se diretamente imputável. Ainda que se mostre remota, tem-se aí uma possibilidade de responsabilização solidária do curatelado e do curador, sendo a responsabilidade do primeiro subjetiva, fundada no ato ilícito do artigo 186 do Código Civil, e, a do segundo, objetiva, fundada no artigo 932, inciso II.

Abrimos parênteses para lembrar da ressignificação da curatela a partir do Estatuto da Pessoa com Deficiência, que implica o reconhecimento de campos de maior ou menor autonomia e enseja a modulação da incapacidade jurídica de exercício, o que, na perspectiva funcional, volta-se essencialmente à proteção da própria pessoa curatelada, sobretudo no tocante aos seus interesses patrimoniais, na medida de sua real necessidade.

Em decorrência disso, nos casos em que há curatela constituída, a pessoa curatelada é presumidamente inimputável por danos decorrentes dos atos que estiverem dentro do campo de atuação do curador, embora ressalvada sua responsabilidade subsidiária e a indenização equitativa do artigo 928. Por outro lado, é o curatelado presumidamente imputável em relação aos atos danosos que não estejam na esfera de atuação do curador. A responsabilidade objetiva do curador é, assim, circunscrita à sua zona de atuação nos termos da sentença constitutiva da curatela.

Enfim, não tendo a pessoa restrição de sua capacidade de exercício, isto é, não estando sob curatela, há uma forçosa presunção de capacidade, inclusive para pessoas com deficiência psicossocial ou intelectual, à luz da Convenção da Organização das Nações Unidas de 2007, da Constituição Federal e do Estatuto da Pessoa com Deficiência, e, consequentemente, uma presunção de imputabilidade. Parece-nos igualmente possível, entretanto, a comprovação de que ao tempo do ato o sujeito não tinha condições de compreender o caráter lesivo de sua conduta, sendo concretamente inimputável, apesar de juridicamente capaz.

A conveniência de se dissociar a imputabilidade da capacidade evidencia-se novamente, neste ponto não apenas para ampliar a tutela das vítimas, mas, igualmente, para reconhecer a autonomia da própria pessoa causadora do dano, impondo-lhe as consequências de suas condutas e escolhas. Isso porque - é sempre importante lembrar - a responsabilidade reafirma a autonomia, valor constitucional.

Noutro giro, reconhecer em concreto a inimputabilidade de um sujeito desprovido de condições de autodeterminação quando da prática da conduta danosa, para afastar-lhe o rótulo do ato ilícito e permitir-lhe a aplicação da indenização equitativa do parágrafo único do artigo 928, independentemente de seu status de sujeito juridicamente capaz, é uma medida de justiça.

Em conclusão, a proposta é de repensarmos a imputabilidade de um modo dinâmico e sempre em concreto, consistente na reunião de condições de compreensão do caráter lesivo da conduta que se pratica e, por conseguinte, de autodeterminação, que conformam uma autonomia suficiente para que a pessoa seja diretamente responsável por suas próprias escolhas e atos. Afinal, é justamente essa autonomia, e não a capacidade, o que autoriza e justifica a responsabilidade civil.

IV

DIREITO DAS OBRIGAÇÕES

OS CONTRATOS EM QUADRINHOS

Os contratos formam uma parte fundamental de nossas vidas. Precisamos assiná-los se quisermos ter um emprego, um lugar para morar com fornecimento de água e energia, serviços médicos, seguro, ou para mandar nossos filhos para a escola. E a lista continua... Transcendo Enzo Roppo, contratos não traduzem apenas a veste jurídico-formal das operações econômicas, mas também de situações existenciais materializadas em negócios jurídicos. Porém, contratos normalmente se assemelham a documentos "escritos por advogados para advogados". Eles são densos, complexos e de árdua leitura, mesmo se você for muito alfabetizado. Numa época em que a mais popular forma de comunicação se limita a 280 caracteres, a tolerância do leitor com o "juridiquês" é ainda mais baixa. Lado outro, os pactos se tornam praticamente impenetráveis para aqueles que possuam baixa alfabetização. Como a parte que fornece um contrato pode transmitir as informações necessárias para um destinatário com parca capacidade de compreensão ou em contextos transculturais? Esta foi a questão que levou à ideia dos contratos em quadrinhos. Os "comic contracts" são contratos de narrativa visual, significativamente "escritos" em imagens. As partes são representadas por personagens ilustrados, os termos do acordo são capturados como quadrinhos e as partes assinam os quadrinhos como seu contrato.

De fato, imagens bem projetadas são envolventes, de fácil compreensão e recordação. Quando imagens e texto são estrategicamente combinados, como em balões de fala ou legendas, o texto se torna menos intimidador e a compreensão é aprimorada. Os contratos em quadrinhos foram desenvolvidos em 2016 em fazendas na África do Sul, especialmente para catadores de frutas iletrados que tinham dificuldades em compreender contratos convencionais. Outros exemplos incluem acordos de confidencialidade que foram desenvolvidos para uma grande empresa multinacional que precisava contratar uma base de fornecedores diversificada em vários países. Contratos em quadrinhos também estão sendo desenvolvidos para acordos entre pais e escolas, especificamente para escolas em áreas economicamente deprimidas, onde o envolvimento informado dos pais na educação de seus filhos é crítico. Mas ainda há um enorme potencial para uso futuro, por exemplo, como contratos fornecidos por bancos, seguradoras e outras empresas a seus clientes consumidores. Destaque-se o pioneirismo da Aurecon, uma empresa multinacional de consultoria de engenharia com escritórios em 25 países, que começou a emitir contratos de quadrinhos para seus funcionários em todo o mundo. Os contratos de quadrinhos reduziram em mais de dois terços o número de palavras contidas no contrato de trabalho tradicional.

Os benefícios da emissão de contratos de quadrinhos são evidentes. Trabalhadores jovens com dificuldades de alfabetização podem se beneficiar do uso de gráficos para explicar o efeito de cláusulas potencialmente impenetráveis. Os empregadores que adotaram contratos de quadrinhos também relataram um nível maior de envolvimento dos funcionários. A substituição ou ampliação de cláusulas com gráficos também incentivou esses empregadores a eliminar termos irrelevantes ou não essenciais de seus contratos. Não obstante tais premissas alvissareiras, é importante garantir que as imagens sejam consistentes e complementem o texto da melhor forma, bem como exista uma equipe de recursos humanos apta a clarificar quaisquer cláusulas gráficas e a interagir adequadamente os termos de um contrato cômico com as políticas e procedimentos aplicáveis do empregador, garantindo que não haja ambiguidades em relação a quaisquer direitos ou obrigações impostas ao funcionário. Por fim, é fundamental evitar que os gráficos incluídos no contrato que apresentem caracteres humanos sejam representados de maneira condescendente, ilegal ou discriminatória.

Seriam os contratos em quadrinhos legalmente obrigatórios? De acordo com o direito brasileiro, um contrato é formado quando as partes concordam com os termos que pretendem ser juridicamente vinculativos. Trata-se de uma qualificação de comportamentos humanos operada por normas jurídicas. Mas existem alguns outros requisitos também. As partes devem ter a capacidade de contratar e o objeto do contrato deve ser legal e possível. Além disso, quaisquer formalidades necessárias – contrato escrito e assinado pelas partes – devem ser observadas. Por último, para que o contrato ofereça segurança jurídica, um tribunal deve ter o poder de interpretá-lo. Os contratos em quadrinhos podem atender a todos esses requisitos, mormente se considerarmos que em sociedades complexas o fenômeno proposta x aceitação não mais subsiste pelo ângulo clássico. Não há razão para que um tribunal não consiga obter um significado claro de um contrato na forma de uma história em quadrinhos. Em princípio, os contratos ilustrados, explicados oralmente ou suplementados textualmente ou contextualmente, são executáveis da mesma forma que qualquer outro contrato. Lembrando duplamente Miguel Reale: a) o direito é linguagem, mas não aquela do jurista e sim do cidadão comum. Interpretar imagens é uma parte muito importante da vida cotidiana; b) além da socialidade e eticidade, o Código Civil é regido pela diretriz da operabilidade. Isto significa que o direito não se situa no Olimpo, porém se destina à aplicação concreta que facilite as relações jurídicas cotidianas.

E o que o futuro nos aponta? Ainda não há jurisprudência sobre contratos em quadrinhos em qualquer parte do mundo. Talvez em algum tempo, um juiz de uma Suprema Corte diga que, desde que sejam claros e compreensíveis, os contratos em quadrinhos são válidos e obrigatórios. A parte mais cautelosa que deseja usar um contrato cômico poderia sempre assegurar que, quando os contratos são regulados, os componentes textuais do contrato cômico contenham o texto mínimo essencial como parte de seu design. Acreditamos que os contratos de quadrinhos preenchem uma lacuna importante na comunicação entre as partes contratantes, particularmente empresas e consumidores. De fato, os quadrinhos podem ser o futuro da contratação de consumidores. Evidentemente, a cultura paternalista brasileira pode atrasar/dificultar a introdução desses contratos, basta pensarmos na justiça trabalhista na qual não basta um bom grau de confiança no contexto de pedidos de demissão injusta, pois a compreensão das regras e procedimentos corretos no local de trabalho é sempre relevante para um litígio. Para outras contendas, onde a precisão textual é importante, é provável que haja um debate muito mais amplo. Ademais, cláusulas que lidam com direitos e responsabilidades podem ser suficientemente claras para entender em forma gráfica. No entanto, conceitos complexos mais sujeitos a controvérsias, como confidencialidade, propriedade intelectual e restrições pós-emprego, exigem uma consideração mais cuidadosa sobre se eles devem ser expressos em um formato gráfico.

Os contratos em quadrinhos se inserem em um fenômeno mais amplo que pode ser descrito como o dos "contratos visuais", nos quais a descrição do escopo e os termos de um acordo por meios visuais – ao invés da palavra escrita – podem ter um impacto benéfico no processo de contratação e na capacidade de valor das organizações. Contratos visuais anseiam "tornar o complexo simples", sendo compatíveis com as demandas de uma sociedade tecnológica e acelerada, forjada no compartilhamento de bens e experiências, bem como na busca das empresas por contratos que contém uma história sobre sua cultura. Definitivamente, o novo formato não serve para todos os contratos, mas desafia a abordagem usual da advocacia, unicamente voltada aos riscos legais. Ora, se eliminamos riscos altamente improváveis, que atendem a apenas 0,5% dos contratos, poderemos focar naqueles 99,5%, nos quais o mais importante é pavimentar o relacionamento que um contrato deve construir.

INCLUSION RIDER – HOLLYWOOD E A FUNÇÃO SOCIAL DO CONTRATO

Com uma dica, Frances McDormand fechou o discurso de sua premiação ao Oscar de melhor atriz: "I have two words to leave you with tonight, ladies and gentlemen: inclusion rider". A esmagadora maioria do público não tinha a menor noção do significado daquelas palavras. Na sequência do evento, a Professora da Universidade do Sul da Califórnia, Stacy Smith e Kalpana Kotagal – uma advogada de direitos humanos de Washington – na qualidade de artífices do "inclusion rider", explicaram que essa cláusula adicional tem como objetivo assegurar que não apenas o ator/atriz que alavanca o financiamento/produção do filme terá as suas exigências pessoais respeitadas pelo contratantes, mas que todo elenco de suporte e equipe de apoio serão representativos da sociedade real, no sentido de que personagens secundários, coadjuvantes e funcionários por trás das câmeras refletirão não apenas paridade de gênero, mas também 40% de inclusão de pessoas de cor, 5% de LGBTQ e 20% de pessoas com deficiência (evidentemente essa fórmula não se aplica a filmes históricos ou outras produções em que não faça sentido). A esperança é que em pouco tempo as agências possam tomar a iniciativa de, ainda na fase das tratativas, propor à elite de Hollywood a contratação inclusiva em seus projetos. Quando isso ocorrer, a cláusula equitativa já estará incorporada ao código de conduta da indústria de entretenimento. Em entrevista posterior à premiação, McDormand resumiu em duas palavras a inspiradora ideia da cláusula: "power in rules".

A indução à discriminação inversa é evidente, apesar da previsível crítica ao foco na demografia em detrimento da excelência artística e o assustador aspecto das cotas. Porém, a nova diretriz não importa na obrigação de contratar alguém apenas por se adequar a um grupo demográfico, mesmo ciente de se tratar de pessoa não qualificada para a posição. "Cota" é um termo carregado e perigoso na indústria do entretenimento. O verdadeiro objetivo é a eliminação do preconceito nos processos de escolha de elenco e produção. O fato é que, durante décadas Hollywood foi conduzida por homens brancos que dirigiam os seus estúdios favorecendo companheiros que com eles se pareciam e projetos que catalisavam as suas visões de vida, não importa o quão desastroso fosse o resultado da ausência de diversidade (de talentos e narrativas), enquanto um incontável número de artistas, roteiristas, produtores e executivos não eram aproveitados, principalmente nas posições mais altas das companhias, tornando essas pessoas ainda mais suscetíveis a abusos sexuais e psicológicos. Mesmo sem o apoio em estatutos legais, a "inclusion rider" jamais poderá se resumir a um acordo beneficente, pois o incentivo a criação de estórias pluralistas que reflitam o mundo em que vivemos e personagens que atraiam audiências maiores – tal como vimos recentemente em "Velozes e furiosos", "Get out", "Hidden figures" e a "Pantera negra" – acarreta enorme lucratividade e, consequentemente, forte impacto na criação e democratização de empregos de qualidade.

A par dos aspectos éticos envolvidos na cláusula adicional de inclusão, duas questões jurídicas atraem a minha atenção. A primeira delas é o processo de privatização do direito, que faz com que diversos campos da atividade econômica incorporem as suas próprias normas, a margem da regulação estatal. Esqueçam aqui a *lex mercatoria* ou regras de arbitragem, pois me refiro a um campo mais amplo de códigos de conduta e de melhores práticas, que não se encaixa nas tradicionais fontes do direito e carece de específicas bases conceituais – apesar de teorias sociológicas generalizadas como de Max Weber, ou baseadas em sistemas como de Luhmann, ou mesmo a autopoiesis de Teubner. A vantagem do processo de privatização legal é a sua maior flexibilidade e grande adaptação as dinâmicas necessidades de um certo mercado e de seus players. A desvantagem óbvia é que se trata de um processo voluntário, sem que se possa compelir todo os participes do setor a aceitar aquelas regras. Sempre haverá o risco do "free rider", ou seja, alguém que sucumba a tentação de obter vantagens econômicas deixando de seguir regras que os concorrentes adotaram. No caso da "inclusion rider" se tornar um padrão autorregulatório na indústria cinematográfica, existem duas maneiras de compelir a indústria cinematográfica a seguir a orientação de não discriminação: a primeira, mais branda, é o princípio do "comply or disclose", ou seja, aqueles que se recusem a seguir as boas práticas devem divulgar publicamente esse fato, o que por si só já gera um desvalor social da conduta. A segunda maneira de induzir adesão generalizada é ainda mais persuasiva: "comply or explain". Isto é, não apenas haverá necessidade de informar a coletividade, como de explicar detalhadamente ao público as razões pelas quais houve rejeição à um relevante instrumento de combate a uma discriminação sistêmica, o que acaba gerando reações negativas de consumidores, concorrentes, imprensa e da sociedade em geral.

A segunda questão jurídica envolve o correto enquadramento jurídico da cláusula adicional de inclusão. Em princípio, há uma aproximação com o modelo da estipulação em favor de terceiro, como derrogação ao princípio da relatividade contratual – em regra limitado à privacidade dos contratantes. A "inclusion rider" projeta efeitos na esfera jurídica de quem não participou do contrato, atribuindo benefícios a pessoas estranhas ao negócio jurídico. Essa despersonalização do vínculo é claramente percebida na medida em que direitos são adquiridos pelos beneficiários em razão direta do acordo entre estipulante e promitente, com pretensão própria dos favorecidos para exigi-los do promitente (parágrafo único, art. 436, CC). Todavia, apesar de não haver necessidade de o terceiro beneficiário ser individualizado ao tempo da contratação, ele deve ser "identificável" com certa precisão, até mesmo para que o favorecido possa executar o direito originário da transação. Ora, isso não ocorre na cláusula de inclusão, pois o compromisso do estúdio com o grande ator/atriz reside em discriminar os membros de um grupo majoritário em favor de membros de grupos historicamente prejudicados no mercado de trabalho, sem que isso impute a indústria do cinema o compromisso de beneficiar especificamente A, B ou C. Como então conceder uma pretensão de exigir um posto em uma certa produção, a uma certa mulher, negro, transexual ou pessoa com deficiência? Podemos encontrar pistas no direito alemão, com base na doutrina dos "contratos com efeitos protetivos para terceiros", nos quais os beneficiários não adquirem pretensões em face do promitente, contudo, titularizam os mesmos deveres de cuidado que o promitente deve ao estipulante. Se há uma violação desse dever de cuidado pelo descumprimento da promessa, o promitente poderá ser responsabilizado civilmente. Em nosso exemplo, o legitimado para o exercício da demanda metaindividual seria o próprio sindicato que tutela os interesses da categoria profissional.

Se no Brasil a "inclusion rider" fizer parte do mundo do entretenimento, poderemos cogitar de mais uma interessante dimensão da função social do contrato. Ao tratarmos da eficácia transubjetiva dos contratos, lembramos das figuras do terceiro ofendido – aquele que sofre violação em sua esfera patrimonial ou psicofísica em contrato que não foi parte – v.g. o "bystander" do art. 17 do CDC, ou do terceiro ofensor, cuja interferência ilícita consiste no aliciamento de uma das partes de contrato de exclusividade, impedindo que uma situação jurídica merecedora de tutela siga o seu curso até o cumprimento das obrigações (ilustra-se com o famoso "affair" Zeca Pagodinho e nova Schin em detrimento da Ambev). Em comum, trata-se de hipóteses de tutela externa do crédito que partem da premissa de que o contrato não é um átomo, mas um fato social oponível a toda a coletividade, o que implica na transcendência dos deveres anexos de proteção e cooperação para além do domínio do "res inter alios acta".

Nada obstante, uma cláusula adicional de inclusão em filme/novela/minissérie de pessoas que integram minorias demográficas, desvela uma hermenêutica ampliada da função social do contrato (art. 421, CC), prestigiando o "valor social da livre iniciativa", tal como dispõe o art. 1º., IV, da CF/88. A eficácia de cláusula contratual que combate a discriminação nas relações de trabalho realça a ideia de que, para além da utilidade visada pelas partes, os negócios jurídicos são causais, isto é, consistem em espaços promocionais dos fins eleitos para o ordenamento jurídico. A cláusula geral da função social do contrato – porosa e atemporal – abre-se a interpretações evolutivas que preservem a conformação da autonomia privada dos contratantes com princípios como o da solidariedade e da igualdade material. Talvez seja tempo de atualizar a eficácia transubjetiva dos contratos para acrescer ao rol dos terceiros ofensores e ofendidos, os terceiros beneficiários (mediatamente) mediante a promoção de direitos fundamentais, o que definitivamente não se confunde com a tradicional figura contratual dos terceiros beneficiados (imediatamente) na estipulação de vantagens patrimoniais (art. 436, CC/02).

PS: A "inclusion rider" não é a primeira iniciativa no campo da discriminação inversa no amplo setor do lazer/entretenimento nos EUA. Em 2002, na grande liga de futebol americano da NFL, diante do baixíssimo número de contratações de técnicos vindos de grupos minoritários (a liga iniciou a temporada de 2003 com apenas 2 técnicos negros), criou-se uma política pela qual toda equipe teria que entrevistar ao menos um candidato minoritário para os cargos de técnico e gerente, sob pena de altas multas. Nesses 15 anos, o "Rooney rule" (homenagem ao patriarca da equipe Pittsburgh Steelers, Dan Rooney), produziu várias estórias de sucesso, destacando o ideal de inclusão como um valor inato ao esporte.

QUEBRA CONTRATUAL: INDENIZAÇÃO OU TUTELA ESPECÍFICA?

Para que possamos optar entre as alternativas ou mesmo hierarquiza-las, a primeira pergunta a ser feita é: Quebrar um contrato é um ato ilícito ou um ato de liberdade do devedor? A resposta dependerá em muito do sistema jurídico no qual estamos imersos. Na *common law*, prevalece a noção de que a parte não pode ser obrigada a "ficar amarrada" a um contrato e, portanto, não poderá ser punida pela lei por recusar o adimplemento da obrigação. Não há nada de perverso em descumprir um contrato, desde que seja paga uma compensação. Na Inglaterra o contrato surgiu como um instrumento comercial, na qual cada parte tem o direito de buscar a melhor barganha, assumindo as suas regras do acordo de "*arm's length*", ou seja, evitando intimidade ou contato próximo. Até hoje se entende que cada contratante quer extrair o máximo possível de vantagens e proteger o seu interesse econômico. A resposta para a quebra do contrato confirma isso: os tribunais relutam em interferir na substância do contrato. Portanto, a coercibilidade não importará em se exigir uma atividade do devedor, mas na condenação a uma indenização que preserve dois polos de liberdade: a liberdade do devedor de se retirar da avença e não ser subjugado pelo contrato e a liberdade do credor de ter acesso a um montante que compense a frustração de suas expectativas, permitindo-lhe contratar com quem quer que seja, a mesma prestação que lhe foi negada pela outra parte.

Contudo, na "*civil law*" há muito menos liberdade de se quebrar contratos. O inadimplemento configura um fato ilícito, um comportamento antijurídico caracterizado pela violação de um dever específico e preexistente. Aliás, o binômio responsabilidade contratual e extracontratual se explica justamente pela contraposição entre a quebra de uma promessa no contexto negocial (ilícito relativo) e a ofensa ao "*neminem laedere*" – o dever genérico de cuidado – pela prática de um dano contra pessoas ou coisas (ilícito absoluto). Portanto, se o descumprimento contratual é tido como um ilícito – no mesmo sentido que um atropelamento ou a destruição de um bem alheio –, a tendência clara do sistema será a de reforçar os mecanismos sancionatórios que, para além da mera alocação dos riscos econômicos, sejam capazes de inibir o inadimplemento, tal como as "astreintes", em sua aptidão de persuasão à adoção de comportamentos conformes.

Essa contraposição entre distintas racionalidades é que explica a ojeriza de norte-americanos e ingleses à tutela específica – seja pela via da "*specific performance*" ou "*injunction*" – e a naturalidade pela qual a indenização é vista como a satisfação do interesse do credor que não quer ser tutelado pelo Estado no encalço do devedor, mas que deseja uma rápida retirada de um contrato arruinado, a fim de maximizar as suas oportunidades comerciais em outros lugares. Esse paradigma do contrato como um instrumento elaborado entre comerciantes não apenas explica o apreço pela tutela genérica da compensação em detrimento da tutela específica, como também a facilidade com que juízes liberaram antecipadamente uma das partes do vínculo, quando o contexto fático evidencia que o contrato não será cumprido no futuro ("*anticipatory breach*"). Esse cenário igualmente explica o fato da "*common law*" ser relutante em aceitar "*punitive damages*" por inadimplemento ou validar cláusulas penais contratuais, pois, em comum, prefixam uma pena contra a parte inadimplente, tal como se o recesso injustificado fosse um ato ilícito. Em sentido inverso, as cortes aceitam a validade de cláusulas que delimitem uma eventual indenização ("*liquidated damages clause*"), como legítimo método de se quantificar uma futura inexecução contratual e evitar a perda de tempo e energia com um longo processo de liquidação.

É nesse contexto que desenvolverei um breve raciocínio sobre a coexistência dos remédios indenizatórios e da tutela específica no Brasil, no âmbito da inexecução contratual. O fato de integrarmos um sistema jurídico que sanciona a quebra da palavra empenhada como uma ofensa ao ordenamento justificaria a recente onda de mitificação da tutela específica em detrimento do recurso à indenização?

Se o objetivo da elogiável aproximação entre o direito civil e o processo civil, é fazer com que a tutela dos direitos mereça uma concretização em nível ótimo, o melhor que o direito privado pode ofertar aos processualistas justificativas substanciais para que a tutela genérica conviva com a tutela específica no momento patológico do processo obrigacional. Fato é que, não obstante todas as alterações na teoria geral dos contratos, qualquer moderno sistema jurídico ainda o conceitua na base de um acordo entre as partes.

De acordo com o artigo 247 do Código civil: "Incorre na obrigação de indenizar perdas e danos o devedor que recusar a prestação a ele só imposta, ou só por ele exequível". Não obstante a sua entrada em vigor em 2003, muitos acusam o Código Reale de "ultrapassado", por persistir na perspectiva liberal da incoercibilidade das obrigações. Se A promete a B a construção de uma casa ou a entrega de um veículo e se torna inadimplente, B terá a seu dispor a pretensão a uma compensação econômica em face de A, correspondente aos danos causados, porém não poderá constranger o devedor a entregar o bem da vida, pois isso representaria uma desarrazoada intervenção sobre a esfera de liberdade do devedor.

Todavia, a importante contribuição da doutrina processualista nos últimos 20 anos se deu no sentido de estruturar técnicas processuais adequadas à tutela do direito material, conduzindo os holofotes para o direito fundamental do credor a percepção do seu crédito, como forma de conciliação entre a efetividade do direito e a segurança jurídica. Para tanto, a tutela genérica da indenização foi paulatinamente conduzida a um plano secundário, pois a melhor maneira de harmonizar o direito subjetivo a uma coisa certa ou a uma prestação de fazer ou não fazer é a obtenção pela via judicial do exato bem da vida pleiteado no mundo dos fatos. Ao invés da "meia-justiça" resultante da entrega de dinheiro àquele que pretendia um certo objeto ou uma atividade do devedor, o processo civil contemporâneo aspira pela mais ampla correspondência entre o que se prometeu e aquilo que o Judiciário poderá coercitivamente exigir do devedor.

Paradigmático nesse sentido é o artigo 499 do CPC/15: "A obrigação somente será convertida em perdas e danos se o autor o requerer ou se impossível a tutela específica ou a obtenção de tutela pelo resultado prático equivalente". O novo Código de Processo Civil, indisfarçavelmente, realça o protagonismo da tutela específica no direito brasileiro. Assim, consolidando a recente evolução doutrinária e jurisprudencial, o legislador considerou que a tutela pelo equivalente monetário adquire a eficácia "Barrichello", ou seja, migra para o último lugar na corrida pelo direito à tutela adequada e efetiva. Em primeiro lugar no grid de largada, posiciona-se o acesso à obrigação originariamente almejada pelo credor; porém, se não for possível alcançar a integridade do direito material, subsidiariamente o art. 497 do CPC/15 defere a prestação de tutela específica pelo resultado prático equivalente, ou seja, mediante um resultado alternativo ao inicialmente desejado, mas que alcance resultado semelhante. Se nada disso funcionar, em último lugar, surge a pretensão ao equivalente pecuniário.

Para muitos leitores o CPC/15 colocou um ponto final na questão. O processo civil brasileiro já teria alcançado a evolução desejada em termos de tutela dos direitos e técnica processual, ao incorporar à sua farmácia o milagroso remédio da tutela específica. Ledo engano! Estamos apenas no começo. Em verdade, migramos do raciocínio simplista da indenização como panaceia para todos os males obrigacionais, para uma construção complexa na qual a doutrina terá a responsabilidade de arquitetar parâmetros objetivos de ponderação hábeis a informar aos juízes e tribunais, em que condições as tutelas genérica e específica coexistirão. Para isso, dentre várias indagações, duas especialmente merecem reflexão nessas escassas linhas: a) o credor tem um direito potestativo à tutela específica ou genérica?; b) há uma hierarquia entre essas pretensões?

A leitura do artigo 475 do Código Civil é persuasiva no sentido da existência de um direito potestativo do credor à tutela específica ou genérica nas obrigações contratuais: "A parte lesada pelo inadimplemento pode pedir a resolução do contrato, se não preferir exigir-lhe o cumprimento, cabendo, em qualquer dos casos, indenização por perdas e danos". Retomando os exemplos iniciais, B teria a pretensão de insistir na entrega da obrigação de dar coisa certa (o carro de A) ou na obrigação de fazer (construção da casa por A). Naturalmente, a opção do credor de submeter o devedor a sua decisão unilateral será respaldada pela imposição de uma multa periódica, hábil a inibir a outra parte a adimplir, conforme o "script" obrigacional. Por outro lado, diante do inadimplemento, poderá o credor entender que houve a frustração do seu interesse material à prestação originária e que o melhor nesse momento será exercer a pretensão resolutória, desconstituindo o negócio jurídico e eventualmente obtendo uma compensação pelos danos decorrentes do descumprimento faltoso. Enfim, o artigo 475 remete à discricionariedade do credor a melhor forma de compatibilizar o impacto econômico da inexecução com os efeitos jurídicos desejados.

Todavia, Marinoni, Arenhart e Mitidiero (Novo Código de Processo Civil Comentado, 2015, p. 510/11) trazem à baila uma diferente percepção sobre o tema. Os cultos processualistas afirmam que o credor "não tem a livre opção em optar pelo equivalente em dinheiro ao valor da prestação sem antes dar ao devedor a oportunidade de adimplir na forma específica... Na verdade, o devedor tem o direito de cumprir a prestação tal como contratada, não sendo possível ao credor exigir dinheiro no lugar da prestação objeto do contrato, sob pena de se aceitar uma novação objetiva unilateral". Os autores prosseguem, justificando o pensamento adotado na vertente da "obrigação como processo", o que requer um ambiente cooperativo entre as partes, a fim de que a obrigação alcance o adimplemento pela via da satisfação da obrigação inicialmente pactuada. Portanto, prosseguem os doutrinadores, "apenas depois de julgado procedente o pedido e não observada a sentença que ordenou o adimplemento na forma específica, torna-se possível exigir o equivalente monetário". Não houve menção a isso, mas resta implícito que os respeitados doutrinadores recomendam o "funeral" do artigo 475 do Código civil.

É fundamental que esse debate tenha começado por iniciativa de brilhantes processualistas, pois como eles bem enfatizam, as formas de tutela não são atribuídas pelo processo, mas sim pelo próprio direito material. E é exatamente como civilista que externo a minha preocupação com esse raciocínio, pois em uma guinada de cento e oitenta graus, quer-se converter o dogma da "incoercibilidade das obrigações" em um renovado dogma: o da "coercibilidade das obrigações pela via da tutela específica". Antes, a autonomia da vontade como sacrossanto espaço de intimidade do devedor, permitindo-lhe "esnobar" a obrigação espontaneamente assumida e substituí-la por dinheiro; agora, na visão dos nominados autores, o mesmo princípio da autonomia da vontade é repaginado: ele não mais se justifica pela tutela da liberdade do devedor em descumprir a obrigação, mas na necessidade de proteção da concepção da relação obrigacional como um "processo", polarizado pelo adimplemento, na qual a boa-fé objetiva requer o dever anexo de cooperação, como forma de materializar as exigências éticas do sistema jurídico em prol do adimplemento do negócio jurídico.

Aliás, respeito a posição clássica do direito privado no sentido de conferir um perímetro de autodeterminação ao devedor, a fim de avaliar se é de seu interesse econômico cumprir a obrigação pela forma específica ou substituir o compromisso pelo equivalente pecuniário. O Estado-Juiz se mantinha afastado das relações patrimoniais estabelecidas pelos particulares, respeitando a opção do devedor pelo inadimplemento da obrigação, contudo, sancionando-o pela via genérica das "perdas e danos", conforme a aferição no caso concreto da impossibilidade de cumprimento ou da inexecução culposa. Porém, nunca apreciei o unilateralismo de tal concepção, pois a pessoa do credor é simplesmente desconsiderada a partir do momento em que o sistema jurídico não lhe oferece outra alternativa. Ademais, em uma visão 'macro' da ordem econômica, é evidente que um ambiente jurídico que forneça ao credor a pluralidade de tutelas e técnicas processuais adequadas reforça o exercício da livre iniciativa, pela confiança dos agentes econômicos em que as instituições promoverão a efetividade, mais especificamente, a segurança jurídica pela via da tutela jurisdicional.

Contudo, postular que diante do inadimplemento das obrigações contratuais o credor "deverá" exigir a prestação pela tutela específica significa um passo perigoso em direção a um processo que despersonaliza a relação obrigacional, instrumentalizando-o a concepção da "obrigação como processo" em uma vertente muito distante daquela ambicionada por Clóvis do Couto e Silva. Isso significa ignorar o direito fundamental do credor em perseguir o seu crédito da maneira que melhor lhe aprouver e converte a autonomia privada do devedor em uma "prisão", pois doravante só a partir do momento em que "julgado procedente o pedido e não observada a sentença que ordenou o adimplemento na forma específica, torna-se possível exigir o equivalente monetário". Sejamos ilustrativos: B quer que A lhe entregue o carro ou edifique a casa; A, por qualquer razão, a isso se opõe; B não mais poderá deliberar por se dirigir a um juiz e dizer "quero uma condenação pecuniária, pois o resultado inicial não mais me interessa". Por outro lado, A será condenado a uma prestação a que todos de antemão sabem será inexequível. Aonde reside o processo civil de resultados? O que se fez do princípio da instrumentalidade do processo?

Exigir tutela específica no sentido de constranger um particular ao cumprimento de prestações positivas é algo que deve ser visto com cuidado pela doutrina brasileira. A imposição de comportamentos ativos ao Estado é algo muito bem-vindo. Prestações materiais no campo da saúde, educação e assistência social são subjacentes ao Estado social, em sua missão de prover o mínimo existencial. Porém, necessitamos de cautela ao transpor essa construção ao direito privado, pois aqui há um embate entre dois titulares de direitos fundamentais. Essa cautela se torna extrema no campo contratual, pois é da essência de um acordo econômico que as partes defendam os seus próprios interesses, jamais os interesses alheios. A boa-fé objetiva não é capaz de subverter a ordem das coisas, convertendo as partes em "*best friends forever*". Ela deve ser compreendida como uma cláusula geral obrigacional que permite o influxo do princípio da solidariedade nas relações negociais de modo a impedir situações flagrantemente iníquas (função de controle do abuso do direito, art. 187 CC) e/ou criar deveres que imponham às partes um mínimo padrão de civilidade desde as tratativas até a fase pré-negocial (função integrativa do art. 422 CC). Por isso, ao invés de generalizar princípios abstratos, penso que os deveres oriundos da boa-fé devem ser cautelosamente identificados em casos particulares, sobremaneira em relações intercivis e interempresariais, nas quais a necessidade de certeza e segurança pede que o contrato não vá além dos termos convencionados por obra de uma instância externa, exceto quando isso seja necessário para que o próprio contrato faça sentido para as partes.

Se quisermos respeitar verdadeiramente a ordem econômica constitucional, em toda a sua pluralidade, é hora de propormos diversos parâmetros objetivos de adequação desses interesses diversos, que possam harmonizar as tensões em cada caso e esclarecer quais serão as tutelas e técnicas processuais adequadas, de acordo com a qualidade das partes (relação empresarial/interprivada/consumeirista), bem jurídico em jogo (bem essencial ou supérfluo), forma contratual (negócio paritário/adesão), superveniência de interesse ou não na prestação após o inadimplemento e etc.

Todavia, reduzir toda essa complexidade ao novo dogma da "coercibilidade das obrigações pela via da tutela específica" sob o argumento da "obrigação como processo", significa superdimensionar o princípio da boa-fé objetiva. A necessidade de informação, cooperação e proteção recíproca visa a um fim desejável: o adimplemento. Porém, quando há a crise de cooperação que se evidencia pelo inadimplemento, surge uma nova fase na concepção da obrigação como processo: a etapa patológica do inadimplemento. Ela será enfrentada no Poder Judiciário por uma multiplicidade de tutelas e técnicas, jamais se afastando "a priori" e arbitrariamente a possibilidade da prestação originária ser substituída pela pretensão indenizatória. A boa-fé que agora se revela é a boa-fé processual, que em nada se relaciona com a concepção da "obrigação como processo". Aliás, em belíssima passagem, os mesmos "Marinoni, Arenhart e Mitidiero", na mesma obra, afirmam veementemente: "a colaboração no processo não implica colaboração entre as partes – qualquer leitura do art. 6° do CPC, nesse sentido é equivocada. As partes não querem colaborar. A colaboração no processo que é devida no Estado Constitucional é a colaboração do juiz para com as partes. Gize-se: não se trata de colaboração entre as partes. As partes não colaboram e não devem colaborar entre si simplesmente porque obedecem a diferentes interesses no que tange a sorte do litígio... Esse ponto é digno de nota: enquanto os deveres de colaboração no plano do direito material tiveram suas origens no campo do direito obrigacional a partir dos estudos ligados a boa-fé, no processo esses deveres não se originam da boa-fé e não podem ser concebidos como deveres que gravam as partes entre si... O plano do processo pressupõe justamente uma ameaça de crise ou efetiva crise na realização do direito material. E a partir desse exato momento os interesses das partes deixam de ser convergentes e passam a ser divergentes. Isso, obviamente não dispensa as partes de agirem com boa-fé no processo. No entanto, daí para exigência de colaboração entre as partes existe uma significativa distância" (op. cit., p. 102).

E apenas para evitar que se diga que dentre os deveres cooperativos de prevenção e auxílio perante os litigantes, possa se encontrar o dever do juiz de recusar a pretensão de um credor a uma compensação econômica decorrente do inadimplemento, com base na "ideia de cooperação, ínsita ao direito obrigacional" (op. cit., p. 511), acabamos de constatar que esse argumento não apenas vulnera ideias defendidas pelos doutrinadores em outro ponto da obra, como extrapolaria o âmbito de intervenção estatal na autodeterminação das partes, sendo evidente que os deveres cooperativos não podem alcançar o extremo de sacrificar o legítimo desejo das partes de se desacorrentar do vínculo obrigacional e reaver a liberdade prévia.

Não temos dúvida quanto ao fato de que há um dever moral dos contratantes em manter as suas promessas. Porém, daí vai uma distância a querer transpor de forma automática e imediata a "quebra da palavra dada" em uma tutela específica, pois no campo jurídico o inadimplemento significa o descumprimento da obrigação primária e a sua substituição por uma obrigação secundária – a obrigação de indenizar pelos danos decorrentes da inexecução contratual. O demandante terá direito a um montante que o coloque na posição que estaria se o contrato fosse propriamente cumprido. No transcurso da demanda ressarcitória o contrato prossegue, mas há a extinção da obrigação originária, em uma nova fase do processo obrigacional. Daí que, ao contrário do que se advoga, a tutela específica não é da essência do direito civil, devendo ser posta em cena apenas quando a indenização não se revele a pretensão adequada segundo alguns parâmetros mais à frente sugeridos, e outros que a doutrina construirá.

Como dito anteriormente, examinar as consequências da inexecução contratual no âmbito de um contrato empresarial ou intercivil requer uma perspectiva principiológica distinta das relações consumeiristas ou mesmo de contratos privados forjados pela técnica da adesão. Compreende-se a proeminência da tutela específica quando o consumidor se situe em uma posição "cativa", de dependência perante um contrato que lhe forneça bens essenciais, ou mesmo fora desse âmbito, quando particulares tenham estabelecido um acordo no qual um deles simplesmente "adere" às cláusulas gerais de contratação.

Isso significa que exigir uma performance específica do devedor somente será a resposta apropriada quando for possível e apropriado que a parte inadimplente possa cumprir eficazmente a prestação e a indenização não seja do interesse do credor. Alguns critérios objetivos podem ser delineados: a) a tutela específica não pode constranger o devedor a praticar obrigações personalíssimas, de forma a converter uma prestação de serviços em uma forma de escravidão; b) mesmo não se tratando de obrigação "intuitu personae" a tutela específica (v.g. a construção da casa) é indesejável quando o credor pleiteie a indenização justamente pelo fato de que não confia mais na atuação do devedor e quer receber uma compensação financeira que lhe permita contratar uma terceira pessoa que realizará os referidos serviços; c) a tutela específica também será inidônea quando a ordem de tutela específica da obrigação impuser ao juiz ou ao tribunal uma constante supervisão ou verificação do perfeito cumprimento da decisão; d) a execução específica de uma obrigação pode envolver despesa substancial e levar a resultados abaixo da média. Ou seja, é bem possível que se verifique um desperdício de recursos pela insistência no cumprimento da obrigação de acordo com os termos contratuais, sobretudo quando a multa coercitiva se torne desproporcional; e) a tutela específica será desnecessária quando houver "mercado alternativo" para o bem jurídico demandado pelo credor. Quer dizer, se o credor pode substituir a performance do devedor pela de um terceiro, a indenização será a melhor saída. Todavia, a tutela específica se justifica quando inexiste mercado disponível para encontrar o bem jurídico inicialmente desejado. Ao contrário do que ocorre nos contratos de comprar de bens em geral – prontamente encontradas no mercado – é o que acontece nos contratos para transferência de propriedade, na qual a tutela específica é a melhor resposta. Justamente por isto, todos aceitam que o juiz deva substituir a recusa imotivada do promitente vendedor em entregar o imóvel pela outorga da promessa por via da adjudicação compulsória (art. 501, CPC/15).

Para termos uma ideia dos problemas que podem surgir pela descompromissada adoção da tutela específica, sem maiores cuidados com a própria economia do contrato, basta exemplificarmos com um contrato para escavar um canteiro de obras. Supondo que no decorrer da prestação do serviço o empreiteiro queira desistir da atividade pois a escavadeira inesperadamente encontra uma pedra de grandes dimensões. A tutela específica lhe obrigaria a levar adiante uma atividade economicamente ineficiente que superaria o lucro com o trabalho. Ademais, a simples perspectiva de esse fato acontecer implicaria na ampliação das despesas de produção, pois os empreiteiros adotariam medidas caras de precaução de riscos (v.g. comprar máquinas de britagem, apesar de intrinsecamente não ser rentável) que impactariam nos custos do contrato. Em terceiro lugar, a certeza da tutela específica remeteria os contratantes a negociar cláusulas prévias de "liberação" para o inadimplemento, com base em grandes quantias (pois isso ainda seria menos oneroso que a tutela específica). Esses são riscos indesejáveis, que podem ser evitados com o recurso a uma racionalidade econômica que homenageie o espaço concedido pelo direito civil brasileiro ao balanceamento das tutelas genérica e específica.

Por fim, a par de critérios que orientem os magistrados no sentido de evitar o risco da discricionariedade de decisões que imponham tutela específica, também é conveniente reportar a importância da inclusão "ex ante" nos contratos de provisões sobre as consequências remediais para a inexecução do contrato. Além dos contratos comerciais normalmente deliberarem sobre as circunstâncias em que o negócio jurídico será objeto de resilição (unilateral ou bilateral) e resolução, bem como estipularem cláusulas penais ou cláusulas de prefixação de danos, é legítimo que os contratantes definam se eventual inadimplemento será remediado por uma indenização ou pela tutela específica. Para que essa opção seja respeitada na fase de execução, será conveniente que exista cláusula de arbitragem, pois na linha dos argumentos aqui expendidos, por mais que as partes tenham excluído "a priori" a indenização e optado por estabelecer uma cláusula pela qual a tutela específica será a pretensão exercida em face do inadimplemento, caso incumba ao Judiciário o exame do contrato, muitas vezes a vontade dos contratantes será inadequadamente substituída pela moral "pretensamente" superior de princípios como o da boa-fé objetiva.

A DESPATRIMONIALIZAÇÃO DA REPRESENTAÇÃO

A prática comercial requer que os atores possam confiar uns nos outros na negociação e conclusão dos contratos, com o objetivo de se beneficiar de sua habilidade e experiência, ou mesmo de sua presença em outra localidade. Assim, a representação convencional é atualmente compreendida como refinado modelo jurídico de substituição na exteriorização da vontade, pelo qual o representante se torna a extensão dos desígnios do representado. Nesse mecanismo de delegação e exercício de autonomia privada há uma cisão entre a causa e o efeito do negócio jurídico. De um lado, o representante é a parte formal do contrato, transmitindo a sua própria vontade perante a contraparte, com discricionariedade para deliberar e decidir, sem se vincular aos efeitos, pois age em nome e interesse do representado (*contemplatio domini*). Lado outro, não havendo abuso ou excesso de representação, o representado será parte substancial, destinatário automático dos efeitos negociais, sem que precise realizar um segundo contrato com o representante ou com o terceiro.

Quando um intermediário se envolve na conclusão de um contrato surge uma rede envolvendo três relações jurídicas: a operação principal entre o titular do direito e o terceiro (relação externa); a relação interna entre o representado e o representante e ainda aquela que se dá entre o representante e o terceiro. A teoria da separação tratou de expurgar as indevidas sobreposições entre os conceitos de representação, procuração e mandato. A procuração é o negócio jurídico unilateral que instrumentaliza o conteúdo e a extensão dos poderes de representação, deferindo poderes de agir ao procurador e disciplinando as relações externas com terceiros. Ela é triangular, no sentido de tutelar a boa-fé da contraparte perante representante e representado. Em contrapartida, o mandato é o contrato que disciplina as relações internas entre mandante e mandatário, vale dizer, os atos de gestão dos interesses do outorgante, sem afetar a órbita de terceiros. A representação não é um contrato, mas uma técnica de manifestação de vontade. Por isso, localiza-se acertadamente na parte geral do Código

Civil. Dessa autonomia se extrai a possibilidade de poderes de representação se manifestarem independentemente de representação ou mandato, quando um declarante atua em nome de outrem mediante um contrato de trabalho, prestação de serviços ou um contrato social de uma pessoa jurídica.

Ernst Rabel descreveu como um "milagre jurídico" a possibilidade de um intermediário atuar como substituto do dono do negócio, obrigando-o diretamente a suportar as consequências econômicas de suas deliberações. De fato, tal milagre jamais se efetivou no direito romano, com as suas exigências de forma e o princípio *alteri stipulari nemo potest* – proibindo a direta criação de direitos e obrigações em outra pessoa. O rigor da "presentação" foi apenas amenizado no direito canônico, enquanto a "*common law*" testemunhou uma forma mais pragmática de despersonalizar as relações jurídicas, através do conceito mais amplo de "*agency*", compreendendo não só os casos de representação direta – na qual o representante revela ao terceiro que atua em nome e conta de outrem, como também a representação indireta (oculta), na qual, apesar de atuar no interesse do representado, o agente se vincula diretamente ao terceiro (tal como se verifica no contrato estimatório do art. 534 do CC/02). Em alguns casos, o interesse do terceiro aparentemente sofrerá mitigação, caso celebre negócio com a contraparte, com a inclusão de cláusula na qual o nome do dono do negócio eventualmente será revelado em um prazo razoável, desde que ele consinta em se vincular "*a posteriori*", ocupando o posto do contratante originário, formando-se uma representação direta em caráter "*ex tunc*". Trata-se do modelo do "contrato com pessoa a declarar", clássico no direito comparado, mas aqui introduzido apenas no CC/02. Em qualquer das referidas formas de representação, prevalece o interesse econômico na transação que vincula o representado e o terceiro.

Todavia, presenciamos o alvorecer do fenômeno da despatrimonialização da representação. Se historicamente este instituto se prestou à necessidade de dinamização das relações econômicas, mediatizado por regras de imputação de eficácia contratual na órbita patrimonial de indivíduos alheios ao ato de transmissão de vontade, os tempos atuais refletem uma migração da representação para a esfera existencial de seres humanos, na qual as regras de direito privado serão funcionalizadas por princípios que determinam em que medida a representação atuará como legítima técnica de delegação de direitos fundamentais. Dois exemplos enunciam as alvissaras:

No campo da representação convencional, afirma-se o modelo da "representação duradoura" nas diretivas antecipadas. O representante para cuidados com a saúde transmitirá ao médico a sua percepção sobre os limites razoáveis dos tratamentos aplicáveis ao paciente em situação de inconsciência (Resol. CFM 1995/12), podendo suspender intervenções desproporcionais sobre o corpo do representado em prol de sua dignidade. Em paralelo, a Tomada de Decisão

Apoiada e a autocuratela permitem que uma pessoa exercite a sua autonomia existencial de forma prospectiva, delegando a representantes de sua total confiança o consentimento sobre aspectos relacionados a sua esfera de intimidade, transcendendo o setor meramente econômico.

No tocante à representação legal, flagrante é a sua personalização: limita-se o âmbito da atuação dos representantes (pais, tutores e curadores) ao necessário na área patrimonial. Adolescentes progressivamente adquirem autonomia para o consentimento em sua esfera de personalidade, evitando a fratura entre a titularidade e o exercício de situações existenciais. Outrossim, a curatela não mais se associa à incapacidade absoluta, evitando-se a neutralização do ser humano pelo "*alter ego*" do curador. No âmbito da incapacidade relativa à atuação do representante será proporcionalizada em projeto terapêutico individualizado, que integrará na medida do possível o consentimento da pessoa sob curatela, no âmbito de decisões que digam respeito ao seu corpo, sexualidade e tratamento, evitando-se uma transferência coercitiva de direitos fundamentais do representado ao representante. Da mesma forma, a escolha judicial sobre a pessoa do curador não recairá necessariamente sobre o primeiro colocado em uma hierarquia familiar – que se justifica apenas em uma ordem de vocação hereditária –, porém será calibrada pelo "*best interest*" do curatelado, independentemente de laços biológicos ou conjugais. O representante judicial se desliga da tradicional figura do "curador de bens do interdito" abraçando o perfil funcionalizado do "cuidador da saúde do curatelado". Todas essas transformações apontam para o revigoramento da "presentação". Não mais um produto do formalismo romano, porém substancial conquista do direito contemporâneo: o reconhecimento de que é infenso a qualquer técnica jurídica instrumentalizar a condição humana.

QUATRO SUGESTÕES PARA O APERFEIÇOAMENTO DA PRESCRIÇÃO NO DIREITO CIVIL

O direito civil evoluiu bastante no tocante à compreensão da natureza da prescrição. Há muito restou superada a tese da prescrição como perda da ação (Clóvis Bevilácqua) ou como fenômeno da perda do direito subjetivo pelo credor (Caio Mário). Para um civilista desavisado, ainda prevalece uma terceira teoria, pela qual a prescrição importa na extinção da pretensão do credor, por sua inércia durante certo período fixado em lei. De fato, uma leitura do artigo 191 do Código Civil remete a essa açodada conclusão. Contudo, como já explicaram Barbosa Moreira e Humberto Theodoro Júnior, a prescrição é um fato jurídico que cria uma exceção destinada a neutralizar a eficácia da pretensão e não uma forma de sua extinção. Em outras palavras, a irrupção da prescrição não invalida a pretensão do credor, pois o crédito permanece exigível em face do devedor. O que a prescrição propicia é o nascimento de um direito potestativo para o devedor: ele possuirá a discricionariedade de invocar um contradireito, pela via da exceção da prescrição. Compete exclusivamente ao demandado decidir se alegará a defesa indireta de mérito (como exceção substancial peremptória), ou se simplesmente renunciará à prescrição consumada, conforme lhe oportuniza o artigo 191 do Código Civil. Se essa for a opção, mesmo após a prescrição o credor verá reconhecida a sua pretensão, com autoridade de coisa julgada material. Em uma singela analogia, podemos dizer que a incidência da prescrição não retira a espada do credor, mas faculta ao devedor o uso de um escudo que neutraliza a eficácia do golpe. Todavia, se o devedor rejeitar o escudo, será atingido pela espada, mesmo que o débito esteja prescrito.

Todavia, podemos ainda avançar para ajustarmos a prescrição ao que de melhor revela a experiência de direito comparado. Trazemos aqui três sugestões. Segue a Primeira: dispõe o art. 192 do CC que "Os prazos de prescrição não podem ser alterados por acordo das partes". A referida norma é incoerente com a natureza jurídica patrimonial e disponível do modelo da prescrição. Nada haveria de errado se fosse permitido às partes "contratualizar" prazos prescricionais, seja para facilitar a sua incidência (reduzindo-os) ou para torná-la mais difícil de ocorrer (ampliando-os). Certamente, a autonomia privada das partes seria restrita ao campo dos contratos civis negociados e conformada por limites mínimos (v.g. 6 meses) e máximos (v.g. 20 anos) de modulação, a fim de se evitar uma "imprescritibilidade" negocial ou prazos extremamente exíguos em detrimento da satisfação do interesse do credor.

Uma segunda possível iniciativa, seria a de reforçar a segurança jurídica nas hipóteses de aplicação da teoria subjetiva na contagem de prazos prescricionais. Vale dizer, tradicionalmente o legislador aplica a teoria objetiva, pela qual a contagem do prazo prescricional tem início no momento do nascimento da pretensão do credor – seja o momento da violação de um crédito (responsabilidade contratual) ou quando consumado o dano (responsabilidade extracontratual). Contudo, há uma tendência de, em algumas hipóteses, aplicar-se o critério subjetivo da "actio nata", pelo qual o prazo prescricional se inicia ao tempo em que o titular do direito violado tenha conhecimento de quem é o devedor ou do próprio fato danoso que dará origem à demanda. Assim se dá, ilustrativamente, pelo art. 27 do CDC, na prescrição de 5 anos por acidentes de consumo ou na ação de indenização nas relações de trabalho, cujo termo inicial do prazo prescricional será a data em que o segurado teve ciência inequívoca da incapacidade laboral (Súmula 278 STJ). A adoção da teoria subjetiva nesses casos é consentânea à tutela da boa-fé do titular do direito violado que não se mostrou desidioso, pela real impossibilidade de agir. Contudo, é necessário delimitar os períodos de impedimento do curso de prescrição. Ou seja, são necessários dois prazos: um prazo razoável (e breve) para que um credor de boa-fé (seja ele o consumidor-vítima ou o trabalhador) possa descobrir a autoria e a extensão do fato danoso; um segundo (e mais longo) prazo, a fim de que exerça a sua pretensão. Só assim impede-se o risco de uma "imprescritibilidade" subjetiva de demandas, pois uma vítima que agisse negligentemente utilizaria a seu favor o argumento de que apenas "ontem" teve a inequívoca ciência de um fato acontecido há mais de trinta anos! Uma boa dica de como aperfeiçoar o sistema se encontra no regime prescricional de vícios redibitórios do art. 445 do Código Civil.

Uma terceira proposta surge em boa hora em razão de celeumas decorrentes da vigência do Estatuto da Pessoa com Deficiência. Sabemos que as pessoas com deficiência, quando curateladas, serão relativamente incapazes (art. 4º., III, CC) e não mais absolutamente incapazes, tal como na versão original do Código Civil de 2002. Por conseguinte, a prescrição correrá normalmente contra aquela pessoa que em razão de deficiência psíquica ou intelectual não pode se autodeterminar, apenas restando a ela responsabilizar o seu curador pela desídia em exercer pretensões contra terceiros nos prazos prescricionais legais (art. 195, CC). Todavia, em vários países europeus, além dos prazos legais de suspensão da prescrição, há uma tendência de intervenção legislativa mais suave, mediante a possibilidade de um "adiamento do termo", no qual o prazo de prescrição corre, mas só se completa após a passagem de um certo período suplementar. Dessa forma, circunstâncias excepcionais como negociações entre as partes sobre o processo, a morte de uma das partes ou a falta de capacidade de uma delas, conduzirão ao adiamento do termo, mesmo fora das hipóteses de suspensão da prescrição taxativamente previstas em lei. A justificativa do adiamento é a máxima do direito comum, "agere non valenti non currit praescriptio", isto é, a prescrição não corre contra quem não está apto a fazer valer o seu crédito. Em termos gerais, a lei só pode interferir no curso do período prescricional à medida em que seja absolutamente necessário para a proteção do credor.

A quarta e última proposta visa homenagear a diretriz da operabilidade (tão cara a Miguel Reale), evidenciada, ilustrativamente, na demarcação dos prazos prescricionais nos artigos 205 e 206 do Código Civil. Para tanto, no que concerne à dicotomia interrupção/suspensão de prazos prescricionais – que pouco diz em termos de clareza, pois os termos se assemelham em nosso imaginário – seria bom se substituíssemos a clássica "interruptio temporis" pela menos estranha e mais clara expressão "renovação" da prescrição, tal como se fez na recente reforma do BGB. Assim, ficaria claro que, todas as vezes que o credor exterioriza uma conduta objetiva de quem quer receber (v.g. ajuizamento da demanda, protesto de um título), ou o devedor demonstra o interesse de cumprir (v.g., paga parte da dívida ou amortiza os juros), teremos um puro e simples recomeço da contagem.

Por fim, o que trago agora já não é mais uma proposta ao legislador, porém dois pedidos ao leitor: por favor, não utilize mais as expressões "prescrição extintiva" e "prescrição aquisitiva". Ambas as noções podem ser justificadas por força da tradição, mas não encontram recepção na atualidade. Tão logo se verifique o período de prescrição, o direito do credor não se extinguiu e tampouco a sua pretensão, apenas surge para o devedor o direito potestativo de recusar o cumprimento da prestação. Não há nenhuma razão para um sistema jurídico ser paternalista a ponto de proteger um devedor que quer cumprir uma obrigação. Lado outro, tratar a usucapião como uma espécie de "prescrição aquisitiva" é outro equívoco que remonta às codificações iluministas. A prescrição se localiza no campo obrigacional, como mais um fato jurídico que faculta ao devedor excepcionar a eficácia de um crédito (tal como o pagamento, compensação, novação), sem adentrar no território dos direitos reais. A propriedade não se submete à prescrição em razão de uma longa desídia de seu titular. Inversamente, o que ocorre é que um dos efeitos de uma posse duradoura e inconteste é o de se conferir ao possuidor o direito de propriedade, homenageando-se a aparência de titularidade, estabilizando-se a confiança de terceiros com quem o possuidor se relacionou e imprimindo-se segurança jurídica pela neutralização de conflitos de titularidades. Nada a ver, portanto, com um fato jurídico propiciado pela passagem do tempo, que permite ao devedor neutralizar a pretensão do credor.

LEVANDO A PROSTITUIÇÃO A SÉRIO

"O amor venal é um dos mais velhos temas para cochichos da história universal, de tal forma que, quando alguém a ele se refere, já começa rindo ou pedindo desculpas". A frase do pesquisador alemão Lujo Basserman inaugura a obra "História da Prostituição", de 1965 (Ed. Civilização Brasileira). Há mais de 50 anos, portanto, já se entendia que a moral pública de modo algum era ameaçada pela sexualidade, porém muito mais pela intensa corrosão determinada por escândalos envolvendo "responsáveis personagens".

Ao conceder *habeas corpus* (HC 211.888) a uma garota de programa acusada de roubo, a Sexta Turma do Superior Tribunal de Justiça (STJ) pioneiramente considerou que profissionais do sexo têm direito a proteção jurídica e que seria possível cobrar em juízo o pagamento por esse tipo de serviço. Os ministros concluíram que a conduta da acusada, ao tomar à força um cordão folheado a ouro do cliente que não quis pagar pelo sexo, não caracterizou roubo, mas o crime de exercício arbitrário das próprias razões previsto no artigo 345 do Código Penal, cuja pena máxima é de um mês de detenção. Em seu voto, o Ministro Rogério Schietti Cruz lembrou que o Código Brasileiro de Ocupações de 2002, do Ministério do Trabalho, menciona a categoria dos profissionais do sexo, o que "evidencia o reconhecimento, pelo Estado brasileiro, de que a atividade relacionada ao comércio sexual do próprio corpo não é ilícita e, portanto, é passível de proteção jurídica". Além disso, afirmou, a Corte de Justiça da União Europeia reputa a prostituição voluntária uma atividade econômica lícita. Essas considerações, disse o relator, "não implicam apologia ao comércio sexual, mas apenas o reconhecimento, com seus naturais consectários legais, da secularização dos costumes sexuais e da separação entre moral e direito". Segundo ele, o processo demonstra que a garota de programa pensava estar exercendo uma pretensão legítima, já que não recebeu os R$ 15,00 prometidos em acordo verbal pelo cliente.

A recente decisão deve ser debatida em uma perspectiva ainda mais ampla, começando pelo viés moral. Na perspectiva tradicional, o compromisso de pagar por sexo não seria passível de cobrança judicial, pois a prostituição não seria atividade a ser estimulada pelo Estado. Alguns tendem até a criminalizá--la. Nessa linha, tramita no Congresso o Projeto de Lei 377/2011, de autoria do Deputado Federal João Campos, acrescendo ao Código Penal o tipo da *Contratação de serviço sexual*: "Art. 231-A. Pagar ou oferecer pagamento a alguém pela prestação de serviço de natureza sexual: Pena – detenção, de 1 (um) a 6 (seis) meses. Parágrafo único. Incorre na mesma pena quem aceita a oferta de prestação de serviço de natureza sexual, sabendo que o serviço está sujeito a remuneração". Ora, criminalizar essa atividade apenas favorece quem a explora no topo da cadeia alimentar, obtendo lucros com o comércio do corpo alheio. O dedo incriminador é um estorvo. Numerosos são os que nos pretendem tutelar, transformando a esfera intima do adulto em um picadeiro de despóticos desejos frustrados. Renunciamos íntima às obscenidades quanto ao moralismo. Face à finalidade óbvia de sua existência, a prostituição não se apresenta à meia luz, nem ambígua ou clandestina. E é por esse motivo que em meio a uma maré de sexualidade, transformou-se em bastião do sexo, há muito como tal reconhecido.

Em sociedades plurais e democráticas substituímos a subjetividade arbitrária da moral por uma ética calcada em harmonização de direitos fundamentais. Sendo a pessoa plenamente capaz e autodeterminada, prevalece o exercício de sua intimidade nas escolhas existenciais, com o consequente afastamento da "moral estatal" heterônoma. A balança argumentativa só penderá para a repressão da atividade, quando praticada por sujeito incapaz, vulnerável, ou submetido à coação (o moderno leilão de escravas é eletrônico, cafetões locais adquirem mulheres de atacadistas de outros países e consumidores varejistas requisitam a prostituta de sua escolha). Afora tais situações intoleráveis, não mais se justifica a sanção moral à prostituição, que embasou a noção civilista do contrato de prestação de serviços sexuais como uma *obrigação natural,* na qual haveria o débito desprovido de responsabilidade. Ao contrário de uma obrigação civil, perfeitamente dotada de exigibilidade, a titularidade de um crédito derivado do "comércio corpóreo" despojaria o credor da pretensão de constranger judicialmente o consumidor inadimplente. O único efeito de uma obrigação natural é a retenção por parte do credor dos valores espontaneamente pagos, pois o devedor não poder repetir um pagamento que ainda era devido, não obstante inexigível. Porém, ao contrário do que ocorre com atividades delituosas organizadas, onde residiria a expressa vedação a essa atividade e a consequente ilicitude desse negócio jurídico? O desrespeito ao fluido conceito jurídico indeterminado dos "bons costumes" seria uma justificativa hábil a sancionar esse contrato como inválido?

Muito pelo contrário, a fronteira entre o lícito e o ilícito é transposta apenas na violação formal (art. 186, CC) ou material (art. 187, CC) de uma norma. Não se atribui antijuridicidade a um comportamento individual que traduza o livre exercício de um trabalho respaldo pelo intuito de promoção da trajetória pessoal. Justamente por fugir ao lugar comum do modelo estatal punitivo de comportamentos socialmente desviantes, mostrava-se elogiável o Projeto de Fernando Gabeira no sentido de tornar exigível o pagamento pela prestação de serviços de natureza sexual pela pessoa que os tivesse prestado ou que tivesse permanecido disponível para os prestar (quer tenha sido efetivamente solicitada a prestá-los ou não). É evidente que aqueles que "não perdem a piada" alegariam que uma ação de cobrança poderia expor a privacidade das partes, se o devedor alegasse uma espécie de "exceção de contrato não cumprido", ao fundamento de que a(o) prostituta(o) não teria cumprido a sua obrigação de satisfazer o cliente. O que levaria mesmo a uma bisonha discussão se haveria aí obrigação de meio ou de resultado! Fato é, que diferentemente da saudável abolição da discussão de culpa no divórcio – pela evidente violação a uma relação que repousa no afeto – a prostituição é um vínculo exclusivamente negocial, cuja discussão de fundo apenas se eliminaria pela via da abstração conferida por um título de crédito. Infelizmente, o Projeto 98/2003 foi arquivado.

Nos tempos atuais qualquer coisa de valor se encontra a venda no mercado global: drogas ilegais, espécies ameaçadas, seres humanos como mercadoria destinada à exploração sexual e profissional, ideias pirateadas, medicamentos falsificados, cadáveres e órgãos para transplantes, metralhadoras e lançadores de foguetes. E o mais grave, como demonstra o prestigiado autor Moisés Naím, ("Ilícito", Ed. Jorge Zahar), é a existência de uma enorme área cinzenta entre as transações legais e ilegais. Não sabemos com certeza a quem nossa compra beneficia, o que nossos investimentos apoiam e que conexões financeiras podem ligar o nosso trabalho e consumos a objetivos e práticas que abominamos. É uma ilusão a ideia de que o comércio ilícito é ainda um fenômeno marginal e reservado ao campo do direito penal. Enquanto lamentavelmente alguns insistem na moral "vitoriana" do combate à prostituição, a sociedade do século XXI passivamente assiste o ostensivo avanço de redes ilícitas sobre empresas, partidos políticos, governos, parlamentos, grupos de comunicação e tribunais, que desvirtuam o interesse público em nome de interesses inconfessáveis.

A LEI DA LIBERDADE ECONÔMICA E A NECESSÁRIA (RE) CONCILIAÇÃO ENTRE A AUTONOMIA PRIVADA E A FUNÇÃO SOCIAL DO CONTRATO

O pensador Isaiah Berlin expõe a sua teoria das "verdades contraditórias", explicando que nem todos os valores são compatíveis, sendo impossível estabelecer uma filosofia única em uma suposta sociedade perfeita. Talvez, nada expresse melhor essa contradição do que o lema rítmico da revolução francesa: liberdade, igualdade, fraternidade. Esses ideais se distanciam a partir do momento em que passam da teoria à prática, pois ao invés de se apoiarem uns aos outros, repelem-se.

Os próprios revolucionários franceses perceberam que a liberdade é uma fonte de desigualdades e, em um país em que cidadãos gozem de total ou muito ampla capacidade de iniciativa e governo de seus atos surgiriam abissais diferenças materiais. Por isso, para estabelecer a igualdade não haveria outro remédio senão sacrificar a liberdade, o que é igualmente inadmissível. Antes de Robert Alexy e Ronald Dworkin, Berlin já alertava para o fato de que a existência de verdades contraditórias não significa que devamos nos declarar impotentes, porém que devamos valorizar a liberdade de escolha, a responsabilidade individual e viver constantemente alerta, pondo à prova as ideias, as leis os valores que regem o nosso mundo, confrontando-os entre si, ponderando o impacto que eles causam nas nossas vidas, escolhendo uns e rejeitando outros, em transações difíceis, pois não existe uma solução para os nosso problemas, mas sim muitas, e todas elas precárias. Esta é a razão irrefutável para se compreender que a tolerância e o pluralismo são necessidades práticas e não imperativos.

Por isto, quando o art. 1° da Lei n. 13.874/19, proclama que "fica instituída a Declaração de Direitos de Liberdade Econômica, que estabelece normas de proteção à livre iniciativa e ao livre exercício de atividade econômica e disposições sobre a atuação do Estado como agente normativo e regulador, quis o legislador explicitar a sua percepção sobre o significado da expressão "valor social da livre-iniciativa"(Art. 1°., IV, CF), o que naturalmente repercute no direito privado, especificamente na teoria geral dos contratos, no que se refere sobremaneira à delimitação das interseções entre os princípios da autonomia privada e a função social do contrato. Evidentemente, ao balancearmos as "verdades contraditórias" percebemos que o pêndulo oscilou em prol das forças do mercado.

Em uma trajetória pontualmente iniciada pela Lei Geral da MPE (LC 123/06) e a criação do MEI (LC n° 128/2008), a Lei n.13.874/19 realiza uma ponderação em abstrato dos substratos da dignidade da pessoa humana na ordem econômica, partindo da premissa de que a redução do Estado é condição de eficiência e que quanto mais o Estado cresce e mais atribuições assume na vida de uma nação, mais diminui a margem de liberdade de que os cidadãos gozam. A descentralização do poder é um princípio liberal, a fim de que se amplifique o controle exercido pelo conjunto da sociedade sobre as diversas instituições. O ideal é que na atividade econômica se impulsione uma maior participação civil em um regime de livre competitividade. O intervencionismo estatal possui uma dinâmica própria que uma vez posta em marcha obriga os poderes constituídos a paulatinamente incrementar a sua intrusão nos livres intercâmbios até que se estatizem assuntos que dizem respeito exclusivamente à vida privada.

Contudo, em oposição ao individualismo extremado, a última crise financeira que abalou os Estados Unidos e Europa a partir de 2008 demonstra não apenas uma queda dos valores morais que corrompem o liberalismo clássico em suas bases, mas principalmente a necessidade de uma calibração entre a legítima busca dos particulares pelo lucro e uma cirúrgica intervenção do ordenamento sobre a atividade econômica de forma a evitar o abuso do poder regulatório. O grande inimigo do mercado livre não é o Estado, porém as alianças mafiosas do poder político com empresários influentes, os privilégios, o monopólio, os subsídios, controles e proibições, que consistem em uma forma degenerada de capitalismo: o mercantilismo.

Por isto, extremamente salutar a imposição de uma análise de impacto regulatório (art. 5°, LLE) para que se avalie o efeito do ato normativo e o seu impacto na atividade econômica. Por intermédio de uma governança regulatória, evita-se insegurança jurídica, ruma-se ao consequencialismo, impede-se a edição de regulações ineficientes do ponto de vista dos objetivos pretendidos e, concede-se maior efetividade ao artigo 20 da Lei de Introdução às Normas do Direito Brasileiro, que enuncia: "Nas esferas administrativa, controladora e judicial, não se decidirá com base em valores jurídicos abstratos sem que sejam consideradas as consequências práticas da decisão." A liberdade e a Estabilidade no tráfego negocial não podem se submeter a valores metafísicos, aleatoriamente pinçados em meio a outros, especialmente para adornar caso concreto, sem cuidado com os efeitos perniciosos das decisões, que comumente recaem difusamente sobre a coletividade.

Não obstante o natural receio quanto ao déficit de efetividade da referida norma, cremos que o tempo revelará uma tendência ao prestígio da Lei da Liberdade Econômica, pelo fato de subjacentes às suas regras, apelar à experiência da construção da vida em sociedade (e não a pretensiosa retórica do determinismo), assegurando que os grandes beneficiários destes preceitos serão os consumidores e o conjunto da sociedade. Aqui surge em potência a função social do contrato. Não para coibir a "liberdade de contratar", como erroneamente se extraia da literalidade da redação original do art. 421 do Código Civil de 2002 ("a liberdade de contratar será exercida em razão e nos limites da função social do contrato), mas para legitimar a liberdade contratual. A liberdade de contratar é plena em uma ordem econômica pautada pela livre iniciativa, pois não existem restrições ao ato de se relacionar com o outro. Todavia, cláusulas autorregulatórias nascidas da plena autodeterminação das partes e integradas pela boa-fé objetiva serão em casos extremos sancionadas negativamente pelo ordenamento – em sua validade ou eficácia –, face à violação de interesses dignos de proteção no sistema jurídico.

Há muito criticávamos a redação do art. 421 do Código Civil. Não apenas no que diz respeito ao equivocado uso da expressão "liberdade de contratar" ao invés de "liberdade contratual, mas também pelo fato de que o texto original do Código Reale frisava que a liberdade de contratar se exercia "em razão e nos limites da função social do contrato." Em tese, a expressão "em razão" se destinaria precipuamente a conformar a autonomia privada à dimensão social. Porém, isso não significa que a liberdade contratual se desprenderá, como em um passe de mágica, de sua origem na vontade privada", para se curvar à uma pretensa função social que o negócio jurídico atenderá. O direito privado é o reduto de liberdade do indivíduo e as normas de ordem pública limites negativos às suas iniciativas econômicas. Permite-se tudo aquilo que não é expressamente proibido, mas não se constrange o particular a efetivar negócios jurídicos com fins que lhe sejam heterônomos.

Em um Estado Democrático de Direito estabelecido em uma ordem econômica dirigida à livre iniciativa, a função social não pode ser compreendida como uma transferência das liberdades particulares para um abstrato e ideologizado "sistema" ou "ordenamento". Lembre-se: O contrato não "é" função social. Ele é "dotado" de função social. Não existe uma hierarquia que submeta a autonomia privada aos desígnios de uma coletividade, como se os contratantes fossem zeladores a serviço da sociedade. Ao inverso, a coletividade pode ser materializada no conjunto de pessoas que integram um mercado de bens e serviços e aspiram pela conciliação entre uma eficiente circulação de créditos e uma justa, previsível e segura regulamentação dos dinâmicos interesses que alicerçam esse mercado.

As palavras importam sempre! Introduzem ambiguidade em um discurso que aspira ser unívoco. A redação original do art. 421 subvertia a natureza das coisas e criava uma fenda entre a legalidade imposta e a ordem legal espontânea, pois somente em uma ordem de autoritária planificação seria possível admitir que a liberdade contratual se dá "em razão" da função social do contrato. Prestigia-se aqui o que o pensador Friedrich Von Hayek concebe como "ordens espontâneas", que surgem de maneira imprevista e não planejada - como a linguagem e o mercado -, legitimadas e depuradas pela experiência vivida. Este processo civilizacional não tolera o construtivismo, cuja pretensão é a elaboração intelectual de modelos econômicos implantados coativamente sobre a sociedade. Em uma obra de engenharia é possível premeditar um plano de ação, todavia no direito é impossível fundar uma sociedade perfeita ou "trazer o paraíso a terra" por meio de estruturas artificiais que apenas distorcem o mercado.

O fato é que o Código Civil é incapaz de remodelar a sociedade sem ter em conta as instituições criadas espontaneamente – e aperfeiçoadas pela tradição e costumes - pelas necessidades e aspirações humana, como a propriedade privada e os contratos. Com a redação conferida pela LLE ao art. 421, "A liberdade contratual será exercida nos limites da função social do contrato", cremos que a função social pode exercitar importante papel de fortalecimento da ordem do mercado, tutelando instituições, princípios e regras que promovam um saudável ambiente econômico concorrencial. Caberá à doutrina, ao legislador e aos tribunais o mister de aclarar a função social dos diversos modelos jurídicos negociais, elencando-se aí as situações patrimoniais do contrato, a propriedade, o direito de família e as sucessões, bem como os negócios jurídicos não patrimoniais ligados aos direitos da personalidade. Talvez neste instante já seja possível compreender o teor da primeira parte do parágrafo único do art. 421: "Nas relações contratuais privadas, prevalecerão o princípio da intervenção mínima e a excepcionalidade da revisão contratual."

O princípio da intervenção mínima lido a "contrario sensu" é uma reação democrática ao intervencionismo estatal desmensurado que – mesmo se iniciando com as melhores intenções – possui uma dinâmica própria que culmina por refrear os livres intercâmbios, cerceando as demais liberdades, caminho fatídico para o autoritarismo. A livre iniciativa é um dos fundamentos do Estado brasileiro, ao lado do valor social do trabalho e o modelo previsto na Constituição é o da economia de mercado. Não é possível que uma lei, arbitrariamente, retire ou crie empecilhos ao exercício de uma determinada atividade econômica do mercado, a não ser que haja algum fundamento constitucional.

Conforme recentemente decidiu o Supremo Tribunal Federal (ADPF 449/DF, Rel. Min. Luiz Fux, julgamento em 9.5.2019) em julgamento sobre leis municipais que restringem desproporcionalmente ou proíbem a atividade de transporte individual de passageiros por meio de aplicativos, a proibição ou a restrição desproporcional da atividade é inconstitucional, pois representa violação aos princípios constitucionais da livre iniciativa e concorrência: "o constitucionalismo moderno se fundamenta na necessidade de restrição do poder estatal sobre o funcionamento da economia de mercado. Sobrepõe o "rule of law" a iniciativas autoritárias destinadas a concentrar privilégios, a impor o monopólio dos meios de produção ou a estabelecer salários, preços e padrões arbitrários de qualidade, todos a gerar ambiente hostil à competição, à inovação, ao progresso e à distribuição de riquezas".

Tendemos a reconhecer que a LLE é uma declaração de direitos com viés ideológico e que eventualmente se serve de conceitos excessivamente fluidos, que serão densificados pelo Judiciário, o que paradoxalmente culmina por comprometer a segurança jurídica. Todavia, não há nada de novo, esta é uma constante dos diplomas legislativos brasileiros. A Lei de Liberdade Econômica não é desnecessária – como pensam aqueles que enfatizam que desde 1988 vivemos em uma ordem econômica pautada pela livre-iniciativa – ou excessiva – como vaticinam os que à associam a uma excepcional intervenção sobre o princípio da função social do contrato. Muito pelo contrário! A Lei n. 13.874/19 é um marco institucional para nós que (sobre)vivemos em uma ordem jurídica disfuncional, na qual as interferências econômicas estatais sobre a ordem privada frequentemente se mostram burocráticas, custosas e desnecessárias.

O Estado liberal não é um Estado anárquico, porém exige que qualquer interferência deve não apenas ser razoável, porém prudente e consistente, menos grandiosa e mais realista, sempre com prestígio às evidências, vigiada e contrabalançada para aferição da sua adequação e das consequências econômicas da intervenção. Em sua obra "a sociedade aberta e seus inimigos", o pensador Karl Popper defende o método reformista – democrático e liberal – de transformação gradual e consensual da sociedade, aperfeiçoando as suas instituições e modificando as condições concretas de modo que haja um progresso gradual e constante ("the piecemeal engineering") ao invés da planificação, como uma orientação controlada e científica da vida social. Uma das maiores lições da fundamental obra, "A sociedade aberta e seus inimigos" é a da "free competition of thought", ou seja, somente a engenharia fragmentária é capaz de fornecer uma base de sustentação mais sólida da ordem democrática contra a tirania das ideologias messiânicas e utópicas que identificam o Estado com a sociedade e julgam deter um "common purpose" (um fim comum) da história.

O pecado original do historicismo consiste em acreditar que existam leis que regulam a vida social tal como na ordem natural e científica, quando na verdade, explica Popper: "O reformista não pretende trazer felicidade aos homens, pois sabe que este assunto não é da incumbência dos Estados, mas sim dos indivíduos e que neste campo não há forma de englobar numa norma essa multiplicidade heterogênea que é a comunidade humana. O seu desígnio é menos grandioso e mais realista: fazer retroceder objetivamente a injustiça e as causas sociais e econômicas do sofrimento individual". Talvez, a nova redação do art. 421 do Código Civil seja uma fonte de inspiração para a doutrina nacional finalmente refinar critérios objetivos para que se alcance uma solução de compromisso entre as duas formas de liberdade tão bem equacionadas por Isaiah Berlin: as liberdades negativa e positiva. Liberdade negativa é ausência de coerção intencional exercida por terceiros. É o âmbito dentro do qual não somos coagidos a agir contra a nossa própria vontade ou desejo. O conceito negativo de liberdade pressupõe que a soberania do indivíduo deva ser respeitada, porque em última instância é ela a origem da criatividade humana e do progresso. Para tanto, o raio de ação da autoridade deve ser mínimo, só o indispensável para evitar o caos e a desintegração social, impedindo-se assim que o indivíduo seja sufocado, mecanizado e condicionado. Enquanto a liberdade negativa tem em conta o fato de os indivíduos serem diferentes, a liberdade positiva considera sobretudo o que eles possuem de semelhante. Esta é uma noção mais social do que individual, fundamentando-se na ideia de que a possibilidade de cada pessoa decidir o seu destino está em grande medida subordinada a causas sociais, alheias a sua vontade. Portanto, a liberdade contratual não significa a mesma coisa para um dono de uma empresa e um desempregado. O conceito positivo de liberdade é um apelo às noções de solidariedade humana, responsabilidade social e justiça. Enfim, as sociedades que foram capazes de conseguir um compromisso entre as duas formas de liberdade são as que conseguiram níveis de vida menos indignos e menos injustos.

Todavia, trata-se de um equilíbrio precário, pois como enfatiza Berlin, "as liberdades negativa e positiva não são duas interpretações de um conceito, mas sim algo mais: duas atitudes profundamente divergentes e irreconciliáveis sobre os fins da vida humana". A convivência entre a autonomia privada e a função social remete igualmente a uma correta amplitude do tão maltratado conceito da "dignidade da pessoa humana". Se em princípio haveria uma tautologia na referência à "pessoa humana" (por logicamente toda pessoa ser humana), é possível afastar a crítica ao pleonasmo, compreendendo-se que a "pessoa" é o indivíduo em suas circunstâncias, que muitas vezes pratica comportamentos (ou se abstém de condutas) que se distanciam daquilo que se exige da "condição humana", como um padrão civilizacional mínimo que certa sociedade ostenta como compromisso e a qual nenhum indivíduo isolado possa renunciar. Portanto, a dignidade da pessoa humana se encontra simultaneamente na liberdade negativa (pessoa) e positiva (humana).

V

RESPONSABILIDADE CIVIL

RESPONSABILIDADE CIVIL NAS CADEIAS GLOBAIS DE SUPRIMENTOS

A Suprema Corte da Inglaterra inovou positivamente no campo das demandas de responsabilidade civil contra as "holdings" em relação às atividades de suas subsidiárias no exterior. A questão principal concerne sobre quando caberá uma lide diretamente contra a empresa controladora. No julgamento [2019] UKSC 20, discutiu-se sobre a poluição derivada de emissões tóxicas em uma mina de cobre da Zâmbia, de propriedade de uma empresa local, KCM, cuja empresa mãe – "Vedanta Resources Ltd."– é domiciliada na Inglaterra. O Juiz Briggs considerou que o envolvimento da Vedanta nas atividades da KCM, fizeram surgir um dever de cuidado perante todas as pessoas que foram afetadas por aquela atividade. A novidade está em que o "duty of care" surge de um suficiente nível de supervisão e controle das atividades realizadas na mina, com suficiente conhecimento da propensão destas atividades causarem escapamento de substâncias tóxicas nos cursos de água circundantes.

Decisivo para "Lord Briggs" foi o fato de que havia materiais publicitários nos quais "Vedanta" afirmava assumir sua própria responsabilidade pela manutenção de padrões apropriados de controle ambiental sobre as atividades de suas subsidiárias e, em particular, as operações na mina, tendo implementado esses padrões por treinamento, monitoramento e execução. Isso demonstra um nível suficiente de intervenção da "Vedanta" na condução das operações. Em síntese, a supervisão de todas as subsidiárias da "Vedanta" dependia da orientação da própria Holding. Aliás, mesmo que de fato não tenha a controladora realizado essas atividades fiscalizatórias, a sua própria omissão constitui uma abdicação da responsabilidade que publicamente havia assumido.

É notável o quão próximo deste julgamento é o caso "Chandler v Cape plc [2012] EWCA Civ 525". Em Chandler prevaleceu o seguinte raciocínio: uma empresa-mãe que controla uma subsidiária pode ser responsável por seus ilícitos. Haveria uma "conexão de responsabilidade" (mais do que uma suposição) por lei se a controladora interfere nos assuntos de uma subsidiária. Isso parece muito com a ideia de ser um "fiduciário de filho". Se a empresa mãe interfere nos assuntos de uma subsidiária em uma questão (por exemplo, nas finanças), mas algo acontece de errado em outro lugar (por exemplo, no setor de segurança), ainda subsiste essa conexão de responsabilidade. Em resumo, a controladora assume a administração, na sequência emite conselhos sobre como lidar com os riscos e cria políticas de todo o grupo para supervisionar subsidiárias (v.g. sobre segurança ou danos ambientais), todavia omite o cumprimento das referidas instruções. O que se pode esperar desse comportamento contraditório?

Eu penso que o surpreendente do caso "Chandler" é o de que a Corte Suprema da Inglaterra considera que a própria "Holding" cometeu um ilícito, assumindo a responsabilidade em aspectos relevantes em relação aos funcionários da subsidiária, violando o seu próprio dever por não agir com cuidado em relação a eles. Ou seja, não se trata mais de perfurar o véu corporativo pela desconsideração da personalidade jurídica da sociedade afilhada. Isso doravante é despiciendo, na medida em que a empresa materna possui um dever de cuidado perante os funcionários da subsidiária e será responsabilizada por seu próprio comportamento antijurídico, não pelo ato ilícito da subsidiária. O caso "Vedanta" de 2019 é absolutamente consistente com esse "leading case".

O meu ponto de vista, provavelmente compartilhado por uma maioria de estudiosos de direitos humanos e societário, é que esse é um dos casos mais importantes da história moderna, a saber, se as multinacionais podem ser responsabilizadas por seus próprios ilícitos, sobremaneira pelo impacto do novo raciocínio jurídico sobre tribunais por todo o mundo. O recado é claro: o binômio conhecimento/influência acarreta responsabilidade perante vítimas de comportamentos de "holdings" em matéria de direitos fundamentais. Em "Vedanta", a Suprema Corte sugere que a jurisprudência anterior estava esquecendo de aplicar as regras ordinárias de responsabilidade civil aos problemas de direitos humanos das corporações multinacionais. Por essa nova e correta interpretação, não prosperariam vários casos em que uma controladora em Londres não fosse responsabilizada por ferimentos causados por amianto de um funcionário de uma subsidiária insolvente, pelo fato de os magistrados não entenderem que a controladora estivesse 'presente' no local do ilícito por meio de suas subsidiárias.

Com efeito, não se trata de uma espécie de responsabilidade indireta ("vicarious liability"). É mais do que isso. Uma sistemática violação por parte das controladoras de deveres de monitoramento do comportamento das subsidiárias, bem como de oferecer segurança e informação é algo diverso. Se a empresa-mãe obtém os benefícios das atividades de suas subsidiárias, por que elas não devem suportar os encargos? Se as empresas controladoras criam o risco de uma empresa, por que elas não deveriam ser responsáveis por tudo no escopo dos riscos que elas criam? Esta é uma oportunidade para enfatizar a função regulatória e educacional das empresas transnacionais, reafirmando o "enforcement", simplificando a lei e impedindo que ditas empresas externalizem os custos sociais, enquanto internalizam os ganhos. Foco nas pessoas e não no "board" da controladora, trata-se de um enorme passo à frente! Embora isso seja novo para a interface do direito societário e da responsabilidade civil, em verdade é o que já aconteceu no direito da concorrência e direito tributário: todos dependem crucialmente do reconhecimento da responsabilidade do grupo corporativo. No mesmo sentido, a legislação trabalhista em muitos países (por exemplo, garantindo que os trabalhadores tenham o direito de votar para conselhos de administração das empresas-mãe ou que possibilitem ajuizamento de demandas em solidariedade). Enfim, agir diligentemente já não mais se trata de uma questão de altruísmo por parte das "holdings", porém de sobrevivência em mercados cujos consumidores não mais estão dispostos a apostar em empresas não comprometidas com interesses transindividuais e onde a reputação deixa de ser apenas parte do patrimônio imaterial de uma corporação, tornando-se a sua própria "ratio essendi". Que a "Vale" compreenda o recado.

OS REAIS CONFINS ENTRE AS RESPONSABILIDADES SUBJETIVA E OBJETIVA

Escrevo essas linhas em um trem que me leva de Girona a Madrid. Para além das cidades que representam o início e o fim do trajeto, há um percurso. Porém, na maioria das vezes desprezamos a trajetória e apenas focamos no início e no fim da viagem. A metáfora é inevitável. Há uma disseminada ideia quanto ao fato de que as responsabilidades subjetiva e objetiva representariam distintos paradigmas do direito de danos. Trata-se de um equívoco. Na verdade, o que há é um "continuum", sendo que as imputações subjetiva e objetiva de danos consistem apenas em dois extremos de uma longa linha reta, em um perímetro que acomoda várias figuras intermediárias. Dentre esses modelos jurídicos, alguns já são bem assimilados pela doutrina brasileira. Contudo, algumas hipóteses legais que o senso comum já traduziu como incidências de responsabilidade objetiva não se acomodam verdadeiramente à exatidão que esse conceito demanda, em verdade, são cidades que se encontram no caminho.

A responsabilidade objetiva é uma responsabilidade independente da existência de um ilícito. Tanto faz se o agente praticou um comportamento antijurídico ou não, pois esse debate é infenso ao objeto da sentença. Para o magistrado só importa o nexo causal entre a conduta/atividade do agente e o dano. Nada obstante, alguns desavisados até hoje compreendem a obrigação objetiva de indenizar como uma espécie de "responsabilidade sem culpa". Todavia, os conceitos não se equivalem. Tradicionalmente a culpa representa o elemento psicológico do agente. Por isso, somente será possível avançar na perquirição do estado anímico do ofensor se, conforme a cláusula geral do art. 186 do Código Civil, ficar previamente assentado que o comportamento de A foi a causa ilícita adequada do dano a B. Mais precisamente, a aferição da culpa necessariamente requer a prévia afirmação da ilicitude do fato danoso. O que ocorre é que, nas reais hipóteses de incidência da teoria objetiva, essa questão não está em jogo, pois o legislador ou o tribunal consideram que o fator de atribuição da obrigação de compensar danos (nexo de imputação) recebe justificação diversa do fato ilícito (v.g. equidade, dever de cuidado, risco da atividade).

Voltando à longa estrada que separa as responsabilidades subjetiva e objetiva, alguns pontos que se encontram no transcurso já estão bem sedimentados. Dois bons exemplos são as teorias da culpa presumida e da culpa objetiva. A teoria da culpa presumida foi uma primeira evolução na concepção da responsabilidade subjetiva pura, proporcionando uma inversão do ônus da prova. Cabe ao suposto ofensor demonstrar que o dano estava fora de sua esfera previsibilidade. A responsabilidade do profissional liberal se encontra nessa figura. Em adendo, a noção da "culpa objetiva" significou outro avanço: a culpa continua sendo aferida, porém se aparta do clássico viés da investigação anímica do agente, relevando comparar a sua atuação com o padrão de comportamento esperado naquelas circunstâncias por pessoas do mesmo nível socioeconômico ou profissional.

Nada obstante, a precisão técnica é abandonada quando o civilista insiste em descrever como hipóteses de responsabilidade objetiva, tanto a responsabilidade dos empregadores pelos danos causados por seus empregados contra terceiros, como a responsabilidade do fornecedor por danos derivados de produtos e serviços defeituosos. Há um erro de perspectiva em ambos os casos, porém por motivos diversos. A responsabilidade vicária ("vicarious liability") dos patrões pelos fatos danosos de seus auxiliares, é alheia a um ilícito do empregador (art. 933, CC). Aplica-se o princípio, "let the superior answer", desde que o representante esteja agindo em nome do representado e em benefício deste. Todavia, somente será possível imputar obrigação de indenizar em face da pessoa jurídica, caso seja previamente comprovado o ilícito culposo do funcionário. Se o dano produzido pelo empregado não corresponde à violação de um dever de cuidado, fecha-se a via de acesso ao empregador. Alguns chamariam isso de responsabilidade objetiva "impura", por demandar aferição de culpa no antecedente (empregado) e a sua dispensa no consequente (patrão). Contudo, a autêntica responsabilidade objetiva requer tão somente a violação de um interesse jurídico protegido, elidindo-se considerações sobre a antijuridicidade.

Também não é verdadeiramente objetiva a responsabilidade do fornecedor pelos danos causados por produtos ou serviços defeituosos (arts. 12 e 14, CDC). O "defeito" é um fato antijurídico, uma desconformidade entre um padrão esperado de qualidade de um bem ou de uma atividade e a insegurança a que efetivamente foi exposta a incolumidade psicofísica do consumidor. O CDC abole a discussão da culpa, mas sem que se evidencie a ilicitude do defeito (sujeita a inversão do ônus probatório), inexiste responsabilidade, mesmo se evidenciado o dano patrimonial e/ou moral. Em sentido diverso, no Código Civil, a responsabilidade objetiva pelo risco pede apenas que a atividade danosa seja indutora de um risco anormal, excessivo no cotejo com as demais atividades, por ser apta a produzir danos quantitativamente numerosos ou qualitativamente graves, independentemente da constatação de um defeito ou perigo. Isto é, por mais que seja exercitada com absoluto zelo, não se indaga se A exercia uma "atividade de risco", pois pela própria dinâmica dos fatos, mesmo que exercida por B, C ou D, os danos decorreriam do "risco intrínseco da atividade".

Já que estamos no campo da precisão terminológica, nem mesmo a tão difundida expressão "responsabilidade objetiva" merece aplausos. Responsabilizar significar atribuir a alguém uma sanção por um comportamento desviante. Definitivamente, isso é o que ocorre na teoria subjetiva. Entretanto, a teoria objetiva está mais atrelada a uma discussão finalística, orientada pela necessidade de se assegurar a reparação de danos, que não devem ser suportados exclusivamente pela vítima. Alguém será convocado a "pagar a conta" pela violação a um interesse merecedor de tutela por diversos fundamentos, sem que nenhum deles se relacione a ofensa a um dever de cuidado. Melhor então será renomear o modelo jurídico para imputação objetiva de danos, obrigação objetiva de indenizar ou responsabilidade independente de ilícito. Enfim, da responsabilidade subjetiva à imputação objetiva, atravessamos a longa e sinuosa estrada contemporaneamente conhecida de "direito de danos".

A POLIFUNCIONALIDADE DA RESPONSABILIDADE CIVIL

As responsabilidades civil e criminal compartilham as mesmas raízes no direito romano. Aquela se desenvolveu a partir de uma espécie de "lei criminal privada", que passou a ser cumulada com ações "rei persecutoriae", cujo objetivo era a compensação de danos. Em suma, havia uma hibridez entre os espaços reservados ao direito civil e ao direito penal, sendo que o mesmo magistrado estava autorizado a condenar o réu pelo crime e quantificar a obrigação de indenizar (algo que ocorre até hoje em países como a Espanha e, mesmo no Brasil, de uma forma mitigada, com a previsão do "mínimo reparatório" pelo art. 387 do CPP, a partir da reforma de 2008).

Todavia, desde o código napoleônico, tornou-se lugar comum nas diversas jurisdições que compõem a "civil law", a segregação das esferas de responsabilidade. A necessidade de segurança jurídica forjou uma fictícia dicotomia, pela qual a responsabilidade civil cuidaria do "passado", procurando reparar as consequências danosas de um comportamento antijurídico – transferindo os danos da vítima ao patrimônio do ofensor –, enquanto a responsabilidade penal miraria o "futuro", penalizando-se o ofensor para desencorajar a sua reincidência e enviar uma mensagem a outros potenciais ofensores, desestimulando-os da prática de condutas ilícitas semelhantes. Essa compartimentalização em "caixas" das funções atribuíveis as duas esferas de responsabilidade continua prevalecente na Europa e Brasil, ampliando-se o fosso com a consagração da responsabilidade objetiva, na medida em que a imputação objetiva exclui a discussão da antijuridicidade do comportamento danoso, o que enfatiza a tese de que a responsabilidade civil apenas deve se preocupar com a pessoa da vítima pelo viés da neutralização de danos, deixando a contenção do ofensor por conta da responsabilidade penal.

Savigny e Ihering influenciaram decisivamente a cultura jurídica ocidental. Estavam quase sempre em lados opostos, notadamente no que tange à teoria da posse e a necessidade da codificação na Alemanha. Todavia, compartilhavam uma visão finalista do direito, ambos conferindo um caráter penal à responsabilidade civil, cuja finalidade deveria não se limitar à compensação de danos, porém, conjuntamente assumindo feição retributiva e de desestímulo à prática de ilícitos. Na fundamental obra "A Luta pelo Direito", Ihering foi enfático quanto à crise do paradigma compensatório da Europa Continental, considerando que um sistema de responsabilidade civil exclusivamente baseado em reparação de danos poderia ser suficiente em coletividades arcaicas, nas quais indenizações seriam esporadicamente fixadas com base em atos isolados. Todavia, em sociedades complexas (e ele se referia a Alemanha do último quartel do século XIX!), nas quais os ilícitos tendem a ser cometidos em série, ou por infratores que realizam as mesmas atividades, a insistência no monopólio da função compensatória pouco ajudaria a conter futuros comportamentos antissociais do autor do ilícito ou de outros agentes econômicos. No fundo, Savigny e Ihering remeteram para a filosofia da responsabilidade civil as noções dicotômicas apresentadas por Aristóteles ("Ética a Nicômaco") da justiça corretiva – que se preocupa meramente com o restabelecimento de uma igualdade hipotética (função compensatória) e da justiça distributiva, a introduzir uma funcionalização da responsabilidade com base em critérios como o da virtude ou mérito.

Esse raciocínio abrangente se aproxima da prática assumida pelas diversas jurisdições da "common law", o que, paradoxalmente, remete-as muito mais ao direito romano clássico, do que a contrapartida da Europa Continental. Seja com a expressão "exemplary damages" (UK) ou "punitive damages" (EUA), – em menor grau na ilha continental e com ampla desenvoltura nos 50 estados americanos –, defere-se um remédio monetário de caráter punitivo em complemento à recomposição das perdas patrimoniais e existenciais das vítimas, sempre em caráter extraordinário e como "last resort" para a deficiência da sanção reparatória, nos casos em que o comportamento do agente é particularmente ultrajante, seja por uma atuação dolosa ou por uma extrema desconsideração com relação à pessoa da vítima, pela reiteração de práticas antijurídicas ou pelo rebaixamento da condição humana do ofendido. Apesar da habitual difusão pela imprensa de condenações milionárias, a Suprema Corte dos Estados Unidos impõe aos "punitive damages" as mesmas limitações constitucionais aplicáveis as penas criminais, em termos de proporcionalidade e repúdio ao "double jeopardy" ("bis in idem" pelo mesmo ilícito), impondo a necessária moderação à quantificação de danos, contendo a discricionariedade de júris e juízes.

Porém, os países que compõem a "civil law" repudiaram toda essa rota histórica. Não apenas em França (como já referido), mas a própria Alemanha em seu processo de codificação rejeitou o "sistema de gradação", pelo qual o montante condenatório não se limitaria a extensão de danos, posto também sensível à gradação da culpa, quanto mais repreensível se tornasse a conduta do agente. Os arquitetos do BGB consideravam que essa seria uma perigosa introdução de raciocínios morais e pragmáticos no seio da responsabilidade civil, ferindo o caráter puramente técnico e asséptico do princípio compensatório pelo qual a reparação jamais poderia exceder a função de neutralização dos danos sofridos pela vítima. Evidentemente, a dobradinha França e Alemanha fez escola não apenas na Europa, como na América Latina. O problema é que a vida real é muito mais rica do que as categorizações abstratas forjadas em laboratórios. Se de um lado o ordenamento jurídico hostiliza a aplicação de penas civis monetárias, por outro, diante da necessidade concreta de desestímulo de ilícitos, notadamente no campo da violação da propriedade imaterial, relações de consumo e violações a direitos da personalidade, a jurisprudência brasileira recorre a uma criativa via oblíqua da "hipertrofia" do dano moral, para transcender o seu viés puramente reparatório de lesões existenciais, anabolizando a sua quantificação, sob o fundamento de uma pseudofinalidade punitiva, com fundamento na extrema reprovabilidade do comportamento do ofensor e em sua portentosa condição econômica. Trata-se de um portentoso equívoco, pelo fato do artigo 944 do Código Civil limitar a indenização (seja patrimonial ou extrapatrimonial) à extensão dos danos, vedando a introdução de considerações sobre as vicissitudes do ofensor (sua culpa, comportamento pregresso ou riqueza), o que somente seria possível por uma condenação autônoma a uma pena privada, com base em uma norma que estabeleça critérios objetivos para a imposição de sanções punitivas no âmbito da responsabilidade civil (norma essa que ainda não existe).

Enquanto esse dia não chega, nem no Brasil e nem na Europa Continental, as cortes do velho continente continuam denegando o cumprimento e execução de decisões estrangeiras (sobremaneira norte-americanas) que aplicam os "punitive damages". O argumento é invariavelmente o mesmo: o teto indenizatório consiste nas perdas da vítima, sendo contrária à ordem pública interna qualquer condenação que transcenda esse limite compensatório. Porém, em julho de 2017 um fato histórico veio a lume. A Corte "suprema di cassazione" da Itália reduziu "a cinzas" toda a artificialidade do modelo monofuncional compensatório (Cass. Civ., SS.UU., 05.07.2017, N° 16601). O tribunal reconheceu a exequibilidade de três condenações do Estado da Flórida (USA), que, para além dos tradicionais "compensatory damages", aplicou "punitive damages" a uma empesa italiana diante de danos físicos causados a motociclistas nos Estados Unidos por acidentes relacionados a defeitos de fabricação de capacetes por ela produzidos. A pergunta realizada na mais alta corte italiana foi a seguinte: É possível, no sistema italiano, prever o pagamento de uma soma superior àquela estritamente necessária a reintegrar o dano, com a específica finalidade de infligir uma pena ao causador do dano? A resposta foi a seguinte: "Deve ser superado o caráter monofuncional da responsabilidade civil, pois lateralmente à preponderante e primária função compensatória se reconhece também uma natureza polifuncional que se projeta em outras dimensões, dentre as quais as principais são a preventiva e a punitiva, que não são ontologicamente incompatíveis com o ordenamento italiano e, sobretudo, respondem a uma exigência de efetividade da tutela jurídica. No sistema italiano a condenação ao pagamento de uma soma superior àquela estritamente necessária a restabelecer o "status quo ante" se configurará somente se houver uma norma "ad hoc", cuja "fattispecie", preveja o elemento punitivo".

Para não ser exaustivo em minha argumentação outorgo o derradeiro parágrafo a Rudolf Von Ihering – do "aquém do além" – em seu clarividente comentário de 1872, sobre o que se materializaria em Roma, 145 anos após: "Mas o que pode o direito oferecer à pessoa lesada, quando se trata do meu e do teu, senão o objeto da disputa ou o seu valor? Se isso fosse justo, poder-se-ia soltar o ladrão, desde que ele devolvesse o objeto roubado. Mas, objeta-se, ele não só agrediu a vítima, como também as leis do Estado, a ordem jurídica e a lei moral. Será que o devedor, que discorda do preço estabelecido com o vendedor, o locador, que não cumpre o contrato, o mandatário, que trai minha confiança, enganando-me, não fazem o mesmo? Será uma satisfação para mim, se após longa luta com todas essas pessoas, eu nada mais obtiver, senão aquilo que me pertencia desde o início? O perigo que a saída desfavorável do processo lhe trouxe existe para uma perda do que lhe pertence, e para o outro apenas em ter de devolver aquilo que injustamente tomou. A vantagem que a saída possibilita, para um, é o fato de não perder nada, e, para o outro, o de se enriquecer às custas do adversário. Não se estará, assim, exatamente a estimular a mentira mais desavergonhada e dar um prêmio à celebração da deslealdade?" ("A luta pelo direito", trad. José Cretella Jr. e Agnes Cretella, São Paulo, Revista dos Tribunais, 2001, p. 86).

O ESTADO COMO VÍTIMA DOS DANOS CAUSADOS PELO CIGARRO

A AGU (Advocacia-Geral da União) ingressou com ação civil pública contra os fabricantes de cigarros. A ação tramitará na Justiça Federal do Rio Grande do Sul. Constam como réus diversas empresas nacionais (que respondem por cerca de 90% do mercado nacional de fabricação e comércio de cigarros) e também suas controladoras no exterior. A ação pede que elas sejam condenadas a ressarcir os gastos da rede pública hospitalar nos últimos 5 anos, relativos ao tratamento de 26 doenças causadas pelo tabaco.

Escrevemos sobre o tema em nosso NOVO TRATADO DE RESPONSABILIDADE CIVIL (desde a primeira edição, em 2015): "Ao que nos consta, o Estado brasileiro – a União, mais propriamente – nunca processou civilmente as empresas fabricantes de cigarro. Esperamos que esse dia chegue. As chances de vitória não são desprezíveis. Os estudos relativos ao nexo causal avançaram muito nas últimas décadas. O tema requer, aos nossos olhos, uma postura menos absenteísta do Estado para não só atuar onde já atua – por exemplo, tributando mais gravosamente o fumo –, mas para adotar também um olhar estratégico e inteligente em relação ao relevante instituto da responsabilidade civil".

Portanto, cabe refletir sobre o Estado como vítima dos danos causados pelo cigarro, tema que sempre evoca o mesmo problema: a privatização dos lucros e a socialização dos custos. Ninguém desconhece que se trata de atividade lícita. Pelo menos atualmente. É possível, talvez inevitável, que daqui a algumas décadas ou mesmo séculos o tabaco se torne ilícito. As restrições são progressivas e crescem em intensidade. Se, há poucas décadas, fumar em aviões, em consultórios médicos, em *talk-shows*, era algo absolutamente normal e até esperado, hoje seria insólito e bizarro. Enfim, a sociedade – autêntico truísmo – muda, mudam os comportamentos e os padrões tidos como aceitáveis.

Falamos da privatização dos lucros e a socialização dos custos. Não é o que ocorre hoje? Os ônus vão, em grande parte, para o Sistema Único de Saúde

(SUS). Sob as mais variadas formas de atendimento, quase sempre extremamente caras. Não esqueçamos que o extrato economicamente mais humilde da população, segundo os estudos, é o que mais fuma atualmente (há pesquisas que comprovam que fuma-se mais na zona rural do que na urbana, e que o vício é estatisticamente maior dentre aqueles com menor escolaridade). Os lucros, no entanto, ninguém desconhece, são privativamente apropriados por poucas e colossais empresas (os lucros anuais da indústria de tabaco são estimados em 300 bilhões de dólares. Há cerca de 1 bilhão e 200 milhões de fumantes no mundo). Parece haver, enfim, algo errado nessa equação.

Falamos em cerca de 10 mil mortes *por dia*, no mundo, causadas por males vinculados ao cigarro. Só para termos uma escala de comparação, no Brasil, país de dimensões continentais, outra tragédia social – as mortes no trânsito, que matam mais do que qualquer guerra – apresentam o horrendo número de 50 mil mortes *por ano*. E perceba-se que estamos falando de números assustadoramente altos, absurdos, dramáticos. Isso dá bem a dimensão do problema – social, humano e financeiro – que o cigarro apresenta à sociedade dos nossos dias. Não por acaso, a maior indenização – ainda que posteriormente reformada – já concedida pelo júri, nos Estados Unidos, foi contra empresa de tabaco (*Engle versus R.J. Reynolds Tobacco Co.*): 145 bilhões de dólares. Os fabricantes de cigarro sabem que a conta, quando começar a ser cobrada, não será módica. Aliás, estima-se que os Estados americanos já receberam o equivalente a R$ 500 bilhões em acordos com as referidas empresas.

Seja como for, trata-se, como dissemos, de tema complexo e sem respostas prontas. Talvez o futuro aponte que a solução esteja na indenização não às vítimas diretas (os fumantes) ou aos seus familiares. Mas ao Estado, que arca, em boa medida, com a vultosa conta não só dos tratamentos e das incapacitações (bilionária conta, lembremos sempre) e também com constantes programas e campanhas para prevenir ou reduzir o uso do cigarro. Evita-se com isso problemas jurídicos ou circunstanciais, a saber: a) a questão da culpa exclusiva da vítima – ou fato exclusivo da vítima, no prisma contemporâneo – é afastada, porque ainda que aceitemos que a conduta da vítima contribuiu para o resultado, afastando, integral ou parcialmente, o direito individual à indenização, o raciocínio claramente não se aplica ao Estado, cujo dano patrimonial sofrido – por todos nós, na verdade – não é afastado por qualquer ação sua, ou de agente seu, que pudesse romper o nexo causal; b) não se pode falar em enriquecimento indevido do fumante ou de sua família, nos casos de imposições de penas civis particularmente severas.

Se pensarmos apenas sob o prisma patrimonial – esquecendo temporariamente as terríveis dores e os horrendos dramas que os cigarros levaram a um número incalculável de famílias – o Estado historicamente pagou essa conta. E por mais que as indenizações venham a ser impostas no futuro, serão certamente menores do que os bilionários recursos alocados ao longo das décadas (o Brasil gasta cerca de 21 bilhões de reais anuais no tratamento de doenças relacionadas do cigarro, segundo Estudo da Fundação Oswaldo Cruz). Lembremos que o Estado, a rigor, existe *em função* dos cidadãos e *para* eles (que são titulares de direitos fundamentais, perante o Estado e uns perante os outros). Passamos, aliás, de uma democracia representativa para uma democracia participativa.

Sem falar que sociedades habituadas ao constante e livre fluxo de informações não costumam aceitar modelos arbitrários e baseados apenas na tradição. Nossas sociedades, complexas e heterogêneas, são caracterizadas por vigoroso pluralismo (pluralismo das concepções de mundo, dos sujeitos protegidos pelas normas, das próprias normas, oriundas de fontes diversas, dos interesses tutelados, e da própria filosofia, fundada no diálogo e na razão argumentativa). Aliás, lembremos sempre que cidadãos silenciosos podem ser ótimos para governantes autoritários, mas são desastrosos para uma democracia.

Não se trata, a rigor, de premiar o fumante. Não é o caso. Quem fuma há de arcar – e inegavelmente arca – com as consequências de sua escolha. Podemos legitimamente pensar em modos e formas de indenizações coletivas cujos valores sejam revertidos para o Estado, nas específicas atividades vinculadas ou ao combate do fumo, ou ao tratamento das doenças e incapacitações dos fumantes. É um caminho aberto para o futuro. O que talvez nossos filhos ou netos não aceitem é afastar, com argumentos simplistas, a responsabilidade civil nesses casos, diante de danos inequívocos, claros, e com fonte causal razoavelmente determinada. Não nos espantemos. O andar das décadas sempre faz surgir novos danos. É próprio da caminhada humana. Atualmente indenizam-se danos extrapatrimoniais, danos difusos, chances perdidas, até o interesse das futuras gerações entra na pauta das discussões. Lidamos, hoje, progressivamente, com danos complexos e não lineares.

NOVAS PERSPECTIVAS NO DANO MORAL DA PESSOA JURÍDICA

Na semana passada proferi uma palestra em Viena sobre responsabilidade civil no Brasil. Ao final do evento, uma boa amiga inglesa contou-me que está na iminência de lançar um livro sobre o dano moral das pessoas jurídicas na Comunidade Europeia, assunto que por lá é extremamente polêmico. Na ocasião, externei a ela a minha opinião – que agora repito em meia dúzia de linhas: a pessoa jurídica não titulariza direitos da personalidade, sendo a dignidade um atributo que concerne à humanidade, sem que nossas características biopsíquicas sejam passíveis de extensão em prol da tutela de realidades técnicas. Fiz um paralelo entre um nascituro e uma pessoa formal. Aquele ostenta personalidade, sem capacidade; na pessoa jurídica ocorre o inverso. Por fim, reconheci que na temática há uma inegável distinção entre as empresas e as entidades sem fins lucrativos ou a pessoa jurídica de direito público.

A meu ver, no tocante às empresas, os seus ativos intangíveis seriam primordialmente bens de natureza econômica e os danos por ela sofridos ostentam em regra cariz patrimonial. A prática de atos ilícitos contra uma entidade com finalidade de lucro certamente vilipendia o seu bom nome, imagem, identidade, bens jurídicos de fundo pecuniário. O dano injusto decorrente de uma negativação no cadastro, afeta a credibilidade da corporação naquilo que se traduz pela perda de clientes/fornecedores e redução do valor de mercado, dentre outros abalos financeiros. Aliás, o artigo 52 do Código Civil reforça essa convicção, pois de sua leitura claramente se infere que os direitos da personalidade são inatos aos seres humanos, mas a sua proteção será eventualmente estendida em prol da pessoa jurídica, por uma concessão do legislador. Vale dizer, a empresa se servirá de uma tutela reparatória de danos ou inibitória de um ato ilícito, como mecanismo de pura efetividade, e não propriamente por uma justificativa ética.

Em sentido contrário, pode-se argumentar que a Súmula 227 do STJ, reconhece o dano moral sofrido pela pessoa jurídica. Porém retira-se da fundamentação das decisões, que o referido tribunal agiu de forma pragmática, subvertendo as bases da racionalidade jurídica, ao priorizar o critério da extensão dos danos extrapatrimoniais em detrimento da prévia e necessária aferição de sua própria existência. Isto é, o STJ nomeou como dano moral aquilo que reputa como lesão a interesses financeiros merecedores de tutela, apenas para facilitar a quantificação da reparação. Convenhamos, é bem mais conveniente para um juiz arbitrar discricionariamente o valor da compensação de danos morais de uma pessoa jurídica, do que traduzir em números fiéis a árdua prova da extensão dos danos econômicos decorrentes da ofensa a um patrimônio imaterial.

E quanto ao fundamento para justificar a existência dos danos morais? A Convenção para a Proteção de Direitos Humanos e Liberdades Fundamentais, não exclui a possibilidade de compensação de danos morais para as corporações. Essa regra reflete na prática internacional, em particular na Corte Europeia de Direitos Humanos, que em julgamento do caso *Comingersoll Sa x Portugal*, considerou "que não se pode excluir a possibilidade de se atribuir compensação por danos extrapatrimoniais para uma organização comercial, quando, a prolongada incerteza do descumprimento por um terceiro de suas obrigações dentro de um período razoável, causa considerável inconveniência aos seus administradores e colaboradores". A decisão não foi motivada em um sofrimento psíquico ou moral da entidade, mas por um prejuízo causado a bens intangíveis, isto é, aquilo que no Brasil muitos consideram como a honra objetiva da pessoa jurídica.

Porém, as nossas certezas jamais devem se alçar a condição de dogmas. Na Europa, fala-se em "*reputational damages*", como uma espécie de dano moral corporativo. O conceito de reputação de uma empresa transcenderia aspectos monetários. Poderia a Coca-Cola demandar danos morais em face daquele que se aproprie e divulgue o seu centenário segredo? A *Price Waterhouse* seria legitimada a exigir compensação dos administradores cujos ilícitos solaparam a credibilidade da corporação perante a coletividade? E se o comportamento de um terceiro ofensor extrapola o âmbito da empresa ofendida, proporcionando danos reflexos em face de um sócio, diretor ou investidor da empresa? Nesse caso, a pessoa jurídica poderia pleitear danos não patrimoniais sob o fundamento de que o constrangimento propiciado aqueles colaboradores culminou por afetar a sua *performance*, ou as referidas pessoas naturais deveriam exercer as suas próprias pretensões autônomas de dano moral com base no dano "em ricochete"? Para quem admite a existência dos danos morais nas três hipóteses acima aventadas, surge ainda um segundo complicador: a sua extensão. Um critério que se abre para a fixação do *quantum* seria o do valor necessário ao custeio de medidas que reestabeleçam a reputação da empresa.

Em contrapartida, torna-se instigante a discussão sobre o dano moral praticado contra uma entidade sem propósito lucrativo ou a pessoa jurídica de direito público. Poderia um município pleitear danos extrapatrimoniais contra um ex-prefeito condenado criminalmente por corrupção pelo fato de seu comportamento ultrajante ter afetado a percepção de investidores estrangeiros sobre a credibilidade no investimento naquela cidade? Poderia uma instituição de caridade demandar danos morais contra um funcionário que falsamente imputou a sua direção a prática de ilícitos? Alguns defendem a tese de que aí haveria uma figura híbrida, o dano "institucional". Seria uma forma de reconhecer a honra objetiva desses entes morais e os seus valores intrínsecos, sem conteúdo associar esses bens imateriais a forte carga histórica e sentimental do Princípio da Dignidade da Pessoa Humana. Voltando a minha amiga da Inglaterra, enfatizo que a *common law* é o berço de um bom critério para tratar dessa questão: a instituição da categoria dos danos não patrimoniais, como um *tertium genus*, distinto dos danos morais e danos patrimoniais, com uma justificativa autônoma de critérios de admissão, bem como da etapa sucessiva de avaliação da extensão dos danos. Que tal se começássemos por aí?

DANO MORAL POR ILÍCITO PRATICADO ANTES DA CONCEPÇÃO

Há alguns dias uma singular decisão veio da Inglaterra. Um homem nascido com graves deficiências, em razão de sua mãe ter sido estuprada pelo próprio pai, obteve compensação por danos morais contra o avô. Em um precedente histórico, o *Upper Tribunal* entendeu que a vítima – agora um homem de 28 anos – é legitimado a obter a reparação. O jovem é epilético, possui graves dificuldades de aprendizado e sério comprometimento visual e auditivo. Segundo a defesa, o demandante não se enquadrava no conceito legal de pessoa, pois se o crime não fosse cometido contra a sua mãe, ele não existiria. Ademais, um ilícito causado antes da concepção, cujas consequências se revelam após o nascimento, não pode ser tratado como lesão a uma pessoa viva. Contudo, para os magistrados, não há norma preceituando que a vítima seja uma pessoa ao tempo do crime. O decisivo é que as desordens genéticas sejam consequências diretamente atribuídas ao ato incestuoso.

Importante salientar que esse caso não se assemelha com o acontecido há alguns anos em França – seja no famoso *affair Perruche*, como em outras situações em que médicos foram processados por detectarem deficiências físicas ou mentais em fetos, impedindo que mães optassem pelo aborto. Lá se discutiu sobre a perda de uma chance de mães evitarem vidas com intenso sofrimento (uma causalidade duvidosa, que poderia suscitar o estímulo a práticas eugênicas se as demandas fossem vitoriosas). Na Inglaterra, em contrapartida, o ponto fulcral foi a responsabilidade civil por ato ilícito no qual a vítima não era um nascituro, ou sequer um pré-embrião, porém um *concepturo*, ou seja, aquele que ainda está para ser concebido, uma "expectativa do devir", encontrando-se no campo das incertezas. O concepturo não habita o campo da existência e quanto a ele só há referência na sucessão testamentária (art. 1799, I, CC), na condição de filho ainda não concebido de pessoa indicada pelo testador. A famosa "prole eventual", que pode vir a existir no futuro.

Seguindo a teoria concepcionista, não obstante desprovido de capacidade jurídica e da titularidade de situações patrimoniais, o nascituro detém incondicional personificação, havendo precedentes jurisprudenciais sobre a sua legitimidade para exigir a compensação de danos extrapatrimoniais decorrentes de ofensa a direitos da personalidade. Ilustrativamente, o nascituro cujo pai é morto em acidente de trabalho ou atingido em sua integridade física por qualquer ofensa a sua mãe gestante, poderá postular a reparação de danos, considerando-se a ofensa aos seus atributos existenciais.

Em sentido diverso, o concepturo não é pessoa, nem se enquadra na ideia intermediária de uma potencialidade de vida a que se defere especial proteção (o embrião excedentário crioconservado). Vimos que na sucessão testamentária, o concepturo surge como uma construção legal, o que explica que a sua tutela jurídica seja meramente patrimonial e pontual. Mas qual será a justificativa jurídica para rompermos essa barreira legislativa, a ponto de respaldarmos a pretensão ao dano moral em face do concepturo? Penso que com base em um *direito eventual* à vida e à proteção integral. Enquanto o nascimento com vida é a condição suspensiva que determinará o recebimento da herança, a concepção intrauterina será o evento futuro e certo que demarcará o momento em que surge a pessoa e a respectiva tutela a sua personalidade, mesmo que o ilícito tenha sido praticado em momento anterior à nidação do embrião no útero materno e que os danos só sejam efetivamente constatados após o nascimento.

Podemos mesmo elaborar um raciocínio às avessas, com forte pragmatismo. O defunto não titulariza direitos da personalidade, mas os seus atributos existenciais jamais fenecem como coisa de ninguém, pois transcendem o momento da morte. A "memória do morto" é passível de proteção bifronte– inibitória e reparatória –, por parte de seus familiares, em nome próprio, por ilícitos praticados contra a honra, imagem e nome da pessoa já falecida. Pois bem: esse raciocínio também se aplica a aurora da vida. O concepturo é pura hipótese de ser, ainda não é sujeito de direitos, mas o ilícito que repercute imediatamente sobre ele, transcende o estágio anterior à fecundação, alcançando a sua vida e existência.

A carga argumentativa do precedente poderá servir como fundamentação para que filhos processem genitores por comportamentos de risco associados a infecções como o HIV, ou ao uso excessivo de álcool – v.g. Síndrome Alcoólica Fetal – cujos efeitos danosos serão identificados posteriormente, ainda na fase de gravidez. Indo além, poderá ainda compreender danos decorrentes de transmissão de moléstias genéticas previamente conhecidas pelos pais. Não se trata de responsabilizá-los por gerarem filhos deficientes, porém, pela prática de atos ilícitos, entendendo-se que uma função preventiva da responsabilidade civil requer que o dever fundamental do *cuidado* seja ampliado para justificar a tutela do concepturo.

A FUNÇÃO PROMOCIONAL DA RESPONSABILIDADE CIVIL (I)

Não é um cidadão quem não está disposto a respeitar as leis e obedecer ao magistrado civil; e certamente não é um bom cidadão quem não deseja promover, por todos os meios sob seu poder, o bem-estar de toda a sociedade e de seus concidadãos.

Adam Smith

De acordo com o estágio civilizatório de cada sociedade, a responsabilidade civil é chamada a exercitar uma ou várias funções. Infelizmente, o Brasil é vítima do monopólio da função compensatória da obrigação de indenizar. O ordenamento só é chamado a intervir diante do evento patológico de um dano patrimonial ou moral. Nesse momento, o Judiciário se presta ao papel de transferir os danos do ofendido ao ofensor, conduzindo a vítima à situação jurídica mais próxima ao momento imediatamente anterior à lesão pela "*restitutio in integro*".

Aos poucos, a doutrina brasileira se abre para outras relevantes funções da responsabilidade civil. Fala-se de uma "função punitiva", cujo objetivo é o de sancionar o autor do ilícito pela imposição de uma pena civil face à extrema reprovabilidade de seu comportamento ou desprezo pela sorte da vítima, independentemente da extensão dos danos. Cogita-se, mais recentemente, de uma "função precaucional", visando impedir a prática ou a reiteração de comportamentos antijurídicos, evitando-se a ocorrência de danos que ofendam interesses transindividuais. Mesmo que um dia possamos estabelecer uma harmoniosa convivência entre as funções compensatória, punitiva e precaucional, o fato é que a responsabilidade civil continuará a desempenhar um papel de desestímulo a comportamentos antissociais ou atividades que imponham riscos anormais a uma coletividade. O receio de uma sanção negativa impele o ser humano a adotar condutas cautelosas no sentido de não violar a esfera econômica ou existencial de um terceiro. Desde Roma o "*neminem laedere*" traduz a eficaz imposição de um dever geral de abstenção.

E por qual razão a responsabilidade civil é e sempre foi assim? A resposta reside no senso comum de moralidade humana. É um fato básico que é mais fácil prejudicar os outros do que beneficiá-los. Nossa responsabilidade é baseada na causalidade, assim, sentimo-nos responsáveis por um resultado, conforme a nossa contribuição ativa para ele. Intuitivamente, cremos que somos muito mais responsáveis pelo mal que causamos por nossos atos do que pelos males cotidianos derivados de nossas omissões. Por isso, todos os deveres morais e obrigações nos impelem a não ofender a incolumidade de terceiros, sem que existam deveres positivos que estimulem os indivíduos ao altruísmo. Tudo isso explica a enorme aversão que temos diante de perdas, sem que haja uma inversa atração pelos ganhos sociais de comportamentos beneméritos, que possam irradiar esperança e solidariedade.

Nas relações obrigacionais a boa-fé objetiva desperta "o melhor de nós", no sentido de converter partes antagonistas em parceiros de um projeto contratual, realçando deveres de cooperação, proteção e informação. O prêmio para os que seguem os "*standards*" de lealdade e confiança é o adimplemento dos deveres preexistentes. Diferentemente, a responsabilidade civil atua na esfera extracontratual, o mundo das pessoas que são estranhas umas às outras. Quando não há um prévio vínculo entre seres humanos, o que encorajaria alguém a transcender o dever moral e jurídico de não ofender a órbita alheia, a ponto de ser empático e se disponibilizar ao engajamento na cooperação recíproca com pessoas de culturas e nações distintas, ou até mesmo para beneficiar as gerações futuras? Será que o nosso senso de justiça sempre será limitado ao pequeno número de pessoas a quem devotamos a nossa afeição?

Eu sempre fui um entusiasta do iluminismo britânico, não do francês. São as virtudes sociais, mais do que a razão, que unem as pessoas. A ideia francesa da razão não é disponível às pessoas comuns e não possui nenhum componente moral ou social. Todavia, a benevolência é uma virtude mais modesta do que a razão, mas talvez uma virtude mais humana. Preocupados com o homem em relação à sociedade, os filósofos morais escoceses e ingleses perseguem o "éthos" da valorização do senso comum do certo e do errado e a compaixão como base para uma sociedade humana na qual a pessoa virtuosa é movida pela afeição natural por sua espécie. No Brasil, Adam Smith é identificado como o autor da obra "A Riqueza das Nações". Porém, em sua terra natal, mais do que economista político, foi notabilizado como filósofo moral. A sua obra de maior estima é a "Teoria dos Sentimentos Morais". Em uma magistral passagem, Smith sublinha que "sensibilizar-se muito pelos outros e pouco por nós mesmos, refrear nosso egoísmo e favorecer nossas afecções benevolentes constitui a perfeição da natureza humana. O homem naturalmente deseja não apenas ser amado, mas ser amável. Ele naturalmente teme não só ser odiado, mas ser odiável. Ele deseja não apenas louvar, mas ser louvável. Nós desejamos tanto ser respeitáveis quanto respeitados. Nós tememos ser tanto desprezíveis quanto sermos desprezados". Enfim, são essas as virtudes "positivas" incitadas pelo senso de solidariedade que Smith elevou sobre aquelas que chamava virtudes "negativas" da justiça.

Infelizmente, a cultura brasileira herdou a tradição das virtudes negativas e artificiais da justiça, distanciando-se das virtudes positivas e naturais da ética. Some-se a isso o fato de que incorporamos não apenas o iluminismo francês, mas o seu sistema de responsabilidade civil, que consiste apenas em um arremedo de proteção social para vítimas de acidentes, pois o seu real desiderato foi o de legitimar a liberdade econômica daqueles que realizam atividades que expõem terceiros a riscos de danos. Todavia, já é tempo de alargarmos os horizontes e investirmos em uma "função promocional" da responsabilidade civil, na qual a tônica será a aplicação das sanções premiais, tão decantadas por Norberto Bobbio. Para além de compensar, punir e prevenir danos, a responsabilidade civil deve criteriosamente recompensar a virtude e os comportamentos benevolentes de pessoas naturais e jurídicas. E de que forma? Na próxima semana trarei alguns "*insights*". Até breve!

A FUNÇÃO PROMOCIONAL DA RESPONSABILIDADE CIVIL (II)

Se alguém, cumprindo os seus próprios deveres, faz mais do que poderia ser constrangido a fazer segundo a lei, a sua conduta é meritória; se cumpre na estrita medida ao conforme a lei, ele não faz senão aquilo que é devido; se, enfim, cumpre menos do quanto é pedido pela lei, ele atua culposamente (demeritum). O efeito jurídico de uma culpa é a punição; o de uma ação meritória é a recompensa (prêmio); a conformidade da conduta ao que se deve fazer não gera qualquer efeito jurídico.

Kant– "Metafísica dos Costumes"

Na semana passada publiquei um post com a 1ª parte de minhas reflexões sobre esse tema. Em síntese, entendo que o senso comum de moralidade humana torna mais fácil prejudicar os outros do que beneficiá-los. Intuitivamente, cremos que somos muito mais responsáveis pelo mal que causamos por nossos atos do que pelos males cotidianos derivados de nossas omissões. Por isso, todos os deveres morais e obrigações nos impelem a não ofender a incolumidade de terceiros, sem que existam deveres positivos que estimulem os indivíduos ao altruísmo. Tudo isso explica a enorme aversão que temos diante de perdas, sem que haja uma inversa atração pelos ganhos sociais de comportamentos beneméritos, que possam irradiar esperança e solidariedade. Assim, afirmei que já é tempo de alargarmos os horizontes e investirmos em uma "função promocional" da responsabilidade civil, na qual a tônica será a aplicação das sanções premiais. Para além de compensar, punir e prevenir danos, a responsabilidade civil deve criteriosamente recompensar a virtude e os comportamentos benevolentes de pessoas naturais e jurídicas. Mas como podemos concretizar tal função promocional no Brasil?

Pode-se definir o '*encorajamento*', com Norberto Bobbio, como aquela forma de persuasão em que Y tentará influenciar X a fazer, assegurando uma consequência agradável caso X faça. Enquanto o momento inicial de uma medida de desencorajamento é uma ameaça, o da medida de encorajamento é uma promessa que obrigatoriamente será mantida pelo promitente juridicamente autorizado. A técnica de encorajamento é conexa com a predisposição e a atuação das sanções positivas, com função promocional (ou propulsiva), de estímulo a atos inovadores. Ao contrário da sanção negativa, a sanção positiva não é devida. O prêmio pelo mérito não se encontra no nível estrutural da norma, mas psicológico daquele que agirá em busca da recompensa. Certamente, as sanções positivas surgirão eventualmente no ordenamento, isto por duas razões: (a) o sistema não possui recursos para premiar todo e qualquer comportamento meritório; (b) o direito não pode ser visto como um mínimo ético, mas um máximo ético. Destarte, a associação da recompensa a uma pena produz nas ações individuais resultados bem mais eficazes que aqueles obtidos isoladamente com a pena. Neste sentido, colhe-se a função de incentivar o adimplemento e não o de reagir ao inadimplemento. A título ilustrativo, tenha-se a hipótese do bônus previsto no contrato de seguro de responsabilidade civil pela circulação de veículos. Trata-se de um prêmio, uma recompensa a um comportamento.

O direito não se presta a um papel conservador e inerte de mera proteção de interesses mediante a repressão de atos proibidos – tal como na esfera do direito penal – mas preferencialmente o de promover o encontro entre as normas e as necessárias transformações sociais. Na senda da eficácia promocional de direitos fundamentais, é possível fazer do direito privado um local em que algumas normas sirvam não apenas para tutelar, como também para provocar efeitos benéficos aos valores da solidariedade e da igualdade material. No plano funcional, as sanções positivas atuam de maneira a provocar nos indivíduos o exercício de sua autonomia para alterar sua forma de comportamento. Se uma sanção pretende maximizar comportamentos conformes e minimizar comportamentos disformes, deverá se servir do instrumento de socialização, que com técnicas variadas investe o indivíduo na condição de membro participante de uma sociedade e de sua cultura. A socialização – que obviamente se aplica à pessoa jurídica – cria uma disposição para a observância das regras que comandam o grupo. Quando o processo de socialização não funciona para algum indivíduo, em um segundo momento se estabelecerá a técnica de controle social. Quando este processo quer encorajar não apenas comportamentos conforme o direito, mas em "superconformidade", recorrerá às sanções positivas, pela via de prêmios e incentivos.

Nessa toada, creio que uma legítima situação de incidência da função promocional é o parágrafo único do art. 944 do Código Civil: "Se houver excessiva desproporção entre a gravidade da culpa e o dano, poderá o juiz reduzir, equitativamente, a indenização". Para a doutrina majoritária, a referida norma só poderá ser utilizada na teoria subjetiva da responsabilidade civil, seja pela própria redação do dispositivo, como também pelo próprio apelo à orientação sistemática pela qual no nexo de imputação objetiva será expurgada qualquer discussão sobre a culpa. Quer dizer, quando determinada atividade econômica, pela sua própria natureza, independentemente de quem a promova, oferece riscos que a experiência repute como excessivos, anormais, provocando danos patrimoniais ou existenciais em escala superior a outros setores do mercado, a orientação dada ao empreendimento pelos seus dirigentes será irrelevante para a avaliação das consequências dos danos, relevando apenas a aferição do nexo de causalidade entre o dano injusto e o exercício da atividade.

Desta forma, em sede de teoria objetiva, priva-se de qualquer efeito jurídico as ações meritórias. Quer dizer, o fato do condutor da atividade – ciente de seu risco anormal – propor-se a realizar investimentos em segurança perante os seus funcionários ou terceiros em nada repercutirá positivamente em caso de produção de uma lesão resultante do exercício desta atividade. Daí nasce a questão lógica: se inexiste qualquer estímulo para provocar um comportamento direcionado ao cuidado e à diligência extraordinários, qual será a ênfase de um agente econômico em despender recursos que poderiam ser direcionados a várias outras finalidades, quando ciente de que isto nada valerá na eventualidade de um julgamento desfavorável em uma lide de responsabilidade civil? Esta indagação se torna ainda mais veemente quando o empreendedor percebe que os seus concorrentes apenas praticam esforços ordinários em termos de cautela, canalizando os recursos excedentes para outras vantagens perante os consumidores.

Ou seja, propomos a existência de três "standards" de diligência em sede de exercício de atividades potencialmente danosas: (a) ausência de diligência; (b) diligência ordinária; (c) diligência extraordinária. No primeiro caso – ausência de diligência –, aplica-se a pena civil, de natureza preventiva/aflitiva, desencorajando-se a prática de atos desconformes ao direito, à medida em que a atividade produza danos quantitativamente numerosos e/ou qualitativamente graves. Se o parágrafo único do art. 944 admite a redução da quantia reparatória em função da culpa, forçando-se o lesado a suportar parcialmente o dano, por que não admitir o aumento do montante, pela via da pena civil, se o lesante tiver agido com culpa grave? Acresça-se a isto a impossibilidade de se repassar a um segurador o valor da condenação referente à sanção positiva, mas tão somente quanto à verba reparatória. No segundo caso, ou seja, o de diligência ordinária, aferindo-se que os parâmetros de vigilância do empreendedor se encontram na normalidade de seu setor econômico, o resultado será neutro no aspecto punitivo, resumindo-se a sanção por danos injustos à medida de sua reparação, tanto na esfera patrimonial como extrapatrimonial. Finalmente, na terceira hipótese, a excepcional diligência do causador dos danos resultará não apenas na certeza quanto à exclusão de uma sanção punitiva (a privação de uma desvantagem), como em alguma reação positiva do ordenamento a uma boa ação.

Creio que essa é uma forma desejável de estímulo a todo e qualquer agente econômico que, não obstante o risco inerente à sua atividade, atue no sentido de não medir esforços para mitigar a possibilidade de causação de danos a terceiros. O prêmio não consistirá em uma contrapartida de ordem econômica que permita ao ofensor fazer frente à reparação integral dos ofendidos na eventualidade da configuração de danos (apesar dos elevados esforços de precaução), mesmo que a importância alcance cifras expressivas conforme o número de vítimas. Afinal, o empreendedor diligente já efetuou o seguro de suas atividades com relação ao aspecto reparatório. Cogitamos, em verdade, da criação de uma espécie de cadastro positivo de louváveis agentes econômicos em todos os setores da atividade econômica – com incentivo em obtenção de financiamentos públicos, redução de juros – capaz de gerar uma percepção positiva da sociedade em termos de imagem, com reflexos patrimoniais e morais para as empresas. Indubitavelmente, trata-se de um bem imaterial de enorme valor em sociedades que objetivam implantar mecanismos meritocráticos aos valores do capitalismo democrático. Ressalte-se o efeito pedagógico de se evitar o ingresso em determinado setor do mercado de potenciais concorrentes sem o potencial de fazer frente às exigências de uma competitividade pautada na eficiência em detrimento do compadrio e paternalismo, tão evidentes nas sociedades oligárquicas.

Seja aqui, como em qualquer outra nação capitalista, o mercado é completamente suscetível aos estímulos derivados do ordenamento. Não precisamos recorrer a "*law and economics*" para percebermos que o emprego difuso de técnicas de encorajamento, através de recompensas em termos de redução de custos, motiva o empreendedor a coordenar os seus meios aos fins eleitos pelo sistema jurídico. Ao invés de um castigo, um prêmio. Aliás, assim já se conduz o Estado no direito tributário para alcançar as finalidades desejadas. Quando os incentivos estão mal alinhados é apropriado para o sistema jurídico tentar consertar esse problema, realinhando-os. Abordagens baseadas em incentivos se mostram eficientes e eficazes, sem desrespeitar a liberdade de escolha dos agentes econômicos. Trata-se de um sistema que recompensa ao invés de punir e, para alcançar este propósito, não se furta a oferecer os melhores incentivos. Os arquitetos de escolhas públicas querem guiar as pessoas em direções que irão melhorar as suas vidas. Estão dando uma cutucada. Cutucadas não são ordens, mas orientações, tais como aquelas que pais virtuosos transmitem aos filhos.

DANO MORAL POR TÉDIO

Há sensações que são sonos, que ocupam como uma névoa toda a extensão do espírito, que não deixam pensar, que não deixam agir, que não deixam claramente ser. Como se não tivéssemos dormido, sobrevive em nós qualquer coisa de sonho, e há um torpor do sol do dia a aquecer a superfície estagnada dos sentidos. É uma bebedeira de não ser nada, e a vontade é um balde despejado para o quintal por um movimento indolente do pé a passagem.

Fernando Pessoa – "Livro do desassossego"

Segundo a BBC, Frédéric Desnard pretende 360 mil euros (cerca de R$ 1,3 milhão) em compensações por ter sido "assassinado profissionalmente" pelo que qualificou de "chatice extrema" em seu trabalho na "*Interparfum*", companhia de fabricação e distribuição de perfumes em Paris. Frédéric, que tem 44 anos e trabalhava em um cargo de gerência, disse que ficava tão exausto e entediado que passou a sofrer um esgotamento físico e mental – conhecido como Síndrome de "*Burnout*". Era como uma viagem ao inferno, "mas menos interessante", disse o francês, acrescentando que entre 2010 e 2014 recebeu apenas tarefas muito mais simples do que suas responsabilidades originais. "Eu estava envergonhado por ser pago para não fazer nada". Segundo ele, esse comportamento de sua chefia o deixou "destruído" e "deprimido". Ele foi afastado do trabalho por sete meses antes de ser demitido em setembro de 2014 por "ausência prolongada" que "atrapalhou a tranquilidade do trabalho" na empresa. Segundo o advogado de Frédéric, o objetivo da empresa foi o de entediar o seu empregado até a "morte", assim podendo demiti-lo sem pagar outras compensações. Acredita-se que esse seja o primeiro caso desse tipo na França, nação em que o verbo "enfadar" não é reconhecido por lei, mas onde a mais alta corte já admitiu 244 casos de empregados intencionalmente relegados a funções secundárias, o que se considerou como assédio moral.

O tédio profundo é uma experiência existencial fundamental e se tornou um fenômeno cultural central da modernidade, há cerca de dois séculos. Na verdade, deveríamos falar não de tédio, mas de tédios, pois a noção inclui uma multiplicidade de humores e sensações que resistem à análise e que atinge quase 100% da população em alguma fase da vida. Portanto, não se trata de mera idiossincrasia pessoal, mas de uma característica de um mundo pleno de práticas sociais saturadas de tédio, cuja principal consequência em seu estado extremo é a perda de significado para a pessoa atingida.

Seria a vida contemporânea acima de tudo uma tentativa de escapar do tédio? O problema, como bem descreve o filósofo Lars Svendsen, na "Filosofia do tédio" (Jorge Zahar, 2006), é o tédio existencial, aquele que viceja quando não temos nenhuma ideia do que queremos fazer, quando perdemos a capacidade de nos orientar na vida, o "sofrer sem sofrimento, querer sem vontade e pensar sem raciocínio" de Fernando Pessoa. Se o tédio aumenta, isso significa que há uma falha grave na sociedade ou na cultura como transmissores de significado, pela qual o tédio se associa a uma maneira de "passar o tempo", em que o tempo, em vez de ser um horizonte para oportunidades, é algo que precisa ser consumido. Não sabemos o que fazer com o tempo quando estamos entediados, pois, à medida que o homem se percebe como alguém que deva se "*realizar*", a vida cotidiana se converte em uma prisão, na qual o tédio não se associa a necessidades reais, mas ao desejo de estímulos, em uma perspectiva puramente estética na qual mais vale algo ser interessante do que possuir um valor em si.

Isso é exatamente o contrário do que deve ocorrer no sistema de justiça, onde o termo interesse não corresponde ao interessante, mas ao que detém valor. Assim, voltando ao nosso francês entediado, o certo é que se esse processo estivesse em curso no Brasil, as chances de êxito seriam reduzidas. Considerando-se o dano moral como uma lesão a um interesse existencial concretamente merecedor de tutela, parece-nos pouco crível que o Poder Judiciário encontrará – com base nas provas apresentadas no caso – um valor digno de proteção que tenha sido ofendido pelo empregador quando um funcionário muito bem remunerado se coloca como um "zumbi profissional", assassinado em sua carreira, envergonhado pela desproporção entre os grandes vencimentos e mínimas responsabilidades que lhe eram delegadas.

Porém, subjacente a uma lide aparentemente destinada ao insucesso, revela-se um fato social preocupante. Paulatinamente, o tédio se traduz em fonte de morte prematura, como comprova pesquisa na Inglaterra. De 7000 funcionários públicos acompanhados por 24 anos, os entediados faleciam precocemente, não por suicídio – como diz Sthendal, "pois o tédio retira até o desejo de tirar a própria vida" – porém, por estímulos negativos como péssima alimentação, álcool, drogas e assunção de comportamentos de riscos, sem contar os prejuízos aos relacionamentos familiares e conjugais. Assim, na vertente preventiva da responsabilidade civil, diante de uma causalidade mediata, as corporações deveriam levar o tédio mais a sério, encorajando as habilidades dos funcionários e não os subestimando, como no caso de um "supervisor" cuja enobrecedora função era a de checar envelopes vazios para verificar se eles estavam "verdadeiramente vazios". Esse intenso sofrimento remete a citação de Erich Fromm sobre o inferno, como o "local em que as pessoas estão continuamente entediadas".

Por outro lado, pode-se dizer que a percepção de déficit de sentido pode impulsionar a pessoa a questionar e, consequentemente mudar a sua vida para melhor. O tédio não é uma questão de ócio, ou trabalho árduo, mas de significado. Jamais o significado grandioso imposto pelo absoluto do ego, que apenas agrava o tédio ou remete a transgressão e a violação de limites, porém ao salto qualitativo da transcendência. Se a maioria das pessoas é dissoluta por tédio, outras que sejam viciadas em significado viabilizam o autoconhecimento, estudam ou se tornam virtuosas por tédio e, em suas frestas, conferem conteúdo às suas vidas. Como diz o Filósofo Svendsen ao final de seu livro, "o problema reside em aceitar que tudo que é dado são pequenos momentos e que a vida oferece muito tédio entre estes. Pois a vida não consiste em momentos, mas em tempo. A ausência do grande Significado não resulta, contudo, do desaparecimento de todo o sentido na vida. Unilateralmente considerada, a ausência de Significado pode eclipsar todos os outros significados – e o mundo parece realmente ter sido reduzido a ruínas. Uma fonte de tédio profundo é que precisamos de maiúsculas, ali onde somos obrigados a nos contentar com minúsculas. Mesmo que nenhum Significado seja dado, há significado – e tédio. É preciso aceitar o tédio como um dado incontornável, como a própria gravidade da vida. Não é uma solução grandiosa – mas não há solução para o tédio".

A RESPONSABILIDADE CIVIL POR GANHOS ILÍCITOS

Na semana passada a Suprema Corte dos Estados Unidos decidiu o bilionário caso das patentes de *"smartphones"* – Apple vs. Samsung –, eximindo a empresa sul-coreana de pagar 1,367 bilhão de reais à Apple pelos ganhos obtidos com as vendas de seus celulares. A Apple acusava a Samsung de ter copiado o design de alguns dispositivos para lançar modelos como o *"Galaxy S II"* e se apropriado de três características patenteadas: o aspecto arredondado das quinas dos iPhone, o design das bordas e a disposição dos ícones coloridos dos aplicativos na tela do celular. Em 2015 a Samsung havia pagado à Apple mais de 548 milhões de dólares por decisão do *"Federal Circuit Panel"*, que ignorou o principal argumento da Samsung, qual seja: um artigo de fabricação também poderia ser um componente, como um caso de smartphone, em oposição a um smartphone multifuncional inteiro. Em sentido contrário, o Tribunal Federal entendeu que os componentes dos smartphones da Samsung não eram artigos relevantes na manufatura dos aparelhos, porque os consumidores não poderiam comprar aqueles componentes separadamente dos smartphones.

Contudo, a Suprema Corte recusou essa interpretação restrita e reformou a decisão, determinando o reembolso de 399 milhões de dólares em prol da Samsung, correspondentes à soma dos lucros que conseguiu com onze modelos de telefones supostamente similares aos da Apple. Por unanimidade, os julgadores consideraram que a empresa sul-coreana não deve pagar os lucros ilicitamente obtidos de seus onze modelos de telefone porque o suposto plágio só responde a uma parte muito pequena dos dispositivos. Vale dizer, a expressão "artigo de fabricação" é suficientemente ampla para abranger simultaneamente um produto vendido a um consumidor e um componente desse produto, quer seja vendido separadamente ou não. A Suprema Corte dos Estados Unidos não tratava de um caso de patentes de design desde a década de 1890, oportunidade em que tratou de um litígio sobre a propriedade de carpetes. Para os especialistas, doravante a indústria tecnológica como um todo poderá respirar um pouco.

Caso a Suprema Corte não se manifestasse, inúmeras empresas postulariam (e receberiam) indenizações excessivas pela propriedade de patentes de design.

Em contrapartida, no tocante ao direito civil brasileiro, a Suprema Corte Americana nos ensina como estamos atrasados no campo da responsabilidade civil. Na "*Common Law*" – com destaque para os EUA, Canadá e Inglaterra –, em várias situações relacionadas à prática de ilícitos extracontratuais, violação de deveres de confiança e sigilo, quebras contratuais e infração de propriedade material, é dada ao demandante a opção de substituir o remédio da compensação de danos pelo exercício de uma pretensão voltada a suprimir os ganhos obtidos pelo réu como decorrência da prática de um comportamento antijurídico. Quer dizer, independentemente de o fato do dano ter ou não existido ou, mesmo que os prejuízos sejam inferiores aos lucros obtidos pelo infrator no exercício da atividade econômica, caso provada a relação de causalidade entre o proveito financeiro e a prática do ato ilícito, aplica-se a máxima "tort must not pay". O réu é privado dos ganhos ilícitos e esses valores se destinam ao demandante. O objetivo é o de propiciar uma função dissuasória à responsabilidade civil, desencorajando o demandado e outros agentes econômicos a praticar comportamentos calculados à aferição de lucros significativamente superiores aos danos causados às vítimas. Nesse ponto, a decisão da Suprema Corte foi impactante ao condicionar o "disgorgement of profits" a parâmetros objetivos e razoáveis. Ou seja, não há uma relação automática entre a prática da conduta reprovável e lucrativa e o direito do requerente a embolsar todos os lucros provenientes da atividade econômica do ofensor. O caso concreto evidenciou que apenas uma pequena parte dos dispositivos teria sido "pirateada", o que já reduz significativamente a condenação de confisco dos lucros em prol da Apple. Ademais, para além da causalidade, em qualquer processo em que se pretenda extirpar os benefícios obtidos pelo réu, esse poderá provar que, não obstante o ilícito, os lucros jamais seriam auferidos pela vítima caso ela protagonizasse o processo – pela falta de "know-how", capilaridade ou capital para dar lugar aos ganhos –, tendo ainda a possibilidade de abater do valor da condenação as despesas que efetuou pelo exercício do negócio, aliados ao tempo e energia dispendidos.

No Brasil a responsabilidade civil adormece em berço esplendido. Persistimos no equívoco do paradigma puramente compensatório, pelo qual o único fator avaliado quando da prática de um ilícito são os danos patrimoniais e morais sofridos pela vítima. Essa é a lição do art. 944 do Código Civil: "A indenização mede-se pela extensão do dano". Infelizmente, não nos servimos da experiência de outros países, tanto na "*civil law*" como no "*common law*", a fim de evidenciar que, para além da reparação de danos, o ato ilícito é capaz de gerar outras eficácias: a prevenção de condutas antijurídicas, a punição por comportamentos demeritórios, a restituição de ganhos obtidos indevidamente do ofendido e o desapossamento de lucros ilicitamente auferidos. O fato é que em sociedades plurais e extremamente complexas o direito civil deve ser convocado a atuar de forma mais eficaz em reação à proliferação das mais diversas formas de ilícito. Isso só será possível, quando a responsabilidade civil for revisitada em um viés multifuncional, no qual o ordenamento não se restrinja ao objetivo de restituir as vítimas *ao "status quo"* (o que é uma ficção!), porém, passe a avaliar os aspectos relacionados aos atos e atividades realizados pelos agentes, delimitando cada uma das funções da responsabilidade civil mediante critérios objetivos e razoáveis.

Alguns diriam que é possível ao Judiciário brasileiro aplicar condenações que suprimam os ganhos ilícitos do ofensor, mesmo sem previsão legislativa. Isso se faria de duas maneiras: pelo recurso ao dano moral ou à teoria do enriquecimento sem causa. Quanto ao dano extrapatrimonial, em um futuro *"post"* prometo criticar o censurável erro metodológico de magistrados e Tribunais que o hipertrofiam, fundamentando-o não apenas com base na violação de interesses existenciais da vítima (o que é certo), mas intensificando o seu montante com justificativa na conduta reprovável do ofensor ou no lucro por ele obtido pela prática ilícita. Uma dupla falha, pela veemente impossibilidade de uma condenação por dano moral (de cariz unicamente compensatório) englobar aspectos punitivos ou de privação de lucros do demandado.

Quanto à migração da responsabilidade civil para o modelo jurídico do enriquecimento sem causa como atalho para a trasladação dos ganhos do ofensor para o ofendido (discussão que também merece outro post), vários doutrinadores alegam que o remédio restitutório é de sua essência e a vítima pode deles se servir, a teor do art. 884 do Código Civil. Apenas adianto aqui que não compartilho dessa visão ampliada do modelo do enriquecimento sem causa, que é uma área residual no campo do direito das obrigações, apenas aplicável a situações semelhantes a um pagamento indevido. Assim, se alguém pratica um ato ilícito como ponto de partida para obtenção de proveito econômico, esse fato jurídico não pode ser conduzido ao campo do enriquecimento sem causa, que pressupõe uma atribuição patrimonial cuja causa não seja um consenso (fato jurídico do contrato) ou um fato ilícito. Enfim, temos um caminho longo pela frente se realmente quisermos levar o direito civil a sério em termos de efetividade. Nessa árdua travessia um dos passos consiste em revisitar as funções da responsabilidade civil, pela definição de parâmetros objetivos que possam orientar o legislador e os julgadores quanto as situações em que um ato ilícito deverá transcender os danos e concretizar finalidades punitivas, restitutórias ou mesmo de desnudar os ganhos ilícitos do ofensor.

RESPONSABILIDADE CIVIL POR RISCOS DESCONHECIDOS

Há cerca de duas semanas, participei do Congresso Europeu de Responsabilidade Civil, em Viena. Na jornada de 2016, o tema central foi a responsabilidade civil por riscos desconhecidos – *liability for unknown risks*, ou causa ignota –, debatida nos contextos da Europa Continental, *common law* e *law and economics*. Os riscos desconhecidos surgem como uma desvantagem dos progressos técnicos. O que dizer, ilustrativamente, dos riscos que emergem da nanotecnologia, softwares, aplicativos e engenharia genética? A empresa Google poderá em breve ser responsabilizada por acidentes envolvendo carros sem motoristas?

O debate é árduo. Nos sistemas presididos pela responsabilidade subjetiva, a previsibilidade do fato lesivo é um requerimento da culpa. Assim, não seria possível atribuir a alguém a obrigação de indenizar, quando a informação sobre o provável risco de um dano não estava disponível. Mas quando um risco pode ser considerado previsível por um "homem razoável"? Diferente seria se o risco fosse conhecido, mas dificilmente evitável ou controlável. Nesses casos a responsabilidade por culpa pode ser atribuída quando certas precauções para minimizar os riscos não são adotadas, face a uma omissão quanto aos standards de razoabilidade, relacionados aos deveres de cuidado, proteção e informação, conforme o "estado da arte". Em contrapartida, pela teoria objetiva, o réu poderá ser considerado responsável pelos danos causados por riscos desconhecidos quando relacionados a uma causalidade incerta. Isso dependerá da distribuição do ônus da prova, se o demandante não tiver condições de provar causalidade e o réu, a seu turno, não for capaz de identificar o evento que interrompeu o nexo causal entre o dano e a sua atividade.

Já na perspectiva da *law and economics*, esse é um tópico desafiador por envolver uma falta de informação sobre os riscos envolvidos. A análise econômica do direito foca nos incentivos que a responsabilidade civil pode prover para conduzir os atores envolvidos a adoção de melhores práticas e decisões sobre o nível de cuidados e de atividade, em ordem a alcançar uma desejável distribuição de riscos. Nesse *trade-off* entre o estímulo à técnica e a tutela da integridade psicofísica, o que se questiona é se ao invés da responsabilidade civil, não seria melhor que houvesse uma regulação pública capaz de lidar melhor com as externalidades negativas, tal como já ocorre com os seguros obrigatórios para acidentes de trabalho e doenças ocupacionais.

No Brasil, infelizmente, nada se discute sobre os riscos desconhecidos em sentido amplo, mas há um conhecido debate sobre o risco do desenvolvimento, que é uma espécie do gênero "riscos desconhecidos", aplicável ao contexto dos produtos defeituosos. A controvérsia surge ao cogitarmos de riscos inicialmente desconhecidos que se tornam conhecidos quando o autor processa o causador do dano. Ou melhor, na aceitação, como excludente de responsabilidade do fornecedor, da circunstância de que ele não sabia, nem tinha razões para saber, da periculosidade do produto ao inseri-lo no mercado, que só veio a ser descoberta pelo avanço da ciência posterior à sua introdução. Cabe aqui uma interessante distinção oriunda da *common law*, entre *unknow risk* (risco desconhecido pelo réu ou por uma limitada classe de pessoas) e *unknowable risk* (risco incognoscível, que nenhuma pessoa que estivesse no lugar do réu poderia razoavelmente prever).

Na União Europeia, o risco do desenvolvimento foi enfrentado pela Diretiva 85/374, resumida nos seguintes pontos: (a) funda-se na responsabilidade civil objetiva; (b) consagra o risco do desenvolvimento como causa excludente da responsabilidade civil; (c) para ser admitida essa excludente, o produtor tem o ônus de provar que, no momento da colocação do produto no mercado, não era possível detectar a existência do defeito; (d) a legislação interna de cada Estado-membro pode ou não incorporar a excludente do risco do desenvolvimento (Development Risks Defence – DRD). A excludente é adotada por países como França, Itália e Espanha; (e) o critério temporal para aferição do estado da ciência e da técnica ou estado da arte é o da colocação do produto no mercado e não o da verificação do dano.

O cerne da polêmica em terra brasilis é o seguinte: quem deve suportar o risco desconhecido da periculosidade do produto, o consumidor ou o fornecedor? Em favor da responsabilidade objetiva do fornecedor, pode-se dizer que ele tomou a iniciativa de colocar o produto no mercado, assumindo os riscos, tal como se depreende da leitura do art. 931 do CC. Vale dizer, o defeito era socialmente desconhecido, mas por ser intrínseco ao produto, já existia quando o mesmo fora colocado em circulação, seja por uma falha na concepção, produção ou informação. Por outro lado, quem defende que a excludente deva ser aceita – elidindo a responsabilidade civil do fornecedor –, argumenta que exigir tamanha cautela seria atravancar o avanço científico e obrigar o fornecedor ao impossível, além do que, nas hipóteses de risco do desenvolvimento não haveria propriamente um "produto defeituoso", conforme exegese dos artigos 10 e 12 do CDC. A par dessa celeuma, o fato é que apenas engatinhamos na abordagem da função precaucional da responsabilidade civil. Já é hora de nos colocarmos de pé.

RESPONSABILIDADE VICÁRIA E RESPONSABILIDADE CONTRIBUTIVA

No Informativo 565 do STJ, foi publicado o Recurso Especial n. 1.512.647-MG, no qual o Relator, Ministro Luis Felipe Salomão, traz à tona a questão da responsabilidade vicária e da responsabilidade contributiva para eximir de responsabilidade o Google por lesão à propriedade imaterial, resultante de contrafação de material que originariamente era de titularidade de uma sociedade de ensino. Ou seja, o tema é a responsabilidade civil de detentores de novas tecnologias em geral – e em especial de provedores de internet – por violações a direitos autorais praticadas por terceiros, discussão que ganhou o mundo nas últimas décadas e exige, realmente, tratamento mais detido e especifico. Para eximir o Google de responsabilidade, o relator se escorou em dois fundamentos: (a) a estrutura da rede social em questão (Orkut) e a postura do provedor (Google) não contribuíram decisivamente para a violação de direitos autorais; (b) não se vislumbram danos materiais que possam ser imputados à inércia do provedor de internet.

Para reforço de fundamentação, ilustrou-se o paradigmático julgamento do caso Napster, cujo software permitiu que seus usuários compartilhassem arquivos e, consequentemente, violassem direitos autorais em larga escala. Um grupo de gravadoras demandou contra o Napster, alegando que a ferramenta não só permitia como também instigava o compartilhamento de milhões de músicas em formato MP3, protegidas por copyright. O Napster perdeu definitivamente a batalha judicial contra as gravadoras, o que inviabilizou o funcionamento do software naquele formato ultraliberal e gratuito. A decisão do caso Napster vs. A&M Records Inc. ancorou-se, em síntese, em três grandes fundamentos: (i) o compartilhamento de arquivos não consistia em fair use (uso legitimo) de direito autoral; (ii) responsabilidade contributiva; e (iii) responsabilidade vicária. Primeiramente, não se considerou legitimo o uso compartilhado das músicas protegidas por copyright pelo fato de a conduta não estar amparada pelos pilares básicos do fair use. Ficou comprovado que o uso compartilhado das músicas pelos usuários era de natureza comercial, porquanto se adquiria gratuitamente o que era oneroso; as obras musicais compartilhadas o eram na sua integralidade; e os impactos no mercado foram bem importantes. Concluiu-se que a atividade do Napster prejudicava diretamente a venda de CDs e colocava em risco a própria existência da indústria musical. Ademais, a Corte de Apelação reconheceu a responsabilidade contributiva e vicária do Napster pelos downloads ilegais realizados por seus usuários. Explica o Ministro Relator, em seu bem fundamentado voto, que, em países de matriz jurídica no Common Law, tem-se aplicado a teoria da responsabilidade contributiva, no cenário de violação de propriedade intelectual, nas hipóteses em que há intencional induzimento ou encorajamento para que terceiros cometam diretamente ato ilícito; assim também tem-se aplicado a teoria da responsabilidade vicária para casos em que há lucratividade com ilícitos praticados por outrem e o beneficiado se nega a exercer o poder de controle ou de limitação dos danos quando poderia fazê-lo. No julgamento, ficou demonstrado que o Napster tinha real conhecimento de que havia conteúdo ilegal transitando em seu sistema e nada fez. Quanto à responsabilidade vicária, a solução foi favorável às gravadoras, essencialmente, por duas razões: os responsáveis pelo Napster podiam controlar os atos de compartilhamento ilegal de arquivos musicais cancelando as contas dos usuários infratores e filtrando os arquivos em seu próprio sistema; e, finalmente, obtinham retorno financeiro com a ilegalidade cometida pelos usuários, uma vez que estes eram atraídos exatamente pela facilidade na obtenção gratuita de obras protegidas por copyright, ao passo que, para o Napster, havia a possibilidade de anúncios e propagandas patrocinadas dirigidas aos integrantes da rede.

Pois bem, transcendendo o objeto da demanda examinada no STJ, onde reside a origem do debate? Pode-se dizer que *vicarious liability* (responsabilidade vicária) e *contributive liability* (responsabilidade contributiva) são aspectos distintos, porém complementares no sistema contemporâneo de responsabilidade extracontratual empresarial na *common law*. O objetivo deste post é o de retroagir aos primórdios da responsabilidade vicária na *common law* para compreender a sua versão 2.0, adotada pelo STJ. A responsabilidade vicária foi introduzida na Inglaterra no Século XVIII e exportada para os Estados Unidos, que adotaram o sistema inglês da *common law*. Em regra, a responsabilidade civil é baseada em um fato pessoal e culposo do agente. Todavia, a responsabilidade vicária atribui obrigação de indenizar ao empregador por um ilícito cometido por seu empregado, dentro do escopo da atividade por aquele promovida. Na teoria americana da *agency*, a chave para a compreensão da responsabilidade vicária é o potencial controle do empregador sobre os atos do empregado. Essa responsabilidade independe de um ato culposo pelo empregador (responsabilidade objetiva), mas requer no mínimo uma negligência ou imprudência por parte do empregado. Ou seja, o responsável não violou deveres perante o ofendido, mas será responsabilizado por uma atribuição legal de compensar danos por ilícitos alheios. Tradicionalmente, o empregador não respondia por atos dolosos praticados pelos empregados, pois naturalmente tais atos escapariam de seu poder de controle, mas recentes precedentes estendem a responsabilidade vicária a casos de agressão sexual nas relações de trabalho, pois a relativa proximidade entre vítima e agressor era um dado propiciado pela relação de emprego.

A justificativa para a responsabilidade vicária provém de uma combinação de fatores como: a) distribuição eficiente de prejuízos, pois somente o empregador tem condições de indenizar a vítima (*deep pocket compensation*); b) servir como remédio para que a vítima seja restituída ao status quo, até mesmo pela dificuldade de prova da conduta negligente do empregado (em grandes corporações é árduo demonstrar que havia medidas de prevenção de risco que o empregador poderia utilizar para mitigar os danos); c) estimular o empregador a escolher os seus prepostos de forma mais atenta e controlar com mais cuidado o desempenho de suas atividades, prevenindo danos futuros; d) justificar a possibilidade de o empregador demitir o autor do ilícito ou lhe aplicar uma penalidade (v.g. rebaixamento). Aliás, dificilmente o empregado será réu em uma demanda, pois fatalmente será insolvente e os processos contra ele, infrutíferos. Contudo, se o empregador for insolvente, no confronto entre a vítima inocente e o empregado transgressor, o risco da insolvência do patrão recairá sobre o patrimônio do funcionário.

Contudo, o STJ não aplicou a responsabilidade vicária nesse contexto estrito e clássico. Fez-se uso em sentido amplo, da responsabilidade subsidiária (*secondary liability*), que se manifesta quando alguém indiretamente contribui para facilitar ou induzir outrem a praticar um ilícito. Nos Estados Unidos essa imputação de obrigação de indenizar foi legalizada em marcas e patentes e tem sido ampliada jurisprudencialmente na tutela de direitos autorais. A teoria da responsabilidade subsidiária alargou o espectro da responsabilidade vicária, para abranger as empresas, mesmo quando não sejam empregadores e lucrarem com a atividade ilícita alheia, apesar de deterem toda a aptidão para evitar a prática do comportamento antijurídico. Ilustrativamente, seria o caso da empresa que explora atividade de buffet e arrendamento de salão de festas, mas nada faz quando músicas são reproduzidas no evento sem que os titulares de direitos autorais sejam remunerados. A sociedade que explora o serviço não pode se eximir alegando que a orquestra contratada age de forma independente. O mesmo raciocínio justifica a responsabilização do proprietário de uma cadeia de lojas de departamentos quando, em seu interior, um concessionário vendia gravações falsificadas, mesmo que o referido titular do estabelecimento nada soubesse.

Em contrapartida, a *contributory liability* é outra forma de responsabilidade subsidiária, mais contundente a nosso viso, que ocorre quando o agente não pratica a violação contra a propriedade imaterial de forma direta, todavia, como o próprio nome sugere, contribui para o ilícito alheio, incitando a sua prática. Fundamentalmente, a empresa contribuirá materialmente para o ato, tendo ciência de sua finalidade antijurídica. Com efeito, na responsabilidade extracontratual da empresa, a obrigação de indenizar subsidiariamente deriva do relacionamento com o autor do dano, seja por proporcioná-lo ou por dele se beneficiar. Famoso precedente concerne ao caso Sony Corp. of America v. Universal City Studios. Essa processou aquela por criar e comercializar o Betamax, o que contribuiria significativamente para a prática de atos de contrafação realizadas pelos consumidores do Betamax, sendo certo que a Sony sabia ou tinha motivos para saber que a tecnologia poderia ser usada para fins ilícitos. A Suprema Corte dos Estados Unidos considerou que, apesar de contribuições materiais e conhecimento da infração serem, em tese, fatores suficientes para estabelecer a responsabilidade subsidiária, quando há violação de tecnologia, a responsabilidade contributiva não pode ser imposta a menos que a tecnologia careça de capacidade de evitar infrações. Ou seja, se novas tecnologias são concebidas para finalidades juridicamente legítimas, a Sony não poderia ser colocada na posição de seguradora universal para evitar qualquer sorte de ilegítima utilização da mesma tecnologia para fins ilícitos.

Bom, construímos esse raciocínio com vocês, prezados leitores, para demonstrar o que está por trás de decisões como essas que desresponsabilizam o Google pela venda, em seu espaço, de direitos autorais "pirateados" por contrafatores, mas que, pelos mesmos argumentos, devem responsabilizar os sites especializados em vendas de produtos que, em troca de uma contrapartida econômica, por vezes "fecham os olhos" para a atividade dos "pretensos" proprietários que colocam ativos imateriais à venda. Os vendedores são cadastrados e há um natural dever de controle sobre a titularidade incorpórea dos bens. Aí, sim, surge um espaço privilegiado para a incidência da teoria da responsabilidade vicária e, em casos mais graves, da responsabilidade contributiva.

O DANO MORAL COLETIVO PELO RETROVISOR DA VOLKSWAGEN

Segundo amplamente divulgado, a Agência de Proteção Ambiental dos EUA constatou que a Volkswagen instalava em seus veículos a diesel um software capaz de enganar as autoridades nos exigentes testes de emissão de NOx. O inteligente sistema da montadora alemã percebia que o carro estava sendo testado e burlava os inspetores, colocando o motor em modo "econômico". Todavia, fora dos laboratórios, o software era desativado e os veículos expeliam gases acima de 40 vezes o limite permitido pela legislação ambiental.

O fato é gravíssimo, repercutindo na órbita metaindividual em três níveis: a) atinge interesses individuais homogêneos de consumidores de 482.000 veículos da VW nos EUA entre 2009/2015. Eles sofreram danos à confiança com base na legítima expectativa derivada da publicidade que alardeava "carros ecologicamente sustentáveis"; b) A empresa admitiu que o dispositivo que altera resultados sobre emissões de poluentes não foi usado apenas nos EUA, mas em 11 milhões de veículos a diesel em todo o mundo, em modelos de várias marcas pertencentes ao grupo. No entanto, não diz quais são os carros, nem em que países eles estão. Ou seja, o ilícito ofende interesses coletivos de adquirentes de veículos supostamente limpos movidos a diesel de um modo geral. Porém, eles apenas serão individualizados quando os testes de emissões forem realizados. Aliás, há séria suspeita de que as montadoras concorrentes compartilhavam o software criminoso, principalmente em sua atuação fora dos EUA, em países menos rigorosos na aferição dos standards de controle de poluentes; c) Enfim, viola interesses difusos de potenciais adquirentes desses veículos, atraídos pelo fato de que geralmente são mais econômicos e emitem menos dióxido de carbono, mas, como se percebe agora, ao custo de uma altíssima emissão de Óxido de Nitrogênio.

Ao contrário do que sucedeu com o dano ambiental provocado pela explosão na plataforma da British Petroleum no Golfo do México – que em 2010 gerou o pior vazamento de petróleo na história dos Estados Unidos –, não estamos diante de um trágico acidente, mas de um comportamento malicioso e deliberado da VW. Isso significa que não será suficiente para a empresa suportar a grande desvalorização das suas ações, o pagamento de multas, demandas judiciais com pedidos de indenização e custos elevados com recall de veículos. Segundo a revista The Economist, o Departamento Norte-Americano de Justiça abrirá investigações na esfera civil e criminal, pois a punição não será limitada aos acordos que atribuem pesadas multas à empresa (basicamente atingindo os acionistas). Os promotores de justiça desejam responsabilizar individualmente aqueles que praticaram crimes corporativos. De fato, se o Presidente da companhia jura que desconhecia o enganoso software, de certo deveria ter ciência do que ocorria ao redor de seu nariz. Idem o corpo de gerentes e funcionários envolvidos nesse setor, pois a estratégia de maquiagem ambiental dos carros a diesel foi decisiva para o recente sucesso da VW no sentido de superar a Toyota como maior fabricante do mundo.

Em situações limítrofes como essa devemos refletir sobre qual o ordenamento jurídico que queremos: um sistema reparatório voltado à contenção de danos ou um sistema punitivo direcionado à contenção de comportamentos negativamente exemplares? Conforme desenvolvemos em nosso Novo Tratado de Responsabilidade Civil (Atlas, 2015), atuações como a da VW se mostram demeritórias, antissociais e rebaixam a nossa qualidade de vida de forma generalizada. Causam aquilo que Junqueira de Azevedo nomeou como dano social, que se materializa em infindáveis lides que abarrotam os nossos juizados especiais cíveis à procura de míseras reparações extrapatrimoniais. Trata-se de uma longa luta pelo direito, como dizia Ihering. Ao final de uma exaustiva batalha processual, se condenação houver, nada mais fará o ofensor do que restituir à vítima em dinheiro o bem jurídico que conspurcou. O paradigma reparatório cai bem nos Oitocentos de Caio x Tício, mas não em sociedades plurais, fragmentadas e caóticas como as atuais.

Arrisco-lhes dizer que há uma alternativa normativa, ou seja, um arranjo institucional apto a oferecer estrutura de estímulos para a superação da via puramente ressarcitória. Trata-se da inserção no Código Civil do modelo jurídico da pena civil, ou seja, uma sanção punitiva de ilícitos civis. Enquanto a sanção reparatória consiste em uma tentativa de neutralização de danos injustos (sejam eles patrimoniais ou morais), com base na comparação entre a situação da vítima antes e depois do fato lesivo, a pena civil abstrai os danos causados ao ofendido e se concentra em punir o agente em razão da acentuada reprovabilidade de seu comportamento, acrescido pela grande extensão do ilícito (reproduzido por várias vítimas reais e potenciais) e de sua capacidade econômica, no sentido de ser sensível a uma condenação exemplar, tornando desaconselhável o conhecido cálculo do custo/benefício que tanto incentiva o agente econômico a reiterar comportamentos antijurídicos.

No Brasil, a lei não permite veículos leves com motores a diesel. Apenas picapes e SUVs podem rodar com esse combustível, além de caminhões e ônibus. Dezessete mil picapes Amarok foram afetadas pelo software fraudulento. E o que temos de concreto até agora na justiça brasileira?

Em sede de Ação Civil Pública, há a possibilidade de imposição do dano moral coletivo (art. 1°, IV, Lei n. 7.347/85 ou art. 6°, VI, do CDC), passível de estipulação diante de lesão a qualquer interesse difuso ou coletivo. O dano moral coletivo é uma espécie de camaleão, cuja pele pode mudar de tonalidade ao sabor das circunstâncias específicas. Ao contrário do que se vê habitualmente na prática brasileira – em que juízes arbitram um valor mínimo por anos morais coletivos –, é aconselhável que nossos magistrados repensem a função compensatória deste modelo jurídico, de modo que em casos em que flagrantemente houver um ilícito lucrativo ou condutas ultrajantes por parte do ofensor, possa o dano moral coletivo servir como forma de remoção de lucros indevidos ou como pena civil, de modo a coibir lesões de grande impacto. Infelizmente, de concreto até agora só temos uma decisão da 9ª Câmara Cível do TJ/RJ que aplicou o tímido valor de R$ 1.000.000,00 à título de danos morais coletivos no caso da Volks (além dos danos patrimoniais e morais individuais de consumidores). Montantes ínfimos diante dos US$ 31,75 bilhões que o escândalo custou à VW na Europa e USA desde que admitiu o "dieselgate" em 2015.

A TEORIA DO RISCO NO DIREITO AMBIENTAL

Na semana passada palestrei no Congresso Nacional do IBDCivil, em Recife. O tema que expus foi condensado em uma indagação: é a teoria do rico integral a mais adequada para a conformação entre o direito de propriedade e a tutela ambiental?

A minha resposta foi pela negativa com base no seguinte raciocínio: a teoria objetiva aponta para uma responsabilidade independente da existência de culpa, concedendo amplo destaque à causalidade, como vínculo entre o risco da atividade e o dano injusto (art. 927, parágrafo único, CC). Todavia são admitidas as excludentes do nexo causal: o fortuito externo, o fato exclusivo da vítima e o fato de terceiro. Já a teoria do risco integral, ou responsabilidade objetiva absoluta, acena para uma causalidade pura. Trata-se de uma construção a ser aplicada em casos excepcionalíssimos, na medida em que a sua adoção representará a imposição de uma obrigação objetiva de indenizar, mesmo que as circunstâncias evidenciem a existência de uma excludente do nexo causal. Isso significa que uma pessoa terá de responder por danos injustos que não causou, pelo simples fato deles ocorrerem no transcurso de sua atividade. Todo o risco conexo à atividade será internalizado no processo produtivo. Simplesmente não há no direito brasileiro uma norma geral que defira contornos precisos a esse modelo jurídico ou sequer um dispositivo – seja no Código Civil ou em lei especial – que responsabilize alguém, suprimindo a possibilidade desta pessoa se eximir ao fundamento da força maior ou do fato de terceiro.

Porém, no perímetro que aparta a teoria do risco criado e a teoria do risco proveito, surge a teoria do risco agravado. Ela se materializa em hipóteses em que a responsabilidade civil suplanta o risco intrínseco a certa atividade, a ponto de determinar reparações objetivas de danos injustos mesmo que a causa adequada para a efetivação da lesão não seja o risco propriamente criado pelo agente. Nada obstante, estas situações não conduzirão ao extremo da teoria do risco integral, no máximo elas propiciarão um agravamento da responsabilidade civil. A teoria do risco integral prescinde do nexo causal; já o risco agravado o flexibiliza, criando presunções de causalidade para atribuir ao empreendedor uma obrigação de indenizar, naquelas ocorrências em que o dano acaba por se ligar à organização inerente à atividade, internalizando-se em seu processo econômico. A partir do momento em que a ordem jurídica persegue o objetivo de maior proteção à vítima e intervém para reduzir o espaço deferido à marginalidade de certos eventos, a causalidade adquire novo viés, não mais uma causalidade física ou natural, porém jurídica, fundada no princípio da solidariedade e em uma regra de equidade que objetiva compensar a vítima que se coloca em posição assimétrica em relação ao autor da atividade potencialmente lesiva.

Definitivamente, consideramos que a responsabilidade civil ambiental não se coaduna com o risco integral, mas indubitavelmente projeta um risco agravado. Reza o §1° do art. 14 da Lei n° 6.938/81 que: "Sem obstar a aplicação das penalidades previstas neste artigo, é o poluidor obrigado, independentemente da existência de culpa, a indenizar ou reparar os danos causados ao meio ambiente e a terceiros, afetados por sua atividade. " Funda-se aí um regime da responsabilidade civil objetiva pelos danos causados ao meio ambiente. Dessa forma, é suficiente a existência da ação lesiva, do dano e do nexo com a fonte poluidora ou degradadora para atribuição do dever de reparação. Todavia, o agente se eximirá caso comprove que o dano ambiental provém de fato desvinculado de sua atividade. Com efeito, a norma é enfática ao escancarar em sua parte final que o poluidor só indenizará quando os danos tenham sido "afetados por sua atividade". Todavia, em certas circunstâncias, admitimos a incidência de um agravamento da responsabilidade – ou seja, a aplicação da teoria do risco agravado. Ilustrativamente, incidirá a causalidade alternativa em hipóteses de dispersão do nexo causal (v. g. distrito industrial em que várias empresas despejam poluentes em afluente), diante da multiplicidade de causas e várias fontes de poluição. Imputa-se objetivamente a obrigação de indenizar a todos os potenciais poluidores, sendo suficiente que a atividade seja degradante, independentemente de sabermos quem é o real responsável.

Infelizmente, o Superior Tribunal de Justiça perfilha entendimento contrário. Em todas as suas mais recentes decisões insere a responsabilidade ambiental dentre as hipóteses de aplicação da teoria do risco integral, desconsiderando aprioristicamente o nexo causal. Essa visão do tema é equivocada não apenas por afrontar o próprio texto expresso da norma, mas sobremaneira por respaldar uma indevida hermenêutica constitucional acerca da proteção dos bens ambientais (art. 225 CF). A indisponibilidade e a transindividualidade do patrimônio ecológico não acarretam a supressão da possibilidade do ofensor excluir o nexo causal, nos limites expostos no parágrafo anterior. Imputar ao suposto agente a condição de segurador universal de danos significa ofender os princípios do devido processo legal, contraditório e ampla defesa, sem base normativa específica. O mais grave é que a teoria do risco integral é excepcionalíssima no sistema e o STJ possui o ônus argumentativo de justificar as razões de sua aplicação. Contudo, não o faz. Apenas reitera o slogan "A responsabilidade civil ambiental é objetivo e, portanto, filia-se à teoria do risco integral", como se houvesse relação de condicionalidade entre uma afirmação e outra! O paradoxal é que o tribunal se retroalimenta das decisões anteriores, ignorando o "romance em cadeia" de Dworkin, na qual cada decisão fundamentada deve homenagear àquelas que a antecederam para assim criar mais uma página na evolução jurisprudencial.

Outro argumento que socorre os arautos do risco integral na responsabilidade ambiental seria o princípio da função socioambiental da propriedade. Jamais compactuaríamos com essa visão, por 3 motivos: a) a propriedade não é função social. Não existe uma hierarquia que submeta a propriedade aos desígnios de uma abstrata coletividade, como se o proprietário fosse um zelador a serviço da sociedade; b) a função social não é um limite externo à propriedade capaz de impor restrições ao seu conteúdo. Trata-se de limite interno da propriedade, cujo objetivo é promocional, ou seja, o de valorizar os atributos dominiais, de forma a conformar os interesses do titular com as finalidades do sistema jurídico; c) certamente a propriedade do século XXI não mais ostenta o figurino absoluto dos oitocentos, porém é direito fundamental (art. 5°, CF), garantia institucional (art. 5°, XXII, CF) e base da ordem econômica (art. 170, CF). Quaisquer atualizações em seu conteúdo e exercício demandará uma norma revestida de adequação, necessidade e razoabilidade, sob pena de lesão ao seu núcleo essencial. É o que no direito alemão se denomina Princípio da Reserva Legal Proporcional. Em suma, não será o voluntarismo do STJ que autoritariamente definirá a teoria do risco integral como modelo de imputação objetiva na responsabilidade ambiental.

A NOVA FASE DA CONTRATUALIZAÇÃO DA RESPONSABILIDADE CIVIL

Em abril/17 estive em no congresso anual de responsabilidade civil, em Viena. A palestra de abertura foi proferida pelo Professor Holandês, Willem Van Boom. O tema foi instigante: Comparative Aspects of Third Party Funding in Tort Litigation. Mais conhecido pela sigla TPF. O título já explica a essência desse modelo contratual que avança rapidamente no universo da responsabilidade civil. A vítima de um dano injusto quer exercer uma pretensão reparatória contra um réu de envergadura econômica. O ofendido confia em suas boas chances de êxito, porém não possui recursos financeiros para suportar uma longa batalha judicial. Em algumas jurisdições, o próprio advogado do demandante será o financiador, sendo que em caso de êxito receberá uma "quota pars litis" (em regra geral, nos termos do Código de Conduta emitido pelo Conselho das Ordens de Advogados da Europa, advogados não estão autorizados a cobrar pelos seus serviços com base no princípio do "pactum de quota litis").

Alternativamente, o candidato à demandante recorrerá a um financiamento de uma empresa – sem qualquer conexão com o processo – que custeará as taxas judiciais, honorários do advogado, despesas de perícias, provas e testemunhas. Caso o demandante seja bem-sucedido, o terceiro financiador receberá uma parte da indenização (tipicamente 30 a 40% do total). Nos EUA é comum que o TPF se associe a acordos de honorários condicionais ("Conditional Fee Agreements"), no qual o cliente pagará taxa de sucesso somente após o recebimento dos danos. Nesse ponto, como negócio jurídico aleatório, o TPF não se confunde com o contrato de mútuo, que é um empréstimo com juros que será devolvido pelo demandante, independentemente do resultado do litígio. O TPF também difere da cessão da posição contratual, na qual há a completa transferência ao cessionário dos riscos e benefícios do litígio, com notificação do suposto devedor (réu).

Quais seriam as vantagens do Third Party Funding (TPF)? Ele nivela o campo de jogo em demandas assimétricas e oferece acesso à justiça para pessoas a quem ela não estaria normalmente disponível. Mesmo sabendo que transferirá

30% de seus ganhos, a parte compreende que é melhor garantir uma recuperação parcial dos danos do que abandonar ou "adormecer" uma demanda com bom potencial. Ademais, apenas demandas meritórias irão prevalecer, pois, tendo uma participação no resultado, naturalmente o TPF irá analisar o mérito da pretensão "ex ante" e monitorar a sua tramitação. Some-se a isso o fato de que o TPF possui melhores habilidades para acompanhar o andamento da ação de perto e reduzir os custos de advogado, afinal, sendo melhor informado, adotará decisões mais racionais que a pessoa por ele financiada. Outrossim, desviando o olhar para o demandado, como todas as grandes empresas dispõem de seguros de responsabilidade civil, o segurador avaliará os riscos de derrota do seu cliente e tenderá a forçar um acordo entre as partes.

Todavia, os críticos do TPF argumentam que esse contrato alimenta litígios e desencoraja acordos, sendo certo que o financiador apenas aceitará "easy cases" (com no mínimo 60% de chances de sucesso), com oponentes solváveis e cujo prognóstico acena para altos valores reparatórios. Os demandantes se tornarão reféns do TPF, pois ele assumirá o controle da estratégia do litígio e interferirá na relação entre a vítima e o seu advogado. Em acréscimo, se o TPF se tornar insolvente, o autor da demanda ficará a descoberto. Por fim, se em geral o financiamento de um terceiro interessado não afetará a paridade de armas – pois em ambos os polos do litígio as partes serão profissionais –, o mesmo não se diga quando o oponente seja uma pequena empresa ou um consumidor, o que fatalmente acarretará um alto nível de desigualdade no jogo processual.

A crítica mais veemente se encontra no campo moral: Em situações extremas, o TPF se localizaria na zona limítrofe entre o investimento e a especulação, associando-se a uma abominável noção de "profiting from injustice", o que se explica pelo exponencial crescimento do financiamento de arbitragens. A despeito de qualquer regulação, erige-se uma privatização ou "comoditização" do sistema judicial em um ambiente pró-investidores, movido pelo estímulo ao conflito, para a partilha de lucros. Abre-se mais uma oportunidade para o mercado ingressar em "oceanos azuis". Esse cenário é aferido em decisões locais ou internacionais, ou por meio de acordos milionários, nos quais o Estado seria o grande alvo, como responsável pelo ressarcimento, às expensas dos contribuintes. Em última instância, esse fenómeno impacta no aviltamento do orçamento público, desencoraja o poder público a regular áreas como o meio ambiente, consumidor e saúde pública, pelo receio do enfrentamento de pesadas demandas de grandes grupos econômicos, em detrimento de cidadãos e comunidades.

No Brasil, pelas próprias circunstâncias econômicas e jurídicas, existem algumas peculiaridades. Aqui, o protagonismo incumbe à Defensoria Pública – como escoadouro do acesso à justiça para os menos endinheirados – e as ações coletivas conduzidas, em regra, pelo Ministério Público para os casos em que o dano sofrido por A tenha um liame com um ilícito reiteradamente direcionado a outras pessoas. Infelizmente, o "crowdfunding" – na modalidade de financiamento coletivo para demandas meritórias – ainda não chegou em nosso país (os apoiadores não esperam retorno pois não são investidores). Enfim, não se pode negar que está em curso uma nova etapa de expansão da contratualização da responsabilidade civil, com vistas à mitigação de riscos, que há muito se iniciou pelo mecanismo de securitização e agora encontra novos mecanismos de financiamento, como se vê pelo TPF. Não pensem que fecharemos as portas a isso, pois uma das lições básicas da economia, é que ela é uma ciência que não lida com a moralidade. É bom recordar que no início de sua trajetória, o contrato de seguro também era considerado moralmente repulsivo...

O DANO-MORTE: A EXPERIÊNCIA BRASILEIRA E A PROPOSTA DO *COMMON LAW*

"Não tema a morte porque – se houver morte – você não está lá e – e se você estiver lá – não há morte"

Epicuro

No Direito Civil brasileiro não há previsão legal para o chamado *dano-morte*. O dano que provoca a morte de uma pessoa é escassamente discutido pela doutrina e sumamente ignorado pela jurisprudência. Contudo, esta não é originalmente uma lacuna brasileira. Há muito, importantes doutrinadores europeus tentam dar uma explicação ao aforismo do filósofo Epicuro. A sua advertência é clara: se a pessoa não mais existe, consequentemente não existe compensação pela privação de sua vida.

Qual é o nosso cenário jurídico atual? Inexiste indenização pelo dano-morte, diante da supressão ilícita uma vida. O fundamento para tanto consiste na própria falta da pessoa a quem a perda do bem possa estar ligada e, em cujo espólio, a indenização possa ser consolidada. O paradoxal é que é se torna economicamente muito mais vantajoso matar uma pessoa instantaneamente do que lentamente e, de fato, mais barato matar rapidamente do que feri-la gravemente.

Face à impossibilidade jurídica da indenização pelo dano-morte, qual é a alternativa? Dúvidas não existem quanto à compensação do dano moral aos familiares das pessoas falecidas. O Código Civil defere o dano extrapatrimonial *in re ipsa* ao cônjuge ou qualquer parente, como um direito próprio dos familiares – não adquirido por via sucessória –, com base na lesão a sua esfera existencial (par. único, art.12, c/c art. 943, ambos do CC) pela morte do entre querido. Apesar do rol taxativo dos beneficiários, os tribunais ampliam este direito em favor de companheiros, e mesmo para pessoas que não tenham vínculos de parentesco, desde que na concretude do caso fique provado o real vínculo afetivo com o falecido.

Por outro lado, o sofrimento inerente ao luto pode por vezes gerar um comprometimento psíquico duradouro. Embora estudos empíricos comprovem que a morte inesperada e súbita de um ente querido seja a mais frequente experiência traumática e uma importante questão de saúde pública, por razões desconhecidas não existe responsabilidade civil por acometimentos psiquiátricos causados pela perda repentina da pessoa próxima. Os tribunais ressaltam que a conduta ilícita é uma só, e suas consequências não podem variar de acordo com as particularidades de cada vítima que sofre o dano reflexo ou por ricochete.

Em reforço a este dado, ao contrário do que ocorre no direito alemão, no Brasil não se concede aos familiares do falecido o chamado "dano de choque nervoso" (*schockschaden*), que é fruto de uma interpretação elástica dos tribunais sobre o conceito de dano à saúde, contido no § 823 do BGB[1]. Ou seja, por aqui não contamos com uma reparação autônoma em favor de familiares que presenciaram o momento da morte e efetivamente sofreram um abalo psíquico pelo evento em si, fato que transcende a perda pelo falecimento do ente querido, igualmente experimentada pelos demais parentes ou pessoas de sua intima relação. Enfim, em razão do receio quanto à indiscriminada abertura de comportas para múltiplas indenizações por danos consequentes à imediata verificação de um único evento, os tribunais optam por restringir o número de demandantes.

Haveria então espaço para a lapidação da indenização autônoma pelo dano-morte no ordenamento brasileiro? A Constituição consagra o princípio da dignidade da pessoa humana como fundamento de proteção dos direitos da personalidade, enquanto o direito à vida se coloca como premissa necessária para que qualquer pessoa desfrute de sua privacidade, honra, imagem e tenha liberdade para o exercício de suas escolhas patrimoniais e existenciais. Portanto, embora natural, a cessação do ciclo vital jamais poderá ser ilicitamente abreviada por terceiros. Justamente por isto, diferentemente do Brasil, o art. 496, 2. do Código Civil de Portugal expressamente prevê o dano-morte como um dano autônomo, de caráter extrapatrimonial.

No Código Civil Brasileiro, a norma que merece uma interpretação cuidadosa é a do art. 948. Inicialmente, ao prever o pagamento das despesas com o tratamento da vítima e seu funeral, o preceito se refere à compensação de danos patrimoniais relativos aos cuidados com o falecido no período entre a lesão e o seu enterro. Abrange todos os gastos para mantê-lo vivo e os desembolsos efetuados para as últimas homenagens. Já a expressão "luto da família" corresponde ao mencionado dano moral dos parentes pela morte do ente querido. Em complemento, quando a parte final da norma se refere à "prestação de alimentos", cuida da repercussão do dano experimentado pelo falecido na esfera material de alguém que dele era dependente e receberá uma pensão mensal, como espécie de lucros cessantes, cujo valor será fixado de acordo com as possibilidades econômicas do ofensor e as concretas necessidades dos dependentes do falecido.

O paradoxo surge ao analisamos os dispositivos seguintes (arts. 949 e 950, CC). Em ambos os casos, o Código Civil concede indenização pelos danos provocados à integridade física do lesado que não morreu com o fato danoso, incluída uma pensão atribuída a ele em caso de incapacitação para o trabalho. Soa incongruente que uma lesão que ofenda a integridade corporal acarrete uma indenização, sem que nenhuma referência se faça à uma compensação nos casos extremos em que a lesão física tenha levado à morte.

Porém, retornando ao caput do art. 948 do Código Civil, frisa-se na parte final: "sem excluir outras reparações". Surge aqui uma abertura para que os tribunais possam admitir a indenizabilidade do dano-morte como um dano autônomo nos casos em que o ilícito ceifou a vida da vítima, tendo como fundamento a ofensa corporal que cessou com a morte, ou seja, o dano pré-morte.

É importante lembrar que a morte – sob qualquer circunstância – é um fato jurídico que produz não apenas consequências econômicas – v.g abertura de herança e pagamento do seguro de vida – mas também acarreta projeção existencial "*post mortem*", com proteção da *memória* do morto por parte dos que estão vivos, ou seja a tutela da sua imagem, nome e honra. Portanto, e isto é fundamental, *o dano não pode ficar com quem o sofre,* sendo a morte um fato que deve desencadear uma indenização autônoma, transferindo-se o dano ao patrimônio do ofensor.

O dano-morte é um dano a um bem supremo do indivíduo, objeto de um direito absoluto e inviolável garantido primariamente pelo ordenamento jurídico, e, portanto, prescinde da consciência do lesado sobre a sua morte. Ou seja, tanto faz se o fato ilícito acarretou a morte instantaneamente, ou a vítima sobreviveu por tempo suficiente para pressentir a inexorável chegada da morte.

Portanto, a indenização pelo dano-morte é claramente distinguível da compensação pelo dano da perda da relação destinado ao cônjuge e parentes, assim como de um dano moral "terminal ou catastrófico", ou seja, o dano que consiste no sofrimento da vítima que testemunha claramente a extinção de sua vida, quando houver prova da existência de um estado de consciência no intervalo entre o evento dano e morte, com a consequente aquisição de um pedido de indenização, transmissível aos herdeiros. Assim, o dano-morte só pode ser admitido dentro da *função compensatória* da responsabilidade civil como uma espécie de dano abstrato, isto é, uma exceção ao princípio da irreparabilidade do dano-evento e da reparabilidade exclusiva do dano-consequência, pois a morte tem como consequência o fim de tudo.

Nos casos em que a morte ocorre no imediatismo do evento lesivo, se perseverarmos no viés da responsabilidade civil como remédio destinado ao reequilíbrio da posição patrimonial da vítima, realmente não haverá compensação hereditária, pela razão elementar da ausência física de um sujeito com capacidade legal, que é *conditio sine qua non* para atrair qualquer direito ao seu "patrimônio" (incluindo o direito à compensação pela privação de sua existência). Se falta a pessoa natural, não haverá sequer uma entidade legal capaz de "consolidar" a si mesma e depois transmitir o direito à compensação por uma súbita privação da vida.

Portanto, se não quisermos raciocinar em termos de regra/exceção, parece-nos que a indenização pelo dano-morte não deva ser justificada pela função compensatória da responsabilidade civil, que se tornaria incoerente, diante da impossibilidade lógica de uma condenação pecuniária restituir a vítima falecida ao momento anterior ao ilícito.

"Thinking outside the box", creio que a lacuna legislativa e a própria oscilação quanto ao tema, convidam a doutrina brasileira a visitar uma diferente função da responsabilidade civil, discutida nas jurisdições da "*common law*", e mais conhecida pelo rótulo de "*vindicatory damages*". Ilícitos acionáveis *per se* desempenham há muito tempo um papel fundamental na proteção de direitos básicos dos indivíduos, seja a liberdade em razão de prisões indevidas, direito de propriedade protegido contra invasão ou direito a própria integridade psicofísica protegida contra agressão. Quando direitos protegidos são infringidos, sem que haja justificativa legal, tal violação será retificada com *substantial damages* – ou seja, uma indenização substancial e não apenas nominal.

Em uma tradução aproximada, a "*indenização reivindicatória*", não é uma condenação pecuniária que tenha como objetivo compensar danos, dissuadir ilícitos ou punir comportamentos ultrajantes. É algo diferente: trata-se de uma indenização cuja finalidade é a de reivindicar direitos que foram violados, independentemente de suas consequências. Tal como no direito romano – onde surgiu a figura da "*vindicatio*" de tutela à propriedade a despeito de qualquer prejuízo sofrido pelo seu titular –, no dano-morte a pretensão exercida contra o réu atua como como um substitutivo para a violação ao direito. Isto é, ao se exigir que o autor do homicídio não apenas pague uma importância X pelos danos infringidos aos parentes do falecido (de natureza compensatória), mas que também seja condenado a uma soma y, por abreviar uma vida, a sentença se afasta do princípio da "*restitutio in integro*" e passa a exprimir o elemento moral do ordenamento jurídico.

Como explica o mais proeminente autor no campo dos *vindicatory damages*, Jason Varuhas: "Para ilícitos onde a vindicação de direitos é a função primária, a indenização é deferida pelo fato da interferência indevida sobre o interesse protegido de *per si*. Esta indenização compensa por um dano que é "normativo" por natureza, objetivamente avaliado, e deferido ao demandante independente de seu sofrimento ou qualquer impacto psicológico negativo, ou mesmo efeitos econômicos decorrentes do ilícito"[2].

Ao contrário de indenizações por perdas materiais (*factual loss*), a indenização normativa compreende um dano construído abstratamente no mundo jurídico, sem correlação com os efeitos sentidos no mundo real. Desta maneira, a condenação sinaliza de forma tangível que o comportamento do réu foi um ilícito perante o falecido e que, ao mesmo tempo, o direito à vida não é apenas algo a ser exercido pelo "*de cujus*", porém um direito fundamental que se afirma abstratamente contra qualquer um em sociedade e, concretamente, contra aquele ofensor que a ceifou por um ato antijurídico.

Enfim, surge uma excelente oportunidade de alargar as funções da responsabilidade civil brasileira, pela autonomização da finalidade de vindicação de direitos, perante a tradicional reparação de danos patrimoniais e extrapatrimoniais. Ao invés de corrigirmos as consequências do ilícito, retifica-se o próprio ato ilícito por uma indenização, a despeito do que teria acontecido se o ilícito não fosse produzido. No que tange ao dano-morte, independentemente de qualquer repercussão moral ou econômica na esfera de terceiros, o ilícito de abreviar a vida de alguém é uma violação a integridade psicofísica da própria vítima, por parte de quem intencionalmente ou não, omitiu o dever geral de cuidado, sendo a sua conduta a causa adequada para o abrupto decesso da vítima. Neste contexto a indenização pelo dano-morte transmite a importante mensagem de reforço do dever moral de preservação da vida humana.

Podemos traçar um paralelo na função vindicatória da indenização, pela simetria entre o fim e o início da vida. De forma análoga ao dano-morte, na "*wrongful conception*", também vislumbramos fundamento para uma indenização reivindicatória. Basta pensarmos na condenação de um médico a uma obrigação de indenizar por *mala práxis*, ou seja, a violação da *leges artis* por uma conduta negligente em processo de esterilização que acarretou gravidez e nascimento indesejado de filho. A indenização representará o reconhecimento da violação de um direito, a par de qualquer consequência negativa. A final, cogitar a vida de um filho como um dano em si ou uma fonte de danos, é uma ideia ruim e contradiz a própria intangibilidade da dignidade humana.

É compreensível e aceitável que os pais sejam indenizados por despesas adicionais que terão pela criação do filho. Para além do mencionado dano patrimonial, é defensável que sejam os pais compensados pelo dano da privação de sua autonomia, como oportunidade perdida de viver sua vida da maneira que se desejou e planejou. Percebam: a "perda da autonomia" não é uma perda no sentido consequencial. O nascimento de uma criança, não obstante uma fracassada tentativa de esterilização de um dos pais, não é idealmente uma consequência adversa. Portanto, uma indenização pela privação da autodeterminação dos pais atua como um substitutivo à violação ao seu direito fundamental ao planejamento familiar. Se um filho vem ao mundo por uma falha em um método anticonceptivo, proporcionando um impacto maravilhoso sobre a vida da família, subsiste o direito dos genitores à uma indenização, posto privados de sua liberdade de escolha. Se compararmos o mundo como ele é agora, com o mundo como deveria estar, ausente o ilícito, posso não estar pior, mas ainda assim posso reivindicar os meus direitos.

No julgamento da Suprema Corte da Inglaterra do caso *Rees V Darlington Memorial Hospital*, a demandante, pessoa com deficiência, submeteu-se à esterilização pois temia dificuldades adicionais em exercer o papel de mãe. Contudo o procedimento falhou e tempos depois ela teve um filho. Na decisão que concedeu a indenização, *Lord Bingham* descreveu que a sua finalidade não se pretende compensatória, por não se tratar de um produto de um cálculo, porém não seria meramente uma indenização nominal, muito menos um prêmio irrisório. Pelo contrário, ela deve proporcionar alguma medida de reconhecimento pelo ilícito[3].

Se um dia a indenização pelo dano-morte for respaldada em nossos tribunais, seja na visão consequencialista da compensação de um dano, seja na alternativa de um ilícito indenizável como reação à violação de um direito, necessariamente o próximo passo será a avaliação quanto à extensão desta indenização. No dito popular, quando resolvemos um problema, sempre surge uma família de novos problemas. O debate quanto à quantificação de uma eventual indenização é tão importante quanto o próprio reconhecimento do dano morte, haja vista que se mantido o padrão nacional de condenações por valores irrisórios, na prática qualquer indenização corresponderá a uma não indenização.

POR UMA TIPOLOGIA ABERTA DOS DANOS EXTRAPATRIMONIAIS

Basicamente existem duas razões pelas quais há uma tendência à substituição da clássica expressão "responsabilidade civil" por "direito de danos": a primeira se traduz no fenômeno da pavimentação da objetivação da imputação de danos, paulatinamente construída pela eliminação dos tradicionais muros de contenção à obrigação de indenizar, quais sejam: a necessidade da verificação de um ato ilícito, da culpa e em casos extremos, do nexo causal, mediante presunções de causalidade que atribuem a responsabilidade a um pagador, seja ele o agente, o protagonista de uma atividade de risco inerente ou um segurador (contratual ou legal). Desta maneira, a atividade preponderante do julgador nas pretensões compensatórias consiste em avaliar se há um dano injustificado, ou seja, uma lesão a um interesse digno de proteção, mediante um balanceamento entre as razões do lesante e do lesado.

Todavia, chamamos a atenção para a segunda razão do deslocamento do eixo da responsabilidade civil para o fato jurídico lesivo: trata-se do sintoma da proliferação de danos. Vivenciamos um "big bang" de interesses merecedores de tutela, com uma fartura de novas etiquetas, sendo a maior parte objeto de importação jurídica, sem a necessária reflexão sobre a adequação do transplante ao ordenamento jurídico brasileiro. É evidente que a fórmula binária adotada pela CF/88 (art. 5º., V) é insuficiente para abraçar o perímetro da responsabilidade civil em 2020. Há 32 anos, o carimbo constitucional da dicotomia dano material/moral representou a consolidação de um avanço civilizacional perante a clássica objeção à indenizabilidade de lesões a situações existenciais, um vigoroso passo em direção à personalização do direito privado e a mais ampla tutela diante de vulnerações a direitos fundamentais. Nada obstante, é hora de avançar.

Com efeito, o dano patrimonial transcendeu o esquema bifurcado dano emergente/lucro cessante, sendo abordado com maior rigor técnico. Lado outro, servirmo-nos dessas linhas para a elaboração de uma tipologia mínima do dano extrapatrimonial, partindo da premissa de que, mesmo na realidade de nosso sistema jurídico aberto - com espeque na cláusula geral do art. 186 do CC - já não é mais possível sustentar a sinonímia de dano moral e extrapatrimonial. A experiência revela que o princípio da reparação integral é ultrajado, diante da consideração genérica do dano moral em uma heterogeneidade de situações, sem o menor cuidado com a especificação sobre quais danos extrapatrimoniais são objeto de decisão. Ademais, a simples invocação de expressões genéricas sem que se outorgue apropriados contornos e argumente-se por quais motivos o seu emprego é pertinente no caso concreto não constitui razão válida para fundamentar uma sentença (art. 489, CPC).

Para superar a abordagem tradicional do direito brasileiro pela qual dano moral e dano extrapatrimonial se equivalem – tal como dois lados de um mesmo quadrado -, doravante, para o direito civil pátrio sustento a existência de um gênero, o "dano extrapatrimonial", dividido em 4 espécies, quais sejam: dano à imagem; dano estético; dano existencial e dano moral. Não se trata obviamente de uma classificação exaustiva, pois diferentes rótulos fatalmente se estabelecerão ao longo de tempo, todavia cremos que o "Zeitgeist" aponta para uma classificação quadripartite do dano extrapatrimonial, definindo-se este, em sentido amplo, como uma lesão a um interesse existencial concretamente merecedor de tutela. Esta abrangência conceitual propicia três vantagens: a) abre ao magistrado espaço para a ponderação de bens conforme as peculiaridades de cada lide permitindo que a fundamentação constitua a resposta judicial à argumentação formulada pelas partes em torno das razões existentes para julgar em um ou outro sentido; b) permite que a doutrina conceba critérios objetivos para orientação judicial face às inevitáveis tensões entre direitos fundamentais; c) oxigena a cláusula geral do artigo 186 do Código Civil, tornando-a permeável aos influxos de consistentes argumentos que densificam normas constitucionais, tais como a indenização por omissão de cuidado nas relações familiares (art. 226, CF) e o dano derivado do direito ao esquecimento na sociedade de informação (Art. 220. § 1°, CF).

O dano estético não apenas se consolida como uma figura autônoma aos danos moral e patrimonial (Súmula 387/STJ), como também recebe uma atualização de conteúdo. Se em uma primeira fase era reduzido ao "enfeamento" da vítima em razão de cicatrizes e lesões provocadas por um evento lesivo, consolidou-se a partir da decisão do caso Lars Grael (AG N° 638.763/RJ), em 2007, a abordagem do dano estético como uma transformação morfológica da vítima (no caso, a perna decepada do iatista), cuja indenização independe da verba de dano moral justificada pelo evidente abalo psíquico decorrente do grave dano à integridade física. Em uma perspectiva mais atual, o dano estético adquire um relevo funcional, percebido como um significativo desequilíbrio corporal infligido à pessoa. A perda de um baço, a cegueira e a surdez não representam um "enfeamento" ou mesmo uma alteração fisionômica, porém repercutem na funcionalidade do organismo, justificando uma compensação que ultrapassa o dano moral, aproximando o dano estético de um dano à saúde ou de um dano corporal.

A Constituição Federal já conferia autonomia do dano à imagem perante o dano material e o dano moral. Contudo, parece-nos adequado classificar o dano à imagem como uma espécie de dano extrapatrimonial, que eventualmente repercutirá em termos econômicos (Súmula 403/STJ), sem que a projeção econômica da indevida utilização da imagem – seja pelo ressarcimento de danos ou restituição de ganhos ilícitos - desvirtue a sua essência. De fato, tratando-se de tutela de bem específico da personalidade, a captação não autorizada da imagem alheia é suficiente para desencadear o dano, independente de qualquer lesão à honra ou à vida privada da vítima. O precedente Maitê Proença (REsp 764735/RJ), evidencia a autossuficiência do dano imagem, pois a inconsentida publicação de fotos de sua nudez por veículo de imprensa representa um dano de "per si", a par da cumulação com uma condenação ao dano moral, caso houvesse comprovado abalo a sua credibilidade ou a imagem fosse captada em um contexto intimo.

Em termos de positivação, o dano existencial é o mais recente membro da prole do dano extrapatrimonial. A reforma trabalhista (lei 13.467/17) trouxe o art. 223-B, explicitamente outorgando ao dano extrapatrimonial a condição de gênero, tendo como espécies o dano moral e o existencial. Este pode ser conceituado como uma modificação prejudicial relevante na vida de uma pessoa decorrente de um fato danoso. Basta imaginarmos um choque elétrico sofrido por operário de cabo com consequências graves e irreversíveis em seu cotidiano: dificuldades para se alimentar, vestir e realizar tarefas comezinhas da vida. Atrevo-me a dizer que a distinção entre o dano moral e o dano existencial é mais árdua que comparativamente ao dano à imagem e ao dano estético. Com relação a essas figuras, a dessemelhança é qualitativa: o dano moral opera por exclusão, impondo-se sempre que a lesão a um interesse existencial concretamente merecedor de tutela não ocorra nos territórios da indevida captação da imagem ou da funcionalidade orgânica. Assim, ofensas à reputação, privacidade e integridade psíquica ainda se inserem nas lindes do dano moral em sentido estrito. Nada obstante, a distinção entre o dano moral e o dano existencial é quantitativa: o dano moral resulta de uma violação à personalidade cujas consequências deletérias se circunscrevem ao evento; em contrapartida o dano existencial encontra a sua medida na permanência da eficácia danosa sobre a operosidade, dinamismo e qualidade de uma vida. Sob o viés dogmático, pode-se discutir a aplicabilidade do dies a quo do prazo prescricional trienal do código civil para as hipóteses de danos existenciais. Em termos pragmáticos, a distinção encontrará eco na desejável proporcionalização de montantes indenizatórios, justificando condenações em valores mais significativos nos casos de danos existenciais em cotejo com as hipóteses de incidência do dano moral, eliminando-se o indevido recurso à hipertrofia do dano moral pela via da adição de critérios punitivos (v.g. grau de culpa do ofensor, a sua capacidade econômica e/ou reiteração na prática de ilícitos daquela natureza) como forma de ampliação do montante compensatório, que deve sempre se limitar a perspectiva de reequilíbrio patrimonial da vítima à situação mais próxima ao estado pré-ilícito. Ademais, a demarcação das fronteiras da figura do dano existencial é pedagógica, realçando a impropriedade da aplicação da teoria da perda de uma chance para além do domínio das relações patrimoniais.

Alguns poderiam acrescentar à descendência direta do dano extrapatrimonial as figuras do dano ao projeto de vida e o dano à vida em relação. Prefiro um pouco mais de cautela com o manejo destes auspiciosos modelos jurídicos. Parece-me que, nas vicissitudes do ordenamento brasileiro, tanto uma como a outra figura se acomodam como espécies de dano existencial e, via de consequência, descendem em segundo grau do dano extrapatrimonial. O dano ao projeto de vida concerne às opções e possibilidades de realização pessoal frustradas face a um dano de envergadura. Eloquente exemplo é o fenômeno da "desterritorialização" consequente do Distrito de Bento Rodrigues/MG, devastado pelo desastre ecológico promovido pela Vale do Rio Doce. Cada morador daquele local não sofreu apenas um dano moral, em verdades as suas vidas foram profundamente impactadas não apenas para o passado (nas memórias), mas a perda de referências representou um abrupto corte em trajetórias existenciais, que serão ressignificadas. Lado outro, o dano à vida em relação é a projeção do dano existencial na primeira pessoa do plural. Ilustrativamente, a alienação parental é um comportamento antijurídico (art. 6°., lei 12.318/10) que desqualifica a figura de um dos genitores perante o filho, e, portanto, qualificado como dano moral (seja ao genitor alienado como ao filho). Entretanto, a reiteração da atividade ilícita ao longo dos anos pode resultar em uma síndrome de alienação parental. Mais do que um dano psíquico ao filho, tem-se aqui um dano à vida em relação, na medida em que resta frustrado o projeto de parentalidade. Enfim, os modelos do dano ao projeto de vida ("myself") e o dano à vida em relação ("ourselves") não exaurem as hipóteses de danos existenciais, mas simplificam sobremaneira o percurso argumentativo de inúmeras decisões sobre o tema.

Nossa sugestão quanto a uma tipologia aberta do dano extrapatrimonial é apenas uma tentativa de mapear uma zona inóspita da responsabilidade civil brasileira, justificavelmente infensa à rigidez do "numerus clausus" (problema enfrentado pelo direito italiano), sem que isto impeça a doutrina de encontrar elementos comuns entre as inesgotáveis manifestações da subjetividade humana, para o delineamento de categorias capazes de oferecer um grau maior de previsibilidade às decisões judiciais. O objetivo de se erigir uma taxonomia é o de viabilizar, na medida do possível, uma reparação integral, evitando-se a transformação da amplitude da expressão "dano moral" em uma "guerra de etiquetas", a ponto de o dano extrapatrimonial ser qualquer coisa e qualquer coisa ser nada... ou melhor, como lembra Guimarães Rosa, "sussurro sem som onde a gente se lembra do que nunca soube".

A RESPONSABILIDADE CIVIL POR ALIENAÇÃO AFETIVA – O TERCEIRO OFENSOR NA CONJUGALIDADE

"I can live without money, but I cannot live without love."

Judy Garland

De acordo com a Lei de Alienação Afetiva da Carolina do Norte, após o fim de um casamento de 12 anos, Kevin Howard demandou contra o amante de sua ex-esposa e obteve em 2019 uma indenização de $750,000: "Eu acredito na santidade do casamento". Segundo Kevin, "outras famílias devem avaliar as consequências não somente da quebra de um juramento religioso, independente de qual você profere, mas também as responsabilidades legais". O réu no processo foi considerado um "homewrecker", literalmente um "destruidor de lares" que intencionalmente seduziu a esposa alheia, tendo se prevalecido de uma amizade com o casal. Para a advogada do marido abandonado, o resultado do processo foi uma "vitória moral", já que o seu cliente provavelmente nunca verá o dinheiro da indenização, apesar de que o demandado assumirá um ônus real em qualquer propriedade que titularizar e o seu crédito será afetado negativamente.

A responsabilidade civil por alienação de afeto – "alienation of affections" – baseia-se em um ato ilícito que priva uma pessoa casada do afeto de seu cônjuge. A pretensão remonta a preceitos da antiga Common law Inglesa do século XVII e não se assenta propriamente na questão sexual, porém nos benefícios advindos do amor, companhia e conforto decorrentes do relacionamento conjugal. Com efeito, apesar da pretensão ser geralmente exercida em face da sedução pelo amante, também pode ser direcionada contra o sogro(a) ou parente que de forma exitosa persuadiu o cônjuge desertor a deixar o relacionamento conjugal. O cônjuge demandante precisa demonstrar que havia um lar feliz antes que o amante ou o terceiro "se interpusesse" e causasse o fracasso do relacionamento.

A Carolina do Norte é um dos 6 estados norte-americanos que ainda admitem a responsabilidade civil por alienação afetiva ou a "fratura marital". Os outros são Hawaii, Mississippi, Novo México, Dakota do Sul e Utah. Trata-se de um remédio para compensar ofensas pessoais e cuja racionalidade consiste na proteção da promessa de monogamia que consubstancia a maioria dos arranjos matrimoniais. Os tribunais consideram que o delito promove um substancial interesse estatal. Em reforço, em uma análise bem ao gosto da "law and economics", um relacionamento de longo prazo, como o casamento, não funcionará eficientemente sem sanções por má conduta, dos quais o adultério é um exemplo. Todavia, nos Estados Unidos há um embate constitucional contra esta indenização com fundamento em ofensas a 1. e 14. Emendas que garantem direito à intimidade da vida sexual e liberdade de expressão com o consentimento de outra pessoa adulta.

Ademais, há uma crítica social sobre o impacto das referidas indenizações com uma forma de "extorsão legalizada", ou seja, uma corrupção da própria essência do afeto, partindo da suposição de que uma mulher casada seja propriedade do marido. Os adversários desta modalidade de responsabilidade civil afirmam que ela não exerce função protetiva de casamentos, pois as pretensões são ajuizadas após a frustração do matrimônio e que os processos não são movidos contra o cônjuge, mas contra o terceiro participante. Some-se a isto o fato de que os casos se tornam públicos e os filhos das partes deles terão ciência, impactando em seu desenvolvimento psíquico e na construção das relações afetivas com os pais.

Esta discussão poderia encontrar uma racionalidade jurídica no direito brasileiro? Para aqueles que concebem o casamento como uma espécie de contrato, não seria surpreendente a alegação de que a violação ao dever lateral de proteção se daria não apenas entre as partes (com base na boa fé objetiva), como quando um terceiro contribui para o descumprimento de uma relação obrigacional em curso, mediante a realização de um segundo contrato – incompatível com o primeiro –, frustrando as finalidades do credor, propiciando o inadimplemento e a consequente destruição da obrigação inicial. A tutela externa do crédito tem por objetivo, a proteção destes direitos contra ofensa por parte de terceiros, que impeçam o devedor de adimplir a obrigação assumida. Na linha da função social do contrato e da prevalência da eticidade, propugna-se que o terceiro ofensor seja responsabilizado não propriamente pela prestação convencionada, mas pela ofensa a dever de conduta nela consubstanciada. Afinal, os terceiros não podem se comportar como se o contrato não existisse. Em princípio, os terceiros não têm o dever de conhecer a existência do crédito alheio, mas quando o conheçam na sua existência e na sua configuração mínima, então aquele dever geral de respeito concretiza-se, passa a configurar como um concreto dever de respeito, que se incrusta na esfera jurídica desse terceiro e limita então a sua liberdade de agir. O conhecimento do crédito constitui uma condição de oponibilidade efetiva do direito de crédito a terceiros. O terceiro ofende o crédito alheio através da realização de um segundo contrato com uma das partes. Cuida-se de uma interferência ilícita, pois a incompatibilidade entre os dois contratos induz à violação do negócio jurídico primitivo.

O grande avanço na temática consiste na possibilidade de o ofendido pela quebra de seu contrato demandar diretamente contra o terceiro ofensor, mesmo não havendo avença entre eles. Há, inclusive, dispositivo específico sobre a tutela externa do crédito no Código Civil, em que o legislador estipula uma verdadeira pena privada contra o aliciador. Nesse sentido, o artigo 608: "Aquele que aliciar pessoas obrigadas em contrato escrito a prestar serviço a outrem pagará a este a importância que ao prestador de serviço, pelo ajuste desfeito, houvesse de caber durante 2 (dois) anos." "Devagar com o andor porque o santo é de barro", já alerta o adágio popular. Ao contrário da vasta experiência do direito comparado no trato da interferência ilícita em contratos, no Brasil este tema é abordado de forma incipiente. É claro que nos negócios jurídicos de natureza patrimonial há certa promiscuidade em nossa vida social, tolerando-se a conduta dos "aliciadores", que provocam o rompimento de relações contratuais celebradas em caráter de exclusividade. Profissionais abandonam contratos de prestação de serviços em andamento, ao som da primeira proposta, sem que o proponente (e pior, a ordem jurídica) perceba nesta conduta qualquer ofensa ética à força obrigatória dos contratos. Instigar alguém a violar um dever jurídico – sem que para tanto haja qualquer justificativa legítima – é um comportamento inaceitável e, se passivamente consentido, indutor de um sem-número de comportamentos ilícitos reiterados.

Talvez o mais célebre dos eventos que traduza a conduta de um terceiro "cúmplice" localiza-se no "affair" Zeca Pagodinho. O famoso cantor de samba realizou um contrato de cessão de direito de uso de imagem com exclusividade para a Schincariol por um prazo de 12 meses para promover um novo produto em razão de sua popularidade. Em plena vigência do contrato e, tendo recebido o seu valor integral, o cantor abandonou a sua obrigação de fazer e participou de campanha publicitária de marca de cerveja concorrente em flagrante violação do pactuado. A Schincariol ingressou com demanda contra o cantor exigindo indenização por quebra do contrato e reparação pelo dano moral e a discussão se estendeu à órbita do terceiro ofensor. A questão chegou ao Superior Tribunal de Justiça (REsp 1316149/SP, Rel. Min. Paulo de Tarso Sanseverino, 3–T, DJe 27.6.2014).

Todavia, mesmo no campo contratual clássico é indispensável o cuidado com a distinção entre as situações de grave interferência delitual nas relações negociais – suscetível de conduzir ao colapso o ambiente de confiança entre os parceiros – e uma situação de interferência contratual benigna e introduzida por meios lícitos, em que a oferta de condições contratuais mais vantajosas é própria da concorrência. Uma repressão desenfreada é muitas vezes anticompetitiva e ineficiente por paralisar uma via normal para a promoção de soluções mais eficientes no seio de um mercado. Aliás, nas jurisdições da "common law" também se aplica a diferença entre o "breach of contract" (quebra do contrato) para a responsabilidade baseada nos "torts" (ilícitos extracontratuais), levando-se em consideração não apenas a violação do contrato, porém outras circunstâncias que poderiam legitimar a conduta do suposto "terceiro predador". O filme "O informante" é centrado na tentativa de obtenção de um "furo de reportagem" mediante uma entrevista de um ex-executivo de empresa de cigarro para revelar em emissora nacional de televisão fatos estarrecedores sobre componentes utilizados na produção do fumo. Instaura-se conflito entre a postura ética de revelar questão de saúde pública à sociedade americana em detrimento do contrato de sigilo que o executivo havia firmado com a sua empregadora em troca de benefícios financeiros que compensavam a sua saída da empresa. A emissora atuaria como terceiro ofensor ao persuadir o "informante" a quebrar o contrato, utilizando como argumento a gravidade dos fatos em sigilo. No exemplo reproduzido em Hollywood (com base em evento real), o estímulo oferecido ao devedor para o descumprimento da prestação obrigacional foi qualificado pelo interesse público no conhecimento de fatos relevantes ligados à tutela da saúde, justificando-se a conduta. Por isto, não estarão no mesmo patamar o sindicato que estimula os empregados de uma sociedade comercial à greve e o concorrente mercantil que apoia a referida paralisação para arrasar economicamente o adversário; a associação que conclama os partícipes a interromperem contratos em razão de alta injustificada de preços do fornecedor e a que faz isso para extorquir vantagem indevida.

Afinal, o relacionamento conjugal cria um "interesse específico" que possa ser protegido pela responsabilidade civil contra violações de terceiros? Evidentemente, a lei deve proteger os relacionamentos, porém processar terceiros por danos conjugais não ajuda nesse objetivo. O casamento não deve impor nenhuma obrigação a terceiros e a lei deve evitar transmitir qualquer mensagem moral sobre esse assunto por meio de regulamentação ou interpretação das regras legais. Justamente pela percepção contemporânea de que a axiologia que permeia as várias composições familiares é centrada no afeto, na proteção da integridade psicofísica dos membros da família (e não só do par conjugal), bem como na promoção da liberdade, desenvolvimento e exercício das situações existenciais, fatalmente não se estenderá ao direito brasileiro a responsabilidade civil por alienação de afeto para os casos em que de um adultério resultou a dissolução da conjugalidade. Apesar da "tentadora" hermenêutica do artigo 1513 do Código Civil ("É defeso a qualquer pessoa de direito público ou privado interferir na comunhão de vida instituída pela família"), no pretenso sentido de que a norma encamparia como ilícito extracontratual, o ato de interferência do amante que frustre a vida familiar, parece-nos incabível resgatar a figura do terceiro ofensor para as situações existenciais, quando o intuito do cônjuge abandonado é pleitear reparação em face daquele que pretensamente teria "aliciado" o outro cônjuge.

Prevalece na doutrina brasileira a aplicação do princípio da subsidiariedade (consagrado pela Corte Constitucional da Alemanha), como mínima interferência estatal no que concerne à privacidade da família e a autodeterminação de seus componentes. Aliás, em "leading case" sobre a hipótese, o Superior Tribunal de Justiça considerou que "em que pese o alto grau de reprovabilidade da conduta daquele que se envolve com pessoa casada, o 'cúmplice' da esposa infiel não é solidariamente responsável quanto a eventual indenização ao marido traído, pois esse fato não constitui ilícito civil ou penal, diante da falta de contrato ou lei obrigando terceiro estranho à relação conjugal a zelar pela incolumidade do casamento alheio ou a revelar a quem quer que seja a existência de relação extraconjugal firmada com sua amante" (REsp 922.462-SP, Rel. Min. Ricardo Villas Bôas Cueva, julgado em 4.4.2013).

O DISGORGEMENT NO "SHAM LITIGATION" PELAS LENTES DA LINDB

Um bom exemplo para abordarmos o resgate do lucro ilícito na esfera do direito antitruste é o "sham" 'litigation'. O litígio "simulado" é simplesmente definido como uma lide que o demandante não teria iniciado na ausência de quaisquer benefícios simulados. O conceito de litígio "vexatório" ou "fictício" é frequentemente utilizado para se referir a situações em que procedimentos judiciais se consubstanciam em pretensões infundadas, utilizados para fins predatórios, objetivos anticompetitivos com utilização da máquina do judiciário. O predador se serve do processo para impor despesas aos concorrentes e procrastinar a sua entrada no mercado, com pouco custo para si mesmo. Assim, só há "sham litigation" nas situações em que o procedimento judicial não passa de um mero pretexto para prejudicar um rival através da litigância. O litígio "simulado" impede a entrada dos rivais, elevando estrategicamente os seus custos fixos, afetando a estrutura do mercado, de modo a que o demandante monopolize o mercado, reforçando a sua posição dominante.

Em junho de 2018, a Corte Distrital dos EUA do Distrito Leste da Pensilvânia emitiu uma decisão determinando que a Abbott Laboratories e a Unimed Pharmaceuticals LLC juntamente com a Besins Healthcare, Inc. pagassem US$ 448 milhões a título de "disgorgement", por terem iniciado "sham litigation" para atrasar a entrada da concorrência no mercado monopolístico de seu medicamento de reposição de testosterona. Esse valor de resgate de lucros ilícitos representa a maior condenação monetária obtida em um caso antitruste. As empresas condenadas detêm as patentes de uma droga de substituição de testosterona, a AndroGel, uma "blockbuster" de vendas, que foi a primeira terapia de reposição de testosterona transdérmica gel ("TTRT") aprovada pelo FDA e utilizada para o tratamento do hipogonadismo, uma síndrome clínica que resulta da falha do corpo de um homem em produzir quantidades suficientes de testosterona. Em 2008, o fabricante de genéricos Perrigo buscou entrar no mercado com um concorrente genérico para a AndroGel, seguido pela Teva, outra fabricante de genéricos, em 2011. Em 2011, a AbbVie e a Besins iniciaram processos separados de violação de patentes contra a Perrigo e a Teva para impedir ou atrasar a entrada de versões genéricas da AndroGel no mercado com perda iminente de centenas de milhões de dólares em vendas e lucros da AndroGel.

Com a vigência da Lei n.13.655/18 que incorporou novos dispositivos à Lei de Introdução as Normas do Direito Brasileiro (LINDB), é possível aplicar o "disgorgement" ao "sham litigation" e a outras situações em que se evidencie a responsabilidade civil por danos processuais. De acordo com o art. 27, "A decisão do processo, nas esferas administrativa, controladora ou judicial, poderá impor compensação por benefícios indevidos ou prejuízos anormais ou injustos resultantes do processo ou da conduta dos envolvidos". O pressuposto lógico que o inspira é a ideia de que processos estatais de todas as esferas envolvem atividade de risco para os direitos dos envolvidos e não devem servir como instrumento anômalo para obtenção de vantagens indevidas. A grande novidade do art. 27 da LINDB foi viabilizar que, atendidos os seus pressupostos, a autoridade redistribua estes custos e externalidades ao final do processo. Respeita-se o direito subjetivo ao processo, garantido pela Constituição e normas legais e regulamentares, mas se desestimula que os sujeitos se aproveitem de oportunidades processuais para obter vantagens não reconhecidas pelo direito material ou para prejudicar terceiros por ele protegidos. Apesar do referido art. 27 se equivocar na redação - pois não se trata de uma compensação ao ofendido, porém de uma restituição por benefícios indevidos - o novo preceito claramente introduziu no direito brasileiro uma hipótese de resgate de lucros ilícitos no interno da responsabilidade civil – e não do enriquecimento injustificado -, com aplicação restrita à seara dos ilícitos processuais com repercussão na órbita patrimonial de um dos litigantes.

Especificamente no contexto do "sham litigation" ('litigância predatória ou fraudulenta'), o CADE entende que o abuso de direito de petição pode ser considerado um ilícito antitruste sob os auspícios da Lei 12.529/2011 (infração à ordem econômica) desde que produza os efeitos elencados no art. 36 da Lei Antitruste, que define como infração econômica qualquer ato que tenha como objetivo produzir efeitos anticompetitivos, ainda que tais objetivos não sejam alcançados. Dessa maneira, pode-se dizer que no Brasil utiliza-se uma definição ampla do "sham litigation", pois o fenômeno se caracteriza a partir do uso impróprio dos tribunais e procedimentos judicantes para a prática do ilícito concorrencial.

A Lei nº 13.655, de 2018, não fez distinções. Assim, o art. 27 da LINDB será aplicado não apenas pelos órgãos administrativos de controle, como também por todas as autoridades administrativas – via de consequência nas decisões do CADE – e também ao poder judiciário em geral, permitindo que o resgate dos lucros ilícitos seja arbitrado pelo magistrado, instaurando-se contraditório por se tratar de fato superveniente deduzido a qualquer tempo no processo, ouvidas previamente as partes sobre seu cabimento, sua forma e, se for o caso, seu valor (§ 1°, art. 27).

A especificidade da propriedade imaterial consiste em conciliar, de um lado, o monopólio de exploração de uma propriedade intangível com a concessão de um espaço de liberdade para que terceiros produzam riquezas a partir da evolução de uma ideia alheia. Pelo viés do direito antitruste a criação de monopólios temporais conduz a uma compressão ao princípio da livre concorrência, tornando o mercado menos competitivo, em detrimento de consumidores. É exatamente o peso que cada sociedade dará a essas formas de exploração de direitos que ditará a maior ou menor abrangência de pretensões restitutórias.

DANO INDIRETO E CONTRATO

A imediatidade, como elemento do dano, possui íntima conexão com o nexo causal, pois os prejuízos indenizáveis são aqueles que decorrem direta e imediatamente do fato gerador (art. 403, CC). Estabelecida a indenizabilidade dos prejuízos que forem consequência direta e imediata do evento danoso, passa-se a discutir a extensão da obrigação de indenizar no que concerne a outros prejuízos mediatos ou indiretos. Busca-se estabelecer um limite para os prejuízos indenizáveis, pois uma aplicação irrestrita do princípio da reparação integral poderia gerar uma situação absurda. A necessidade de fixação de limites fica bastante clara quando se analisam os danos indiretos ou mediatos, também chamados de prejuízos reflexos ou por ricochete.

Deveras, sempre ressaltamos a tensão entre o princípio da reparação integral mediante a proteção jurídica dos bens do lesado, em oposição à necessidade de tutelar a liberdade de atuação do lesante, que merece harmonização não apenas na seleção de quais são os danos ressarcíveis e o seu valor, mas também o número dos titulares à compensação. Afinal, a vida em comunidade seria inviável se todos os prejuízos econômicos oriundos de contatos sociais fossem suscetíveis de indenização.

Se a segurança jurídica clama pelo brocardo "the loss lies where it falls", a regra geral é que apenas são reparáveis os danos causados ao titular dos bens imediatamente atingidos pelo fato danoso, e não os de terceiros. Porém, como já se reconheceu em outro sistema, essa é uma asserção cuja concretização prática transporta especiais dificuldades. Por um lado, as que decorrem da natural imprevisibilidade do fato ilícito que não permite delimitar com facilidade os sujeitos que podem vir a situar-se em cada um dos polos da relação obrigacional; por outro as dificuldades atinentes à variabilidade das situações geradoras da responsabilidade aquiliana que impede a antecipação segura da natureza ou da amplitude das consequências danosas que lhes podem ser imputadas.

No dano indireto, reflexo, ou por ricochete, ocorre um prejuízo em virtude de um dano sofrido por outrem. O evento não apenas atinge a vítima direta, mas, reflexamente, os interesses de outra pessoa. Daí a expressão ricochete, que significa o dano sofrido inicialmente por um, que acaba por repercutir em outro, pelo fato de haver alguma ligação entre este e aquele.

Por consequência, a lesão de uma pessoa comporta um potencial de afetação de bens jurídicos encabeçados por outras pessoas. Ou seja, uma lesão simultânea de posições jurídicas de várias pessoas aparece em primeira linha como ato consubstanciador de violação dos direitos da personalidade de uma delas (lesado direto). Contudo, tal violação pode ser acompanhada da violação de posições jurídicas de outras pessoas (lesados indiretos) em virtude do nexo juridicamente relevante que entre elas exista. No entanto, em virtude da proeminência do ataque ao bem jurídico pessoal daquele que sofre a lesão corporal, a violação dessas outras posições nem sempre mereceu destaque.

Em uma perspectiva clássica e atomizada da responsabilidade contratual, a legitimidade para a invocação dos efeitos derivados do contrato é circunscrita às pessoas dos contraentes, como corolário da eficácia relativa ou da relatividade dos contratos. A síntese dessa compreensão se encontra nas regras relativas ao descumprimento contratual em sentido amplo, nos artigos 389 a 420 do Código Civil. Em princípio, por mais que da inexecução resultem danos para terceiros à relação obrigacional, estes estariam de mãos atadas, exceto nas hipóteses de obrigações impostas por normas imperativas ou razões de ordem pública, sendo uma das mais notórias a possibilidade de o consumidor lesado demandar contra fornecedores com os quais não pactuou diretamente.

Dentre os titulares de deveres de proteção, incluem-se terceiros - estranhos à relação obrigacional - que estão expostos aos riscos de danos pessoais ou patrimoniais oriundos da execução de um determinado contrato. Seriam os "contratos com eficácia de proteção para terceiros", em que caberia ao terceiro, vítima, a percepção de uma indenização, não em razão de uma violação de algum dever de prestar advindo da relatividade contratual (pois este seria específico das partes), mas em virtude de ter sido ofendido em sua integridade psicofísica ou econômica, o que desencadeia a pretensão de reparação de danos, com fundamento no descumprimento de deveres laterais pelas partes, consistentes na inobservância do necessário cuidado e proteção perante a sociedade que os circunda.

Ao permitir que a responsabilidade civil englobe terceiros lesados pelo descumprimento de uma obrigação assumida no âmbito de um contrato de cuja formação não participaram, devemos assumir que o princípio pelo qual os efeitos do contrato só se produzem inter partes deverá ser interpretado de forma que, no conceito de "oponibilidade obrigacional", incluam-se pessoas que não consentiram na formação do negócio jurídico, mas que estão sujeitas a ser por ele afetadas, precisamente no que se refere à sua função social. A flexibilização do princípio da relatividade dos efeitos contratuais, propicia uma nova etapa de desenvolvimento teórico e prático de danos reflexos.

As temáticas do "terceiro ofendido" e do "terceiro ofensor" foram exaustivamente referidas no capítulo alusivo à responsabilidade contratual. Danos indiretos irrompem em ambas as manifestações do princípio da função social dos contratos. No que tange ao terceiro ofendido, o devedor é o causador do dano e a vítima indireta é estranha à relação contratual. Isto ocorre cotidianamente quando a vítima falece em virtude de um erro médico, traduzido como inadimplemento do contrato de prestação de serviços médicos, estendendo-se à outras hipóteses de tutela externa do crédito. No tocante ao terceiro ofensor, no qual alguém estranho ao vínculo, causa o inadimplemento de contrato entre vítima direta e vítima indireta, também há espaço para desenvolvimento dos danos reflexos em situações onde a vítima indireta sofre prejuízos em decorrência do inadimplemento, motivado por ação ou omissão de terceiro, de um contrato que possuía com a vítima direta.

Aqui, em linha complementar, indagamos se no espaço de autonomia privada que lhes é inerente em contratos simétricos, as partes podem pactuar pela exclusão do ressarcimento do "dano indireto", mediante cláusulas de limitação de responsabilidade, no bojo de relações civis e empresariais. Em que medida esse dano é acessível ao acordo das partes? A final, tratar do problema da validade das cláusulas de responsabilidade civil requer indagar se ela poderá ser objeto de convenções antecipadas quando as pessoas que receiam poder a sua atividade vir a ser fonte de danos acordar previamente com os presumíveis lesados a disciplina de sua eventual responsabilidade.

No horizonte brasileiro, examinando os três incisos do art. 421-A, a autonomia privada viabiliza que, em contratos paritários interempresariais e intercivis, os contratantes envidem uma gestão de riscos, precavendo-se contra eventuais vicissitudes ao longo do iter obrigacional, estabelecendo a equação econômica que fundamenta a correspectividade do contrato. A Lei n. 13.874/2019 (Lei da Liberdade Econômica) revigorou a autodeterminação em termos de primazia de soluções consensuais em detrimento da heteronomia judicial, valorizando a alocação de riscos. Seguindo a noção de Enzo Roppo do contrato como vestimenta das operações econômicas, o art. 421-A captura um redimensionamento do sentido de contrato, que não mais se exaure no negócio jurídico bilateral que lhe deu origem, convertendo-se em uma "atividade contratual", realidade em permanente construção. Assim, é lícito às partes a delimitação consensual das esferas de responsabilidade para que possam se precaver contra eventuais vicissitudes. O contrato passa a ser tido como um instrumento jurídico posto à disposição das partes para a alocação de riscos economicamente previsíveis, para hoje e para o futuro. Com a gestão de riscos, as partes convertem a causa abstrata do contrato em uma causa concreta. Assim, mal ou bem gerido, o risco superveniente não ensejará intervenção externa sobre o que se convencionou. Diversamente da causa abstrata, consiste a causa concreta no objetivo prático visado pelas partes quando da celebração do negócio jurídico, sendo esse um fim a que se dirige dado negócio jurídico específico. Esse fim é imantado pelo que se pode denominar de função econômica do contrato, ou seja, quais os contributos econômicos que as partes razoavelmente podem esperar como advindos da relação negocial celebrada. A definição desse fim econômico prático que integra a causa concreta é correlata ao exercício da liberdade econômica.

Se estivermos diante de bem jurídico de índole meramente privada e natureza disponível, o lesado poderá dispor de um eventual montante indenizatório. Isso significa que, se por um lado há vedação de convenções limitativas ou exoneratórias de responsabilidade por culpa grave e dolo, lado outro, pode haver restrição voluntária a indenização de danos indiretos inter partes. A determinação ex ante dos danos indenizáveis reduz os custos de transação *ex post* associados a dificuldade de qualificação e quantificação dos danos para litígios, somando incentivos ao cumprimento das obrigações pelas partes.

Entretanto, se assumimos o conceito de dano indireto, como sinônimo de dano reflexo ou dano por ricochete, o contexto jurídico muda de figura. A final, na apuração da legitimidade de terceiros pleitearem indenização por danos causados em uma relação da qual não fazem parte, não faria sentido as partes delimitarem cláusula de exoneração de responsabilidade para danos indiretos, permanecendo resguardado o terceiro lesado pelo dano indireto, posto amparado na responsabilidade extracontratual. Ora, quando se cogita da exclusão de responsabilidade perante terceiros pelo dano indireto, não visualizamos lesão à direito de crédito pregresso, porém relação jurídica derivada da violação de um dever geral de abstenção, quadrante infenso à autonomia privada.

A PSICOLOGIA DAS INDENIZAÇÕES

Por mais que a função de desestímulo da responsabilidade civil anseie por evitar condutas contrárias ao direito, do ponto de vista psicológico, o fato de presenciarmos "milhares" de comportamentos ilícitos diariamente não nos parece nada estranho ou amedrontador. Isto soa como um paradoxo, a final, para prevenir a conduta ilícita de forma eficaz, a norma por si deveria ser suficiente. Os destinatários da lei deveriam estar cientes das regras, dispostos a segui-las e capazes de conformar sua conduta aos requisitos legais, à medida que tomam decisões sobre as atividades nas quais devem agir e se envolver, bem como as precauções a serem tomadas.

Infelizmente, como tomadores de decisão, nem sempre estamos cientes das regras aplicáveis. Além disso, os incentivos fornecidos pelo sistema de responsabilidade civil não são simples na prática. Some-se a isso que muitos casos de ilícitos danosos não são trazidos ao judiciário, silenciando o sinal de dissuasão entre comportamento e o delito. Ademais, o tempo significativo que leva para um processo de responsabilidade civil ser concluído, e o escudo do seguro de responsabilidade enfraquecem ainda mais esse vínculo. Por fim, não se trata apenas de as pessoas serem motivadas por incentivos fornecidos pelo sistema de responsabilidade civil. O comportamento relacionado ao fato danoso também é influenciado por normas sociais, incentivos fornecidos pelo mercado e, sobretudo, pela própria moralidade do ofensor.

Vale dizer, a psicologia cumpre o duro fardo de introduzir toda a sorte de complicações para a equívoca suposição de que os tomadores de decisão se encaixam na análise de custo-benefício definida pelos modelos da *law and economics*. Com efeito, nossa capacidade de prestar atenção é limitada, usamos atalhos mentais para tomar decisões, confiamos em hábitos ou outras formas de comportamento automático e, nem sempre pensamos em riscos ou custos e benefícios da forma prevista pelos padrões econômicos. Mesmo as pessoas que racionalmente aspiram a agir de acordo com tais modelos de tomada de decisão podem encontrar dificuldades na prática.

Por conseguinte, ao buscar atingir seus objetivos, o sistema de responsabilidade civil deve se preocupar não apenas com a forma como as normas influenciam o comportamento, mas também como a psicologia dos tomadores de decisão interage com as regras legais e como os juízes avaliam tanto o comportamento das vítimas quanto o dos réus. O que motiva as pessoas a buscar reivindicações indenizatórias? Como as pessoas determinam se uma determinada conduta é acidental ou intencional, razoável ou irracional? Como as pessoas pensam sobre quais fatores causaram quais danos? Como as pessoas decidem a compensação do ilícito? Em suma, a responsabilidade civil envolve muitos dos mesmos fenômenos que os psicólogos cognitivos e sociais estudam em outros campos da experiência humana.

Em sua essência, a psicologia é uma disciplina empírica - uma ciência central que se concentra principalmente na compreensão de como as pessoas percebem, pensam, sentem ou tomam decisões. Em vez de confiar na intuição, tentativa e erro, ou apelos à autoridade, a ciência da psicologia depende da observação atenta, da testagem de suposições e da ênfase na medição sistemática.

A psicologia cognitiva é alvo recente de conexão com a responsabilidade civil. De acordo com a teoria da escolha racional do comportamento humano - teoria predominante na economia, com influência em outras disciplinas, incluindo o direito -, as pessoas lutam para aprimorar o seu bem-estar. Dentre as opções disponíveis, elas racionalmente escolhem aquela que maximizará a utilidade esperada, determinada em termos absolutos. Conforme o teorema de *Von Neumann-Morgenstern*, que ainda serve de base para a teoria da escolha racional, as escolhas e preferências pessoais dependem não apenas do valor esperado para diferentes resultados, mas também pela especial aversão ao risco, oscilando conforme os ativos de cada pessoa.

Contudo, a irracionalidade humana e nossas debilidades cognitivas afloram pelo modo como estimamos probabilidades a partir de histórias disponíveis, projetamos estereótipos nos indivíduos, buscamos provas que confirmem nossas intuições e ignoramos as que não as confirmem, receamos danos e raciocinamos a partir de semelhanças mágicas, ao invés da clássica causa e efeito mecânicos. Isto é, deveríamos ser racionais, porém somos vulneráveis a ilusões e falácias. Falseamento, acobertamento da verdade, teoria da conspiração, ilusões populares extraordinárias são tão antigas quanto nossa espécie. Contudo, se há uma coisa que a psicologia conhece sobre cognição, é que as pessoas possuem um excesso de confiança arrogante em sua intuição e que critérios quantitativos de comparação crítica são superiores ao juízo de juízes e especialistas.

Talvez o tipo de análise de custo-benefício exigido pelos padronizados modelos econômicos de dissuasão seja muito sofisticado para a maioria das pessoas, ou talvez essa análise, baseada em comportamentos de agentes racionais, não reflita as preocupações fundamentais da sociedade em geral. Recentes pesquisas psicológicas sobre responsabilidade civil mostram que as pessoas têm dificuldade em se pautar por modelos. Não pensamos espontaneamente em termos de dissuasão ideal quando somos questionados sobre a punição apropriada. Estudos estabelecem que as pessoas comuns atribuem punições com base na indignação que é gerada quando alguém intencionalmente prejudica outro; isto é, as pessoas punem porque acreditam apenas em merecimentos ou, em outras palavras, as pessoas são "retributivistas" intuitivas.

Em 1979, Daniel Kahneman e Amos Tversky ofereceram instigante teoria, descrevendo as preferências e escolhas pessoais em situação de risco, conhecida como *PT - Prospect Theory*. Essa teoria difere da teoria da escolha racional em vários pontos. Em primeiro lugar, a teoria estatui que as pessoas geralmente não percebem resultados como estados últimos de riqueza e bem-estar, porém como ganhos e perdas, que são definidos por uma base ou ponto de referência. A função de valor é normalmente mais acentuada para perdas do que ganhos, indicando aversão à perda. Nesta toada, em 1980, Richard Thaler utilizou a "PT" para explicar o fenômeno pelo qual as pessoas conferem grande valor às coisas que elas já possuem, comparativamente àquelas que ainda têm que adquirir (que ele nomeou como "the endowment effect"). O status quo ante (as posições das partes antes de infligir a perda ou conceder o benefício) é o ponto de referência natural para enquadrar as mudanças como perdas ou ganhos. Tversky e Kahneman estimaram que as perdas monetárias são percebidas como maiores do que os ganhos por um fator de 2,25.16. Enfim, as pessoas enxergam as perdas e os ganhos diferentemente e possuem aversão aos prejuízos. Isto explica por que "losers" provavelmente demandam mais do que os "no-gainers". Ademais, se uma perda é duas, três ou quatro vezes mais dolorosa do que um ganho não obtido, deve-se esperar que, se "losers" tipicamente ajuízam demandas por perdas superiores $10,000 - e perdas são três vezes mais dolorosas do que ganhos não obtidos -, então espera-se que demandantes promovam remédios restitutórios só quando os ganhos excedem o montante de $30,000.

Ilustrativamente, consideremos o enigma que contrapõe a responsabilidade civil ao enriquecimento injustificado. O comportamento de uma pessoa frequentemente cria efeitos externos negativos e positivos para terceiros, sem o seu consentimento. Em uma perspectiva econômica, o agente deve internalizar ambas as externalidades para induzir um comportamento eficiente. Todavia, em praticamente todos os sistemas legais, a responsabilidade civil, que demanda que os ofensores paguem por suas externalidades negativas, é bastante mais desenvolvida e efetiva do que o marginal setor do enriquecimento injustificado, que autoriza o demandante a recuperar os benefícios conferidos a outros. As interações sociais em que uma pessoa sofre perdas ou lesões em razão da conduta de outra, sem que esta obtenha qualquer benefício, geram o acesso a um rol de remédios bem mais amplo do que nas interações em que uma pessoa recebe um benefício considerável às expensas de outrem, sem que essa sofra um prejuízo significativo. Outrossim, quando a mesma interação resulta em lesão a uma parte e benefício para outra, a tutela remedial do demandante é usualmente baseada nas suas perdas, ao invés dos ganhos do demandado.

Este enigma pode ao menos ser parcialmente explicado pelas noções de pontos de referência e aversão a perdas. Já que as perdas são maiores que os ganhos, os sistemas jurídicos são mais efetivos para remediar perdas injustificadas do que ajudar as pessoas a recuperar os ganhos que elas falharam em obter, na medida em que as pessoas consideram as perdas mais dolorosas que ganhos não obtidos. Além disso, alguns demandantes não conseguem basear suas pretensões nos ganhos dos demandados porque não consideram esses ganhos como algo a que tenham direito.

Em acréscimo, outra explicação é baseada na mentalidade dos legisladores e juízes. O pensamento jurídico segue a moralidade do senso comum (*commonsense morality*), que é deontológica. As pessoas acreditam que perseguir bons resultados é desejável, mas também afirmam que o alcance dessa meta se sujeita a restrições morais que incluem proibições contra a mentira, contra quebra de promessas e, principalmente, contra intencionalmente prejudicar outras pessoas. Como tais comportamentos são intrinsecamente errados, eles são inadmissíveis como meio de promoção do bem comum. A deontologia não julga a moralidade de uma ação de acordo com seus resultados, mas se concentra na moralidade da ação em si. A moralidade deontológica distingue entre prejudicar uma pessoa e não a beneficiar. Embora a distinção entre "evitar a dor" ou "promover a felicidade" possa ser endossada por consequencialistas, ela é primordialmente incorporada na deontologia e na moralidade do senso comum.

Assim sendo, o direito distingue entre prejudicar as pessoas e não as auxiliar, o que por sua vez pressupõe a existência de uma linha de base. Se demandantes com aversão às perdas se preocupam muito mais com perdas do que com ganhos não obtidos, o sistema jurídico consequentemente produzirá um conjunto de regras refletindo essa percepção comum. Uma vez que as intuições morais prevalecentes incorporam linhas de base, a proibição contra prejudicar outras pessoas é percebida de uma forma muito mais aguda do que um dever de beneficiar outros. Do ponto de vista de um árbitro imparcial - como um juiz ou um legislador - compensar a pessoa lesada por sua perda é uma tarefa vista como muito mais urgente do que deferir a recuperação do benefício indevido ao demandante. Daí a assimetria entre responsabilidade civil e enriquecimento injustificado. Essa explicação remete a uma importante correspondência entre psicologia, moralidade e direito.

Em uma demanda por disgorgement, muitas vezes o demandante não experimenta qualquer efeito adverso, ou, se experimenta, é insignificante. E mesmo que alguma insatisfação seja experimentada por ganhos não obtidos, é pouco provável que seja grande o suficiente para induzir o demandante a pedir uma reparação. Assim, o ato de demandar implica custos consideráveis: monetário, reputacional, emocional e assim por diante. Uma vez que a restituição dos ganhos não obtidos é menos propensa a produzir perdas grandes o suficiente para justificar o início de um litígio, são consideravelmente reduzidas as disputas que giram em torno de ganhos não obtidos. Esta análise gera implicações normativas importantes. Primeiramente, se, devido à aversão por perdas, a redução do bem-estar das pessoas quando não obtém algo de outros é significativamente menor do que quando algo é retirado delas, a lei deve favorecer normas destinadas à reparação de danos ao invés de conceder às pessoas o direito de recuperar ganhos indevidos. O reconhecimento de que a lei não apenas espelha os pontos de referência da sociedade, mas também os modela, pode desencadear conclusões normativas ainda mais radicais. A aversão à perda por parte dos legisladores é, portanto, motivo de preocupação.

Em contrapartida, no caso de externalidades negativas, se um agente tiver que obter o consentimento de cada pessoa potencialmente lesada antes de se envolver em uma determinada atividade, então cada indivíduo poderá negar tal consentimento, frustrando, assim, atividades socialmente desejáveis, como dirigir um veículo. Ao proteger os direitos das pessoas por intermédio de regras de responsabilidade civil, ao mesmo tempo o legislador evita esse resultado ineficiente e obriga os agressores a internalizar o custo de seu comportamento. Em contrapartida, no caso de externalidades positivas, a recusa de qualquer beneficiário em pagar pelo benefício recebido também pode impedir atividades eficientes cujos custos sejam superiores aos seus benefícios para o agente. No entanto, muitas vezes tais atividades serão realizadas, apesar da recusa de um ou mais beneficiários em pagar pelo benefício, pois são produzidos benefícios suficientes para aqueles que arcaram com os custos. O comportamento "free rider" por parte daquele que usufrui de um benefício proveniente de um bem - sem que tenha havido uma contribuição para a sua obtenção - não exerce poder de veto sobre a atividade benéfica. Isso, sem contar as grandes dificuldades que o demandante terá para provar os ganhos do demandado, em contraposição ao que a vítima do dano terá para provar os seus prejuízos. Assim, a consagração legislativa de um dever geral de restituição de benefícios não solicitados é consideravelmente menos crucial que um direito à indenização por prejuízos.

A proposta correspondência entre psicologia, moralidade e lei está de acordo com as recentes teorias da psicologia evolutiva, que postulam que a moralidade humana é em grande parte inata - o resultado de um longo processo de adaptação evolucionária. Na medida em que a aversão à perda é uma característica universal da psicologia humana, consequentemente integra a generalidade dos sistemas jurídicos. Também pode haver uma explicação evolucionária para o fato de a distinção psicológica entre perdas e ganhos - as perdas parecerem maiores do que ganhos - traduzir-se em uma distinção moral e legal mais nítida entre prejudicar pessoas e não as ajudar. A psicologia humana é relevante para a construção de uma teoria normativa. Elementos básicos de qualquer teoria normativa, incluindo a subjacente teoria do bem-estar humano, baseiam-se em suposições sobre a psicologia humana. Ademais, no contexto atual, uma vez formulada uma teoria normativa, os formuladores de políticas públicas que visam a um determinado objetivo, como a promoção da igualdade econômica ou a dissuasão do comportamento antissocial, enfrentam escolhas pragmáticas entre diferentes meios para alcançar esse objetivo.

BREVE EXPOSIÇÃO DE MOTIVOS DA REFORMA DO TÍTULO IX – "DA RESPONSABILIDADE CIVIL"

Em 15/12/2023, a comissão de responsabilidade civil, composta pelo sub-relator, Procurador de Justiça de Minas Gerais, Nelson Rosenvald, pela Ministra do STJ Isabel Gallotti e pela juíza do Tribunal de Justiça de Goiás Patrícia Carrijo, encaminha aos Relatores da Comissão de Reforma do Código Civil, o conjunto de sugestões referentes às alterações do Título IX do Código Civil de 2002.

Ao longo de três meses de trabalho, os integrantes da comissão se dedicaram a um constante intercâmbio de ideias, tendo por base propostas discutidas com experts na temática da responsabilidade civil - doutrinadores, professores e magistrados. Cada diálogo ou seminário serviu como reflexão e aprendizado. Jamais ostentamos certezas ou um desenho apriorístico do projeto. Pelo contrário, iniciamos apenas com pistas e, paulatinamente, esboçamos uma sistematização da responsabilidade civil, tendo em vista o estágio atual da sociedade brasileira e aquilo que se pretende para os próximos anos, consolidando avanços jurisprudenciais e doutrinários do direito brasileiro e das melhores contribuições do direito comparado.

A responsabilidade civil de 2023 se encontra em um momento muito distante do estado da arte dos anos setenta do século XX, época em que foi forjado o Código Civil. Não se trata apenas de um hiato de 50 anos, porém de meio século que transformou a vida humana e os seus costumes de modo mais significativo que os últimos 2.000 anos de civilização.

Como frisou Stefano Rodotá em um de seus últimos escritos, a responsabilidade civil atua como a campainha de um alarme. A final, ela exerce o importante papel de repositório de todas as disfuncionalidades de um certo ordenamento. O Código Civil de 2002 é a fotografia de uma responsabilidade civil exclusivamente atrelada às patologias da propriedade e do inadimplemento contratual. Contudo, hoje ela não apenas abraça múltiplas e complexas situações patrimoniais, recebendo também efeitos danosos da violação de direitos fundamentais e direitos da personalidade, da crise da parentalidade e conjugalidade e das recentes pressões oriundas das tecnologias digitais emergentes, cuja preocupação prioritária nos contextos europeu e norte-americano, volta-se às consequências lesivas do emprego das referidas tecnologias, em todos os níveis.

Ao mesmo tempo que a pressão sobre responsabilidade civil cresce exponencialmente, constata-se que os 27 artigos do Código Civil de 2022 (artigos 927 a 954) em muito se distanciam daquilo que um Código Civil requer para um nivelamento com os instrumentos europeus mais recentes e com o elogiado Código Civil da Argentina de 2015. Com efeito, outros sistemas jurídicos funcionam como espelhos - vendo-se os outros, percebe-se melhor o que somos.

Em acréscimo, a quase totalidade dos dispositivos do Código Reale projeta o conteúdo do Código Civil de 1916, apenas com pequenas alterações. Em cotejo com o seu antecessor, de relevante o CC/2002 tão somente inovou na cláusula geral do risco (parágrafo único do art. 927) e na redução equitativa da indenização (parágrafo único, art. 944). Acresça-se a isto que, diferentemente da fertilidade legislativa atuante sobre vários setores do direito civil nos últimos 20 anos, na temática da responsabilidade civil não houve sequer uma inovação legal. Em resumo, verifica-se um desajuste temporal de mais de 100 anos.

Um sintoma do descompasso entre a legislação e a realidade da responsabilidade civil é constatado nas salas de aula de todo o Brasil. Professores de responsabilidade civil não lecionam a matéria com base no Código Civil. Pelo contrário, seguem a doutrina e os tribunais, referenciando o Código Civil na maior parte das vezes com críticas sobre importantes lacunas e ausência de sistematicidade. Em verdade, um Código Civil que pretenda modernizar a responsabilidade civil não necessita de um exaurimento normativo, sendo suficiente que os dispositivos sirvam como ponto de partida, deferindo critérios objetivos e claros para o necessário caminhar da doutrina e aperfeiçoamento das decisões de juízes e tribunais.

Cada setor do Código Civil demanda um grau específico de reforma, maior ou menor, conforme as suas vicissitudes. Ao contrário do direito das obrigações, cujo traço é a permanência de normas técnicas e estáticas - com a necessidade de alterações minimalistas - a responsabilidade civil requer uma intervenção mais ampla, como condição necessária para que o Código Civil mantenha relevância normativa em nosso ordenamento.

Neste sentido, a sistematização da responsabilidade civil encontra origem em três justificativas.

Primeiro: É certo que de ponto de vista estilístico e linguístico, necessitamos de um Código Civil simples e compreensível a todos. Contudo, há uma particularidade na responsabilidade civil: o fato de ser um conjunto de normas precipuamente dirigida aos magistrados. A maior parte das demandas cíveis no Brasil - desde os juizados especiais até os tribunais - conecta-se ao tema da responsabilidade civil em sentido amplo. Se o que pretendemos é conceder segurança jurídica e mitigar a discricionariedade judicial, o primeiro passo consiste em oferecer critérios objetivos e claros para a contenção de ilícitos e reparação de danos.

Segundo: Sem negar a centralidade da Constituição Federal em nosso ordenamento jurídico, é imperioso resgatar o papel de coordenação exercitado pelo Código Civil, no diálogo com outros sistemas de direito privado, como, ilustrativamente, o CDC, CLT, LGPD e um conjunto de leis que encontram referência nas cláusulas gerais e preceitos alocados ao longo dos livros do Código Reale. As leis mais recentes trazem aspectos que não são abordados no Código Civil, sobremaneira no que concerne ao direito de danos e a multifuncionalidade da responsabilidade civil. A reforma do Código Civil é um momento apropriado para consolidar de forma madura e criteriosa as transformações da responsabilidade civil e preservar a sua centralidade no direito privado. Inclusive, esse é o propósito da reforma da responsabilidade civil no Código Civil da França.

Terceiro: Os que defendem uma reforma pontual e minimalista da responsabilidade civil argumentam que a jurisprudência caminhou bastante, atualizando as defasagens normativas e consolidando interpretações. Contudo, lembramos da primazia normativa dos sistemas das jurisdições do civil law. Não contamos com uma tradição de uma estabilidade de um sistema de precedentes, ao sabor do "chain novel" de Dworkin, no qual cada decisão remete a um diálogo com as que lhe precederam no trato de "hard cases", em um paulatino aperfeiçoamento sistêmico. Diversamente, a nossa jurisprudência, por mais que bem aplicada, é sempre um retrato pendular de um dado normativo situado no tempo. Nada melhor para os agentes econômicos do que um conjunto de normas in abstrato que sinalize as regras do jogo, com firmes parâmetros de julgamento.

Diante de tais considerações, sugere-se uma reforma da responsabilidade civil concentrada em quatro grandes eixos, aqui brevemente apresentados:

Primeiro eixo: organização dos nexos de imputação da responsabilidade civil, concedendo-se racionalidade e coerência aos fatores de atribuição da obrigação de indenizar: ilícito, risco da atividade e responsabilidade pelo fato de terceiro ou da coisa. Some-se a isso a expressa inserção conceitual dos pressupostos da responsabilidade, tais como culpa e nexo causal.

Segundo eixo: Organização do sistema de danos, tendo em vista a necessidade de contenção normativa da proliferação de várias etiquetas de lesões a interesses merecedores de tutela. Sugere-se um aperfeiçoamento do trato do dano patrimonial, como também a expressa inclusão de critérios de aferição da perda de uma chance. Seguindo recentes diretivas europeias, investe-se ainda no private enforcement, de forma a deferir aos demandantes maior autonomia para eleger entre a reparação de danos, a restituição de ganhos indevidos ou o valor que seria pago pela obtenção do consentimento. Relativamente à violação a interesses existenciais, formata-se o gênero do dano extrapatrimonial, como uma espécie de guarda-chuvas apto a conceder ampla tutela aos bens da personalidade. Por fim, aperfeiçoa-se o critério bifásico de indenização de danos extrapatrimoniais - desenvolvido no STJ pelo Ministro Paulo de Tarso Sanseverino -, dotando-o de base normativa.

Terceiro eixo: Mantém-se a primazia da função reparatória de danos da responsabilidade civil e do princípio da reparação integral. Todavia, na sociedade contemporânea - plural e complexa - danos não mais ostentam um perfil meramente individual e patrimonial, porém, manifestam-se como metaindividuais, extrapatrimoniais e por vezes anônimos e irreparáveis. Para evitar que prevaleça a aplicação jurisprudencial desordenada de respostas aos novos desafios que não são solucionados pela função compensatória, consideramos a necessidade de adequar a responsabilidade civil aos mais avançados ordenamentos, para que seja compreendida como um sistema de gestão de riscos e de restauração de um equilíbrio injustamente rompido. Assim, para além de uma contenção de danos, há a necessidade de uma contenção de comportamentos antijurídicos, mediante a introdução das funções preventiva e punitiva, com seguros parâmetros de aplicação para a moderação de poderes judiciais, contrabalançados por uma função promocional aos agentes econômicos que investirem em governança e *accountability*.

Quarto eixo: atualização da parte especial da responsabilidade civil, com hipóteses de incidência de danos que demandam especificidades, tais como aqueles relacionados à responsabilidade civil do Estado, pessoas jurídicas, médicos, proprietários e na fase pré-contratual. Simultaneamente, foram suprimidos dispositivos anacrônicos, com origem no Código Beviláqua, voltados a responsabilidade civil por esbulho, violação à honra e a liberdade pessoal, bens jurídicos já tutelados pelas regras gerais da responsabilidade civil.

As justificações colacionadas a cada dispositivo inserido no renovado Título IX minudenciam essa parte introdutória, em seus quatro grandes eixos. Por se tratar de uma reforma legislativa e não de um novo Código Civil, corroboramos as diretrizes da operabilidade, socialidade e eticidade, tão caras a Miguel Reale. Temos em mente que um sistema equilibrado de responsabilidade civil requer uma convergência entre a proteção da economia de mercado e a mais ampla tutela das vítimas de danos e da coletividade perante toda a sorte de ilícitos. Outrossim, reputamos essencial a harmonização entre as cláusulas gerais e critérios decisórios objetivos, parametrizando a atuação de juízes e tribunais.

A DISCIPLINA DA RESPONSABILIDADE CIVIL POR RISCO DA ATIVIDADE NA REFORMA DO CÓDIGO CIVIL

No mês de fevereiro redigi uma coluna no Migalhas de Responsabilidade Civil sobre a estruturação das propostas da Comissão de Responsabilidade Civil para a Reforma do Código Civil. Agora, trato especificamente da responsabilidade civil pelo risco da atividade, tema que é parte integrante de um consenso entre os membros da comissão - Ministra Isabel Gallotti e Juíza Patricia Carrijo - e os relatores gerais da reforma, Professores Flavio Tartuce e Rosa Nery.

Por se tratar de uma reforma legislativa e não de um novo Código Civil, corroboramos as diretrizes da operabilidade, socialidade e eticidade, tão caras a Miguel Reale. Temos em mente que um sistema equilibrado de responsabilidade civil requer uma convergência entre a proteção da economia de mercado e a mais ampla tutela das vítimas de danos e da coletividade perante toda a sorte de ilícitos. Outrossim, reputamos essencial a harmonização entre as cláusulas gerais e critérios decisórios objetivos, parametrizando a atuação de juízes e tribunais.

Como frisou Stefano Rodotá em um de seus últimos escritos, a responsabilidade civil atua como a campainha de um alarme.[1] A final, ela exerce o importante papel de repositório de todas as disfuncionalidades de um certo ordenamento. O Código Civil de 2002 é a fotografia de uma responsabilidade civil exclusivamente atrelada às patologias da propriedade e do inadimplemento contratual. Contudo, hoje ela não apenas abraça múltiplas e complexas situações patrimoniais, recebendo também efeitos danosos da violação de direitos fundamentais e direitos da personalidade, da crise da parentalidade e conjugalidade e das consequências lesivas do emprego das tecnologias digitais emergentes, em todos os níveis.

1. Entrevista com Prof. Stefano Rodotà, publicada na seção Diálogos com a Doutrina, na Revista Trimestral de Direito Civil, ano 3, vol. 11, jul./set., 2022, p. 287-288.

Diante do desafio da construção de uma codificação que esteja em sintonia com as demandas atuais, sempre resta a opção de manter íntegro o Código Civil de 2002, apostando-se no protagonismo da jurisprudência como atualizador normativo. Contudo, com recorte na reforma do Código Civil, como apontou em recente publicação o Ministro Luiz Edson Fachin, "Há, porém, limites estruturais e textuais. A tarefa hermenêutica precisa da norma formal a interpretar. A insuficiência textual e estrutural pode reduzir a relevância do Código, e dificultar a construção de sentido, limitando-o, e o condenando à obsolescência".[2]

Tais limites interpretativos são sentidos de forma intensa na responsabilidade civil, que se encontra em um momento muito distante do estado da arte dos anos setenta do século XX, Fato é que a quase totalidade dos dispositivos do Código Reale projeta o conteúdo do Código Civil de 1916, apenas com pequenas alterações. Em cotejo com o seu antecessor, de relevante o CC/2002 tão somente inovou na cláusula geral do risco (parágrafo único do art. 927) e na redução equitativa da indenização (parágrafo único, art. 944). Acresça-se a isto que, diferentemente da fertilidade legislativa atuante sobre vários setores do direito civil nos últimos 20 anos, na temática da responsabilidade civil não houve sequer uma inovação legal. Em resumo, verifica-se um desajuste temporal de mais de 100 anos.

Com efeito, a oportunidade de modificação da lei civil não surge a todo momento, razão pela qual é necessário aproveitar o ensejo e realizar as reformas que se fizerem necessárias a colocar o Código Civil brasileiro em linha com o que há de mais atual em outros sistemas e, acima de tudo, em consonância com as necessidades da vida social contemporânea.

Para os fins aqui propostos, o Código Civil brasileiro de 2002 cuida da responsabilidade civil subjetiva no art. 927, caput, em combinação com os artigos 186 e 187, que tratam dos atos ilícitos. Além disso, contém várias previsões relativas à distintos nexos de imputação, especialmente nos casos de responsabilidade por fato de terceiro, por fatos dos produtos postos em circulação e por fato das coisas e dos animais, a partir do art. 931. Por fim, o parágrafo único do art. 927 esboça uma cláusula geral de responsabilidade civil objetiva, nos seguintes termos:

> Art. 927. (...)
>
> Parágrafo único. Haverá obrigação de reparar o dano, independentemente de culpa, nos casos especificados em lei, ou quando a atividade normalmente desenvolvida pelo autor do dano implicar, por sua natureza, risco para os direitos de outrem.

---

2. Reforma e atualização do Código Civil brasileiro e o novo Código Civil argentino.

Não há dúvida sobre a relevância dessa previsão. Todavia, a regra sempre pareceu incompleta, a começar pela ausência de critérios objetivos que auxiliem os magistrados a concretizar a cláusula geral do risco da atividade. Além disso, o adverbio "normalmente" e a locução adverbial "por sua natureza" suscitam dúvidas sobre o verdadeiro sentido da norma.

No dia 12 de abril de 2024, a Comissão de Juristas nomeada pelo Senado Federal para Revisão e Atualização do Código Civil apresentou um Anteprojeto de Lei que introduz importantes modificações em todos os capítulos do Código.[3]

Abre-se o estudo da função reparatória, identificando-se as três vigas mestras do nexo de imputação da obrigação de indenizar: Art. 927. Aquele que causar dano a outrem fica obrigado a repará-lo. Parágrafo único: Haverá dever de reparar o dano daquele: I - cujo ato ilícito o tenha causado; II - que desenvolve atividade de risco especial; III - responsável indireto por ato de terceiro a ele vinculado, por fato de animal, coisa ou tecnologia a ele subordinado.

O referido dispositivo concede racionalidade e coerência aos fatores de atribuição da obrigação de indenizar: ilícito, risco da atividade (art. 927-B) e responsabilidade pelo fato de terceiro ou da coisa (art. 932). Dessa forma, enfatiza-se a coexistência não hierarquizada das regras de responsabilidade subjetiva e objetiva.

Relativamente à responsabilidade civil por risco da atividade, a CJCODCIVIL redesenhou o parágrafo único do art. 927, agora renumerado como artigo 927-B, disciplinando a matéria de maneira mais abrangente.

> Art. 927-B. Haverá obrigação de reparar o dano independentemente de culpa, nos casos especificados em lei, ou quando a atividade desenvolvida pelo autor do dano implicar, por sua natureza, risco para os direitos de outrem.
>
> § 1° A regra do caput se aplica à atividade que, mesmo sem defeito e não essencialmente perigosa, induza, por sua natureza, risco especial e diferenciado aos direitos de outrem. São critérios para a sua avaliação, entre outros, a estatística, a prova técnica e as máximas de experiência.
>
> § 2° Para a responsabilização objetiva do causador do dano, bem como para a ponderação e a fixação do valor da indenização deve também ser levada em conta a existência ou não de classificação do risco da atividade pelo poder público ou por agência reguladora, podendo ela

3. Confira-se a íntegra do Anteprojeto e do Quadro Comparativo. Acesso em: 29 Abr. 2024.

> ser aplicada tanto a atividades desempenhadas em ambiente físico quanto digital.
>
> § 3º O caso fortuito ou a força maior somente exclui a responsabilidade civil quando o fato gerador do dano não for conexo à atividade desenvolvida pelo autor do dano.

Antes de justificarmos o conteúdo proposto para o art. 927-B, cumpre ressaltar que o risco da atividade não é enfrentado na reforma do Código Civil apenas pelo prisma da essencial função compensatória da responsabilidade civil, mas também pelo viés da função preventiva do dano potencial. Conforme se extraí do caput do proposto art. 927-A: "Todo aquele que crie situação de risco, ou seja responsável por conter os danos que dela advenham, obriga-se a tomar as providências para evitá-los".

Ou seja, tratando-se de atividade de risco, a responsabilidade do agente existe por antecipação, a partir do momento em que a atividade é colocada em curso e não apenas após a efetivação do dano. Atualmente danos não mais ostentam um perfil meramente individual e patrimonial, porém, manifestam-se como metaindividuais, extrapatrimoniais e por vezes anônimos e irreparáveis. Para evitar que prevaleça a aplicação jurisprudencial desordenada de respostas aos novos desafios que não são solucionados pela função compensatória, adequa-se a responsabilidade civil aos mais avançados ordenamentos, para que seja compreendida como um sistema de gestão de riscos e de restauração de um equilíbrio injustamente rompido.

Não se trata aqui de inibir um ilícito, porém de ampliar o escopo da função preventiva para as atividades de risco especial, cuja imputação objetiva da obrigação de indenizar dispensa a aferição de condutas antijurídicas, sendo suficiente a maior probabilidade de causação de dano pela própria natureza intrínseca da atividade. Isto é, não basta estipular o dever de prevenção no bojo da responsabilidade civil, mas é preciso dotar as vítimas potenciais de instrumentos para preservação de seus bens e interesses em face dos riscos que emanam das atividades desempenhadas por outrem. A vítima potencial poderá requerer ao juiz que obrigue o responsável pela atividade de risco a adotar medidas de prevenção, incluindo a mitigação dos riscos e dos danos. Com base em um juízo de ponderação o magistrado poderá exigir do legitimado passivo ações ou abstenções concretas tendentes à evitação de danos previsíveis. Os trágicos eventos de Minas Gerais envolvendo barragens e o recente episódio do "afundamento da mina" em Maceió evidenciam a importância de uma regra especial voltada à contenção do risco da atividade. No particular, cite-se o Enunciado 446 (V Jornada de Direito Civil): "A responsabilidade civil prevista na segunda parte do parágrafo único do art. 927 do Código Civil deve levar em consideração não apenas a proteção da vítima e a atividade do ofensor, mas também a prevenção e o interesse da sociedade". A bipartição entre função preventiva do ilícito e do dano também encontra guarida na reforma do Código Civil da França: Art. 1268 (n. 678, Sénat/2020) - "En matière extracontractuelle, indépendamment de la réparation du préjudice éventuellement subi, le juge peut prescrire les mesures raisonnables propres à prévenir le dommage ou faire cesser le trouble illicite auquel est exposé le demandeur".

Já no tocante a tutela *ex post* do risco da atividade, o caput do art. 927-B é praticamente idêntico ao atual parágrafo único do art. 927 do Código Civil, apenas com a supressão do termo "normalmente", que já se infere pelo fato de se tratar de atividade "desenvolvida" pelo agente, com habitualidade e reiteração.

Os três parágrafos introduzidos no proposto art. 927-B minudenciam a definição do que é risco da atividade e de critérios objetivos para a sua identificação, mitigando a discricionariedade na atribuição deste fator objetivo de atribuição, em prol da segurança jurídica, tendo-se como parâmetros os enunciados 38[4], 448[5] e 555[6] e do CJF.

O parágrafo 1° do art. 927-B prevê a comprovação que a atividade represente risco especial e diferenciado, por todos os meios de prova admitidos em direito e, nomeadamente, por meio de estatística, de perícia e das máximas da experiência. O que há de positivo no novo dispositivo é o esclarecimento a respeito dos critérios para avaliação da natureza da atividade. O primeiro indício acerca do grau de risco de determinada atividade é a existência de classificação pelo poder público ou agência reguladora, para fim de autorização de funcionamento. Ao lado disso ou na ausência de classificação de risco, a natureza da atividade pode ser demonstrada por todos os meios de prova admitidos em direito, mas a lei se refere expressamente à estatística, à prova técnica e às máximas da experiência. Com efeito, a combinação desses meios de prova

4. Enunciado 38 CJF: "A responsabilidade fundada no risco da atividade, como prevista na segunda parte do parágrafo único do art. 927 do novo Código Civil, configura-se quando a atividade normalmente desenvolvida pelo autor do dano causar a pessoa determinada um ônus maior do que aos demais membros da coletividade".

5. Enunciado 448 CJF: "A regra do art. 927, parágrafo único, segunda parte, do CC aplica-se sempre que a atividade normalmente desenvolvida, mesmo sem defeito e não essencialmente perigosa, induza, por sua natureza, risco especial e diferenciado aos direitos de outrem. São critérios de avaliação desse risco, entre outros, a estatística, a prova técnica e as máximas de experiência".

6. Enunciado 555 CJF: "'Os direitos de outrem' mencionados no parágrafo único do art. 927 do Código Civil devem abranger não apenas a vida e a integridade física, mas também outros direitos, de caráter patrimonial ou extrapatrimonial".

pode compor um conjunto apto a formar a convicção judicial acerca do risco de determinada atividade.

O § 2° aperfeiçoa o critério inicialmente estipulado na Súmula 351 do STJ: "A alíquota de contribuição para o Seguro de Acidente do Trabalho (SAT) é aferida pelo grau de risco desenvolvido em cada empresa, individualizada pelo seu CNPJ, ou pelo grau de risco da atividade preponderante quando houver apenas um registro".

Por seu turno, a proposta do § 3° do art. 927-B busca enfrentar o problema dos danos decorrentes de determinadas atividades, mas que são camuflados pela ocorrência de um caso fortuito ou força maior (art. 393, CC). Todavia, abre-se espaço, nas peculiaridades da responsabilidade civil, à inserção do Enunciado 443 do CJF[7], delimitando as figuras do fortuito interno e externo, conforme sedimentado doutrinariamente e já sumulado pelo STJ.[8]

É cediço que o fortuito e a força maior são excludentes de responsabilidade civil, por ruptura do nexo de causalidade, mas há casos em que esses fenômenos se sobrepõem à causa verdadeira do dano, ocultando o verdadeiro responsável. Exemplo disso é o caso das chuvas e enchentes que fazem desabar uma construção realizada sem observância das normas técnicas, a qual provavelmente viria a pique em razão da precariedade de sua estrutura diante de qualquer intempérie. Nesse caso, não há falar em exclusão da responsabilidade civil porque a causa da ruína é a precariedade da estrutura e não a superveniência das chuvas e das enchentes.

As breves justificativas sobre o risco da atividade na reforma do Código Civil sinalizam que, longe de romper com a tradição ou de ameaçar a segurança jurídica, os dispositivos propostos pela Comissão de Juristas responsável pela Revisão e Atualização do Código Civil invocam o diálogo entre o passado e as demandas do presente. As propostas não surgiram de seis meses de debate no seio de uma Comissão Reformista. Elas perfilham a jurisprudência dominante dos tribunais superiores e estabilizam vinte anos de sedimentação doutrinária, canalizada por enunciados do CJF.

---

7. Enunciado 443: "O caso fortuito e a força maior somente serão considerados como excludentes da responsabilidade civil quando o fato gerador do dano não for conexo à atividade desenvolvida".

8. Em reforço a Súmula 479/STJ, "as instituições financeiras respondem objetivamente pelos danos gerados por fortuito interno relativo a fraudes e delitos praticados por terceiros no âmbito de operações bancárias".

VI

DIREITO DAS COISAS

A PROPRIEDADE DOS "MICROPISOS"

Uma das recentes polêmicas espanholas, com reflexo no direito civil constitucional, concerne aos "micropisos". Para fazer frente a alta dos valores locatícios em Barcelona – e aproveitando um vácuo jurídico – a empresa Haibu pretende importar um modelo habitacional de sucesso em Hong Kong, reformando e reabilitando oito prédios, já batizados como "colmeias", para um irrisório padrão de 3 m^2 por unidade (2,40 m de largura por 1,20 m de comprimento). Os moradores do cubículo devem cumprir uma série de requisitos, como não ter animais ou antecedentes criminais, destacando-se a limitação etária: só para pessoas entre 25 e 45 anos que vivam sozinhas, vedada a cessão de uso para familiares ou amigos. Se tudo der certo, a iniciativa migrará para Madrid e outras cidades.

Morar em imóveis menores que um cárcere, e que mais se assemelham a um ataúde do que a uma habitação, é uma realidade que ultrapassa fronteiras. "Uma casa é uma máquina de morar". A máxima do arquiteto Le Corbusier foi agora levada às últimas consequências, pois o fato econômico da conversão de pisos em "minipisos", e destes em "micropisos", resulta da existência de um mercado em potencial: a demanda de jovens estudantes, sem condições de acesso a apartamentos maiores ou de trabalhadores com renda reduzida, que se deslocam por dezenas de quilômetros para chegar ao local do trabalho. O fator atrativo é a localização das colmeias em pontos centrais das grandes cidades, oferecendo, além do espaço privativo para descanso, área comum dotada de bancada com armários e micro-ondas, wi-fi e área de banheiros.

Todavia, o fato econômico do micropiso gera consequências jurídicas que remetem àquilo que no Brasil se tem como "mínimo existencial", uma das dimensões do princípio da dignidade da pessoa humana. Na Espanha, a comunidade jurídica compreende que a diversidade social impele à criativa busca de diferentes soluções habitacionais para novos modelos de família. Porém, todas as alternativas remetem aos "standards" de habitabilidade que se traduzem pela exigência constitucional do acesso a uma "moradia digna". Tal conceito jurídico indeterminado, contudo, não impediu que algumas comunidades autônomas estipulassem até mesmo em 20 m² o mínimo para uma moradia habitável.

O problema não é tão singelo quanto se imagina. Ao invés de indagarmos puramente por um piso mínimo quantitativo de um imóvel, devemos perguntar sobre qual tipo de construção pode ser considerada uma "casa". Os "micropisos" não podem ser considerados moradias, pois servem para uso pontual e limitado no tempo. Não se nega que uma pessoa possa dormir em um "nicho", porém o resguardo à esfera de intimidade não converte uma cápsula em uma casa ou um espaço para (con)viver, pois o principal atributo de uma moradia são as diferentes atividades diárias que nela se realizam. Seguindo esse raciocínio, sequer se poderia cogitar da impenhorabilidade do micropiso, seja por não cumprir com o conceito de residência ou sequer preencher o conteúdo de um mínimo existencial que é subjacente a qualquer moradia.

Partindo da premissa do conceito de moradia como local em que diversas atividades diárias se realizam, encontraremos situações em que os conceitos de posse e propriedade de bens imóveis poderão se unificar em uma pessoa, sem que essas situações subjetivas coincidam com o direito fundamental de moradia. Vale dizer, não apenas excluiríamos os micropisos – pois sua monofuncionalidade subverte a plurifuncionalidade de uma residência – como também poderíamos ampliar o raciocínio para o modelo jurídico da multipropriedade. Os contratos de "timeshare" são títulos dos quais derivam relações de pertencimento, sem que o titular do direito à posse direta por uma fração temporal anual seja propriamente considerado um morador. A noção de casa das pessoas, que sempre foi fundada na identificação espacial, está cedendo lugar a uma nova noção de uma forma de vida como algo transitório, de curto prazo. Comprar "timeshares" ou micropisos é uma forma de "temporizar" o comércio. Em vez de comprar um lar, compra-se o acesso a um bem – o direito de uso de um apartamento, condomínio ou outra instalação por um determinado período (na multipropriedade) ou a um mero espaço de repouso noturno (micropiso).

Permito-me ir além. A Constituição Brasileira anseia pela democratização do direito à propriedade, como atributo difuso de acesso à titularidade de bens jurídicos por parte dos outsiders. Por sua vez, o mercado visualiza os incentivos criados pela difusão do direito de propriedade. Em acréscimo, o novo proprietário do "micropiso" afirma a sua autonomia negocial em uma unidade habitacional que "a priori" é projetada para não ofender a segurança, saúde e sossego dos condôminos ou vizinhos. Portanto, satisfeito tanto o direito individual de propriedade (liberdade) como o direito metaindividual à propriedade (igualdade substancial), qual seria a censura à normalização jurídica do fato econômico dos micropisos? Uma resposta persuasiva é a ofensa à função social das cidades, pela multiplicação de bairros hiperpopulosos que congestionam o já esgarçado espaço urbano e deterioram a qualidade de vida na briga por espaços de "centímetro por centímetro". O inadimplemento da função social é uma violação do princípio da solidariedade, invariavelmente ponderada com a liberdade econômica do titular e o acesso a bens jurídicos. Traduzindo esse discurso jurídico para o cenário das cidades brasileiras, a tragédia é a de apenas somarmos os novos micropisos aos velhos barracos e palafitas.

CINCO CONCEITOS QUE RESSIGNIFICAM A PROPRIEDADE

1) Acesso – A propriedade moderna é um direito fundamental individual de seu titular, devendo ser garantida pelo ordenamento contra o Estado e os não-proprietários. Esta propriedade também é uma garantia institucional, representando o hígido funcionamento do mercado, traduzida a segurança jurídica na conservação da ordem econômica. A noção de "acesso" ingressa no Estado Democrático de Direito, pela qual o *rule of law* transcende a conservação daquilo que se "tem", incluindo a promoção de direitos fundamentais para os futuros proprietários. O acesso à propriedade é um derivativo do princípio da igualdade substancial, convertendo o invisível "erga omnes" em pessoa concreta, cuja afirmação de situações existenciais passa pelo ingresso à cidadania pela via da democratização de titularidades, aqui concebida como projeção do mínimo existencial. Portanto, é na latente tensão entre direito de propriedade (art. 5°, XXII, CF) e direito à propriedade (art. 5°, "caput", CF) que percebemos a propriedade contemporânea conglobando o direito de excluir daqueles que já têm e o direito a não ser excluído, àqueles que anseiam "vir a ter".

2) Pertencimento – Propriedade e domínio exprimem conceitos distintos e complementares. A propriedade é uma situação jurídica complexa, relacionando o titular formal aos não proprietários, consubstanciada em poderes, deveres, faculdades e ônus correspectivos. Em contrapartida, o domínio é o poder imediato do titular sobre a coisa, que se exprime nas clássicas faculdades de uso, gozo e disposição. O domínio é por essência refratário ao acesso e ao compartilhamento, ostentando o atributo da exclusividade. Assim como pode haver propriedade sem domínio (v.g. titular de um bem após decorrido o prazo de usucapião por outrem ou após quitação da promessa de compra e venda), nada impede a dissociação entre o domínio e a propriedade, pois as relações de pertencimento alcançam os direitos reais limitados e as situações possessórias. No século XXI, todavia, o que mais importa no universo dos bens essenciais, não é o "pertencimento" do bem, mas sim o da sua gestão, que deve garantir o acesso ao bem

e prever a participação dos sujeitos interessados, mediante uma administração guiada pelo princípio da solidariedade.

3) Multipropriedade – Pode existir uma pergunta mais fundamental do que, o que são o espaço e o tempo? A laje a multipropriedade confirmam a relatividade de ambos os conceitos no que se aplica à propriedade clássica. A laje por se constituir em fracionamento espacial da propriedade, desvinculada do solo alheio ou de uma fração ideal – uma titularidade em 3D (que não chega a ser um multiverso, pois existem relações jurídicas entre o proprietário e o lajeário). A multipropriedade, por sua vez, não desafia o espaço, mas o tempo. Nessa relação jurídica de aproveitamento econômico de bens – que ingressou no CC como modalidade especial de condomínio em propriedade imobiliária – adentra-se a uma distinta dimensão da titularidade, na qual o pertencimento se exerce periodicamente sobre uma unidade temporal de uma fração ideal física. Afasta-se o fenômeno da composse, pois a fruição do direito se concebe alternada e sucessivamente. No aspecto funcional, enquanto a laje incorpora o fenômeno tipicamente brasileiro do "puxadinho", como acesso ao mínimo existencial, frequentemente o "timesharing" mira exatamente o oposto: o máximo existencial, pelo compartilhamento de titularidade de bens supérfluos como resorts de férias, aeronaves, iates e carros de luxo.

4) Economia do Compartilhamento – É um novo padrão colaborativo que não se identifica propriamente com o universo do direito das coisas, mas que nele impacta profundamente. O vocábulo "mercado" já não se traduz pelo câmbio de propriedades. "Ter" algum bem é por vezes algo pesado e burocrático em sociedades fluidas e digitais. As novas gerações optam pelo acesso à fruição de bens, novas experiências e a interação com outros neste processo. A valorização da criatividade e da transparência, associada à constante inovação, cria uma massa de consumidores que não almejam a titularidade de bens, porém são ávidos usuários de serviços. Se valores não utilizados são valores desperdiçados, nas transações "peer to peer" a fruição de bens é maximizada, evitando a sua ociosidade. Ademais no modelo negocial da "sharing economy" muda também o padrão dos grandes fornecedores: A Uber não é dona dos veículos que oferece, nem o AirBnb dos apartamentos que aluga, tampouco a AliBaba de qualquer dos produtos que comercializam. As plataformas simplesmente fornecem o acesso ao pertencimento temporário.

5) Multititularidades – O termo foi introduzido pela Jurista Everilda Brandão Guilhermino ("A tutela das multititularidades", Ed. Lumen Juris, 2018). As multititularidades abrem um novo horizonte nos direitos reais, para além da função social da propriedade. Enquanto esta cláusula geral constrange o titular a adimplir obrigações perante a coletividade, conciliando o seu desejável retorno

individual a um proveito social, as múltiplas titularidades se situam em um passo adiante do cumprimento da função social: Em matéria de direitos difusos, substitui-se a propriedade excludente por uma titularidade inclusiva, que passa a conviver com uma titularidade autônoma – pertencente a sociedade. Em sede de bens comuns, elimina-se o atributo da exclusividade, pois é da índole dessa nova forma de pertencimento o acesso simultâneo e o compartilhamento de bens simultaneamente suscetíveis de valoração econômica (quanto à sua disponibilidade) e social (indisponíveis ao mercado posto atrelados à cidadania).

Ao contrário do predito por Francis Fukuyama, a História não acabou. O mesmo se diga da trajetória da propriedade. O que ocorreu é que a linguagem novecentista do Código Civil não é capaz de albergar os conceitos de acesso, compartilhamento e pertencimento inclusivo. Só com essa nova simbologia articularemos soluções para a "tragédia dos comuns", mediante a harmonização de diferentes estatutos proprietários em uma abrangente noção de patrimônio, incluindo bens imateriais, virtuais e difusos (v.g., patrimônio histórico e ambiental). Isso implica em reconhecer uma diferente dimensão que supera a dicotomia público-privado, fora do individualismo proprietário e da tradicional gestão pública dos bens. Água, energia, internet, medicamentos entre outros bens comuns e essenciais se inserem no rol de direitos fundamentais. Cumpre ao civilista do século XXI vestir as sandálias da humildade, abandonar sua roupagem de segurança jurídica limitada à apropriação e conservação de bens e dialogar com outros saberes a fim de sedimentar uma ética do pertencimento inclusivo. Ao tratar da nova relação entre o mundo das pessoas e o mundo dos bens – há muito tempo substancialmente confiado à lógica do mercado – bem pontuou Stefano Rodotá: "bens comuns são aqueles funcionais ao exercício de direitos fundamentais e ao livre desenvolvimento da personalidade, que devem ser salvaguardados, removendo-os da lógica destrutiva do curto prazo, projetando a sua tutela ao mundo mais distante, habitado pelas gerações futuras. O acoplamento aos direitos fundamentais é essencial e nos leva para além de uma referência genérica à pessoa. É um tema "constitucional", pelo menos para todos os que, voltando o olhar para o mundo, captam a insustentabilidade crescente das sistematizações cegamente confiadas à lei "natural" dos mercados".

A FARRA DO ESBULHO DE BENS PÚBLICOS

Paz, te peço. Ouso fazer tudo que faz um homem;
quem fizer mais, é que deixou de sê-lo.

Shakespeare – "Macbeth"

Inicio o texto com a principal frase da peça que definiu o imaginário ocidental moderno. Ela é dita por Macbeth, em resposta a sua esposa, quando esta o incita a assassinar Duncan. Significa, basicamente, que há uma fronteira entre a civilização e a barbárie que não pode ser cruzada, sob pena de sermos privados de nossa humanidade.

Fenômeno recente, porém, reiterado, tem sido a invasão de escolas, universidades, assembleias legislativas e prédios públicos por parte de estudantes e movimentos sociais. Perplexas, as autoridades reagem à procura de liminares de reintegração de posse, cujo tempo de gestação e condicionantes impostas pelos magistrados não corresponde, por vezes, à necessidade estatal de recuperar o efetivo exercício do poder de fato sobre o bem público e afirmar a credibilidade da administração. A meu ver, quatro questões estritamente jurídicas impactam na solução do problema. Primeiro: trata-se efetivamente de invasão de bens públicos ou de mera "ocupação"? Creio não ser possível se cogitar de ocupação, vocábulo unicamente reservado ao apossamento de bens abandonados e despidos de função social, sejam eles particulares ou públicos (bens dominicais, terras devolutas). De modo diverso, denomina-se *invasão*, o ingresso e injusta permanência em bens que efetivamente sirvam a todos (v.g. esbulho ambiental) ou estejam afetados por uma atividade pública (escolas, postos de saúde). Mesmo que despido de violência explícita ou clandestinidade (art. 1.200, CC) o esbulho se consuma no momento em que servidores públicos são impedidos de realizar a sua atividade, posto excluídos do exercício de ingerência sobre o bem, sendo o patrimônio público abruptamente privado de sua vocação comunitária.

A resposta ao primeiro questionamento atrai uma segunda indagação: seriam os invasores qualificados como *possuidores*? A resposta é evidentemente negativa. Quem ingressa em bem público de uso especial e desvirtua a sua finalidade é mero detentor. A detenção é uma posse desqualificada pelo ordenamento jurídico, sendo considerada um fato ilícito. Ora, os bens públicos destinados à sociedade são insuscetíveis de apropriação por particulares. Em clássica obra sobre a posse, o Ministro Moreira Alves ensina que "a vinculação jurídica da coisa a uma finalidade pública tem a primazia absoluta sobre qualquer situação jurídica privada, pois tal finalidade afasta a ideia de posse do particular" (Posse, 2. Ed, Vol. II, p. 170, Ed. Forense). Antes de regra jurídica (art. 100, CC), o cuidado com a coisa pública é uma norma básica de civilidade no contrato social.

Havendo detenção e esbulho de bens públicos, podemos avançar ao terceiro questionamento. Há necessidade do Estado ingressar com ação de reintegração de posse para reaver o poder fático sobre tais bens ou há outra alternativa jurídica? A tutela possessória judicial não é o único mecanismo para o exercício de pretensões diante de uma turbação ou esbulho. Da mesma forma que se permite a um particular uma rápida e eficaz defesa diante de uma agressão atual a sua posse, evidentemente, o poder público pode se valer da via extrajudicial da autotutela, a fim de recuperar a gestão sobre o bem ilicitamente subtraído por particulares. As premissas para o exercício da legítima defesa da posse ou do desforço imediato estão devidamente descritas no § 1° do artigo 1210 do Código Civil. Presteza do exercício de defesa, moderação e proporcionalidade nos meios de repulsa à injusta agressão são condições essenciais para que a autoridade policial restitua o patrimônio público à sua finalidade, dentro da legalidade estrita e legitimidade constitucional. De forma enfática, preconiza o Decreto-Lei n. 9760/46 (Lei que rege o patrimônio da União) em seu Art. 20 que "Aos bens imóveis da União, quando indevidamente ocupados, invadidos, turbados na posse, ameaçados de perigos ou confundidos em suas limitações, cabem os remédios de direito comum", o que implica tanto no manejo das ações possessórias como, das providências de polícia administrativa pela via da autotutela.

Por último, há uma questão ideológica que permeia a tolerância generalizada à privatização de espaços públicos. Para aqueles que se consideram progressistas, a "ocupação política" seria uma sofisticada forma de afirmação de direitos fundamentais. Legitimar-se-ia a desobediência civil contra o conservadorismo da *ditadura da maioria* silenciosa (alunos que desejam estudar, funcionários que pretendam trabalhar, pais que pretendam prover educação aos filhos e a sociedade que aposta na segurança jurídica), com premissa teórica forjada no pedantismo intelectual daqueles que admiram tudo aquilo que seja popular, cujo mérito intrinsecamente reside no fato da iniciativa partir das vítimas do sistema.

De fato, é vergonhoso o corte da merenda escolar e a recusa do repasse dos recursos básicos do ensino. Todavia, em sociedades que cultivam a responsabilidade individual, o exercício da liberdade de manifestação se conforma ao ordenamento jurídico, jamais pela banalização da invasão e depredação do patrimônio público, bem como do impedimento ao direito de ir e vir de quem queira exercer a sua profissão. Na ótica do relativismo, não me surpreende que o ilícito da invasão de bens públicos seja glorificado como conduta merecedora de tutela. Enfim, associo-me aqueles que desejam preservar a cultura e a própria civilização, quando tudo em volta parece ruir. Se não houver uma predisposição à contenção de instintos básicos, nessa marcha da insensatez, em breve os pseudo-heróis da resistência democrática não apenas serão louvados, como ainda farão jus a indenização por benfeitorias e acessões ou mesmo serão premiados com uma usucapião sumária.

O DIREITO REAL DE LAJE COMO NOVA MANIFESTAÇÃO DE PROPRIEDADE

O direito de laje é uma nova manifestação do direito de propriedade. Quem discorde dessa asserção, em pleno ano de 2017, provavelmente se refugia no perfil oitocentista de uma propriedade monista, ancorada nos estreitos limites do Código de Civil, apenas viabilizada quando o bem imóvel estiver fisicamente ligado ao solo ou a ele se conectar por uma fração ideal. Como evidentemente disso não se trata o modelo jurídico da "laje", para alguns doutrinadores é mais cômodo perseverar na fórmula artificial das dicotomias e direcionar o direito de laje ao território dos direitos reais em coisa alheia. Nessas horas, indago como um civilista afeito às classificações tradicionais justificaria a titularidade de dados pessoais que se encontrem nas "clouds" fornecidas pelos provedores (lembre-se de que o direito real de laje contempla o espaço aéreo!).

Com efeito, vivenciamos a realidade plural das "propriedades". O fracionamento das titularidades corpóreas e intangíveis como fato jurídico dinâmico encontra abrigo na Constituição Federal, mais precisamente dentre os direitos fundamentais e/ou no setor da ordem econômica, a partir daí se disseminando para os microssistemas (propriedade autoral, 'software', patentes, etc.). Em contrapartida, o estático "direito das coisas" do Código Civil, reflete a tradicional propriedade (i) mobiliária centrada nas faculdades de usar, fruir, dispor e reivindicar, como ressai do art. 1228 do Código Civil. No "Big Bang" das propriedades contemporâneas, a propriedade radicada no domínio e posse de objetos materiais é apenas a ponta do 'iceberg' de um vasto acervo de propriedades cujo núcleo migrou da posse de coisas para a titularidade de créditos. Como elemento comum das mais diferentes situações jurídicas proprietárias, pode-se dizer que o núcleo duro da titularidade no primeiro quartel do século XXI consiste na faculdade do proprietário extrair uma utilidade privada do bem.

Com a vigência da Lei n. 13.456/17 e, especialmente, a tipificação do direito de laje – com início no artigo 1.510-A do Código Civil –, abre-se um novo capítulo na constante ressignificação do direito de propriedade brasileiro, resultado da necessária tensão entre o "direito de propriedade" e o "direito à propriedade". O direito de propriedade (art. 5°, XXII, CF) como garantia institucional e direito fundamental individual, fundado na liberdade do indivíduo de se apropriar de bens e de excluir terceiros (o clássico sujeito passivo universal). Lado outro, o direito à propriedade (art. 5°, 'caput', CF), como expressão do Estado Democrático de Direito pela via da universalização do acesso à propriedade. Trata-se de direito fundamental social, albergado no princípio da igualdade material, que defere a todo o ser humano o "vir a ter" e o direito de "não ser excluído" da condição de cidadão dotado de um piso patrimonial que materialize a sua dignidade e preserve a privacidade do núcleo familiar.

Nessa imanente adequação entre o direito de proteção da propriedade já consolidada (regras do jogo) e o direito promocional à propriedade como mínimo existencial (qualidade dos 'players'), coloca-se o direito real de laje como instrumento de regularização fundiária urbana, sob medida para a realidade brasileira, na qual incontáveis famílias vivem em pavimentos distintos daquele originariamente construído sobre o solo, seja na condição de familiares do proprietário originário – em regra, um núcleo formado a partir de descendentes do titular –, ou mesmo desconhecidos, que informalmente contratam uma espécie de locação do "puxadinho" e assumem a condição de possuidores da laje (situação corrente em comunidades carentes). Em um ou outro caso, o mérito da nova legislação é de sinalizar que o acesso à propriedade da laje é significativamente superior à factualidade da posse. Enquanto a existência da posse demanda efetividade e aparência – o constante exercício e fruição –, o direito de propriedade é um signo cadastral, vínculo formal de exclusividade entre o bem e a pessoa, deferindo-lhe a titularidade mesmo que eventualmente não exercite a posse. Mais do que uma simbologia, o registro do então fato social da laje como unidade autônoma, legaliza o gueto e converte o 'outsider' em membro da cidade formal. A universalização de titularidades transforma um capital morto (posse) em ativo circulável, seja pela regularização formal da laje para fins comerciais do próprio titular (o que a lei não excluí), seja pela via de hipotecas ou propriedades fiduciárias sobre a laje, permitindo que milhares de famílias finalmente tenham acesso a financiamentos bancários para a abertura de pequenos negócios.

Além da propriedade e posse, as relações de pertencimento também se viabilizam pelos direitos reais em coisa alheia. Definitivamente, esse não é o caso do direito de laje. A laje não é mera projeção laminar de uma propriedade alheia! O legislador enfaticamente disciplinou o novel direito real como uma unidade imobiliária autônoma, construída com matrícula própria, novo fólio distinto daquele que publicizou a construção sobre o solo, com isolamento funcional e acesso independente, individualização de despesas e encargos econômicos e instituição de titularidade sucessiva (art. 1510-A, §§ 1° a 6°, CC). Se nem toda propriedade é perpétua (v.g. a propriedade resolúvel), o certo é que não existem direitos reais em coisa alheia com o atributo da perpetuidade, pois em algum momento o titular terá que restituir os poderes dominiais ao proprietário. Dentre outras, a enfiteuse foi relegada ao limbo no CC/02, pois na atualidade um direito real de fruição apenas exercita a sua função social quando há uma demarcação temporal pelo qual o titular extrairá uma utilidade de um bem alheio, evitando-se o parasitismo "ad eternum". Além de não ser propriedade demarcada temporalmente, não se trata o direito real de laje de direito real limitado em seu conteúdo, o que pressupõe um esvaziamento dos poderes dominiais. O titular da laje poderá usar, fruir, dispor e reivindicar. Evidentemente, há uma limitação na realização de obras/reformas/instalações na laje, ou exercício de direito de preferência para atos dispositivos. Esse balanceamento é próprio da coexistência de unidades imobiliárias autônomas, como sói ocorrer no condomínio tradicional (modelo jurídico distinto da laje pela comunhão de frações ideais sobre áreas comuns), decorrendo das regras que disciplinam o exercício civilizado dos direitos de vizinhança ou o adimplemento de exigências administrativas, que em nada interferem no conteúdo da propriedade. A título de comparação com outras propriedades, a propriedade fiduciária é praticamente esvaziada em seu conteúdo dominial – o fiduciário não pode usar, fruir ou mesmo dispor do bem na pendência da dívida –, porém ninguém duvida que o credor é o real proprietário do bem dado em garantia. No extremo, podemos nos socorrer da hipótese da fragmentação entre a propriedade dos "shareholders" e o controle de administradores, sem que essa cisão elimine a titularidade de cada acionista.

Verticalizando o tema, a nosso viso sequer se insere o direito real de laje na qualificação de uma superfície em "2° Grau", por sobrelevação ou infrapartição. Há um "pecado original" no raciocínio dos que creem como supérflua a instituição da laje como direito real pelo legislador brasileiro, ao argumento de que idêntico resultado poderia se alcançar pelo recurso à tipicidade elástica da superfície. Em verdade, tratam-se de modelos jurídicos estruturalmente e funcionalmente diversos. No plano estrutural, o direito real de superfície é propriedade resolúvel (art. 1.375, CC) – que não demandará matrícula autônoma da acessão – caracterizada por uma suspensão temporária dos efeitos da acessão pela qual o implante realizado no solo será de titularidade do construtor pelo prazo negocialmente ajustado. Ao final do prazo previsto na averbação do registro, haverá o cancelamento do direito real. A seu turno, o direito de laje é propriedade perpétua, cujo registro no RGI ensejará uma nova matrícula, independente daquele aplicável à propriedade do solo ou de sua fração ideal, seja em termos de disposição ou do trânsito jurídico em geral. No aspecto funcional, há nexo finalístico entre a vocação do imóvel e da acessão a ser realizada na superfície. A superfície encontrará utilidade em investimentos econômicos que demandem exploração de propriedades ociosas (seja de extensas áreas abandonadas ou prédios que demandam reformas – superfície por cisão) ou mesmo, para o melhor desempenho da função social das cidades (art. 1.377, CC, c/c art. 21 lei n. 10.257/01), com a possibilidade de que particulares possam exercitar atividades lucrativas (v.g. garagens subterrâneas, infovias), permitindo aos municípios a canalização de recursos para atividades essenciais e melhorando a qualidade de vida do cidadão. Já o direito de laje guarda ambições diversas no plano finalístico, consistindo em elogiável forma de democratização do direito de propriedade (não dispensando eficazes políticas públicas), que cada vez mais se distancia do perfil liberal de uma instituição excludente de muitos (os 'erga omnes'), e, paulatinamente, agrega mais uma camada: a de instrumento de acesso à vida digna para muitos brasileiros, os futuros lajeários!

A MOLDURA CONTEMPORÂNEA DA PROPRIEDADE FIDUCIÁRIA

Após a edição do Código Civil de 2002, a propriedade fiduciária adquiriu relevo nas relações privadas, assumindo o status de direito real. Antes do Código Reale, tínhamos apenas o negócio jurídico da alienação fiduciária, praticado por instituições financeiras e no âmbito do mercado de capitais, capitaneado pelo Decreto Lei n. 911/69. Todavia, a partir de Janeiro de 2003, esse contrato foi estendido às relações entre particulares de um modo geral, conferindo ao credor (qualquer pessoa natural ou jurídica) não apenas uma situação ativa creditícia, mas uma verdadeira propriedade resolúvel sobre o bem móvel infungível concedido em garantia de uma obrigação.

Ilustrativamente: se A necessita de R$ 50.000,00 para adquirir um veículo e B deseja lhe fornecer a referida quantia, após a celebração do contrato de mútuo, será realizado um segundo negócio jurídico, de caráter acessório, a alienação fiduciária, através do qual o devedor fiduciante se compromete a transferir ao credor fiduciário a propriedade do bem objeto da garantia do débito. Mediante o subsequente registro da transferência de titularidade perante o órgão de trânsito, o credor se converte em proprietário do bem.

Concernente a essa propriedade resolúvel, o Código Civil foi explícito. Trata-se de direito real de garantia em coisa própria, verdadeira hipergarantia (muito superior ao penhor ou hipoteca), pois, em caso de inadimplemento, não haverá necessidade de excluir o bem do patrimônio do devedor. Ademais, a existência de outros credores do devedor – mesmo que preferenciais – não perturbará a efetividade da garantia do credor, pois a coisa não pertence ao devedor. A propriedade será resolúvel, portanto convencionalmente limitada no tempo, nascendo com previsão para a sua extinção. Quando o devedor integraliza as prestações, converte-se em titular do bem, ou seja, extinto o contato principal pela via fisiológica do adimplemento, não subsiste mais causa jurídica para sustentar a garantia acessória. Contudo, diante de eventual inadimplemento, o credor consolida a propriedade, estando autorizado a alienar o bem para haver o saldo devedor em aberto.

Apesar da consistente demarcação do direito real do credor fiduciário, sempre se indagou a respeito da natureza jurídica do direito do devedor fiduciante na constância do processo obrigacional. Seria ele mero depositário, possuidor direto do bem concedido em garantia – tal como explícita o CC/02 – ou também poderia ser considerado um titular de direito real, tal qual o credor? Em princípio, é inequívoca a posição do devedor como possuidor direto, detendo ampla possibilidade de exploração econômica do bem na constância do contrato, inclusive sobre ele recaindo a responsabilidade patrimonial sobre débitos relativos ao bem – v.g. IPVA, multas – e eventual responsabilidade extranegocial por ilícitos praticados contra terceiros. Aliás, quando da transferência da titularidade ao credor, incide o constituto possessório, espécie de tradição ficta que viabiliza contratualmente a concentração da posse com o devedor.

O mérito da Lei n. 13.043, publicada no final de 2014, foi a de qualificar o devedor como titular de um direito real de aquisição e não simples possuidor da coisa dada em garantia. Isso significa que, desde o registro do negócio jurídico, o devedor já ostenta um direito eventual – ou expectativo – a futura aquisição do bem, sob a condição suspensiva de integralizar o débito. O direito expectativo não se confunde com a mera expectativa do direito. Aqui, há esperança sobre um futuro fato jurídica que atribuirá ao sujeito uma situação favorável. Diferentemente, o direito expectativo está ancorado em um negócio jurídico válido e eficaz, que defere ao seu titular, imediatamente, o poder de acautelar o direito eventual, mediante o exercício de pretensões.

Tal e qual o promitente comprador de um imóvel que registrou o contrato preliminar, o devedor fiduciante é titular de direito real à futura aquisição do bem, o que lhe concede oponibilidade erga omnes e sequela. Vale dizer, apesar de a propriedade pertencer ao credor no período de pendência, eventuais dívidas não permitirão que os seus credores possam penhorar o bem, pois ele está reservado ao devedor, aguardando o adimplemento. Trata-se de um patrimônio especial, reservado ao devedor, que não se confunde com o patrimônio geral do credor. Com o progressivo pagamento das prestações, paulatinamente verifica-se o resgate do bem, até que, ao momento da integralização do débito, consuma-se a sua emancipação. Doravante, o antigo devedor e titular do direito real de aquisição se converte em proprietário definitivo do bem. Com essa promissora alteração, o Código Civil sacramenta a natureza bifronte da eficácia real do contrato de alienação fiduciária: simultaneamente propriedade resolúvel (do credor) e direito real de aquisição (do devedor).

O MERCADO IMOBILIÁRIO DA MORTE

Você tem interesse em adquirir um imóvel nos melhores pontos de Paris, por um ótimo preço? Nos últimos tempos o mercado imobiliário francês resgatou o interesse pelo antigo costume do contrato de viager (no Canadá remete ao *life lease housing*). A ideia é simples: o comprador adquire o bem de raiz por um preço significativamente menor que o do mercado, mas só poderá entrar na posse quando o vendedor falecer. Com efeito, o alienante permanece no imóvel e ainda recebe um pagamento mensal até o dia de seu passamento.

O súbito incremento de uma modalidade de compra e venda regulamentada desde 876 DC, é explicado por uma conjunção de fatores: envelhecimento da população; vertiginoso boom imobiliário; redução das pensões; encarecimento do custo de vida e de manutenção do imóvel.

A pessoa idosa, em sua análise de custo/benefício, opta por reduzir preocupações e ampliar a segurança psíquica, dispondo do bem de família – mesmo a um valor mais baixo –, porém com a vantagem de obter liquidez imediata (o preço da transação), acrescendo a isso um estipendio mensal, com a vantagem de manter a posse do bem indefinidamente, seja por meses, anos ou para além da eficácia jurídica, do contrato viager emana um óbvio dilema ético decorrente do risco a ele inerente.

O comprador do imóvel obtém um bom desconto no preço, mas essa "pechincha" poderá se esvair se o vendedor sobreviver por muitos anos, pois a somatória dos pagamentos mensais neutralizará as vantagens esperadas ao tempo do primeiro desembolso. Assim, o proprietário banca uma espécie de "aposta na morte" de um hóspede, estranho e velho. Quanto antes ele se for, mais lucrativa a estratégia de negócio. Lado outro, entendem os compradores que o investimento é ético, pois concedem moradia digna à pessoa idosa, evitando que seja enviado a um asilo, recebendo valores mensais que proporcionam um confortável envelhecimento.

Algumas peculiaridades emocionais permeiam esse contrato: é vedado ao candidato a comprador questionar o vendedor sobre a sua condição médica. Ademais, toda a morte envolvendo um viager é investigada pela polícia para evitar suspeitas contra o proprietário. Muitas pessoas idosas sutilmente simulam condições precárias de saúde (a ponto de encher as prateleiras de medicamentos e estender um cobertor sob as pernas em uma cadeira de rodas), quando na verdade se encontram em ótimas condições físicas, apenas com o objetivo de angariar o interesse dos candidatos a um investimento de rápido retorno e alta liquidez.

Outrossim, os herdeiros do comprador podem ser surpreendidos quando descobrem que o falecido lhe transmitiu um contrato viager. A menos que mantenham os pagamentos mensais ao residente, todo o investimento será cancelado e o antigo proprietário recuperará a titularidade, podendo dispor do bem novamente.

Semana passada assisti a um ótimo filme, "*My old lady*" (2014), com Maggie Smith no papel de uma parisiense, professora de inglês com 92 anos e beneficiária do dito contrato há 30 anos. Inesperadamente, a idosa é visitada por um falido cidadão americano interpretado por Kevin Kline – filho do falecido proprietário – que anseia pelo momento em que poderá vender a mansão no distrito de marais, único patrimônio que recebeu de herança. Para a sua consternação, não poderá dispor do bem enquanto a saudável viager permanecer viva. De quebra, ainda terá que suportar os pagamentos mensais, tal qual seu falecido pai fazia.

Nos Estados Unidos há uma variável desse modelo jurídico. Trata-se do viático (tal qual o viager, tem origem no latim "*viaticum*", uma quantia fornecida a um funcionário romano que saia em viagem). Cuida-se de um mercado de apólices de seguro, no qual o titular original do contrato cede a sua posição a um estranho – em regra, ao vislumbrar a terminalidade da vida – com um bom deságio e a obrigação do cessionário de assumir os valores anuais, sendo que o investidor obterá ótimo retorno se o moribundo falecer com brevidade.

Ilustrativamente, se a morte vier em 1 ano, aquele que paga US$ 50.000,00 por uma apólice de US$ 100.000,00 receberá um incrível retorno de 100% em 12 meses! Em contrapartida, o antigo segurado terá em mãos uma quantia que lhe propiciará um digno tratamento médico e uma perspectiva de conforto no crepúsculo da vida. Contudo, se milagrosamente sobreviver por anos a fio, o investimento em sua morte se assemelhará a uma aplicação em ações da Petrobrás.

Mas, não seria de a essência do negócio do seguro de vida converter a mortalidade em mercadoria? O filósofo Michael Sandel lembra que nesse contrato a empresa que vende a apólice está apostando no segurado, e não contra ele. Quanto mais longa a vida, mais ela arrecada patrimônio. Já no caso dos seguros viáticos, o interesse financeiro é invertido.

Do ponto de vista daquele que adquire a apólice, quanto mais cedo a pessoa morrer, melhor. Mesmo para os entusiastas do livre mercado esse negócio não é moralmente comparável a outro qualquer. Ademais, há um efeito corrosivo sobre o caráter do investidor: você gostaria de ganhar a vida apostando que determinadas pessoas morrerão em breve?

A PROPRIEDADE COMO ACESSO

A matéria especial dessa semana da revista Veja evidencia como a fenomenal capacidade de armazenamento de dados e a crescente velocidade da internet mudaram a maneira como produzimos e consumimos os conteúdos que nos alimentam. Destaco aqui como o *streaming* deletou a ideia de posse material de uma música ou filme, pois o que se quer ouvir está e permanecerá na nuvem (*cloud*). Desaparece a propriedade individual, tal como quando se adquire um LP, CD ou o pré-histórico videocassete. O elemento comportamental perturbador para os mais velhos é poder ouvir uma música ou ver um filme sem tê-los fisicamente, sem possuí-los.

Traduzindo para a linguagem jurídica, a propriedade dos ditos bens imateriais não é transferida aos consumidores. Aquilo que se paga concerne ao acesso a fruição do conteúdo digital legalizado, que se encontra armazenado nos servidores remotos. A novidade não reside propriamente na desmaterialização da propriedade – pela decretação da extinção dos magníficos acervos de discos e filmes –, esse é apenas o epílogo de uma odisseia iniciada na revolução industrial, na qual a titularidade incorpórea progressivamente se torna mais relevante que o domínio físico dos bens de raiz. Em ambientes de instituições democráticas, afloram os incentivos para que patentes, softwares e direitos autorais façam a roda da fortuna girar. A Apple é a empresa mais valiosa da história, apoiada no binômio intangível inovação tecnológica/design.

Essa irrefreável desintegração da propriedade provocou um primeiro abalo em seus pilares. As riquezas das pessoas e nações passaram a ser definidas pela dinâmica capacidade de criação, em detrimento ao que a natureza estaticamente lhes reserva, como terras e commodities. O cerne do domínio se deslocou da posse de coisas e do capital físico para a criatividade humana, o capital intelectual. A propriedade clássica é aquela caracterizada pelo poder de ingerência socioeconômica sobre a coisa e a visibilidade de sua exteriorização pelo exercício dos atributos do uso e fruição. Na propriedade incorpórea o artífice da criação intelectual é remunerado pela cessão da técnica, reservando para si a titularidade do bem. Porém, um modelo de propriedade não aniquilou o outro, eles convivem com as suas peculiaridades. Daí que hoje se fala em direito das propriedades, ao contrário do que se extraí da arcaica estrutura monopolística sugerida pelo artigo 1227 do Código Civil.

O que há de atualíssimo nessa discussão é a própria redefiniçao do conceito de propriedade e o mais importante, o seu próprio embasamento filosófico e sociológico. A propriedade enucleada no "ter" conferiu suporte ao indivíduo moderno, como explica Robert Castel. Em um primeiro momento a sociedade estamental é abolida e o indivíduo se liberta da condição perene de nobre ou campesino. A única possibilidade de a pessoa perseguir a sua autonomia se dava pela aquisição da titularidade, que lhe propiciasse independência material e social, passando a existir por si próprio, com possibilidade de conduzir a própria vida, preocupando-se com o seu perímetro subjetivo e cultivando a sua interioridade. A propriedade individual como acesso à cidadania já teve os seus tempos de glória.

Mas tudo mudou. No livro intitulado A era do acesso, Jeremy Rifkin explica que a noção de propriedade está sendo substituída rapidamente pelo acesso a experiências culturais. A troca de bens materiais entre vendedores e compradores no mercado é progressivamente suplantada pela lógica da preservação da titularidade com os fornecedores, que fazem leasing, alugam ou cobram uma taxa pela admissão ou pela assinatura, na qual o que importa é o acesso a curto prazo entre servidores e clientes que operam em rede. Conceitos, ideias e imagens – e não coisas – são os verdadeiros itens de valor na nova economia. A propriedade é uma instituição lenta demais para se ajustar a velocidade de uma cultura veloz, na qual os verbos "ter", "guardar" e "acumular" cada vez fazem menos sentido.

Certa feita, espalhou-se um boato que o ator Bruce Willis havia processado a Apple para que a sua biblioteca virtual de músicas adquiridas no iTunes fosse considerada de sua propriedade e futuramente transmitida as filhas. Todavia, na era do acesso, a transmissão hereditária dos fonogramas baixados será frustrada. O conteúdo digital é licenciado ao usuário para uso limitado, pois propriedade e o controle remanescem com os fornecedores. Em um mundo em que a propriedade pessoal já foi considerada a extensão do próprio ser e a medida do homem, as próximas gerações se relacionarão com o mercado de uma forma bem diferente.

LEI 14.620/23 E O NOVO DIREITO REAL DECORRENTE DA IMISSÃO NA POSSE – O REMENDO DO SONETO QUE JAMAIS EXISTIU

Coautoria: Wagner Inácio Freitas Dias

É fato que o Direito privado vive um momento turbulento, com diversas modificações, desde a teoria das incapacidades, estrutura das relações obrigacionais e, principalmente, em tema de Direito das Coisas. As mudanças, por regra, são bem-vindas. Possibilitam reflexão e o repensar de assuntos que, secularmente, seguiram uma jornada retilínea, estando hoje aparentemente estabilizados. Diz-se que tal debate é importante, e vale recordar, pois o Direito Civil é milenar, tendo conceitos e instituições que atravessaram séculos e séculos. A propriedade e a posse se alinham dentre tais categorias. Desta forma, quando se repensa a propriedade em dimensões outras que apena a bivalente delimitada por vértices X e Y; quando se discute o tempo como passível de apropriação condominial; enfim, quando são revisitados temas perenes com vistas a atualizar os seus conteúdos, tal se dá em favor de toda a comunidade, não apenas aos estudiosos ou aplicadores do Direito.

Por outro lado, quando se tem uma estrutura de tamanha estabilidade e promovem-se câmbios sem maiores reflexões, sem um arcabouço de necessidade, ou sem uma aplicabilidade prática, a razão de existir da questão, por não se apresentar, esvaziará a utilidade do próprio conceito, legando ao esquecimento algo que já nasceu alheio a um sentido de necessidade, teórico ou prático. Como exemplo, podemos apontar o art. 1.228, § 4°, do Código Civil que, ao tentar inovar medida especial de política fundiária, criou modelo jurídico controverso (usucapião oneroso ou desapropriação privada) de pouca ou nenhuma utilidade prática, desafiando a diretriz da operabilidade, tão cara a Miguel Reale e a o nosso Código Civil.

Situações como a apontada, contudo, ao menos levantam debates acalorados, gerando ganho acadêmico, possibilitando que, no futuro, avanços outros surjam.

Há, ainda, uma segunda situação – ainda mais imprudente – em que o Legislador, com intenções que se desconhece, cria, modifica ou inova situação/relação jurídica, fazendo isso com total atecnia. Aqui os exemplos são muitos, não apenas na seara do direito privado, mas em todos os demais ramos jurídicos, sendo necessário à doutrina e jurisprudência árduo trabalho para explicar o que se tem como direito posto e operacionalizar efetivação e aplicabilidade para o que se concebeu. Todavia, no mais das vezes, estes casos são inofensivos, sendo corrigidos com advertências como "o Legislador confundiu categorias", "apesar da previsão como X, é Y" etc. São equívocos tão grotescos que tornam mais simples a sua retificação.

Por fim, sobeja o pior cenário. A circunstância em que o Legislador, pretendendo solucionar um problema que, no mais das vezes, teria solução simples e direta, inova a ordem jurídica com elementos que, se aplicados em sua essência técnica, criarão resultados graves. Em casos tais, o tempo promoverá o decote através da atuação da jurisprudência com o direcionamento da doutrina, mas, até lá, nefastos efeitos poderão ter ocorrido. E, infelizmente, o que nos traz a estes escritos é justamente este cenário, valendo-nos destas linhas para que se apresse o decote do que jamais deveria ter visto à luz do dia.

Carlos Eduardo Elias de Oliveira trouxe, em texto, diversas implicações registrais decorrentes da inovação legal. Assim, dada a qualidade do que lá se escreveu no aspecto registral, diferentemente, tomaremos aqui o caminho do direito civil puro, ou de uma teoria pura do direito civil - pura não no recorte que deu Kelsen aos seus escritos - mas sim, evitando-se enviesar o que, macetado pelo tempo, foi devidamente alisado.

Antes, porém, de avançarmos, é necessária uma pequena digressão. O Direito das Coisas, ontologicamente, é composto pelos Direitos Reais, pelos Direitos de Vizinhança e pela Posse. Esta última, tem a conhecida natureza de fato e direito, sem que se alinhe como direito real (não apenas por jamais ter figurado na enumeração legal, como, e mais importante, sua essência a afasta de tais direitos, tendo especiais efeitos que não se confundem com aquele, ao mesmo tempo em que se projeta daquele, enquanto *ius possidendi*). Daí dizer-se que os direitos reais trazem consigo o direito de obter posse, como o usufruto, a servidão etc.

De outro tanto, a *summa divisio* entre a posse e propriedade recomenda dar àquela natureza própria, evitando-se qualquer contaminação entre o aspecto petitório e o aspecto possessório do ter. É espaço delicado, em que indevidas intromissões podem esfacelar um sistema, até então, harmonioso. Há o espaço e a razão de ser do petitório; há o mesmo para o possessório. Um áspero, mas forte. Outro fluído, mas eficaz. Cada um cobrindo limites específicos e importantes. Não por menos, é conhecida a regra de que se faz impossível discutir propriedade em tutelas de natureza possessória, à exceção da alegação de usucapião.

Dito isso, a posse, de um lado, e os direitos reais, do outro, sempre conviveram de forma pacífica, com sólida jurisprudência e grande proveito para todos. Entretanto, a recente Lei 14.620/23, em seu artigo 30, estabeleceu alteração no art. 1.225 do Código Civil, com o seguinte teor:

> (...)
>
> XIV - os direitos oriundos da imissão provisória na posse, quando concedida à União, aos Estados, ao Distrito Federal, aos Municípios ou às suas entidades delegadas e a respectiva cessão e promessa de cessão.
>
> (...)

Em um primeiro momento, aparenta o artigo simples déficit técnico, sem maiores embaraços, considerando o que já havia intentado o Legislador em 2015, com a (caduca) MP 700, que trouxe o conceito de direitos decorrentes da imissão provisória na posse, com a inserção do tema no art. 5°, § 4°.

Fato é que o Relatório de análise da apontada MP já antecipava quais seriam os direitos decorrentes da imissão na posse, afirmando que "os bens desapropriados por utilidade pública e os direitos decorrentes da respectiva imissão na posse poderão ser alienados a terceiros, locados, cedidos, arrendados, outorgados em regimes de concessão de direito real de uso, de concessão comum ou de parceria público-privada e ainda transferidos como integralização de fundos de investimento ou sociedades de propósito específico".[9]

Nota-se que a imissão na posse, como já consolidado no veio Administrativo, é verdadeira atribuição originária de propriedade, vez que o processo correrá para discutir, por regra, o valor da expropriação.

Assim, como alerta Maria Sylvia Zanella Di Pietro e Carlos Eduardo Elias de Oliveira, trata-se de direito definitivo, com natureza de propriedade. Portanto, a imissão na posse gera direito originário em favor da Administração Pública,

9. Relatório da Comissão Mista de análise da MP 700/2015.

podendo esta ceder, transferir, alugar, dar em garantia, enfim, valer-se dos mais diversos mecanismos para satisfação do interesse público.

Atendendo a interesses outros, provavelmente relacionados ao registro, o Legislador, acreditando ser dotado de plena ciência, fez valer sua força e realizou a referida alteração legislativa. Contudo, surge uma dúvida, mote deste escrito. Em que pese atribua propriedade, a imissão na posse tem, por essência, deferir posse ao Expropriante, fazendo acompanhar tal posse a propriedade, dada a lógica do procedimento expropriatório. Como lembra Diógenes Gasparini, "a imissão provisória de posse é a transferência, no início da lide, da posse do bem expropriado para o promotor da desapropriação. É obrigatoriamente concedida pelo juiz se alegada, pelo expropriante ou pelo promotor da desapropriação, a urgência e se depositado no Juízo da Desapropriação, em favor do expropriado, certo valor calculado, conforme o caso, segundo o que estabelece a Lei Geral das Desapropriações ou o Decreto-Lei n. 1.075/70".[10]

Como principal efeito da imissão, assim, está a posse. Objeto principal. Quer quem se imitir deseja, antes de mais nada, posse. Tanto no espectro privado, quanto no público. A qualidade especial de atribuição originária de propriedade, por sua vez, é um efeito específico da imissão decorrente de desapropriação.

Tendo isso em vista, retomamos nossa análise do novel texto de lei. Afirma agora o art. 1.225. XIV, do Código Civil que, são direitos reais "os direitos oriundos da imissão provisória na posse, quando concedida à União, aos Estados, ao Distrito Federal, aos Municípios ou às suas entidades delegadas e a respectiva cessão e promessa de cessão". A posse, sendo direito como é, é, também, um direito oriundo da imissão provisória, e, desta forma, converter-se-ia em direito real.

A nosso viso, não é possível referendar tal conclusão. Tanto no Código Beviláqua (art. 674) quanto no decorrente do Projeto Reale (art. 1.225) a posse sempre foi tratada de forma especial (que lhe é devida), não por simples capricho, mas pela necessidade técnica e prática que existe em fazer valer a diferenciação. Não se olvide que diversos efeitos dos direitos reais estão presentes na posse, mas isso não faz dela um deles, não apenas por não fazer parte da enumeração legal, porém, e principalmente, pelas razões já apresentadas.

A posse pode ser oriunda de um direito real, mas, para além de ser dele independente (pois tem outras origens), produz efeitos tão especiais (como os interditos) que são inimagináveis para o universo dos direitos reais. Ou seja, em que pese a posse confira efeitos similares aos dos direitos reais, ela os transcende.

10. Direito Administrativo, São Paulo: Saraiva, 17.ed, 2011. Capítulo X item 1.

Entretanto, tal compreensão não geraria um risco de tornar letra morta o novel inciso XIV do art. 1.225 do Código Civil? Na realidade, tal classificação é absolutamente desnecessária, isso porque "os direitos oriundos da imissão provisória na posse, em benefício do poder público, equiparam-se a direitos próprios de quem é titular do domínio (mesmo antes de pagar a prévia e justa indenização e antes de se efetivar a transferência do bem expropriado para o seu patrimônio): ele já pode fazer a cessão a terceiros, pode oferecer o bem como garantia em contratos de alienação fiduciária; pode oferecer em hipoteca o bem de que não é ainda proprietário (derrogando implicitamente a norma do artigo 1420 do Código Civil, pela qual "só aquele que pode alienar poderá empenhar, hipotecar ou dar em anticrese; só os bens que se podem alienar poderão ser dados em penhor, anticrese ou hipoteca").[11]

Daí se tratar de remendo a um soneto que jamais existiu. Se a imissão provisória na posse, em processo de desapropriação, gera direito originário de propriedade e deste defluem os efeitos próprios desejados por quem de direito, a simplificação da possibilidade de registro da imissão não pode acarretar tamanho cisma no sistema Civil, atingindo ponto nevrálgico de toda a estrutura do Direito das Coisas.

Outrossim, observe-se que o pretendido efeito prático (possibilidade de alienação, garantia etc.) já se encontra estampado no Decreto Lei 3365/41, a saber:

> Art. 5º (...)
>
> § 4º Os bens desapropriados para fins de utilidade pública e os direitos decorrentes da respectiva imissão na posse poderão ser alienados a terceiros, locados, cedidos, arrendados, outorgados em regimes de concessão de direito real de uso, de concessão comum ou de parceria público-privada e ainda transferidos como integralização de fundos de investimento ou sociedades de propósito específico.

Ao mesmo tempo em que a questão registral já encontra remansosa prescrição legal, considerando-se que "a Lei nº 11.977, de 7-7-09, que instituiu o Programa Minha Casa Minha Vida, inseriu um § 4º no artigo 15 do Decreto-lei nº 3.365/41, para exigir que a imissão provisória na posse seja registrada no registro de imóveis competente".[12]

11. Maria Sylvia Zanella Di Pietro, *O caráter definitivo da imissão provisória na posse*. Conjur. 11.02.2016.
12. PIETRO, Maria Sylvia Zanella D. *Direito Administrativo*. Rio de Janeiro: Forense, 2023. Item 6.10.10.

Desta forma, é fundamental que a doutrina reconheça que dentre os apontados direitos oriundos da imissão na posse que passam à categoria de direitos reais não se fez incluir a posse, por seus especiais atributos, evitando-se, por completo, qualquer contaminação dos espaços petitório e possessório.

A RESPONSABILIDADE CIVIL NO DIREITO DE VIZINHANÇA POR *OVERLOOKING*: DECISÃO DA SUPREMA CORTE DA INGLATERRA DE 2023

O termo "overlook" normalmente significa ignorar ou negligenciar, mas neste julgamento foi utilizado em um sentido mais literal, como "ter uma vista de cima" ou "ver de um lugar mais alto". A decisão em *Fearn v Tate Gallery board of trustees* foi proferida em 1/2/23 pela Suprema Corte da Inglaterra.

Em síntese, trata-se de uma plataforma de observação que faz parte de um edifício de extensão da galeria de arte *Tate Modern*, oferecendo vistas panorâmicas de Londres. Os proprietários de apartamentos em um conjunto habitacional vizinho - com um design moderno com janelas de vidro do chão ao teto - descobriram que os visitantes da plataforma de observação podem olhar para dentro de suas moradas. Assim, processaram o famoso museu nacional de arte moderna pelo tort de "nuisance" (incômodo/interferência). Tradicionalmente, uma demanda de "private nuisance" é ajuizada quando o uso e gozo da propriedade imobiliária do demandante sofre uma interferência substancial e desproporcional através de um objeto ou atividade. Inicialmente, a pretensão não logrou êxito nas instâncias inferiores.

Todavia, a Suprema Corte deu provimento ao recurso, por maioria de 3:2. O tribunal sustentou que, em princípio, é possível que uma vista panorâmica represente um incômodo, pelo menos no sentido que Lord Leggatt considerou a pretensão, como de "intrusão visual": "A reclamação dos requerentes não é que o último andar do Edifício Blavatnik tem vista para seus apartamentos; nem é que no curso normal as pessoas naquele prédio olham para os apartamentos dos reclamantes e podem ver o interior. De fato, os requerentes deixaram expressamente claro no julgamento que não se opõem ao fato de serem vistos do

Edifício Blavatnik, o que eles reclamam é o uso particular feito por Tate do último andar. Eles reclamam que a Tate convida ativamente o público a visitar e olhar daquele local em todas as direções, inclusive nos apartamentos dos reclamantes situados a apenas 30 metros de distância; que a Tate incita esta atividade sem interrupção durante a maior parte do dia, todos os dias da semana; e que isso tem a consequência previsível de que um número muito significativo de cerca de meio milhão de pessoas que visitam a galeria de observação da Tate todos os anos espiam os apartamentos dos reclamantes e tiram fotos deles. Argumentar que esse uso da propriedade do demandado não pode ser um incômodo porque 'ser olhado' não entra neste conceito, é como argumentar que, porque o ruído doméstico comum causado pelos vizinhos não constitui um incômodo, convidar uma banda de música para praticar o dia todo, durante todos os dias no meu quintal não é considerado um incômodo acionável; ou porque o cheiro da comida do seu vizinho na hora das refeições é algo que você tem que tolerar, os odores nocivos da produção industrial não podem ser um incômodo acionável. A conclusão simplesmente não decorre da premissa".

Em reforço, o Tribunal rejeitou a sugestão de que a solução consistia em os requerentes fechasse as persianas ou cortinas, e também o argumento que a atividade do demandado, sendo indiscutivelmente realizada em benefício público, não se traduziria em responsabilidade civil.

O ponto de inflexão do julgamento concerne ao que constitui o uso e a ocupação normais da terra, considerado distinto no caso, pois a natureza e a extensão da visualização dos apartamentos dos reclamantes transcendem "qualquer coisa que possa razoavelmente ser considerada como uma consequência necessária ou natural do uso e ocupação comuns e ordinários da terra do Tate". O tribunal caracterizou a localidade em que os apartamentos estão situados como "uma parte urbana do sul de Londres usada para uma mistura de fins residenciais, culturais, turísticos e comerciais". Em linha de princípio um ocupante nesse ambiente "pode esperar bem menos privacidade do que talvez um ocupante rural possa e que qualquer um que viva em uma cidade do interior pode esperar viver bastante lado a lado com os vizinhos. Nada obstante, a decisão frisou que não se encontrou nenhuma outra plataforma de observação naquela parte de Londres; nem que a operação de uma galeria de exibição pública seja necessária para o uso e ocupação comum e comum das terras da Tate gallery. Convidar o público a olhar de uma galeria de observação é manifestamente um uso muito particular e excepcional da terra. Nem mesmo pode ser considerado um incidente necessário ou comum de operar um museu de arte. Portanto, o Tate não pode confiar no princípio da reciprocidade, argumentando que não busca mais tolerância de seus vizinhos para suas atividades do que eles esperariam que o Tate mostrasse para eles. Em síntese, o Tate seria um "superobservador".

O que se pode extrair do julgamento são muitas duvidas e poucas certezas. Antes de chegarmos à questão se essa emanação é ou não substancial, há uma premissa teórica para o ilícito de nuisance: Um incômodo requer alguma emanação invadindo a propriedade do reclamante. Um terreno é um espaço físico. Os direitos em relação a ele dizem respeito à aptidão de usar esse espaço físico. Se alguém invadi-lo sem permissão, isso é considerado nas jurisdições do common law uma transgressão (o tort de trespass). Porém, se um vizinho criar um ruído, uma luz forte ou um cheiro que prejudique sua capacidade física de usar esse espaço, estaremos potencialmente diante de um incômodo (*nuisance*). A essência deste ilícito é a depreciação do gozo dos direitos inerentes à ocupação da terra. Neste sentido tradicional, ser "olhado" não participa de tal conceito. Pode ser algo que ofenda o vizinho ou lhe cause sofrimento, porém, não temos o direito de exigir que nossos vizinhos se abstenham de fazer coisas que nos incomodam ou que se abstenham de fazer coisas que preferiríamos que não fizessem. A aptidão física do titular de usar a terra para qualquer finalidade que deseje não será de forma alguma afetada. Em outros termos, como a plataforma de observação é diferente de qualquer grande banco de janelas em qualquer atração que atrai multidões de pessoas em qualquer metrópole? É concebível que a famosa *CN tower* de Toronto, agora seja um incômodo, assim como todos os estádios, aquários, museus, que têm janelas? Todas as pessoas com áreas de exibição pública agora correm o risco de serem processadas, e o assunto quase certamente terá que ser resolvido em cada julgamento.

Em resposta a este argumento, os que sustentam a decisão da Suprema Corte, afirmam que casos extremos de visão de um lugar mais alto podem afetar a fruição da propriedade da mesma forma que ruídos. Ser observado pode afetar o uso do espaço físico mais do que os cheiros. Ruídos intensos podem significar que não se pode fruir o imóvel para fins comuns, como descanso ou recreação. Mas, igualmente, existem usos perfeitamente normais que alguém pode querer fazer de sua terra que se tornam menos atraentes ou impossíveis porque alguém está sendo vigiado. Em um singelo exemplo: muitos moradores de um prédio serão mais capazes de tirar uma soneca ao meio-dia, apesar do barulho alto da fábrica, do que aqueles capazes de fazê-lo sabendo que metade de Londres os está observando dormir!

Outrossim, se derivarmos o conceito indeterminado de "superobservador" para outras demandas, mesmo que os futuros demandantes sejam derrotados no julgamento porque à luz de todas as provas o ilícito não é suficientemente grave (seria necessária a potencial intrusão sobre 10 pessoas, 100 pessoas, 1 milhão de pessoas?), a ameaça de um processo sobre qualquer plataforma de exibição será certamente suficiente para dissuadir uma série de empreendedores. A tragédia consistirá no empobrecimento dos espaços públicos em benefício de um grupo de proprietários que desejam viver em uma bolha de vidro e depois se opõem a que as pessoas olhem para eles.

Analisando as dificuldades práticas da própria liminar (*injunction*), a Suprema Corte deixou para o tribunal inferior, a tarefa de determinar se há interesse público em manter a galeria com vistas de 360 graus. Caso a liminar seja concedida, será para impedir as vistas no lado sul por meio de persianas ou paredes e durante todo o tempo em que a galeria de visualização estiver aberta. Todavia, se o incômodo só surgir após uma certa intensidade de uso, então um fechamento permanente para o lado sul pode ser arbitrário. Outra alternativa seria limitar o número de frequentadores a qualquer momento (abaixo do limite atual de 300), ou ao longo do dia, à área de exibição. Sendo denegada a liminar, no tocante a indenização pela manutenção do *status quo*, os percalços não são menores: a condenação pecuniária será prospectiva. Assim, como o valor seria colocado no título para vincular os proprietários subsequentes? Será a base financeira o declínio nos valores de mercado ou na receita de aluguel das unidades afetadas em comparação a outras não sobrecarregadas com a intrusão visual? Ninguém sabe como esse cálculo seria feito. A indenização pode ser tão vultosa que talvez a Tate simplesmente opte por aceitar a liminar exigindo que seja interrompida a visualização pelo lado sul.

Ninguém pode negar que o valor dos apartamentos vizinhos será reduzido porque vistos por cima. Contudo esta não é a essência do ilícito de *nuisance*. Se houver perda econômica consequente ou outra que seja ressarcível, pode haver discussão no âmbito do dano patrimonial. Em uma analogia radical, se o meu vizinho for um ativista proeminente da *Ku Klux Klan*, isso também pode me causar um sofrimento terrível, diminuir o valor de minha propriedade e ser algo que eu preferiria profundamente que ele não fizesse, a ponto de fazer com que eu me mude. Mas não interfere na minha aptidão física de usar o espaço a que tenho direito e, portanto, não é um incômodo privado (*private nuisance*).

Hipótese distinta de ilícito se dá quando alguém é visto em um espaço privado quando preferiria que isso não ocorresse. Ilustrativamente, se alguém instalar uma câmera de vídeo fora de um quarto de hotel que estou dividindo com a minha parceira para espiar pelas cortinas, a lei pode considerar isso uma violação ao direito de privacidade. Mas não é um ilícito simplesmente pelo fato de alguém titularizar qualquer direito em relação ao quarto de hotel, ou seja, em relação à coisa física, o espaço, que é objeto de direito. Uma vez que começamos a proteger direitos não titulados, como não ser olhado (também conhecido como privacidade), perde-se a justificativa para o reclamante tutelar um real interesse proprietário.

Porém, não podemos olvidar que existem precedentes na Suprema Corte. Lord Goff em Hunter v Canary Wharf (1997) baseou-se explicitamente na ideia de uma emissão negativa, deixando espaço para essa possibilidade: "De fato, para que uma ação de perturbação privada mencione a respeito da interferência com o usufruto de sua terra pelo autor, ela geralmente surgirá de algo que emana da terra do demandado. Tal emanação pode assumir muitas formas - ruído, sujeira, fumaça, um cheiro nocivo, vibrações e coisas do gênero. Ocasionalmente, as atividades nas terras do réu serão tão ofensivas para os vizinhos que constituem um incômodo acionável, como em *Thompson-Schwab v. Costaki* [1956], onde a visão de prostitutas e seus clientes entrando e saindo de instalações vizinhas se enquadrava nessa categoria. Esses casos devem, no entanto, ser relativamente raros". Contudo, mesmo neste caso excepcional, é a visão de atividades ofensivas, que pode ser tida como interferência, o que é muito diferente de alguém olhando para você. Ademais, ao contrário do ruído, cheiros, vibrações, etc, os casos de sex shop e bordel devem ser tratados como de public nuisance (perturbação pública), nada tendo a ver com o espaço físico a que o reclamante tem direito.

Colha-se ainda como precedente o caso *Motherwell v Motherwell* (1976), envolvendo telefonemas de assédio. Baseando-se particularmente nos antigos casos de "vigiar e assediar", Clement JA refere-se ao princípio de que atos de outra forma legais podem se tornar ilegais "pelas circunstâncias em que são executados, como tempo, local, extensão ou a forma de execução." Ele conclui que "a referência frequente nos casos a perturbações emanadas da terra dos réus reflete apenas as circunstâncias dos fatos particulares perante o tribunal, não uma limitação intencional do alcance do princípio" para permitir uma reclamação por *nuisance* por invasão de privacidade através de abuso do sistema de comunicações telefônicas.

Ou seja, atualizando o conceito de *nuisance*, a luz daquilo que nos sistemas do *civil law* se enquadraria no modelo do abuso do direito, devemos indagar: alguém acha certo que a Tate construa uma plataforma de observação permitindo que centenas de milhares de pessoas olhem para os apartamentos ao lado, forçando essas pessoas a mudar a forma como usam sua propriedade? A evidência parece esmagadora de que o público na plataforma de observação da Tate está destruindo a capacidade dos proprietários dos apartamentos de desfrutar de sua propriedade. As áreas de estar dos apartamentos dos reclamantes estão sob observação constante da galeria de observação da Tate durante grande parte do dia, todos os dias da semana; o número de espectadores está na casa das centenas de milhares a cada ano; e os espectadores frequentemente tiram fotos do interior dos apartamentos e às vezes as publicam nas redes sociais. Não é difícil imaginar como seria opressivo viver em tais circunstâncias para qualquer pessoa comum - como estar em exibição em um zoológico. Não é de surpreender que o juiz tenha concluído que esse nível de intrusão visual seria razoavelmente considerado pelo proprietário como uma intrusão material em sua residência. Nesse caso, o conceito do ilícito de interferência substancial no uso e gozo da se desenvolve para resolver problemas como este.

Enfim, O problema de solucionar hard cases por meio da "razoabilidade" é óbvio. Uma vez que o tribunal ordene que meu vizinho não olhe para minha propriedade, isso demandará a execução de um planejamento com árduos limites sobre o que é aceitável ou não em termos de interferência. É justamente por isso e por todos os argumentos favoráveis e contrários à pretensão que a decisão sob exame foi dividida em 3:2.

VII
FAMÍLIA E SUCESSÕES

PODE O TIO SER OBRIGADO A PRESTAR ALIMENTOS AO SOBRINHO?

Senhores, eu sou sem mais nem menos o sobrinho de meu tio: não se riam, que não há razão para isso: queriam o meu nome de batismo ou de família?... Não valho nada por ele, e por meu tio sim, que é um grande homem.

Joaquim Manuel de Macedo – "A Carteira do Meu Tio", 1855.

Em recente decisão, prolatada pelo magistrado da Comarca de São Carlos (SP), um tio foi condenado a prestar alimentos ao sobrinho, com base em interpretação extensiva do artigo 1697 do Código Civil/2002, tendo como fundamento a impossibilidade de os ascendentes proverem o mínimo existencial ao filho que, não obstante maior de idade, foi afetado pela síndrome de Asperger. A situação se agrava (à) medida em que o autor evidencia a omissão de cuidado por parte do pai, já sancionado por medida inibitória de afastamento. A sentença também levou em consideração a viabilidade patrimonial do referido colateral em arcar com um pequeno percentual de seus ganhos em prol do sobrinho.

Em justificável inversão de ordem, adianto a minha conclusão: Sou contrário à automática e generalizada interpretação extensiva do artigo 1697 do Código Civil. Através de regras o codificador civil mediatizou o princípio da solidariedade no âmbito específico do direito de alimentos e determinou que o rol de devedores se limitasse aos ascendentes, descendentes e irmãos, mas não aos demais colaterais, mesmo figurando eles dentre os parentes legitimados à sucessão. Em nome da segurança jurídica, é inviável que o intérprete "flexibilize" indiscriminadamente a dita norma jurídica, vulnerando a esfera de intimidade do colateral de 3° ou 4° grau, que, espontaneamente, se negue a prestar alimentos, com fundamento no rol "*numerus clausus*". Nessa linha, seguindo consolidada jurisprudência, em julgado de 2016, a 3ª Turma do STJ negou obrigação alimentar de sobrinho perante a tia (REsp 1510612/SP).

Todavia, adiro ao posicionamento do magistrado sentenciante, pois no caso específico existem razões mais do que plausíveis para ampliar o espectro de incidência do artigo 1697 do Código Civil. O civilista deve ser extremamente cauteloso para atuar na tênue linha da eficácia horizontal dos direitos fundamentais, pois argumentos esgrimidos com palavras sedutoras como dignidade da pessoa humana, solidariedade e igualdade material, eventualmente, fornecem vazia retórica, justificando críticas como a da discricionariedade e do solipsismo judicial. Em verdade, a boa argumentação requer um ônus persuasivo que, ao invés de convencer pela emoção ou estética, ancore-se em sólidos fundamentos, principalmente quando se queira restringir o campo de liberdade dos particulares, através da incidência de direitos fundamentais nas relações privadas. Daí o papel assertivo da doutrina em criar parâmetros objetivos que se prestem a uma eventual ponderação de bens pelo juiz, quando aquela disciplinada em caráter abstrato pelo legislador se mostre disfuncional em circunstâncias excepcionais. Sugerimos três parâmetros hábeis a uma razoável adequação entre a esfera de autonomia dos privados e as exigências éticas do sistema:

1 – "Impossibilidade absoluta de exercício do dever alimentar pelas pessoas descritas na norma". Cumpre verificar se os naturais devedores não possuem mínimas condições de prover alimentos aos parentes em situação de necessidade. Na pioneira decisão da Comarca de São Carlos/SP, a inviabilidade econômica é agravada pela omissão de cuidado paterno, ilícito parental que envolve um reiterado padrão de comportamento antijurídico e culposo daquele que se nega a atender o direito fundamental de convivência familiar;

2 – "Iminente ameaça a direitos fundamentais do alimentando". No processo em exame, foi vulnerado o mínimo existencial de uma pessoa com deficiência psíquica – no caso, síndrome de Asperger. Entenda-se o mínimo existencial como conceito jurídico indeterminado que se potencializa quando o credor de alimentos é pessoa vulnerável e ostenta um impedimento que cria uma barreira à acessibilidade social (no caso, agravado diante da materialização de danos psíquicos consequente ao processo de omissão de cuidado). Lembre-se de que a Convenção de Nova York foi o primeiro tratado de direitos humanos internalizado no Brasil com 'status' constitucional (Dec. 6949/09). O art. 23.5 concita os Estados Partes – quando a família imediata de uma criança com deficiência não tenha condições de cuidar da criança, a fazer todo esforço para que cuidados alternativos sejam oferecidos por outros parentes. Evidentemente, tratando-se de maior de idade com deficiência, os cuidados alternativos da "família mediata" se traduzem em alimentos, quando vislumbrada a impossibilidade objetiva de a família imediata prover sustento.

3 – *"Moderação dos valores pagos pelos colaterais de 3° ou 4° grau".* A excepcionalidade da convocação dos parentes mais distantes justifica redobrada cautela judicial na fixação de valores. No processo em destaque o magistrado arbitrou os alimentos em 10% dos rendimentos líquidos do tio alimentante. Cabe aqui um paralelo com os alimentos necessários, indispensáveis à subsistência do ex-cônjuge admitido culpado no divórcio, como tal entendidos alimentos humanitários, quando não tiver "parentes em condições de prestá-los" (artigo 1.704, parágrafo único, CC/02). Não se pode perder de vista que é o Estado que assume papel de protagonismo na concretização da eficácia negativa e positiva da Dignidade da Pessoa Humana da pessoa com deficiência: a eficácia negativa pela via da proteção (principalmente propiciando adequados serviços de saúde e evitando a discriminação) e, a eficácia ativa, pelo viés promocional da indução à conquista da plena autonomia, pela inclusão através de programas de habilitação e reabilitação, particularmente nas áreas de saúde, emprego, educação e serviços sociais.

Iniciei esse texto com uma citação da obra "A carteira do meu tio", de Joaquim Manuel de Macedo. O livro narra a trajetória do sobrinho que, ao tempo do império, recebe substancioso patrocínio do tio para viajar a Europa. Porém, ao invés dos estudos, o jovem simplesmente deseja aproveitar a vida. Felizmente, na decisão em destaque a vida não imita a arte, pois o que o sobrinho requer do tio não é o bônus de bens supérfluos, mas o acesso àqueles essenciais, que materializam o modelo cooperativo de família, transcendendo a visão do parentesco como simples agrupamento acidentalmente reunido para eventos sociais (festivos ou trágicos) ou fotografias na parede. Não se está aqui a falar sobre caridade – a virtude de amparar os que são anônimos e de quem nada esperamos em troca (nem mesmo uma longínqua herança). Entre sobrinhos e tios nem sempre a tônica será o amor fraternal que justifique o dever alimentar, mas, ocasionalmente, o direito poderá lhes alcançar, pois parafraseando Mary Shelley, "O mundo precisa de justiça, não de caridade".

O BIG BROTHER NA AUTORIDADE PARENTAL

Liberty is about protection from the state, whereas human rights are about protection by the state

“*Named person*” é uma nomenclatura tradicional no Reino Unido, utilizada no contexto de tutela da segurança de crianças, referindo-se a médicos especializados, enfermeiras, parteiras e outros profissionais que exercem um papel importante em órgãos de apoio infantojuvenil. Porém, o governo da Escócia agigantou essa figura. Doravante, o "*named person*" se incumbirá obrigatoriamente de monitorar o bem-estar de todas as pessoas, a partir do nascimento até que completem 18 anos de idade. O slogan da iniciativa é: "Escócia: o melhor lugar do mundo para que as crianças cresçam". O *named person* será um elo entre a criança e os seus pais, fornecendo informações e aconselhamento, bem como suporte individualizado quando os jovens queiram exprimir as suas preocupações, assim como para os pais que tenham qualquer receio sobre o bem-estar dos filhos. Ele ainda orientará na escolha de terapeutas ou serviços de aconselhamento de luto. Isso sempre será realizado em encontro conjunto de pais e filhos, exceto se ficar claro que há necessidade de proteção da criança. Na maioria dos casos, essa tutela estatal será delegada a parteiras, agentes de saúde e supervisores escolares, conforme a idade da criança. A legislação deveria ter entrado em vigor em 31 de agosto deste ano, mas isso simplesmente não aconteceu, pois em julho, a Suprema Corte do Reino Unido decidiu que algumas das propostas sobre compartilhamento de informações ofendem o direito à privacidade e à vida familiar, violando o art. 8° da Convenção Europeia de Direitos Humanos: "todos têm direito ao respeito a sua privacidade na vida familiar e moradia. Este direito é sujeito a restrições proporcionais e lícitas". Porém, de uma forma geral, os cinco juízes que compõem o painel daquela corte, consideraram que o *"named person"* não interfere negativamente sobre as relações jurídicas, morais ou sociais dentro da família. Pelo contrário, os objetivos do novo regime seriam "legítimos e benignos". Contudo, o tribunal impôs exigências de adequação ao tratado de direitos fundamentais, postergando a vigência das novas regras para o ano de 2017. Em outras palavras, a Corte Superior concorda que a ideia essencial de guardiões nomeados pelo Estado para zelar por todas as crianças escocesas é, ao mesmo tempo, legal e censurável!

O problema é que a mensagem dúbia da Suprema Corte criou uma radicalização entre os que defendem o novo sistema e os que a ele se opõem. Para os próceres da iniciativa, as pessoas nomeadas poderão impedir crimes de abuso infantil e negligência familiar, que, muitas vezes, ocorrem pela ausência de alguém que possa mediar conflitos. Ademais, as famílias com crianças com deficiência e dificuldades de aprendizado teriam acesso mais rápido e menos burocratizado a todos os serviços sociais, com a garantia de que a pessoa nomeada seria alguém que já fosse do conhecimento da família e por eles digno de confiança, com a missão de dignificar a função dos pais e nunca de substitui-los. Em contrapartida, o grupo denominado "*No To Named Persons*" descreveu a lei como a "mais calamitosa iniciativa que o governo escocês jamais sonhou", pois, a responsabilidade de monitorar o bem-estar dos filhos incumbe aos pais e não ao Estado. Em resumo, a legislação criaria um modelo familiar "Big Brother", pelos seguintes motivos: *a)* fragiliza a autoridade parental principalmente pela possibilidade da pessoa nomeada se dirigir diretamente à criança, mesmo que os pais discordem de sua posição; *b)* ofende a privacidade da entidade familiar ao permitir ao Estado irrestrito acesso às suas moradias e a dados confidenciais; *c)* desvia recursos que poderiam ser direcionados para aquelas crianças que são verdadeiramente vulneráveis, ao invés de desperdiça-los com a maioria de famílias que dispensam tal apoio; *d)* amplia desnecessariamente o trabalho do serviço social, pois qualquer mínimo incidente familiar será reportado aos agentes públicos. A polêmica alcança o espectro partidário, pois enquanto o partido conservador considera a lei "absurda", os trabalhistas admitem o apoio às novas regras, desde que a legislação só se aplique aos que ainda não completaram 16 anos de idade.

Eu não ficaria surpreso se esse projeto de lei aparecesse no Brasil. Seria mais uma postura paternalista do legislador, incansável no afã de intervir desproporcionalmente nas famílias, infantilizando os seus membros e submetendo todos à política oficial do "por um mundo melhor" Se a "Lei da Palmada" já sofreu severas críticas, o que não dizer de uma norma que coercitivamente transfira a autoridade parental, mediante a delegação de poderes, a um mediador compulsório? Qualquer delegação forçada de direitos fundamentais requer uma forte carga persuasiva pela autoridade que promova tal iniciativa. Inequívoca justificação emerge em casos concretos de abandono material ou omissão de cuidado por parte dos pais. Todavia, erigir uma parentalidade compartilhada entre pais e Estado como política pública é uma insanidade, por melhores que sejam as intenções do legislador (a experiência demonstra que os maiores estragos sempre são causados quando os "bonzinhos" que querem mudar o mundo alcançam o poder). Eis aí um passo certo rumo a um Estado autoritário. Aliás, se pensarmos que o novo perfil da curatela, como uma medida excepcional e temporária de gestão de interesses patrimoniais em prol de pessoas maiores e com privação total de autodeterminação, surgiu como uma pressão para a aplicação de uma Convenção de Direitos Humanos, como poderíamos admitir o retrocesso de uma tutela "ampla, geral e irrestrita", que incida sobre qualquer família, inclusive aquelas que não se mostram disfuncionais?

Paradoxalmente, o "*nonsense*" jurídico nasce de uma lei forjada na Escócia, nação berço do mais admirável dos iluminismos, que enaltece a virtude e remete pessoas e famílias ao binômio liberdade e responsabilidade individual. O conservadorismo britânico homenageia a tradição e o recurso ao empirismo, como via para a segura e gradual evolução comunitária, sem jamais ter aderido a visão revolucionária de refundação da sociedade baseada na razão, tão decantada pelo iluminismo francês. Consequentemente, a interpretação dos juízes ingleses sobre o que é o interesse público e o que é politicamente desejável sempre foi determinada pelo tipo de pessoa que o próprio magistrado personificava, e qual era o seu papel na sociedade. Porém, 20 anos depois da incorporação da Convenção Europeia de Direitos Humanos, essa visão "pré-direitos humanos" foi engolida no Reino Unido por uma nova forma de conservadorismo. Doravante, todas as políticas públicas devem ser submetidas a uma ética de direitos humanos, o que leva o Estado a se expandir em nome da proteção de alguns, mesmo que isso ocorra às expensas do sacrifício indiscriminado da autonomia pessoal e parental. Em suma, liberdades civis e direitos humanos se tornam dois lados da mesma moeda: enquanto as liberdades protegem o indivíduo em face do Estado, os direitos humanos, através de obrigações positivas, requerem do Estado a proteção de indivíduos que se encontrem em risco em certas situações.

Aí é que está o busílis. Um sistema de liberdades civis que reconhece a importância da vida familiar como uma esfera de atividade que requer proteção contra a indevida interferência estatal, torna-se incompatível com um discurso míope de direitos humanos que invariavelmente suplica ao Estado que amplie o seu raio de ação. Isso terminará com a edificação de um Estado guardião de um milhão de crianças escocesas, sob o amparo da Suprema Corte. Tribunais lidam com a legalidade, não com aquilo que é certo ou errado, pois em democracias representativas esse é o território da política e não dos juízes. Ocorre que mesmo na Inglaterra, a Suprema Corte tende a considerar a política como algo irrelevante, que interfere negativamente em sua luta por princípios estabelecidos.

Magistrados não perguntam questões políticas como: "quais problemas precisam ser resolvidos?", ou "é uma boa ideia a imposição de guardiões estatais para todas as crianças?". Quando a Suprema Corte afirma que o modelo do "*named person*" é "inquestionavelmente legítimo e benigno", isso é verdadeiro dentro dos parâmetros exclusivos dos direitos humanos. Mas não há o menor sinal de uma adequação de bens que leve em consideração o "outro lado da moeda". E o pior! Quando a instância máxima do Judiciário britânico exige apenas um aperfeiçoamento da lei para proteger as informações confidenciais de crianças, ela assume como legítimo que dados sigilosos sobre o estado de saúde dessas pessoas (v.g. contracepção, gravidez, doenças sexualmente transmissíveis) possam ser revelados para uma extensa gama de autoridades públicas sem que filhos e pais estejam cientes da interferência sobre o referido artigo 8º da Convenção (direito ao respeito da privacidade da família).

O sistema escocês do "*named person*" é uma política repugnante, pois falha em não compreender a natureza humana. Falha ao compreender que a autoridade parental será violada pela imposição estatal de um agente que se intrometa nas relações entre pais e filhos; falha ao não perceber que a minoria de crianças que sofre abusos pelos pais não será auxiliada por essa política. O que essas crianças necessitam é de professores, alimentação na escola, médicos, agentes de saúde e apoio doméstico para que seja feita a coisa certa. Ao contrário do que a propaganda apregoa, o "*named person*" encorajará as pessoas a regular os seus instintos pela burocracia, substituir as suas inclinações morais por exigências legais, permutando a virtuosa tendência para agir corajosamente diante dos problemas familiares pela saída fácil da procura por um mediador oficial. Seja na Escócia como no Brasil, as boas políticas públicas – que queiram entender o cerne das relações humanas – devem se envolver diretamente com as pessoas. O argumento pela liberdade precisa ser vencido "com" as pessoas, mediante argumentos políticos no domínio público, e não "apesar" das pessoas, pela via de deliberações judiciais.

OS 50 TONS DO POLIAMOR

O pós-moderno é uma peça publicitária que nos convida a construir a própria trajetória. A vida como uma folha em branco, a ser livremente desenhada, conforme os volúveis desejos e crenças de cada qual. Sejamos protagonistas de nossas hedonistas biografias!

No supermercado de tendências contemporâneas se destaca o Poliamor. Concisamente, envolve a prática de mais de um relacionamento íntimo simultâneo, com o conhecimento e consentimento de todos os envolvidos. Apela-se ao consensual, ético, responsável e não monogâmico. No paralelismo afetivo não há exclusividade, legitimam-se as uniões estáveis dúplices. O psicanalista Charles Melman toca no ponto: esse convite para tratar objetos de consumo como objetos renováveis descartáveis leva forçosamente à transformação de nossas relações interpessoais, inclusive de nossas relações conjugais. Tornou-se culturalmente aceito o fato de alguém poder ser tratado como um objeto descartável depois de ter sido utilizado.

Seria essa inflação de egos travestida em "vivência de afetos" que deveríamos conceituar como a tão sonhada autonomia dos modernos? Ou seja, a autodeterminação para (re)inventarmos a intersubjetividade a cada click? Pessoalmente, não creio que a ideia de liberdade se circunscreva à submissão à transitoriedade do desejo. São os limites que nos humanizam, e não o desejo sem limites. Os verdadeiros laços emocionais envolvem ciúme, sofrimento, renúncia, abdicação e grande dispêndio de tempo, cuidado e energia. Porém, se o poliamoroso sucumbe apenas ao seu espelho, é melhor diluir a vida em um tratado de breves e assépticas experiências amorosas, de preferência, concomitantes.

O fato é que a autonomia secularizada degenerou em um individualismo sem precedentes. Nada mais transcende: República, Religião, Família. Um a um foram desmoronando os castelos que permitiam ao homem reverenciar fins alheios e podar os excessos, ou seja, "ficar na casinha". Agora, devidamente instalados em seus umbigos, nossos contemporâneos fraturam a vida familiar e o modelo "careta" da monogamia, infiltrando o gozo narcísico pela amplíssima porta da Principiologia Constitucional, através da via jurídica do modelo das famílias simultâneas.

Porém, subjacente ao imaginário de comercial de margarina, crianças se perdem e referências se dissolvem, enquanto o ordenamento jurídico homenageia o pluralismo dos ideais de vida boa, em detrimento da virtuosidade das boas escolhas morais. Todos velejam no oceano de direitos, mas ninguém se responsabiliza pelas consequências de suas escolhas afetivas. Como *esprit du temps*, parte da doutrina civilista criticou como "conservadora" uma decisão do STJ que considerou "que uma sociedade que apresenta como elemento estrutural a monogamia não pode atenuar o dever de fidelidade, que integra o conceito de lealdade, para o fim de inserir, no âmbito do Direito de Família, relações afetivas paralelas" (Rel. Min. Nancy Andrighi, 3.T, Informativo 435, 21.5.2010).

O cerne da autonomia está na contenção, na restrição ao prazer pelo câmbio da satisfação imediata pela satisfação adiada. Segundo Freud, a história do homem é a história de sua repressão, pois se o indivíduo ficasse entregue aos seus instintos, regressaria à barbárie, à horda primitiva. Valemo-nos, pois, da capacidade de resistirmos ao apelo contingente do desejo, equivocadamente entronizado na condição de direito fundamental por parte dos que interpretam o Princípio da Dignidade da Pessoa Humana como uma cláusula geral de acesso à miséria do relativismo moral.

A MULTA PARENTAL

Recente decisão do TJDFT julgou procedente a regulamentação de visitas de uma criança e fixou multa pelo descumprimento do dever de visitação nos dias e horários aprazados. Para o colegiado, o direito de visitas não é apenas direito do genitor, mas é direito do filho de conviver com o seu pai. Trata-se de dever inerente ao poder familiar, cujo descumprimento configura infração administrativa sujeita à multa prevista no artigo 249 do ECA. Os julgadores entenderam ser descabida a pretensão do apelante de fazer-se representar por sua mãe ou irmã, tendo em vista que o direito de visita gera obrigação de fazer infungível e personalíssima, não podendo ser "terceirizada" a parentes (Acórdão n. 856472, 20140110171334APC. Rel: ArnoldoCamanho de Assis, Publicado no DJE: 30/03/2015).

E você, caro leitor: considera legítima uma multa de 3 a 20 salários mínimos pela violação ao dever de visitação dos filhos? Em princípio, creio que prevaleceria uma resposta negativa. Talvez, como corolário de uma natural percepção quanto à incoercibilidade do afeto ou da impossibilidade de patrimonialização das relações existenciais. Poder-se-ia pensar em uma espécie de "leilão": Ao invés do sistema jurídico inibir o fato jurídico da paternidade irresponsável, acaba por tolerá-la, desde que suas consequências lesivas sejam monetarizadas. A condenação pecuniária funcionaria como uma moeda de troca ao cuidado descuidado. A repulsa à fixação de uma multa também se explica por aquela generalizada sensação da progressiva passagem do "ter" uma economia de mercado para o "ser" uma sociedade de mercado, na qual há um preço para todos os bens: o carro, a torradeira a intimidade e o amor.

Qual é a diferença entre uma multa e uma taxa? Para Michael Sandel, as multas contêm desaprovação moral. Aplica-se uma multa, como uma pena que reflete o que a sociedade entende como uma atitude errada, que se quer desestimular. Já a taxa não porta um estigma: é simplesmente um preço, sem qualquer subentendido de julgamento ético. Trazendo essa distinção para o julgamento do

TJDFT, se a aplicação de penas civis pela omissão do dever de cuidado se tornar uma constante, não se afasta a possibilidade de que muitos pais façam o cálculo racional de custo/benefício para a adesão a um preço que neutralize judicialmente a opção pela recusa de visitação aos filhos. Paradoxalmente, a multa não atuaria como desestímulo ao descumprimento de obrigações constitucionais, pois, ao invés de se sentirem culpados, os pais relapsos converteriam a multa em uma taxa que se disponham a pagar como equivalente pecuniário para acalmar as suas consciências.

Porém, tendo a simpatizar com a decisão do TJ/DF. Meu modelo de justiça no que concerne à parentalidade é muito distinto daquele que defendo para a conjugalidade. Quando cogito de ilícitos envolvendo conviventes, demonstro devoção ao pensamento de Kant e Rawls. Em matéria de afeto entre casais, os princípios de justiça que definem direitos e deveres devem ser neutros no que tange às diferentes concepções do que seja uma vida boa. Daí não se poder impor uma concepção única do bem e do bom a um par amoroso, numa sociedade pluralista. Não cabe ao legislador ou ao sistema judiciário definir com base em seus apegos e concepções particulares, o que seja bom ou ruim em matéria de sentimentos. Esses interesses e objetivos contingentes que possam definir uma espécie de "moralismo oficial" devem ser abstraídos das questões relacionadas à subjetividade de um casal.

Porém, ao examinar o universo da parentalidade, passo a conceber a justiça de acordo com o pensamento aristotélico. Um dos propósitos de uma Constituição justa é formar bons cidadãos e cultivar um bom caráter. Naquilo que se compreende como autoridade parental, o ordenamento jurídico deseja induzir a virtude dos genitores, para tanto funcionalizando os seus papeis no sentido de promover as situações existenciais dos filhos, dotando-os de um mínimo de estrutura psíquica. Esse dado repercute no art. 227 da Constituição Federal, que consubstancia um comprometimento moral substancial dos pais perante os filhos: o Direito fundamental à convivência familiar, especialmente consagrado à tutela qualitativamente diversa dessas pessoas presumidamente vulneráveis. Essa é a chave para compreender os dois marcos de irrupção de ilicitude civil na parentalidade, seja ela biológica ou sociológica: a omissão de cuidado e a alienação parental.

Em matéria de pais e filhos, nossa convicção é no sentido de que o ordenamento deva induzir os pais a padrões de comportamento virtuosos. Se sancionarmos o ilícito da omissão de cuidado por seu desvalor intrínseco, demonstraremos como sociedade, que a convivência parental é um imperativo civilizacional, independente da aferição de efeitos deletérios, quer dizer, mesmo antes que eventual dano psíquico se manifeste. Daí o papel pedagógico de sentenças que apliquem multas pecuniárias. Propiciam não apenas uma prevenção especial em relação ao autor do fato, mas uma prevenção geral, um fator inibitório para todos os genitores que atuam ou cogitem em atuar de forma irresponsável perante os seus filhos. De fato, a existência de uma pena civil induz a uma reflexão social e política sobre a importância do pai para a constituição da subjetividade de seus filhos.

BALZAC E A OMISSÃO DE CUIDADO INVERSO

Na célebre obra de Honoré de Balzac, a "Comédia Humana", encontra-se o romance "Père Goriot". É a história de um próspero empresário que doou todo o seu patrimônio às duas filhas, confiando receber em troca carinho e apoio. Todavia, elas se casam com dois nobres e abandonam o pai.

Com o passar do tempo, o velho e desdentado Goriot chega à extrema miséria. Rastignac, um jovem que vive na mesma pútrida pensão que Goriot, procura se relacionar com as filhas deste, transmitindo-lhes reiterados apelos do pai para que o visitem, até o momento da iminência de sua morte. Nem assim elas se sensibilizam, sequer comparecem ao enterro. Enviam apenas as suas carruagens vazias para acompanhar o séquito.

Obviamente inspirada no Rei Lear, a narrativa demonstra a que ponto chega o amor paterno e o egoísmo humano. Ao contrário de Shakespeare – que presenteou o monarca moribundo com a presença afetiva e redentora da filha Cordélia –, Balzac optou por acentuar a maldade humana e o ceticismo em relação à linhagem sanguínea, guiando as nossas simpatias para as qualidades morais do pai abandonado.

Esse notável romance do século XIX nos remete a um dos déficits morais da modernidade: a desumanização da pessoa idosa por sua orgânica limitação para produzir patrimônio. A cultura de segregação perante aqueles que representem um "estorvo" às relações econômicas, impelindo as famílias a neutralizar os seus idosos pela via da interdição ou do isolamento em asilos.

Somos entusiastas do postulado da intervenção mínima na privacidade da família, como forma de assegurar a neutralidade do ordenamento perante a liberdade e autodeterminação de pessoas que perseguem os seus ideais de vida boa. Mas esse cauteloso distanciamento só prevalecerá em prol dos que já construíram a sua autonomia e cujos atos não possam refletir negativamente na órbita de terceiros.

Em sede de direito à convivência, contudo, preferimos a clássica conceituação aristotélica de justiça como "dar as pessoas o que elas merecem". A lei não poderá ser neutra no que tange à qualidade de vida de crianças e adolescentes, cuja autonomia é um porvir, nem tampouco na qualidade de vida de idosos, cuja autonomia paulatinamente se esvai. O ordenamento deverá se manifestar no tocante à constituição da subjetividade dos nossos filhos e no cuidado com a preservação da estrutura psicofísica dos mais velhos e fragilizados, pois uma sociedade justa deve induzir os cidadãos a comportamentos virtuosos. Essa é a base de uma responsabilidade parental recíproca e, consequentemente, de um modelo jurídico que venha a se chamar omissão de cuidado inverso.

Quando localizado um ilícito, a reação do sistema normativo será a de sancioná-lo por diversas maneiras. O direito lida com condutas e, naturalmente, como frisava Kelsen, com a possibilidade permanente do seu descumprimento. Se a Constituição não sanciona o comportamento que inquinou como ilícito, ela confessa o seu fracasso, convertendo-se em figura retórica. Não podemos aceitar – como dizia a canção –, que "apesar de termos feito tudo o que fizemos, ainda somos os mesmos e vivemos como os nossos pais".

O direito fundamental ao cuidado e ao amparo paterno (arts. 229/230, CF) consiste não apenas em forte orientação ética, como em um compromisso constitucional com a materialização de um dever de virtuosidade filial, reprimindo comportamentos demeritórios e promovendo o valor da presença dos filhos adultos para a afirmação da dignidade dos pais no outono de suas vidas.

A PARENTALIDADE EM OFERTA

A Itália possui uma das taxas de natalidade mais baixas do mundo. Morre mais gente do que nasce. Para inverter a proporção, o governo está tentando dar o estímulo que faltava para algumas famílias: dinheiro.

A partir desse mês, as famílias de baixa renda que tiverem um filho biológico ou adotarem uma criança terão direito a uma bolsa de até 1,9 mil euros (R$ 6,2 mil) por ano. O incentivo vale para bebês nascidos ou crianças adotadas de janeiro deste ano até dezembro de 2017. A família de baixa renda tem direito a receber a bolsa até o bebê fazer três anos ou até a adoção completar esse mesmo tempo.

O fato é que as pessoas reagem a incentivos. Na instigante obra, "o que o dinheiro não compra", o filósofo Michael Sandel, constata que hoje estamos muito longe da imagem de mercado como uma mão invisível proposta por Adam Smith. O estudo dos incentivos demonstra como os mercados colonizaram as relações sociais, a ponto do badalado termo "incentivizar", tornar-se a forma pela qual o economista concebe, arquiteta e se impõe ao mundo. Por incentivos, pessoas perdem peso, trabalham mais e até poluem menos.

A novidade no "Bolsa Família" italiano é que conspira contra a tradicional visão econômica da reprodução. Em muitos lugares, instituições oferecem dinheiro para esterilização feminina; na China há uma multa pelo desacato à regra do filho único. Em comum, apela-se a um sistema de preços para controle de natalidade, objetificando-se a capacidade reprodutiva feminina.

Eu tendo a crer que o incentivo financeiro à parentalidade, seja ela biológica ou afetiva, padece do mesmo vício de origem dos sistemas que operam pela via inversa: a corrupção do planejamento familiar. Mesmo que os novos pais acreditem agir livremente, a procriação é rebaixada de padrão a ponto de ser valorada no mercado. Demandas afetivas e existenciais que sempre permearam a escolha pela filiação são substituídas pelo critério do custo/benefício, ínsitos à lógica da compra e venda. Colocar um preço num bem modifica a forma com que as pessoas o percebem.

Além da equívoca valoração que se confere à gestação ou adoção, degradando-se uma das boas coisas da vida, não se ignore o argumento da coerção, especialmente pelo fato da oferta monetária atrair pessoas vulneráveis que serão por elas seduzidas, pois premidas pelas circunstâncias adversas. Imagine um casal "incentivizado" pela oferta econômica da adoção ou procriação, mas sem qualquer talento para o binômio cuidado/responsabilidade. O que se espera em termos de afeto e solidariedade perante o filho, sobremaneira quando superado o triênio do desfrute econômico? Ou, surpreendentemente, revelem-se pais exemplares, prevalecendo a máxima Rodriguiana, "dinheiro compra até amor verdadeiro"?

Para os adeptos de uma concepção neutra da justiça os mercados devem se abster de julgamentos morais, sem que o sistema de preços avalie as preferências subjetivas de cada um. Em qualquer decisão, seja ela a de ter um filho ou de escolher uma marca de suco, invariavelmente as pessoas pensam apenas em maximizar o seu bem-estar. Escapando desse relativismo moral, em que nada vale nada, adiro ao Professor Michael Sandel: "para decidir se devemos ou não recorrer a incentivos financeiros, precisamos saber se esses incentivos podem corromper atitudes que merecem ser protegidas. Para responder a essa questão, a lógica do mercado precisa transformar-se numa lógica moral. No fim das contas, o economista de fato precisa 'lidar com a moralidade'".

A SUCESSÃO NO FACEBOOK

A ordem do mundo é dada pela morte.

Albert Camus – "A peste"

Eu sou do tempo em que a sucessão "*post mortem*" se resumia à transferência do patrimônio do defunto, o que era privilégio de poucos. Paulatinamente, uma nova ordem se instalou e o próprio conceito de herança se atualizou. Da transmissão da casa de praia e dos discos do Roberto Carlos, passamos a emitir disposições relacionadas a doação de órgãos e do próprio corpo. Estamos agora na nova fronteira do direito sucessório, um campo minado do "*far west*" na qual famílias e provedores de serviços disputam os legados da vida digital. Para além de valores monetários como investimentos bancários, biblioteca no iTunes, códigos de acesso as mais variadas redes de "social networking", nomes de domínio, milhas aéreas, pontos de recompensa, contas de "PayPal" e "Bitcoin", há também a nossa "memória sentimental" nas redes sociais. Trata-se de um precioso ativo intangível que pode ser delegado as pessoas estimadas, mediante um planejamento sucessório composto de instruções claras, além de meios e senhas que viabilizem os seus anseios. Muitas opções se abrem: O inventariante pode assumir o controle temporário de sua vida digital, eventualmente poderá se pensar em uma inventariança compartilhada (diante da complexidade de interesses postos em jogo), mas nada impede que se nomeie um representante autônomo, especialmente para transferir ou fechar contas. Ilustrativamente, em 2013, Google foi pioneiro ao permitir aos usuários a escolha de herdeiros digitais para o Gmail, armazenamento nas nuvens e outros serviços, apelidado de "Google Will".

Porém, o maior passo foi dado pelo Facebook, na sequência da publicação nos EUA do "Uniform Fiduciary Access to Digital Assets Act". Ao invés de simplesmente congelar as contas dos usuários mortos, desde o ano passado a rede social mais popular do mundo faculta os seus membros maiores de 18 anos designar aquele que será o "legacy contact", para gerenciar suas contas postumamente. No universo jurídico "facebookiano" não valem as leis estatais. Mesmo que haja um inventariante para gerir o patrimônio real do morto, a empresa determinou que o titular da página terá que nomear um administrador para o pós-morte, seguindo a "soft law" do Facebook. A escolha só poderá recair sobre os amigos que se encontram nessa rede social. O "legacy contact" poderá ser alterado até a morte, mas daí em diante a pessoa que foi escolhida não poderá transmitir a sua função para terceiros.

Qual seria a razão de perseverar na rede social após o fim da existência física? Se você não for do tipo sentimental, o melhor a se fazer é optar em vida por retirar permanentemente a página após a morte, salvaguardando a sua vida privada para o futuro. Porém, se a alguém apetece ter as necessidades estéticas e éticas supridas para a posteridade, em um "afterlife" digital, saiba que o responsável pelo legado no Facebook administrará a conta de forma a rebuscar a "timeline" e transformar a página do morto em uma espécie de lápide digital. O cuidador do memorial "on-line" poderá escrever um post que será introduzido no perfil da página do memorizado amigo/parente, alterar a sua foto de perfil e até mesmo responder ao pedido para novas amizades em nome do morto. Se lhe for garantida permissão prévia, o responsável pelo legado também poderá baixar os arquivos com "posts" e fotos do morto, exceto o conteúdo de suas mensagens privadas. Ou seja, ele não poderá editar o que falecido já havia publicado, excluir amigos, ou eliminar o conteúdo que seus amigos postaram na página. Se em vida a pessoa escreveu algo embaraçoso ou inseriu uma foto duvidosa, o "legacy contact" não poderá fazer nada a respeito. Essas restrições poderão magoar aquele que julga ser função do cuidador manter o memorial imaculado. Todavia, se fosse dado ao responsável o poder de redimir os "tropeços" do falecido, fatalmente ele concederia um maior peso emocional ao luto, em detrimento da preservação da autenticidade da pessoa morta.

É duro o caminho da transcendência. A tragédia da existência humana reside na finitude da vida terrena. Sempre se pensou que a crença na vida após a morte fosse um ato de fé. Até agora a mediunidade não era aceita, a luz da razão ou em tribunais, mas doravante o "legacy contact" fará a comunicação "on-line" entre o falecido e os seus novos amigos digitais. Novos aplicativos permitirão que sejam enviadas mensagens do além. Se há mais de dois mil anos a filosofia procurar alcançar o sentido da vida, o Facebook oferece uma segunda vida, que possa dar sentido a vida pregressa. Aliás, enquanto o momento do nosso decesso é determinado pelo acaso, o instante do ocaso da segunda vida será determinado pela saúde financeira da empresa de Zuckerberg. Tal como ocorreu no Orkut, para um futuro não tão distante, muitas vidas digitais poderão ficar aprisionadas no limbo...

Pode-se mesmo sugerir um "direito ao esquecimento". Obras atemporais e de grande qualidade devem estar à disposição das próximas gerações. Mas o que dizer de nossas pequenas futricas cotidianas? Sempre fui encantado pela delicadeza e reserva devotada aos diários e álbuns de fotos. Porém, os contemporâneos perderam a modéstia e estão se levando muito a sério... Após a morte do usuário, de que servirá ao mundo conhecer a sua opinião sobre o "impeachment" ou a sua indignação com o desempenho medíocre do time de futebol no torneio de dez anos atrás. Surge a "biografia autorizada póstuma", na qual um representante é credenciado a formatar um "the best of" da pessoa morta, e a rede de amigos emitirá opiniões sobre aquilo que a pessoa era ou fazia. Isso sugere uma espécie de "Walking Dead", em que os mortos-vivos que não querem ser esquecidos teimam em vagar pela terra, sem a menor sombra de uma consciência.

A par dessas objeções, é inequívoco que a possibilidade de realização de um legado digital valoriza a autonomia existencial. A liberdade concedida a pessoa de escolher o seu estilo de vida e morte é sempre bem-vinda. As pessoas deveriam deixar claras instruções sobre o que acontecerá com a sua mídia social após a sua morte. Porém, ao contrário dos Estados Unidos, a tradição brasileira é de desprezo ao uso da autodeterminação para as disposições de última vontade. A ojeriza ao testamento nos direciona a sucessão legal, sempre mais atabalhoada, principalmente diante de uma morte inesperada. Receio que essa mesma cultura dificulte a compreensão de que uma página do Facebook é parte de nossas heranças (mesmo que para alguns seja um passivo). Tal como um legislador, o todo poderoso Facebook ponderou abstratamente as eventuais tensões entre o respeito pela privacidade do morto e as demandas afetivas dos saudosos familiares e amigos, que surgirão quando o cliente falecer sem uma prévia manifestação de vontade, seja a de nomear o "legacy contact" ou de exterminar a página assim que morra. Quem então terá acesso aos ativos digitais? Desde que forneça os detalhes da conta, a rede social permitirá ao amigo ou familiar que comprove materialmente o fato da morte, a opção entre remover ou "memorializar" a página (a palavra "lembrando" passará a constar sob o seu nome). Se essa iniciativa não vier, a página prosseguirá perturbadoramente congelada – sem possibilidade de ser alterada ou gerida por terceiros –, até que um dia a empresa novamente altere a sua política. Portanto, faça bom uso de sua liberdade e delibere por escolher o seu cuidador da rede ou por implodir com toda a vida digital, antes que o Facebook escolha por você.

O TESTAMENTO ÉTICO DE PHILLIP SEYMOUR HOFFMAN

> *It is my strong desire, and not direction to my guardian, that my son, Cooper Hoffman be raised and reside in or near the borough of Manhattan in the State of New York, or Chicago Illinois, or San Francisco, California. If my Guardian cannot reside in any of these cities, I request my son to visit these cities at least twice per year... So that my son will be exposed to the culture, arts, and architecture that such cities offer.*
>
> ***Phillip Seymour Hoffman***

O oscarizado ator americano Phillip Seymour Hoffman, morto em 2014, deixou todo seu dinheiro para a namorada Mimi O'Donnell e para o filho Cooper, de 10 anos. Nos termos do testamento, redigido em 2004, antes do nascimento das duas filhas mais novas do casal, Tallulah e Willa, Hoffman destinou o seu patrimônio para a estilista Mimi, de quem havia se separado, e pediu que um fundo fiduciário fosse criado para Cooper. E o mais interessante: Hoffman exigiu que o filho cresça em Nova York, Chicago, ou São Francisco, ou que visite essas cidades pelo menos duas vezes por ano para estar exposto à cultura, às artes e à arquitetura que elas oferecem.

Dois aspectos jurídicos saltam aos olhos. O ator não atualizou o testamento após o nascimento das duas filhas e nem tampouco antecipou a possibilidade de uma nova paternidade em suas últimas disposições. Na época em que elaborou o documento Hoffman era apenas pai do primogênito Cooper. Esse é um exemplo do que advogados que atuam com planejamento sucessório chamam de "*after born child problem*". A pós-morte de Hoffman se assemelha ao acontecido com o também famoso ator Heath Ledger. Por não atualizar o testamento feito 5 anos antes da morte, ele quase deserdou a filha Matilda Rose, que tinha 2 anos quando faleceu em 2008. A lei da maioria dos estados americanos, incluindo New York, protege crianças de deserdação quando os pais se esquecem de atualizar o testamento. Essa questão é vibrante e poderá ser objeto de um outro *"post"*, sob o prisma do direito brasileiro.

Porém, o que chama a minha atenção é o fenômeno da *"repersonalização do testamento"*, claramente evidenciada pelas instruções deixadas ao guardião do pequeno Cooper, sobre o seu aprimoramento ético em um meio ambiente propício a essa finalidade. Eu enfatizo o termo "re"-personalização ao invés de personalização, pois Hoffman se inspira em uma tradição que remonta à bíblia hebraica. Ressalte-se a fina ironia do ator nova-iorquino que, a todo custo, determinou que o seu filho não crescesse no entorno pasteurizado de Los Angeles, porém desfrutasse do melhor em termos culturais nas três metrópoles que melhor exprimem os valores norte-americanos.

O testamento ético – *"Ethical will"* – é uma forma de compartilhar valores, lições de vida, desejos e sonhos para o futuro, tanto para familiares, amigos ou mesmo para a comunidade. Evidentemente, o seu conteúdo não é exequível, jamais sendo possível constranger o beneficiário de um legado ou de um quinhão testamentário a cumprir as diretrizes éticas do falecido, pois não está se falando de uma transmissão de riqueza material, por mais que disposições de conteúdo econômico se encontrem no mesmo documento. Em outras palavras, tratando-se o testamento ético de uma expressão existencial, uma profunda orientação respeitante àquilo que verdadeiramente importa para a vida, eventual desatenção do sucessor às orientações sobre o *"modus vivendi"*, não implicará em uma espécie de condição resolutiva. Por isso, pela lei (seja nos EUA, como no Brasil), Hoffman não poderia exigir do designado guardião de seu filho que o mantivesse em um local específico. Assim, se você quiser encorajar o seu filho a adotar comportamentos virtuosos, v.g. concluir os estudos em uma boa faculdade ou realizar trabalhos filantrópicos, o melhor caminho em termos de planejamento sucessório e coercibilidade não é o testamento ético, mas prometer-lhe dinheiro sob a condição de que cumprirá o pedido. Se o jovem souber que a sua irresponsabilidade poderá lhe excluir de um generoso pagamento futuro, provavelmente irá se dedicar com afinco aos desejos expressos no documento. Evidentemente, disposições privadas que careçam de razoabilidade, por ofensa a direitos fundamentais (v.g. não casar com pessoa de certa religião) ou à ordem econômica (fulano deva adotar apenas uma determinada profissão), poderão ser excluídas por tribunais, pois a autonomia privada do testador sempre se colocará em adequação à principiologia constitucional.

O testamento ético nos EUA é usualmente compartilhado com a família e a comunidade enquanto o seu autor está vivo, mesmo que produza eficácia pós-morte. Mais importante: ao redigi-lo, o autor não apenas lega um significativo presente para os que lhe são mais caros, como beneficia a si próprio, pois esse processo visceral permite expurgar as desventuras e identificar os valores mais importantes, dos quais jamais abdicamos. Ao encontrá-los, podemos enfrentar a morte com mais serenidade, pois, de uma certa forma, tomar as medidas necessárias para garantir a continuação desses valores para futuras gerações significa "transcender". Desde sempre a humanidade se notabilizou pela tradição oral de contar estórias para os que vêm depois, a tão decantada "*sabedoria*". Se não pudermos contar as nossas para quem mais amamos, em breve nossas crenças e valores serão esquecidos.

No Brasil, a repersonalização do testamento corre a passos largos. Antes da CF/88 se dizia que o testamento era o instrumento propício a valorizar a segurança jurídica pela garantia de conservação de patrimônio no seio da família, com destino ao cônjuge e aos filhos legítimos. Todos sabemos que as famílias se expandiram e, consequentemente, o rol de beneficiários. Todavia, o que presenciamos agora é a própria revisitação da função do testamento, rumo à despatrimonialização. O CC/02 proclamou no parágrafo 2° do artigo 1.857, que "são válidas as disposições testamentárias de caráter não patrimonial, ainda que o testador somente a elas tenha se limitado". Há 14 anos se esperava que essa disposição fosse avançada o suficiente para permitir que o testador doasse o seu corpo para pesquisa ou para fins humanitários de transplante de órgãos. Atualmente, a interpretação da referida norma alcançou contornos então inimagináveis. Pode-se cogitar de um "*testamento biológico*" (com transmissão de sêmens e óvulos armazenados em vida, destinados a pessoa indicada a conceber) e do "*testamento digital*" sobre a morte nas redes sociais. Para além de um projeto parental "*post mortem*" ou de uma negativa ao direito de esquecimento no espaço virtual, o mérito do testamento ético é o de perenizarmos a narrativa de onde viemos, para onde caminhamos e, se dessa vida se extraiu algum significado pessoal, que ele seja afetuosamente endereçado aos nossos entes queridos.

A MORTE SOB CONDIÇÃO SUSPENSIVA

O Judiciário está em todas! Agora também há "*leading case*" sobre a pós-humanidade. Em outubro de 2016, uma menina de 14 anos morreu de uma rara forma de câncer. Respeitando a sua vontade, a Corte inglesa determinou que JS fosse criopreservada, na esperança de que um dia possa "despertar" e ter a chance de ser curada. JS é a primeira criança britânica a ter o corpo congelado. Em razão da impossibilidade legal de validamente emitir um "*living will*" em seus últimos dias de vida, foi necessário enfrentar uma batalha judicial, pois o pai de JS – divorciado da mãe, e que não convivia com a filha desde 2008 – negou autorização ao procedimento. Ele queria poupar a família de falsas esperanças e vultosos gastos. Face à oposição paterna, a adolescente queria que a sua mãe fosse a única pessoa autorizada a emitir decisões sobre a disposição de seu corpo. Poucos dias antes do óbito, o magistrado reconheceu que JS era "uma brilhante menina, com capacidade para decidir". Assim, acolheu a pretensão de JS, além de emitir uma ordem inibindo qualquer medida do pai no sentido de dispor do corpo da menina.

O magistrado expressou forte apreensão sobre o processo. A decisão foi baseada no que era melhor para a menina, sem abordar a legitimidade da criopreservação como uma forma de prolongar a vida ou se há uma esperança realista de alguém ser trazido de volta à vida. O julgamento tratou apenas das questões específicas daquela família, e não os aspectos éticos, médicos e financeiros suscitados pela técnica de preservação criogênica. Um detalhe: na iminência da morte de JS, o pai cedeu à vontade da filha, contudo, condicionou a aquiescência ao procedimento à possibilidade de ver o corpo da menina após a morte. A mãe e a própria filha se opuseram a isso e o magistrado negou o pedido paterno, para evitar o sofrimento de JS nos momentos derradeiros, fazendo valer o seu desejo de forma "indivisível".

Apesar da "alegada" neutralidade da corte inglesa, os aspectos éticos sempre contam. Os médicos do hospital externaram profundo mal-estar com o resultado do processo. A decisão também trouxe para os holofotes os meandros de uma indústria altamente controversa, que se intitula como uma "ambulância para o futuro". A Criopreservação tem sido bem-sucedida no armazenamento de pequenas quantidades de tecido, como células sanguíneas, sêmen e embriões criados em fertilização "*in vitro*". Porém, o equipamento ainda não foi projetado para controlar desidratação e resfriamento em estruturas de tecido maiores. Seja pela via da neuropreservação (onde apenas a cabeça ou o cérebro são preservados) ou pela crioconservação de todo o corpo, há um longo caminho a percorrer e ainda nenhuma evidência de que um corpo humano inteiro possa ser preservado e revivido. Tateando entre a verdadeira ciência e a ficção científica, a criogenia humana é uma opção para desviar a morte definitiva, um "salto de fé" somado a um traço de egoísmo, na confiança de uma chance de vida pela via de um alvissareiro futuro médico.

Apesar de considerada lícita nas nações britânicas, a criopreservação ainda não é objeto de regulação legal e tampouco foi contemplada no "*Human Tissue Act* (2004)", que trata do congelamento de espermas e embriões. Pelo menos por enquanto, em razão do reduzido número de pessoas que recorrem a essa prática (JS foi a décima britânica a sofrer esse procedimento e a primeira criança), a lei ainda não viu sentido em acompanhar o avanço da ciência. Já nos EUA, a lei está um passo à frente: a "*Uniform Anatomical Gifts Act*" (2006) permite a doação de parte ou da integralidade do corpo, com eficácia no momento em que seja declarada a morte legal. Apesar de não haver expressa menção à criogenia, uma das seções da lei permite que além de um médico ou hospital, uma instituição de coleta de órgãos seja destinatária do corpo alheio para fins de pesquisa e avanço da ciência médica. A vantagem de se definir a pessoa sob efeito de criogenia com o status de "morto" é a possibilidade de criação de seguros de vida, pelos quais se elege o instituto que realizará o procedimento como beneficiário, tornando suportáveis os altos custos das refinadas técnicas de embalsamento e depósito do corpo, talvez por séculos. No Brasil, o art. 14 do Código Civil abre as portas para a crioconservação: "É válida, com objetivo científico, ou altruístico, a disposição gratuita do próprio corpo, no todo ou em parte, para depois da morte". Como a lei não vai além disso, os institutos de criogenia podem se colocar no mesmo "*status*" de cemitérios, como uma pessoa jurídica funcionalizada ao depósito e armazenamento de corpos, obtendo a custódia legal das pessoas tidas como mortas. Assim como o indivíduo pode doar o corpo para escolas médicas ou os órgãos para transplantes (Lei n. 9.434/97), poderá disponibilizar o corpo para pesquisa médica, pela via de um testamento de caráter existencial (§ 2°, art. 1857, CC) ou diretiva antecipada de vontade (Resol. CFM 1995/12). Essa expressa transferência do corpo suprime a possibilidade de os membros da família agirem de forma diversa.

Indivíduos crioconservados precisam ser considerados legalmente mortos antes da criogenia. De fato, crioconservação "*premortem*" consiste em suicídio, sendo criminalmente responsabilizados os profissionais que assistam o ato. No famoso caso "*Donaldson*" nos EUA, diante de um incurável e progressivo tumor no cérebro, o paciente se dirigiu a um Tribunal na esperança de obter o direito a pré-morte por crioconservação, de forma a preservar o cérebro, apostando em uma cura no futuro. Um pedido para morrer, "de forma a poder viver". O Tribunal da Califórnia rejeitou a pretensão com base na vedação ao suicídio assistido e a prática da eutanásia, pois toda vida merece proteção, independentemente de sua qualidade. Porém, a decisão não suprimia os direitos constitucionais de Donaldson de retirar a sua própria vida, eis que a lei não pode impor a ninguém um severo sofrimento. Assim, teoricamente, a pessoa desesperada para realizar a criogenia antes que a morte legal ocorra, poderá simplesmente cometer suicídio (sem auxílio de terceiros) e predeterminar os procedimentos de crioconservação de forma imediata. Apenas um detalhe de ordem prática: Mesmo se houver previsão do suicídio em uma declaração antecipada de vontade com expressa menção de finalidade, isso não afastará eventual ordem de autópsia – completamente justificável em casos de suicídio –, que demanda tempo e elimina completamente a possibilidade de crioconservação pela natural deterioração do corpo humano.

A par das particularidades jurídicas de cada Estado, o fundamental é indagar: Qual é o status jurídico das pessoas crioconservadas? Serão mortos-vivos? Os defensores da criogenia não consideram tais "pacientes" como pessoas mortas. Eles sustentam uma "teoria da informação", pela qual o critério de morte seria a perda de memória e personalidade que residem em algum lugar do cérebro. Uma vez que o cérebro esteja criopreservado, não há de se falar em morte pois a informação ainda está intacta, esperando para ser "reiniciada". Trata-se da variação de refinado conceito sobre a morte da parte superior do cérebro, pela qual o passamento só ocorre quando a porção do cérebro responsável pelo pensamento, sentimento e lembranças irreversivelmente para de funcionar. Na linguagem brasileira, poderíamos pensar em uma nova categoria intermediária entre a vida e a morte: a "condição suspensiva da morte". De fato, se a criogenia se tornar realidade, inevitável será a redefinição de morte, para se reconhecer um estado de suspensão, que demandará um balanceamento entre os pragmáticos interesses dos parentes vivos e a segurança da coletividade como um todo, com as inúmeras necessidades daqueles que poderão ressurgir após centenas de anos, concretizando a sua "*egotrip*". De fato, sob o prisma prático, vencidas as barreiras tecnológicas, se a crioconservação se tornar mais do que simples "*sci-fi*", o mais importante será o que acontecerá com aqueles que hoje se levam muito a sério – a ponto de investir no direito à transcendência –, quando despertarem em um futuro distante como "refugiados", completamente desprovidos de inserção social, patrimônio e família afetiva.

VIII

DIREITO CIVIL NO *COMMON LAW*

800 ANOS DA MAGNA CARTA, QUAIS LIÇÕES PODEMOS EXTRAIR?

To no one shall we sell,
to no one shall we deny or delay right or justice.

Item 40 da Magna Carta

Em janeiro, passei uma temporada invernal em Londres. Era o porvir da efeméride da Magna Carta. Havia uma fila na British library para o desfrute do único remanescente selado do documento. No passeio, adquiri a pequena obra de Nicholas Vincent: "Magna Carta – A very short introduction". Com a habitual fleuma inglesa, o autor reconhece que a história britânica é mais frequentemente recitada como uma procissão de reis e rainhas do que de documentos ou ideias. Como sabido, a Inglaterra não possui uma constituição escrita. Em sua longa e admirável trajetória existem quatro documentos fundamentais: a) Domesday Book de 1086, no qual o Rei Guilherme realizou um censo fundiário e fiscal da nação; b) *Bill of rights* de 1689, que assegura o poder do parlamento inglês; c) Great Reform Act, de 1832, democratizando o direito de voto; d) encabeçando todos eles, a Magna Carta, literalmente "a grande carta", emitida pelo Rei João em 15 de Junho de 1215.

Não pretendo revisitar o cenário que determinou o acordo entre o monarca e os insatisfeitos barões, pois isso demandaria uma compreensão do contexto histórico do reinado de João, além da origem anglo-saxônica e romana do Direito Inglês. Também escapa ao meu olhar os fatos que imediatamente sucederam a publicação da Magna Carta – pois João Sem-Terra não tinha a menor intenção de cumpri-la! Porém, encanta-me a força das 4.000 palavras em latim medieval que formam a pedra angular de uma vasta retórica constitucional e política, fundada na liberdade do indivíduo contra a autoridade arbitrária do déspota. Princípios atemporais preordenados pela noção de que o rei não paira acima da lei, sendo-lhe interditada a discricionariedade de corromper as liberdades fundamentais asseguradas ao cidadão. Esse valor intrínseco é a razão pela qual, inevitavelmente, a Magna Carta seja citada em todo documento que incorpore direitos individuais.

Pode-se dizer que a Magna Carta foi a primeira tentativa de codificação do direito inglês. Ao delegar a 25 barões a atribuição de fiscalizar a atuação real e o seu próprio cumprimento, a Magna Carta lança o gérmen das modernas democracias representativas ocidentais. É claro que os direitos que aparecem na Magna Carta não são universais, dado que na altura do longínquo século XIII não existia esse conceito. Eles são direitos concedidos a diferentes grupos em um delicado jogo de poder. No entanto lá reside a semente de uma Constituição. A submissão do poder político ao império do direito e não da moral, dos preceitos religiosos ou dos costumes. E nesse sentido, ela constitui os alicerces do constitucionalismo moderno. Os alicerces formam somente uma escavação no subsolo, sendo insondável a construção que dali resultará. Porém, sem esse grande orifício, nenhum edifício se formará.

Por muito tempo a Magna Carta oscilou entre o descrédito e o esquecimento. Porém, a partir da Revolução Gloriosa de 1688, ela sedimentou o arcabouço político que converteu uma grande ilha no maior império mundial até os estertores da I Guerra. O iluminismo inglês abraçou a ciência e criou uma longa era de prosperidade. Enquanto a Magna Carta garantiu direitos e deveres das várias classes e limitou drasticamente o poder dos reis; na Europa continental, os reis assumiram um poder absoluto em detrimento dos direitos e liberdades de todos os súditos. Assim, duas narrativas são tributárias da liberdade moderna: uma com sede insular, a do gradualismo britânico, simbolizando o pensamento liberal que, na linha de Hayek, privilegia elementos de continuidade; outra com sede continental, a da ruptura com a ordem estabelecida e de afirmação do espírito revolucionário encarnado na guilhotina francesa.

Portanto, esse é um bom momento para nos aproximarmos de Filósofos como Edmund Burke e Jeremy Bentham, que integram o iluminismo britânico. Observa Luiz Felipe Pondé que os ingleses já suspeitavam que uma democracia escorada exclusivamente na tutela de direitos, em detrimento aos deveres, acarretaria uma dissolução da noção de responsabilidade moral. Em termos contemporâneos, uma democracia de coitadinhos, que pedem direito a tudo. Os britânicos colocavam essa separação entre direitos e deveres na conta do delírio jacobino. A sociologia das virtudes dos britânicos se localiza no campo da moral, apoiando-se na ideia de que se você trabalha muito (dever), terá direito ao descanso. Se você é corajoso (dever), terá direito à reverência daqueles que gozam da vida graças à sua coragem. Se você cuida bem de sua família (dever), terá direito ao reconhecimento por parte daqueles que foram cuidados por você. Em contrapartida, os franceses teriam inventado a noção de que existem direitos "inalienáveis" do homem, pelo simples fato de que são homens. Achavam que a política é que devia gerir os direitos. Para os britânicos, ao tornar isso objeto da política, os franceses eliminavam o fator esforço (dever) do ganho (direito).

De fato, o padrão democrático brasileiro do século XXI é tributário de Rousseau, que ensinou ao mundo aquilo que todos queriam ouvir: o homem nasce bom e são os efeitos da sociedade que o corrompem. De forma generalizada, somos impregnados pelo sentimentalismo e por uma visão romântica das relações humanas, que clama por um inalcançável direito à felicidade, cuja única e desastrosa consequência é a formação de uma sociedade composta por vítimas, incapazes de assumir os deveres da vida adulta com autonomia e responsabilidade.

PUNITIVE DAMAGES NOS EUA: AS CONTRADIÇÕES TEÓRICAS NA DOUTRINA E NA SUPREMA CORTE

Não é a primeira vez que se escreve sobre *punitive damages*. Este instituto foi gradativamente incorporado pelo direito norte-americano, tendo sido consagrado por decisões da Suprema Corte já em 1851, sendo disseminado por quase todos os Estados, sempre com o objetivo de punir (*punishment*) e desestimular ou prevenir (*deterrence*) condutas que se revelassem especialmente maliciosas, opressivas ou cruéis.

As teorias norte-americanas sobre *punitive damages* se dividem em três análises quanto à sua função: punir o autor do ilícito, compensar a vítima ou um híbrido de ambos. A própria Suprema corte dos EUA discutiu o objetivo dos *punitive damages* em algumas ocasiões, alcançando diferentes conclusões.[1] Aliás, em sua conhecida trilogia referente aos limites da cláusula do devido processo, a SCOTUS simultaneamente afirmou, por um lado, que o objetivo dos *punitive damages* seriam os de "punir condutas ilícitas e deter a sua reiteração" e, lado outro, que a compensação de danos depende e está intimamente conectada com a condenação punitiva.[2] Enfim, a Suprema Corte parece inapta a decidir se os *punitive damages* são voltados ao agente ou as vítimas.

A expressão *punitive damages* é a chave para compreendermos as duas mais proeminentes explicações sobre a finalidade deste remédio nos EUA: punição

---

1. Basta comparar os três casos: Opati v. Republic of Sudan 590 U.S. (2020) (punitive damages como híbrido de punição/compensação) com Cooper Industries, Inc. v. Leatherman Tool, Inc., 532 U.S. 424, 432 (2001) (descrevendo punitive damages como "private fines" aplicadas por júris) e ainda com Exxon Shipping Co. v. Baker, 554 U.S. 471, 492 (2008) (entendendo que punitive damages não objetivam compensação, mas principalmente retribuição para deter condutas nocivas).
2. BMW of North America v. Gore, 517 U.S. 559, 568, 575 (1996); State Farm Auto. Ins. Co. v. Campbell, 538 U.S. 408, 417-19 (2003); Philip Morris, USA v. Williams, 549 U.S. 346, 352-53 (2007).

(*punishment*) e indenização (*damages*). Se eles forem "punitive", o objetivo será o de punir os ofensores, enfatizando a dissuasão e funções retributiva, porém se forem "damages", a finalidade será a de compensar as vítimas por um ilícito privado, providenciando-lhes uma reparação. Se os *punitive damages* forem ambas as coisas, como decidiu a Suprema Corte em 2020,[3] o problema será o de conciliar as suas funções em cada caso.

A maioria dos estudiosos acredita que o objetivo dos *punitive damages* consiste em punir os autores de ilícitos, desestimular indesejáveis comportamentos (*deterrence*) e forjar o merecimento (*desert*) – "desert" no sentido de o demandado merecer uma punição.[4] Existem nuances nesses vocábulos, mas há algo de desconfortável em considerar que as justificativas mais influentes para os *punitive damages* não se fundamentem em remédios, mas em punições criminais.[5]

De fato, tradicionalmente os *punitive damages* são deferidos com duas finalidades: retributiva (*punishment*) e desestímulo (*deterrence*). A retribuição reclama que a conduta revele extrema reprovação social – uma malícia, evidenciada pelo dolo ou grave negligência do agente –, cumulada ao desestímulo, no sentido de direcionar a pena a afligir o transgressor, induzindo-o a não reiterar comportamentos antissociais e ultrajantes análogos. Enquanto as cortes estadunidenses e canadenses adotam a expressão punitive damages, outras jurisdições – como a britânica e australiana – optam por *exemplary damages*. Não se pode afirmar que sejam termos de significado idêntico, pois a adoção de uma por outra produz reflexos sobre o perfil sistemático. O termo "punitive" enfatiza a preferência por um objetivo de punição; diversamente, a adoção da locução "exemplary"

---

3. Opati v. Republic of Sudan, 140 S. Ct. 1601, 1609 (2020). Como enfatizou Justice Gorusch:"It's true that punitive damages aren't merely a form a compensation but a form of punishment, and we don't doubt that applying new punishments to completed conduct can raise serious constitutional questions"). Opati foi um caso envolvendo o Foreign Sovereign Immunities Act com a emenda de 2008, cujo objeto foi saber se demandantes em ações contra estados estrangeiros poderiam buscar punitive damages retroativamente por pretensões anteriores a 2008, sendo que o caso específico lidou com vítimas e suas famílias de atentado terrorista no Sudão em 2008. Em maio de 2020 a Suprema Corte decidiu por unanimidade que punitive damages poderiam ser reivindicados contra nações estrangeiras antes da sanção da emenda.
4. Cass Sunstein aduz que "the explicit goals of punitive damages are to deter and punish", e nomeia esses objetivos como "a mixture of civil and criminal law traditions." In Punitive Damages: How Juries Decide. Por Cass R. Sunstein, Reid Hastie, John W. Payne,See, 78 (2002).
5. Martin H. Redish & Andrew L. Mathews, Why Punitive Damages are Unconstitutional, 53 EMORY L.J. 1, 3-4 (2004) (os autores descrevem os punitive damages como "anomalous" and "uncivilized").

indica que o fim primário é de constituir um desestímulo que afaste o espectro da reiteração da mesma conduta.

Dentre os mais conhecidos teóricos da função dissuasória dos *punitive damages*, Mitchell Polinsky e Steven Shavell, argumentam que a sanção punitiva só deve ser imposta aos réus na medida em que eles consigam se evadir da responsabilidade por toda a extensão dos danos que causaram, a fim de dissuadir adequadamente estes réus e outros que pensem em cometer conduta ilícita semelhante no futuro.[6] Ilustrativamente, em um caso bem conhecido decidido pelo juiz Richard Posner, um motel que alugou quartos repetidamente para os inquilinos sabendo que as habitações estavam infestadas por percevejos (sistematicamente mentindo e movendo estrategicamente seus hóspedes de um quarto infestado para o próximo) foram corretamente sancionados com *punitive damages*, pois os *compensatory damages* que qualquer demandante poderia recuperar seriam incapazes de "limitar a capacidade do réu de lucrar com sua fraude escapando da prossecução privada".[7] Nessa toada, Polinsky e Shavell alegam que que a repreensibilidade moral da conduta do réu é "irrelevante" para a adequação dos *punitive damages:* "o foco na determinação dos *punitive damages* consiste na chance de o ofensor escapar da responsabilidade."[8] Contudo, uma abordagem dissuasiva para *punitive damages* tem sido contida na prática por várias limitações em doutrinas constitucionais que frequentemente restringem o *quantum* dos *punitive damages* para níveis de dissuasão abaixo do ideal.[9]

E há outros problemas práticos com a abordagem unicamente dissuasória dos *punitive damages*. De fato, vários estados incorporam fundamentos baseados em "deterrence" em seus regimes de *punitive damages*, apesar de que nenhum deles tenha adotado a dissuasão exclusivamente. O fato é que vários estudos empíricos mostram que a otimização da dissuasão não é a principal razão pela qual juízes e júris concedem *punitive damages*.[10] A tendência é a de

---

6. Polinsky & Shavell: punitive damages. An economic analysis. Harvard Law review. V. 111, n. 4, February 1998.

7. Mathias v. Accor Economy Lodging, Inc, 347 F.3d 672 (7th Cir. 2003).

8. Polinsky & Shavell: punitive damages. An economic analysis. Harvard Law review. V. 111, n. 4, February 1998.

9. State Farm Mut. Auto. Ins. Co. v. Campbell, 538 U.S. 408, 425 (2003) (sustentando que a Due Process Clause da 14. Emenda proíbe na maior parte dos casos uma proporcionalidade entre punitive damages e compensatory damages de 4:1 ou maior).

10. "People appear to reject the view, widespread in economic analysis, that punishment should be increased beyond compensation where the probability of detection is low, and that compensation is adequate where the probability of detection is 100%". In Punitive Damages: How Juries Decide. Cass R. Sunstein, Reid Hastie, John W. Payne,See, 78 (2002).

que *punitive damages* sejam estipulados em proporção aos *compensatory damages*, tendo como razão principal a condenação moral do comportamento do réu e não considerações dissuasivas. Assevera Anthony Sebok, que a incompatibilidade entre os *punitive damages* da teoria do desestímulo e *punitive damages* na prática, demonstra que o seu padrão é mais consistente com a visão tradicional que acentua o componente retributivo do que o viés da *law and economics*, que acentua o desestímulo eficiente.[11]

A outra justificativa punitiva convencional para *punitive damages* concerne ao merecimento do agente (*desert*) – uma versão sob medida para a responsabilidade civil da função retributiva da punição no direito penal.[12] Muitas vezes, o merecimento é simplesmente assumido para operar efeitos, mas os contornos precisos do retributivismo em questão – sua natureza, quais os direitos estão sendo reivindicados, a natureza do interesse social em jogo – não é bem explicado. Um dos relatos retributivistas mais cuidadosos é o de Dan Markel, que argumentou que o retributivismo no direito penal consiste em "comunicar ao ofensor que o estamos respeitando ao considerá-lo responsável como um agente moral capaz de escolher agir de maneira ilícita e, portanto, censurável".[13] Vários compromissos igualitários, como "equal liberty under law" e "democratic self-defense" contribuem para a visão de Markel de retributivismo como um ato comunicativo do regime liberal democrático ao agente culpado. Porém os atores principais na teoria são o infrator e o estado, não a vítima. Markel aplica essa explicação ao contexto de *punitive damages*: indenizações que podem ser buscadas por qualquer pessoa no governo (não apenas a vítima) para reivindicar interesses públicos, sendo que o estado (não a vítima) recebe a maior parte da indenização por *punitive damages*.

A abordagem de Markel tem a virtude de recorrer ao direito penal para compreender a natureza do ilícito que dá vazão aos *punitive damages*. Mas a justificativa do "merecimento" conduz a uma concepção controversa e altamente parcial de justiça retributiva no direito penal, aplicada indiscriminadamente à responsabilidade civil. Mesmo se formos persuadidos pela alegação de que uma comunicação direta e potente da comunidade ao causador do ilícito seja uma

---

11. Sebok, Anthony J., Punitive Damages: From Myth to Theory. Iowa Law Review, Vol. 92, 2007, Brooklyn Law School, Legal Studies Paper No. 59, Princeton Law and Public Affairs Working Paper No. 06-015, Available at SSRN.

12. Geistfeld, Mark, Punitive Damages, Retribution, and Due Process (October 2007). Southern California Law Review, Vol. 81, No. 2, pp. 263-309, 2008, NYU Law and Economics Research Paper No. 07-39, NYU Law School, Public Law Research Paper No. 07-18, Available at SSRN.

13. Dan Markel, Retributive Damages: A Theory of Punitive Damages as Intermediate Sanction, 94 Cornell L. Rev. 239 (2009). Available at.

função apropriada para o direito privado,[14] o demandante é quase invisível nesta descrição teórica dos *punitive damages*.

Por conseguinte, um dos problemas mais sérios para ambos os modelos punitivos da função dos *punitive damages* é que eles não os consideram como uma indenização. Ambos são excessivamente dependentes de justificativas criminológicas e voltadas para a coletividade. Markel, por exemplo, permitiria que pessoas que não fossem vítimas de ilícitos apresentassem demandas independentes de *punitive damages*, algo provavelmente proibido pela Suprema Corte no processo *Philip Morris v. Williams*.[15] E a maior parte da indenização se destinaria ao governo, sugerindo que *punitive damages* não é uma indenização propriamente, servindo a alguma outra função socialmente benéfica.[16]

O que parece faltar nessas teorias de *punitive damages*- sejam motivadas em dissuasão ou em merecimento- é uma abordagem capaz de explicar a sua natureza e função como indenizações resultantes de um "senso de ultraje", que é a razão real e preponderante para sua concessão.[17] *Punitive damages* dependem, para a sua própria existência, da constatação de um dano, sendo diretamente proporcional à quantia de uma prévia indenização por *compensatory damages*. Todavia, as teorias punitivistas não consideram os *punitive damages* como indenizatórios e desvinculados da compensação por responsabilidade civil. O que é necessário, portanto, é uma explicação do significado do "sentido de ofensa" que motiva a aplicação dos *punitive damages* nos casos concretos, ao invés de quaisquer justificativas teóricas, bem como a conexão dos *punitive damages* à compensação a vítima.

Adiante, outra narrativa quanto à função dos *punitive damages* sustenta que eles fornecem uma reparação para vítimas que sofreram um ilícito particularmente grave. A responsabilidade civil atua como sistema de reparação privada

14. David G. Owen, In response to Dan Markel, How Should Punitive Damages Work? 157 U. PA. L. REV. 1383 (2009).Response, Aggravating Punitive Damages, 158 U. PA. L. REV. PENNUMBRA 167 (2010).

15. 549 U.S. 346 (2007), 556 U.S. 178 (2009). Decisão da SCOTUS considerando que a due process clause da 14. Emenda limita os limita os punitive damages. A decisão proibiu o uso de punitive damages contra o demandado para reivindicar direitos de terceiros.

16. Para uma elegante narrativa sobre punitive damages como uma indenização social, recomenda-se o texto de Catherine M. Sharkey, Punitive Damages Transformed Into Societal Damages. 113 Yale L.J. (2003). Available at.

17. O Restatement of the law situa os punitive damages como indenizações (damages), e não como uma categoria de condenação moentária externa diversa. Restatement (Second) of Torts § 908 (1), 1979: "Punitive damages are damages, other than compensatory or nominal damages, awarded against a defendant to punish him or her for outrageous conduct and to deter the defendant or others similarly situated from engaging in such conduct in the future".

para ilícitos privados e os *punitive damages* se encaixam como um recurso civil para ilícitos particularmente graves. A teoria do "civil recourse" situa os *punitive damages* dentro de uma visão mais ampla de responsabilidade civil, oferecendo protagonismo à reparação pelo ilícito, concedendo importância a ideia de uma justa compensação ao invés de uma compensação integral como remédio primário no modelo da responsabilidade civil.[18] Este modelo reserva um lugar para os *punitive damages* como um gênero de compensação para uma específica categoria de ilicitude.

Ilustrativamente, John Goldberg aduz que *punitive damages* se tornam "bastante inteligíveis se compreendidos como um tipo de pagamento por danos reservados às vítimas de um particular tipo de ilícito gravoso, que, a seu turno, defere a elas o direito à uma particular espécie de resposta".[19] O que está em jogo nos *punitive damages*, enfatiza Goldberg em outra passagem, não se trata do interesse do estado em obter uma retribuição em nome dos cidadãos ou em desestimular práticas astutas no mercado, porém o interesse dos demandantes em reivindicar os seus direitos de não serem maltratados da forma pela qual foram.[20] Igualmente, Thomas Colby enfatiza uma histórica função dos *punitive damages*, concernente à reparação de um insulto à honra ou dignidade da vítima[21], que depende em parte do status suportado pelo demandante. Benjamin Zipursky enfatiza que os *punitive damages* possuem um "civil aspect", refletindo o direito do demandante a punir, uma permissão que existe em razão da maneira pela qual foi injustiçado- deliberadamente ou maliciosamente. O chamado "right to be punitive" é o privilégio de buscar satisfação por um tipo distinto de ilicitude privada.[22]

---

18. Por tudo e por todos, recomenda-se a obra mais recente de John Goldberg & Benjamin Zipursky, Recognizing Wrongs, Belknap Press of Harvard University, Cambridge/London 2020. explain the distinctive and important role that tort law plays in our legal system: it defines injurious wrongs and provides victims with the power to respond to those wrongs civilly. A ideia central do "civil recourse" consiste em compreender que a responsabilidade civil responde a uma ideia central: Uma pessoa que foi maltratada por outra de modo injustificado pela lei, tem o direito a um recurso civil contra o ofensor.
19. John C. Goldberg, The Constitutional Status of Tort Law: Due Process and the Right to a Law for the Redress of Wrongs, 115 Yale L.J. (2005). Available at.
20. Goldberg, John C. P., Tort Law for Federalists (and the Rest of Us): Private Law in Disguise. Available at SSRN.
21. Colby, Thomas, Beyond the Multiple Punishment Problem: Punitive Damages as Punishment for Individual, Private Wrongs. Minnesota Law Review, Vol. 87, p. 583, 2003, GWU Legal Studies Research Paper No. 244, GWU Law School Public Law Research Paper No. 244, Available at SSRN.
22. "Punitive damages have a double aspect, corresponding to two senses of 'punitive'. Insofar as they pertain to the state's goal of imposing a punishment upon a defendant who merits deterrence or retribution, they have a criminal aspect. Insofar as they

De fato, ao funcionalizar os *punitive damages* como um particular tipo de agravamento à uma lesão preexistente que resulte na necessidade de uma distinta compensação, a teoria do "civil recourse" empresta sentido à necessidade de uma prévia condenação de natureza compensatória e a proporcionalização entre *compensatory damages e punitive damages.* A teoria do recurso civil é superior a outras abordagens de *punitive damages,* pois os insere no sistema de responsabilidade civil. Contudo, tal como as teorias punitivistas, o "civil recourse" não fornece pistas sobre o que deve ser considerado como um ilícito grave, de modo que o fundamento dos *punitive damages* permanece obscuro. A teoria do recurso civil poderia resolver esse problema com uma explicação normativa abrangente da ilicitude, que lide com o objeto dos *punitive damages.*

Michael Moreland e Jeffrey Pojanowski explicam que o "civil recourse" hesita em oferecer critérios normativos para o que seria considerado como um ilícito.[23] Muitas vezes, o seu relato sobre ilicitude parece motivado por intuições comuns sobre ilicitude: algo "amplamente compartilhado", embora não especificado. Na área específica dos *punitive damages,* enquanto a teoria do recurso civil sustenta que os demandantes têm direito a reparação por "ilícitos flagrantes", ou "maus tratos", os teóricos evitam descrever a natureza do "maltrato", ou "insulto", e outros comportamentos que justificam uma indenização por *punitive damages.* Na verdade, existem tantas variáveis terminológicas (*ill will, outrage, wantonness, fraud, abuse of power, willfulness, evil motive*) que não está totalmente claro para que servem os *punitive damages.* As razões para a aplicação dos *punitive damages* não foram confrontadas, mesmo que seus objetivos tenham sido amplamente teorizados. Isso é negativo, pois uma maior atenção à natureza dos ilícitos que dão margem aos *punitive damages* esclareceria sua função, seja na estrutura do "civil recourse" ou em outras teorias.

Em nossa próxima coluna traremos as singularidades dos *punitive damages* na Inglaterra. A um primeiro olhar, para um civilista brasileiro ou de outra jurisdição da *civil law* tal assertiva soa surpreendente, na medida em que encaramos o *common law* como uma unidade quando, na verdade, são gritantes as especificidades de cada jurisdição.

---

pertain to the plaintiff's 'right to be punitive' they have a civil aspect" Benjamin C. Zipursky, Theory of Punitive Damages, 84 Tex. L. Rev. 105 (2005).

23. Moreland, Michael P. and Pojanowski, Jeffrey A., The Moral of Torts (June 3, 2020). The Moral of Torts, in Christianity and Private Law, eds. Robert F. Cochran, Jr. and Michael P. Moreland, Routledge, Forthcoming, Available at SSRN.

NOMINAL DAMAGES: INDENIZAÇÃO SEM DANO POR VIOLAÇÃO DE DIREITOS FUNDAMENTAIS

Ao tratamos de responsabilidade civil no *common law* temos que desafiar convicções arraigadas no *civil law*. O termo alemão "schadensersatzrecht" (Lei da compensação) facilita a compreensão. A responsabilidade civil que herdamos no Brasil somente se aplica aos fatos jurídicos danosos que resultam em indenização de natureza compensatória (art. 944, CC). Já na "law of torts", as indenizações são dos mais variados tipos, nem sempre direcionadas à compensação de danos. A responsabilidade civil de berço inglês é flexível, compreendendo uma gama heterogênea de condenações pecuniárias que se presta a outras finalidades, tais como os *punitive damages, restitutionary damages* e, para aquilo que nos interessa neste texto, a categoria dos *nominal damages*.

Recentíssima decisão da Suprema Corte dos Estados Unidos no caso *Uzuegbunam v. Preczewski* (19-968, Mar 8, 2021), trouxe à tona a funcionalidade contemporânea dos *nominal damages* na experiência das jurisdições do *common law*.

O caso é particularmente interessante: O Sr. *Uzuegbunam* (eu também não consigo pronunciar!) é um cristão evangélico que estudava em uma escola pública do Estado da Geórgia – *Georgia Gwinnett College* – e desejava conversar sobre a sua fé com outros alunos. Contudo, toda vez que tentava falar publicamente sobre religião, era impedido pelos funcionários da faculdade. Conforme a "policy" da instituição de ensino, conversar com outras pessoas sobre a fé evangélica poderia incitar o "hate speech". Assim, permitiu-se ao Sr. *Uzuegbunam* que apenas exercesse seu direito comunicativo em uma "zona de liberdade de expressão", disponibilizada por cerca de 10% do tempo semanal de aulas, em uma zona restrita a um pátio e uma calçada (0,0015% do campus). Os alunos interessados no debate deveriam se inscrever para obter uma autorização com pelo menos 4 dias úteis de antecedência, fornecendo cópias de todos os materiais que pretendiam distribuir. Os funcionários do *campus* tinham discricionariedade para conceder ou negar a licença.

O Sr. *Uzuegbunam* processou a faculdade por *nominal damages* e requereu uma tutela inibitória contra a aplicação das regras que restringiam a sua livre expressão. Ele não alegou qualquer dano de natureza patrimonial ou moral. No momento em que a "injunction" chegou a Suprema Corte, objetivando abolir as restrições como violação do direito da Primeira Emenda ao livre exercício do credo, o demandado simplesmente abandonou sua política, adotando regras bem menos restritivas. Assim, quando o Sr. *Uzuegbunam* se formou, a *Georgia College* alegou que não havia base legal para um remédio indenizatório, já que o autor não era mais afetado por qualquer restrição. Contudo, o então ex-aluno insistiu em um pedido de indenização por *nominal damages*, com base na violação anterior de seus direitos.

Por um placar de 8 x 1, a SCOTUS decidiu que mesmo que a violação não mais estivesse em curso, houve uma lesão a direitos fundamentais do demandante, condenando a instituição de ensino pelo montante de US$ 1,00 por *nominal damages*. O acórdão do julgamento explora precedentes do mundo do *common law* (particularmente *Ashby v. White, 2 Raym. Ld. 938 K. B. 1703*),[1] demonstrando que este remédio objetiva indenizar uma violação constitucional e que o demandante poderá sempre postular uma indenização mesmo que "não tenha perdido sequer um *penny* em razão da violação". Em síntese, ao colocar a sua política de lado, a faculdade objetivou neutralizar o litígio, para novamente ativá-la no momento em que o caso fosse encerrado. Com o esvaziamento da tutela inibitória pelo abandono da "policy" e a ausência de danos, o autor seria despojado de qualquer remédio. Assim, para o demandante a pretensão de *nominal damages* é uma forma possível de manter o caso vivo.[2]

1. Precedente fundacional no direito constitucional inglês. Concerne ao direito de voto e desobediência a um servidor público. Lord Holt estabeleceu o importante princípio de que pode haver prejuízo na ausência de uma perda econômica (*iniuria sine damno*), pois o direito presume o dano, sendo suficiente a demonstração de que um direito foi infringido.

2. Questão semelhante foi debatida em 2020 na Suprema Corte da Austrália em *Lewis v Australian Capital Territory [2020] HCA 26 (5 August 2020)* na qual o tribunal reconheceu que uma violação de direitos pode ser reivindicada pela via de *nominal damages*. Citando o precedente *Ashby v White*, Gordon J afirmou que "This appeal is concerned with the tort of false imprisonment, a form of trespass to the person. It is actionable per se, regardless of whether the victim suffers any harm. It does not require proof of special damage. That is unsurprising. The tort protects and, where necessary, vindicates a person's right to freedom from interference with personal liberty as a fundamental legal right.. A right to nominal damages, as one remedy, follows from that finding of liability. That award of nominal damages marks the fact that "there [was] an infraction of a legal right". There is then a question as to whether any other relief should be awarded to a particular plaintiff, in their own unique situation".

Basicamente o que seriam *nominal damages*? Trata-se de um remédio específico do *common law* que assegura ao litigante a resolução judicial de uma reclamação sobre a violação de um direito, mesmo em circunstâncias em que o autor sequer buscou, ou não foi capaz de estabelecer qualquer pretensão compensatória por danos. A sentença indenizatória reconhece a invasão de um direito em circunstâncias em que o autor não conseguiu provar os danos ou simplesmente optou por renunciar a eles. Sendo a demanda acolhida, a decisão é vinculativa (*stare decisis*) e possui efeito preclusivo, obrigando-se o réu ainda a pagar as custas do litígio. Por sua ênfase em garantir a reivindicação de um direito sem conteúdo econômico imediato, pode-se encontrar similitudes entre *nominal damages* e a ação declaratória. Contudo, a sentença declaratória (assim como a tutela inibitória) é solução prospectiva para certificar e modelar uma futura relação entre as partes, enquanto a indenização nominal é retroativa, vindicando um ilícito passado.

Não há razão para questionar a confiança nos *nominal damages* como veículo para a reivindicação de direitos constitucionais. A sua origem remonta ao século XIV e o legado do *common law* inglês rapidamente deixou a sua marca na prática jurídica do início da república americana. A Suprema Corte *antebellum* (denominação dos primeiros 100 anos da SCOTUS), viabilizou *nominal damages*, incluindo reivindicações para impor responsabilidade a funcionários do governo federal. Com o surgimento de litígios de responsabilidade civil constitucional no século XX, o Tribunal confirmou *nominal damages* nos casos em que a vítima demonstra uma violação aos seus direitos, mas não pode ou não quer estabelecer danos consequentes.

Vale dizer, *nominal damages* consiste em opção atraente para os demandantes que desejam obter um teste judicial para as suas demandas. Ao declarar expressamente na inicial que não pretendem *compensatory damages* ou *punitive damages* – limitando-se apenas à indenização nominal, sem valor real para efeito de comércio, os demandantes renunciam ao aspecto econômico da responsabilidade civil e focam na questão constitucional. Atualmente, não mais se questiona o poder das cortes federais norte-americanas de declarar os direitos constitucionais das partes em um determinado litígio.

O aspecto do "teste judicial" é determinante na ponderação de bens no caso concreto e no refinamento constitucional. Em termos de restrição ao livre discurso, o governo tem um fardo muito pesado nos EUA. Há o ônus de comprovar que as restrições são projetadas para promover um "interesse governamental convincente" e que os meios adotados são "estritamente adaptados" para atingir esse interesse. Ao contrário de outros países do *common law*, restringir a expressão nos Estados Unidos é algo muito custoso. Impedir alguém de "causar ofensa" ou prevenir "discurso de ódio" (seja lá o que isso signifique) simplesmente não são razões suficientes para o governo limitar os direitos da Primeira Emenda. Evidentemente, na medida em que o exercício de nossos direitos é restringido pelo direito alheio, não há direito de decapitar outra pessoa com base no fato de que isso seria um exercício livre de sua religião. Contudo, em diferentes momentos a jurisprudência dos Estados Unidos modelou os limites ao livre exercício de posições jurídicas. Particularmente em *Uzuegbunam*, as regras extremamente restritivas da instituição de ensino sobre quando uma religião poderia ser debatida com outras pessoas extrapolaram os limites toleráveis. Foi negado ao demandante o direito de falar educadamente com outras pessoas sobre a sua religião, uma violação de um direito constitucional de que gozava. Assim, como já não havia margem para uma medida liminar, uma ordem de indenização nominal se fez apropriada para uma privação passada de um direito, não obstante a ausência de outras formas de reparação.

Ao sugerir que uma ação de responsabilidade civil constitucional pode prosseguir apenas como uma ação por uma indenização simbólica, contemplamos uma decisão inicial do autor de renunciar a outras formas de reparação monetária ou qualquer responsabilidade financeira pessoal do demandado. Como resultado, o magistrado pode tratar o processo da mesma forma que uma tutela de urgência contra uma violação constitucional em curso. O ponto fulcral do litígio consistirá em aclarar a norma constitucional em um estado de incerteza. Portanto, quando as pessoas optam por uma indenização nominal, buscam simplesmente o reconhecimento judicial de que seus direitos foram violados. O valor concedido não é o ponto. Os demandantes simplesmente anseiam que os maus-tratos recebidos se tornem públicos, ou tentam estabelecer fundamentos para outras pretensões, tal como uma futura demanda por *punitive damages* em um conjunto de casos cuja repetição denota um comportamento demeritório do demandado por um desprezo pela sorte de um conjunto de vítimas.

O noticiado julgamento de 2021 se filia a um *leading case* do último quartel do século XX, *Carey v. Piphus* (435 US 247, 1978), no qual a SCOTUS se baseou explicitamente nos remédios da responsabilidade civil do *common law* para decidir a medida indenizatória adequada para uma violação dos direitos constitucionais dos demandantes. Embora tenham eles demonstrado que foram suspensos do ensino médio sem uma audiência, em flagrante violação ao *due process of law*, a Corte Suprema recusou o estabelecimento de uma presunção de danos de natureza compensatórios. Nada obstante, declarou expressamente que uma indenização nominal era disponibilizada para reivindicar o direito constitucional em questão.

Ao tornar a privação de direitos acionável por *nominal damages* por montante não superior a 1 dólar – mesmo sem prova de dano real – o ordenamento reconhece a importância para a sociedade que esses direitos sejam escrupulosamente observados. Em termos de *enforcement*, não se trata apenas de acesso ao judiciário, mas da ampliação da esfera de autonomia do demandante, direcionando o procedimento como entenda conveniente a seus propósitos. Uma sentença com indenização nominal altera a relação jurídica entre as partes de três maneiras: primeiro, a condenação fornece ao demandante direitos substantivos em virtude de ser a parte vencedora; em segundo lugar, o réu pagará ao autor, conduta que espontaneamente não faria, independente do valor; terceiro, o demandado incorre em responsabilidades legais por meio de um julgamento que induz a uma alteração comportamental.

Lado outro, o sistema de responsabilidade civil se mantém fiel ao princípio de que indenizações substanciais devem ser concedidas exclusivamente para compensar danos reais ou, no caso de *punitive damages*, para punir escandalosas violações de direitos. A partir do caso *Carey*, os tribunais federais estenderam a disponibilidade de *nominal damages* para uma ampla gama de ações de responsabilidade civil constitucional. Entre outros, os tribunais aprovaram tal indenização para violações a 1. Emenda em termos de liberdade religiosa e liberdades comunicativas e uma série de outras lesões a direitos fundamentais. Ou seja, esse tipo de raciocínio conecta-se com a visão do *common law* de que indenização pode eventualmente assumir uma função reivindicatória de um direito que foi violado.

O curioso e, de certa forma contraditório, é que a par da evolução funcional do nominal damages nos EUA, vocacionado à tutela de "constitutional torts", a tradição inglesa remete a sua aplicação aos casos em que o tribunal ordena que alguém pague uma quantia mínima a outra pessoa que ela prejudicou, mas não de uma forma que o tribunal considere séria, ou se o ilícito se fez presente, porém inexiste prova do dano e, por fim, nos casos em que o dano não pode ser calculado e de qualquer forma o ilícito mereça a desaprovação judicial. Exemplifique-se aqui com um demandante lesado que prova que as ações do réu causaram lesão física, mas não apresenta registros médicos para mostrar a sua extensão. O valor concedido é uma quantia simbólica, embora em algumas jurisdições possa ser igual aos custos da demanda judicial.[3]

3. Com idênticos fundamentos, nominal damages também se aplicam em matéria contratual. A hipótese é rara, pois a maior parte das demandas por "breach of contract" envolvem alguma forma de perda econômica do demandante. Ilustrativamente, como hipótese de nominal damages na seara do inadimplemento, podemos citar com a Empresa A, que firma contrato com a Empresa B para fabricar 10.000 bonecos, em razão de sua notória especialização. Porém, naquele momento a Empresa A não tem a capacidade de fabricar bonecos e não revela o fato a empresa B. Ao invés disso contrata a empresa C para fabricar os bonecos a 1/3 do custo normal, obtendo grande lucro. Todavia, a Empresa B constata que já tinha 10.000 bonecos armaze-

Inegavelmente, o caso mais célebre de *nominal damages* em que não se considerou a demanda "suficientemente séria" para uma indenização compensatória, ocorreu quando a imprensa relatou que o então primeiro ministro Winston Churchill estaria bêbado durante um jantar na Casa Branca em 1942. Ele ajuizou uma ação de difamação contra o jornalista Louis Adamic em razão da publicação da estória inverídica. O Júri entendeu que não haveria espaço para compensação de danos, pois a elevada reputação de Churchill não fora afetada. Entretanto, o jornalista foi condenado a pagar a quantia de um *shilling* (cerca de 25 centavos) como uma forma suficiente da vindicação do direito do demandante de zelar por sua reputação.[4]

E nas jurisdições do *civil law*, haveria um equivalente funcional à figura dos *nominal damages*? Em nossa cultura compensatória, tipicamente as pessoas não demandam em caso de danos mínimos. O custo e o tumulto de uma litigância excedem a reparação esperada. Todavia, algumas pessoas demandarão independentemente da magnitude do dano, tornando claro que buscam vindicar os seus direitos ao invés de perseguir uma compensação econômica. Em casos de violações à direitos da personalidade uma vítima poderá se contentar com uma indenização semelhante ao *nominal damages*, normalmente associado à uma retratação pública ou pedido de desculpas.

No Código Civil brasileiro, tal como no código francês, inexiste um "de minimis rule". Lá e aqui a regra da reparação integral preside a responsabilidade civil extracontratual, aplicando-se extensivamente às pequenas indenizações, que podem mesmo conduzir a uma condenação meramente nominal quando um direito fundamental for infringido, tal como o "franc symbolique" – hoje substituído pelo Euro simbólico – indenização em que não se leva em consideração

nados. Ao comunicar o fato à Empresa A, descobre que ela sequer manufaturava os bonecos. Embora a Empresa B não tenha sofrido uma perda financeira, a Empresa A claramente a enganou. A Empresa B pode ter a intenção de quebrar o contrato, mas isso não retira o fato de que a Empresa A formou o contrato com base em fraude. Nesse caso, mesmo com fundamento em uma relação contratual, a Empresa B poderia receber uma indenização nominal pela violação de sua confiança.

4. Churchill visitou Roosevelt em dezembro de 1941 e permaneceu em Washington até janeiro de 1942. No último dia da visita histórica de Churchill, 13 de janeiro, Roosevelt preparou uma surpresa para Churchill: ele convidou Louis Adamic e sua esposa Stella para jantar, antes de Roosevelt dar o livro "Two-Way Passage" para Churchill de autoria de Adamic com a recomendação de ler pelo menos a última parte. Na última parte do livro Two-Way Passage, Adamic ceticamente, discute as diferenças entre os britânicos e a visão americana potencial da ordem pós-guerra da Europa. Adamic apela aos EUA para que entrem na guerra mundial, mas não para ajudar a Grã-Bretanha, mas vice-versa, para que os Estados Unidos salvem a Europa do domínio britânico.

o valor monetário, mas a representatividade da decisão judicial, valorizando-se o aspecto qualitativo da indenização em detrimento do quantitativo, em reconhecimento a uma violação de um direito.

Talvez possamos nos valer da regra da proporcionalidade e da multifuncionalidade da responsabilidade civil para compreendermos que uma função reivindicatória de direitos pode ser uma alternativa à tradicional função compensatória não apenas em retratações públicas. Vale a pena reconhecer a validação simbólica que a indenização nominal oferece para muitos litigantes. O benefício de solicitar reparação por ilícitos não deriva do valor final concedido, mas do fato de que existe uma via sancionada pelo Estado para não autorizar a menor violação aos nossos direitos, convertendo ilícitos em sentenças, a final, "rights without a remedy really do not exist".

AS POLÍTICAS DA RESPONSABILIDADE CIVIL NO *COMMON LAW*

Em seu mais recente ensaio – "Key Ideas in Tort Law" (*Hart Publishing*, 2017), Peter Cane aborda nove ideias fundamentais na responsabilidade civil da Inglaterra. O emérito professor de Cambridge inicia o opúsculo frisando que todos os seus "insights" podem ser resumidos em uma verdadeira grande ideia: a responsabilidade civil é um fenômeno que tanto pode ser compreendido em seu interior – como fonte de orientação quanto a comportamentos desejáveis – como em seu exterior, tomando em consideração o seu caráter normativo e o ambiente político e social em que opera. Por essa perspectiva externa, a doutrina é apenas um aspecto da natureza social da "tort law", sendo a autoridade legal que faculta à responsabilidade civil desempenhar as funções sociais pretendidas. Compreender a doutrina é importante, mas o principal é apreciar o meio e contextos em que a doutrina se incorpora e ganha vida fora do papel. A compreensão do direito em toda a sua riqueza social e doutrinal nos ensina algo sobre a condição humana, sobre o que significa ser humano.

Para o leitor brasileiro, mesmo aquele acostumado ao estudo da responsabilidade civil, o melhor das 136 páginas da obra pode ser encontrado naquilo que é inusitado em nosso contexto: Peter Cane dedica o derradeiro capítulo ao exame dos fundamentos políticos da responsabilidade civil. "The Political Foundations of Tort Law". Em um primeiro olhar a associação entre direito e política é alvo de críticas, não apenas entre nós, que consideramos a responsabilidade civil uma temática restrita a direitos e deveres de indivíduos em suas relações jurídicas – relegando-se a atividade política ao âmbito da sociedade e grupos –, mas também entre respeitados jusfilósofos da *Common Law*, como Ernest Weinrib, para quem a "*Tort law*" concerne exclusivamente à justiça corretiva, enquanto a justiça distributiva é o campo da política por excelência.

A principal missão da política é a distribuição entre os membros da sociedade dos benefícios e pesos da vida em comum. Nesse sentido, explica Peter Cane, a política da responsabilidade civil não se relaciona com a forma pela qual as lides individuais serão resolvidas, porém sobre os princípios e regras gerais que determinam como as demandas serão julgadas e quem serão os vencedores e perdedores. Uma boa ilustração brasileira se extraí da vigência do CDC. Antes de sua vigência, consumidores de produtos defeituosos eram "losers", porém, convertem-se em "winners" com a introdução da imputação objetiva pelo fato do produto e do serviço. Em uma síntese, pode-se afirmar que a responsabilidade civil realiza "justiça conforme a lei", se considerarmos o termo "justiça" como a correção do dano em casos individuais, enquanto o vocábulo "lei" se refere as regras que determinam como o custo de correção dos danos será distribuído.

No instigante debate sobre como idealmente devem ser desenhadas as regras e princípios da responsabilidade civil que serão aplicados aos casos individuais, surgem cinco políticas que pretendem, cada qual a seu modo, justificá-la como um mecanismo de (re)distribuição de riqueza fundada na base do risco.

A política da regulação consiste no uso de normas e instituições de modo instrumental, a fim de influenciar o nosso comportamento como potenciais agressores, minimizando a incidência de danos causados por tais condutas. Tal política gozou de muito prestígio nos Estados Unidos nas décadas de 60 e 70 basicamente com a introdução da "minimização dos custos sociais de acidentes", ideia explorada por Guido Calabresi, como forma de trasladação da distribuição do custo do acidente. Ao invés de necessariamente recair sobre o aquele que culposamente causou dano, a lei deveria trasladar o custo para a parte que pudesse evitá-lo ao menor preço. Trata-se de um argumento político, cujo objetivo consiste em produzir uma desejável distribuição de custos e benefícios da vida social associados aos acidentes de tráfico. Contudo, a aplicação prática de tal teoria resultaria na abolição da responsabilidade civil, partindo-se da premissa de que o "cheapest cost avoider" possa ser a própria vítima. A abordagem regulatória ainda é influente nos Estados Unidos, sendo bastante nos lembrarmos de filmes como *A Civil Action* (1998) ou *Erin Brockovich* (2000), cujas estórias exibem a responsabilidade civil sendo adotada como alternativa regulatória para a aplicação de regras de segurança de trabalho e *standards* de qualidade ambiental, pela via da substituição de ações individuais por um sistema de penalidades e ações coletivas. Nada obstante, "The politics of regulation" recebe pouco suporte em outras jurisdições: parte pelo fato de que estudos empíricos demonstram pouca evidência da capacidade da responsabilidade civil contribuir para a minimização de custos de acidentes e parte pela natural impossibilidade de conciliação entre a responsabilidade civil com um princípio de natureza econômica que suplante o tradicional princípio da culpa.

A segunda vertente consiste na *política da compensação*. Em contraste a Calabresi, o Professor Terence Ison assume que a compensação das vítimas – e não a minimização dos custos de acidentes – seria a primeira função da lei de delitos. Contudo, a implicação prática dessa abordagem é tão radical quanto a de Calabresi, pois na prática o acadêmico canadense propõe a substituição da responsabilidade civil por um sistema universal de compensação "no-fault", baseado na provisão de um seguro social para doenças e lesões que causem deficiências e morte, independente de relutado ser atribuível a uma conduta danosa de outrem. Em 1974 foi introduzido na Nova Zelândia um sistema universal análogo ao proposto por Ison, cobrindo a maior parte das lesões acidentais (enquanto em outros países, como o Brasil, limitou-se ao setor de acidentes de trânsito). Pode-se dizer que no século XXI essa espécie de solução securitária para lidar com injúrias pessoais tem sido rejeitada, pois enquanto na década de 70 os debates políticos focavam em como substituir a *tort law*, o cerne da discussão atual consiste em como conviver com ela, resolvendo os seus mais significativos problemas.

Adiante, surge a *política da responsabilidade*. De acordo com ela, a responsabilidade civil somente (re)distribuirá recursos equitativamente, se os riscos também o forem. Tal e qual a política regulatória, a política de responsabilidade se atém a distribuição de riscos. Lado outro, tal e qual a política de compensação, a política de responsabilidade mira na distribuição de recursos. Porém, ela se distingue de ambas, pois enquanto as anteriores são unilaterais, a política da responsabilidade tende a ser duplamente distributiva: distribui riscos e recursos. A sua trajetória nos últimos 50 anos é ilustrada pelo trabalho do acadêmico inglês Patrick Atiyah. No livro "Accidents, compensation and the law" (1970), ele se posiciona pela abolição da responsabilidade civil para lesões pessoais, por considerá-la uma ferramenta regulatória ineficiente além de mecanismo compensatório extremamente oneroso e igualmente injusto, por distribuir recursos de forma aleatória entre grupos distintos de vítimas, naquilo que em obra posterior denominou *Damages Lottery* (1997). Para Atiyah o maior problema da responsabilidade civil seria a sua inclinação em favor de vítimas as expensas de ofensores, consequentemente distribuindo de forma injusta os riscos de danos e recursos entre os dois grupos. Criou-se uma "cultura de culpa" pela qual a primeira reação das pessoas a qualquer adversidade é a de culpar outrem – ao invés de se assumir responsável por sua própria saúde e segurança – convertendo a responsabilidade civil e a seguridade social em sistemas de dependência. Nesse espirito, o professor da Universidade de Oxford propôs a substituição do seguro de responsabilidade civil por um novo regime, pelo qual potenciais vítimas tomariam para si o encargo de se segurar contra danos (*first-party insurance*) causados por terceiros ao invés de se beneficiar de um seguro de responsabilidade civil contra terceiros (*third-party insurance*).

Basicamente, Calabresi, Ison e Atiyah são abolicionistas. Eles comungam a ideia de que a responsabilidade civil é um mecanismo deficiente para lidar com os problemas sociais derivados da proliferação de danos individuais e, para tanto, buscam substitui-la por regimes que alcançariam de forma mais satisfatória aqueles objetivos que cada qual considera como prioritários, sejam eles, a prevenção de acidentes, a compensação universal e a autorresponsabilização.

Como alternativa à radical proposta de abolição da "tort law", surgem os reformistas. Ilustrativamente, para alcançar o objetivo regulatório, os reformistas sugerem a ampliação do uso dos *punitive damages*, com a finalidade de enviar a potenciais ofensores uma sinalização mais forte do que aquela normalmente emitida pela simples compensação de danos, ou facilitando o acesso coletivo a ações em que diversos consumidores podem responsabilizar um fornecedor de produto defeituoso ou um poluidor, reduzindo custos e gerando publicidade. Já os reformistas que acreditam na finalidade compensatória, tendem a persuadir os legisladores à criação de novas categorias de indenização (tal como se deu no Brasil com a afirmação do dano existencial na reforma trabalhista) ou então a aumentar a quantificação das indenizações. Uma resposta neoliberal consiste na defesa de tetos e pisos indenizatórios, particularmente para desencorajar demandas de baixo valor, desproporcionalmente custosas para serem levadas adiante, bem como encorajar as pessoas a encontrar alternativas às demandas indenizatórias para protegê-las contra o risco de acidentes pessoais.

Essas reflexões nos remetem ao quarto aspecto das políticas da responsabilidade civil: *A política da legislação*. Para Peter Cane, o termo "politics" não envolve apenas a distribuição de riscos e danos, mas também a distribuição de poder, sobretudo o poder de legislar, que deve ser balanceado entre o congresso e os juízes. Nem o parlamento e tampouco o judiciário possuem isoladamente os recursos para criar as normas necessárias a satisfazer a "insaciável" demanda social. Esse delicado equilíbrio foi redefinido na Inglaterra nos últimos 50 (cinquenta) anos, pois se o *common law* é um típico processo criativo a partir da decisão de casos individuais, paulatinamente o legislador intervém por meio de estatutos para trazer maior racionalidade as decisões dos juízes, o quê demonstra a crescente influência dos políticos nas grandes atualizações legais, em detrimento do tradicional papel exercido pelos juízes. Em geral os abolicionistas são tolerantes com as intervenções parlamentares, enquanto os reformistas defendem que legisladores somente podem interferir quando juízes por si só forem incapazes de aperfeiçoar o sistema. Um notável exemplo dessa batalha por espaços é o debate legislativo sobre projetos de lei que objetivam dificultar a obtenção de indenização por vítimas de acidentes pessoais (alegando que o pêndulo entre potenciais ofendidos e ofensores oscilou nos últimos tempos demasiadamente em favor daqueles), com base na revisão de pressupostos da responsabilidade civil como o ilícito, nexo causal e as excludentes utilizáveis por potenciais causadores de danos. Um dos argumentos utilizados pelos que se contrapõem às reformas legais é o de que os próprios magistrados podem alcançar resultados semelhantes, sem a intervenção do legislador.

Em contraposição, a influência do judiciário cresceu enormemente na Europa e no Brasil. Assim, não é mais possível relacionar a *civil law* ao direito codificado e o *common law* com a jurisprudência: a realidade das fontes legais é muito mais complexa em ambos os lados. É claro que subsistem diferenças significativas, mas o antigo ideal das diferenças irreconciliáveis em termos de mentalidades jurídicas, torna-se cada vez mais insustentável.

Na Inglaterra nenhuma das quatro políticas mencionadas vem recebendo destaque nos últimos vinte anos. Ao invés da preocupação com os objetivos, conteúdo, ou a própria discussão sobre a existência da responsabilidade civil, o foco tem sido a *política do litígio* e o "acesso à justiça". Demandas de responsabilidade civil são custosas, consumindo tempo. Ao contrário do pagamento de indenizações pelos demandados aos demandantes, as demandas em si consumem recursos de serviços profissionais e do sistema judiciário. Na Inglaterra dos anos oitenta, a regra básica era a de que as despesas legais do litigante vencedor seriam suportadas pelo derrotado, que na prática transferia ao seu segurador não apenas a indenização pelos danos pessoais, como também as despesas processuais. Porém, uma significativa proporção de demandantes tinha direito a uma "legal aid", uma espécie de pagamento da seguridade social para a cobertura de custos legais, fundamental para o funcionamento do sistema de responsabilidade civil. Se obtivesse êxito, o demandante teria que restituir uma parcela da indenização ao fundo de assistência jurídica; caso derrotado, normalmente nada pagaria. Contudo, a partir dos anos noventa e até hoje, duas tendências se afirmaram em termos de acesso à justiça: a revisão das regras processuais para a redução dos custos dos litígios e acomodação de acordos extrajudiciais e a gradual redução da assistência jurídica para ações derivadas de acidentes pessoais. Em substituição, aplica-se a "conditional-fee arrangement", pela qual advogados fornecem serviços a demandantes cuja remuneração é condicionada apenas à vitória, eliminando o peso dos custos iniciais do processo e o pagamento de custas se a demanda fracassar. Essa fundamental alteração criou uma nova indústria legal, as chamadas "claim management companies" que fornecem à parte uma série de serviços essenciais – advogados, médicos, experts em seguros – para a resolução de litígios, seguindo a premissa do "no-win, no fee-basis".

A disponibilidade e o custos dos serviços legais são questões políticas que envolvem a distribuição de ônus e bônus da vida em sociedade, formando parte inseparável da história da responsabilidade civil pois sem os serviços jurídicos provavelmente haveriam poucas demandas indenizatórias no setor extracontratual. A resolução de disputas não é certamente uma importante doutrina de responsabilidade civil, mas provavelmente é a mais visível.

O *DISGORGEMENT* NAS RELAÇÕES CONTRATUAIS PELAS LENTES DO *COMMON LAW*

"No man should profit from his own wrong".

(aforismo do "Common Law")

Em setembro de 2019, os Estados Unidos ingressaram com um processo contra Edward Snowden por "breach of contract", alegando que o livro escrito por ele violaria termos de confidencialidade. Ex-funcionário da Agência de Segurança Nacional (NSA, na sigla em inglês) entre 2005 e 2009, Snowden vazou, em 2013, documentos secretos do governo sobre existência de um sistema de vigilância mundial das comunicações e da internet. Em 2019 Snowden publicou sua autobiografia, intitulada "Permanent Record" (No Brasil publicado com o título "Eterna Vigilância", pela Editora Planeta), sem submetê-la às agências de Inteligência para revisão. A pretensão do Estado norte-americano é a de incorporar todo o lucro que Snowden venha a obter com a venda do livro. Atualmente, Snowden reside em Moscou[1].

Os fundamentais conceitos dos *gain-based damages, disgorgement e restitutionary damages,* são utilizados nas diversas jurisdições da *common law* para justificar os flutuantes parâmetros objetivos das diversas respostas em que um benefício ilicitamente obtido pelo ofensor deverá ser transferido para a vítima de um ilícito. Nesse sentido, os remédios restitutórios servem ao mesmo propósito fundamental: evitar que alguém lucre com a prática de um ato ilícito, pela recaptura dos ganhos auferidos com o descumprimento de um dever legal ou violação de um direito alheio. Em comum às duas espécies de restituição por ilícitos,

1. United States v. Snowden (1:19-cv-01197) District Court, E.D. Virginia.

disgorgement e restitutionary damages, a condenação não levará em conta a real existência de prejuízos por parte do demandante, ou, se esses existiram, se há proporcionalidade entre as perdas e os ganhos indevidos do réu[2].

Contudo, a diferença entre os dois remédios de *gain-based damages* está na forma como apura-se o *quantum* da obrigação de restituição e, primordialmente, nas próprias funções. Enquanto em *restitutionary damages* há reversão da transferência patrimonial entre as partes, no *disgorgement* há supressão da vantagem adquirida pelo réu com independência de qualquer translação de bens pelo autor. Pela primeira, beneficia-se o autor de uma quantia correspondente ao bem transferido ou subtraído do seu patrimônio. Pela segunda, suprime-se a vantagem que, sem correspondência com a utilização do patrimônio do autor, o réu obteve com a prática do ilícito[3].

"Edward Snowden violou a obrigação que assumiu com os Estados Unidos ao assinar documentos de confidencialidade quando foi contratado pela Agência Central de Inteligência e como funcionário terceirizado da NSA", disse Jody Hunt, procuradora-Geral assistente da divisão civil do Departamento de Justiça", segundo ela "a habilidade dos EUA de proteger informações sensíveis de segurança nacional depende do cumprimento de acordos de confidencialidade assinados por seus funcionários e contratados. Não permitiremos que indivíduos se enriquecem, às custas dos Estados Unidos, sem cumprir suas obrigações de revisão pré-publicação".

Em uma videoconferência em Berlim para promover seu livro, Snowden afirmou que por mais que tivesse assinado um acordo de confidencialidade para manter segredo, também jurou respeitar a Constituição dos Estados Unidos. O ex-analista da CIA enfatizou: "Você disse ao governo que não falaria com jornalistas. Você disse a eles que não iria escrever um livro, ao mesmo tempo, você fez um juramento para defender a Constituição e o segredo que te pedem para proteger é que o governo está violando a Constituição e os direitos das pessoas pelo mundo".

O fato é que, olhando par trás na história norte-americana, em nenhum momento foi questionada a legalidade de criminosos narrarem as suas próprias versões, algo que cabe dentro de sua liberdade de expressão, resguardada eventual pretensão de reparação de danos extrapatrimoniais ou mesmo as

2. ROSENVALD, Nelson. A responsabilidade civil pelo ilícito lucrativo. Salvador: Juspodivm, 2019, p.18.
3. EDELMAN, James. Gain-based damages. Trabalho seminal de James Edelman sobre os gain-based damages como gênero na restituição por ilícitos, contrapondo-se aos loss-based damages, base para a compreensão das respostas de índole compensatória.

tutelas específicas do direito de resposta ou retificação em favor de quem se sinta ofendido pelo conteúdo levado a público. Nem tão pouco houve repreensão ao direito de escritores receberem lucros pela reprodução de estórias sobre assassinos, o que atrai e fascina muitos curiosos em todo o mundo.

Por conseguinte, quais seriam os antecedentes jurídicos que facultam ao Estados Unidos a prerrogativa de desapropriar Edward Snowden dos lucros obtidos com a venda de seu mais recente livro, sob o argumento de que se tratam de benefícios econômicos indevidos, auferidos da violação de um contrato de confidencialidade?

Como primeiro antecedente na *common law*, retornamos 50 anos no tempo. A inglesa Mary Bell tinha 11 anos quando foi considerada culpada pelo assassinato de duas crianças, em 1968. Posteriormente, ela cooperou com a escritora e historiadora Gitta Sereny para a elaboração do livro "cries unheard", na qual se divulgou a sua versão sobre os fatos. Posteriormente, a imprensa denunciou que Mary Bell havia recebido parte dos lucros com a venda de suas memórias. Em razão da celeuma, a legislação sobre o escopo das cortes criminais para o confisco dos produtos do crime foi ampliada, a fim de que se incluísse um remédio civil permitindo as autoridades a recuperação de ativos que se relacionassem com a conduta criminosa, proibindo-se que um homicida adquirisse qualquer benefício em consequência de seu comportamento ilícito.

Porém, o precedente inglês sobre a restituição por ganhos ilícitos foi o julgamento pela *House of Lords*[4] do caso "Attorney General v Blake [2001]" que teve como objeto a autobiografia de um traidor. Em razão da especial natureza e relevância do seu serviço, um agente secreto britânico do M-16 havia assinado uma cláusula de confidencialidade com o Estado (*Official Secrets Act contract*), como parte fundamental de seu contrato de trabalho. Com base no contrato, como todos os agentes Blake prometeu à coroa britânica que não revelaria informações sobre o seu trabalho, dever cuja traição poderia mesmo custar a vida de colegas. Porém, anos mais tarde, em violação ao pactuado, redigiu as suas memórias com a finalidade de garantir uma polpuda aposentadoria. Não obstante uma ordem de prisão na Inglaterra, foragido na Rússia, narrou as suas atividades desleais contra a pátria[5].

4. Em 2009 terminou a função judicial da House of Lords como a instância final e mais alta corte em UK. Foi criada uma nova Suprema Corte do Reino Unido, separando a função judicial das atividades do parlamento.

5. Attorney General v Blake [2000] UKHL 45, [2001] 1 AC 268 foi o primeiro precedente em que os tribunais estenderam a restituição por ganhos ilícitos a uma pura violação contratual.

Ao contrário do que ocorre nos ilícitos perpetrados contra a propriedade, no direito inglês os remédios normalmente disponíveis para as hipóteses de violação contratual consistem prioritariamente na compensação de danos e, acessoriamente, em uma tutela específica – *specific performance ou injunction.* Isto se explica pelo fato de que há uma certa tendência no direito inglês de se negar à violação contratual o caráter de ilícito. A quebra de um contrato não teria a mesma magnitude de uma ilicitude extracontratual ou mesmo de uma quebra de um dever fiduciário, sendo mesmo em alguns casos considerada economicamente eficiente e, portanto, justificada, desde que o demandante seja adequadamente compensado por qualquer perda econômica. A contrata a venda de mercadorias para B, porém as vende para C, que lhe ofereceu valor maior do que B. A quebra contratual não pode ser desestimulada por condenações baseadas em ganhos de A, pois a violação pode servir a uma dada função econômica. Nada obstante, isso nem sempre é verdade, pois temos que considerar custos que decorrem da violação que excedem os benefícios que dele resultam (contratos que o demandante B pode ter estipulado com terceiros e foi forçado a repudiar ou renegociar como consequência da quebra contratual de A)[6].

Contudo, no caso Blake, o procurador-Geral inglês obteve uma tutela específica para que a editora que publicou o livro direcionasse os "royalties" ao Estado. Pode-se indagar que o agente "Blake" violou um contrato, porém a responsabilidade ineludivelmente surgiu da prática de um ilícito. Isso é uma restituição por ganho ilícito em sede contratual, sem nenhuma relação com um enriquecimento sem causa pois a coroa inglesa não poderia ter criado qualquer conexão imediata com o ganho em questão. É evidente, portanto, que a única questão em jogo consiste em saber se essa quebra de contrato deu origem à restituição em vez do direito normal à indenização. Como bem colocou o julgador, Lord Nichols: "ao deferir condenações pecuniárias, a lei não se curva de forma subserviente ao conceito de compensação por danos mensuráveis financeiramente. Quando as circunstâncias demandam, a condenação pode ser mensurada por referência ao benefício obtido pelo infrator"[7].

Com relação ao caso Snowden, há um precedente bem estabelecido da Suprema Corte, "Snepp vs. United States"[8], justamente considerando que a expropriação dos rendimentos auferidos por Snowden não repousa tão somente em

6. VIRGO, Graham. Principles of the law of restitution, p. 476.

7. Lord Nichols, "when awarding damages, the law does not adhere slavishly (subserviently) to the concept of compensation for financially measurable loss. When the circumstances required, damages are measured by reference to the benefit obtained by the wrongdoer".

8. Citation 444 US 507 (1980) Decided Feb 19, 1980.

violação de obrigações contratuais, porém de deveres fiduciárias. No precedente julgado em 1980, ao aceitar um emprego na CIA em 1968, Snepp assinou um acordo com a Agência de que ele não publicaria nenhuma informação durante ou após seu mandato relacionado às atividades da Agência sem antes obter a aprovação da Agência. Snepp publicou um livro sobre as atividades da CIA no Vietnã sem antes enviar seu manuscrito à Agência para revisão. Segundo o tribunal, a Primeira Emenda não poderia socorrer Snepp pois ele havia violado a "constructive trust" entre ele e o governo. Isso foi especialmente significativo nesse caso, já que esse tipo de violação de um ex-agente prejudicou a capacidade da CIA de cumprir suas obrigações legais, comprometendo a segurança dos agentes do governo e do próprio Snepp.

Um negócio fiduciário se aparta de um simples contrato, pois enquanto neste as partes maximizam os seus próprios interesses, em um relacionamento fiduciário, a parte a quem se destinou poder e confiança (Snowden), deve atuar estritamente de acordo com os interesses do beneficiário, no caso os Estados Unidos da América, com base em sua posição em cargos de confiança especial, no qual negociava em nome da CIA e da NSA, recebia acesso regular a informações classificadas de segurança nacional e celebrava acordos de sigilo com ambas as agências. Por conseguinte, a violação a um *fiduciary duty* requer uma resposta jurídica mais incisiva do que um *breach of contract*.

Retornando a Inglaterra, o caso Blake ilustra a importância dos relacionamentos fiduciários. O beneficiário (ou principal), a quem se deve confiança, tem direito à lealdade obstinada por parte de fiduciário. Quando alguém falha em alcançar os mais altos padrões de comportamento esperados de um fiduciário, a violação do dever é uma forma de ilícito – mesmo que ele esteja agindo honestamente (que não foi o caso de Blake), devido à necessidade de controle dos poderes discricionários do fiduciário, induzindo-o a resistir à tentação de servir a si próprio ao invés do beneficiário. Uma medida judicial de restituição está disponível, pois uma pessoa em situação fiduciária não pode se colocar em uma posição onde seu interesse e dever conflitem, devendo priorizar o dever ao principal a seu interesse pessoal.

Destarte, um remédio baseado em ganhos indevidos somente será concedido como *last resort* se outros remédios forem inadequados no caso concreto (por exemplo, um remédio compensatório ou a tutela específica). No caso *Blake*, os remédios compensatórios não eram adequados porque a divulgação de informações não tinha valor de mercado (o dano não poderia ser mensurado) e, igualmente, não havia como aplicar tutela específica ou inibitória. Ademais, o demandante tinha um interesse legítimo em impedir as atividades lucrativas do réu e em dissuadir outros servidores de divulgar informações sigilosas. Esse é um caso de restituição por ilícito. Pertence ao regramento da violação contratual.

Não tem nada a ver com enriquecimento sem causa. Se a coroa britânica não se dispusesse a pleitear a restituição por ganhos indevidos, jamais poderia ter criado qualquer conexão entre o seu comportamento e o ganho em questão. É evidente, portanto, que a única questão em causa consistia em saber se essa ilícita quebra de contrato daria origem a um direito à restituição, ou apenas ao tradicional direito à compensação de eventuais danos[9]. Por fim, a violação do dever foi cínica e deliberada, permitindo que o réu entrasse em um segundo contrato mais lucrativo (publicação do livro) em detrimento do primeiro contrato. Ao entrar no novo contrato, o réu eliminou a sua aptidão para cumprir o contrato com o reclamante[10].

Posteriormente ao reconhecimento judicial da restituição por ganhos ilícitos em *Blake*, o desafio consistiu (e consiste) na individuação das áreas em que o remédio restitutório poderá ser aplicado. No próprio julgamento ficou claro que a restituição não poderia ser aplicada de forma permissiva, porém com parcimônia, apenas para colmatar lacunas do sistema nos casos em que a resposta compensatória deixaria a vítima em posição de desvantagem. De fato, em contraste com os ilícitos extracontratuais, sejam os da *common law* como os da *equity*, não há tradição no direito inglês de concessão de restituição por quebra de contrato. O ganho indevido para um réu de uma violação contratual é geralmente irrelevante para a quantificação da condenação. Em regra, o réu será obrigado a compensar o autor por sua expectativa (ou confiança) contratual – *expectation damages* – colocando-o tão próximo quanto possível na mesma posição em que

9. Consoante a lição de Graham Virgo, seis princípios podem se extrair da referida decisão: a) remoção de ganhos ilícitos (disgorgement) é um remédio excepcional para violação contratual; b) não é possível fixar regras rígidas, pois tudo dependerá das circunstâncias do caso; c) um remédio baseado em ganhos só será aplicado se outros remédios forem inadequados (v.g cumprimento específico ou compensação de danos). No caso Blake, uma compensação de danos era inadequada pois a liberação de informações confidenciais não tem um valor de mercado e remédios específicos não estão disponíveis; d) o requerente tem interesse em evitar a atividade lucrativa do réu. No caso Blake o interesse também era o de desestimular outros servidores a revelar informações sigilosas; e) a violação foi cínica e deliberada f) a obrigação contratual devida pelo espião Blake era considerada próxima a de um fiduciário, e uma ampla restituição dos ganhos é considerada uma justa resposta à violação contratual. In: The principles of the law of the restitution, p. 472.

10. Apesar do intenso debate acadêmico sobre a viabilidade da restituição por violação contratual, a resposta judicial tradicional - anterior ao caso A-G v Blake [2001] - era em sentido negativo. O apoio à recusa da restituição derivou da teoria da "Efficient Breach" (Posner), no sentido que seria economicamente mais eficiente permitir a quebra de contrato do que a desestimular, algo que um remédio restitutório ensejaria. Vale dizer, a restituição seria uma forma monetizada de tutela específica, pois se uma pessoa sabe que será despojada de seus lucros pela quebra do contrato, não lhe restará outra saída senão a de permanecer vinculada, mesmo contra a sua vontade.

estaria se não tivesse sofrido o ilícito, mas não para restituir qualquer lucro que poderia ter obtido a partir de sua quebra de contrato, ou mesmo para contabilizar quaisquer despesas economizadas com o recesso. Todavia, a doutrina inglesa que se ocupa da temática considera que a restituição por ilícitos não é incompatível com os princípios do direito das obrigações e nem que o seu campo de aplicação já tenha sido ocupado por outras respostas legais[11].

11. GIGLIO, Francesco. The foundations of restitution for wrongs, p. 38.

O DUALISMO DA RESPONSABILIDADE CIVIL NOS EUA: O MAIS RECENTE ENSAIO DE CALABRESI

"Em um nível, a responsabilidade civil concerne aos ilícitos e reparação de danos. Esse é o seu lado privado. E é isso que os tribunais fazem na maior parte do tempo. Em outro nível, a responsabilidade civil trata da prevenção de danos, conforme as necessidades regulatórias da sociedade. Esse é o lado público da responsabilidade civil. É o que os tribunais fazem eventualmente, e o que o legislativo e autoridades administrativas fazem frequentemente. Se você se fixa apenas em um lado ou no outro, acaba deixando de apreciar a responsabilidade civil como um todo".

Esta é a ideia central do recém-publicado texto do jurista Ítalo-Americano Guido Calabresi - em coautoria com Spencer Smith - intitulado "On Tort Law's Dualisms". O objetivo declarado do escrito foi o de servir com uma "ponte" harmonizadora no embate doutrinário entre, de um lado, John Goldberg e Benjamin Zipurski e, de outro, Catherine Sharkey. A prestigiosa dupla - a qual Calabresi trata no texto pelas iniciais dos sobrenomes "GZ" - há muito se tornou influente na filosofia norte-americana da responsabilidade civil com a sua teoria do "civil recourse", enfatizando principalmente o direito à reparação do demandante e o papel do Estado em conceder a ele pretensões indenizatórias em face daqueles que violaram o seu direito. Mais recentemente, GZ atualizou a teoria para o nome "wrong and redress" (ilícito e reparação). Todavia, em sua resenha sobre o livro de GZ, Sharkey considera que ainda há uma lacuna na referida teoria, ou seja, ainda falta uma explanação convincente sobre o que seja um ilícito civil. Em seu entendimento, a teoria de Calabresi do "cheapest cost avoider" seria fundamental para preencher este espaço, tal como outras teorias instrumentalistas da responsabilidade civil.

Daí, do alto de seus 90 anos de idade o Professor Emérito da Yale Law School se sentiu convidado ao debate. Segundo Calabresi, os argumentos opostos de GZ e Sharkey podem se conciliar com base em duas premissas: primeiramente, a responsabilidade civil opera em níveis duplos. Existe o nível do caso e o nível estrutural. Em segundo lugar, a responsabilidade civil opera em duas direções. O que constitui um ilícito civil na maioria das vezes deriva das necessidades regulatórias da sociedade e, portanto, muitas vezes do desejo de responsabilizar o "cheapest cost avoider". Porém, o que é "barato" e o que é "custo" em si são informações que derivam dos valores da sociedade, influenciados pelo atual conjunto de ilícitos civis. Este link reverso - que por vezes se perde - pode representar o futuro da responsabilidade civil. E isso ocorre precisamente porque a responsabilidade civil precisa responder às necessidades regulatórias da sociedade.

A) O NÍVEL DO CASO E O NÍVEL ESTRUTURAL

A Professora Emérita da NYU, Catherine Sharkey inicia sua resenha4 do livro de GZ discutindo a decisão da Suprema Corte dos EUA de 2019, no caso Air & Liquid Systems Corp. v. DeVries, no qual tanto os votos majoritários, quanto as opiniões divergentes abraçaram o raciocínio baseado na dissuasão econômica do "cheapest cost avoider". Mesmo alcançando respostas diferentes, os juízes da SCOTUS partiram do mesmo questionamento: Quem se encontra na melhor posição para reduzir o risco do dano? Para os votos preponderantes, o fabricante do produto "bare-metal" (em tradução aproximada, metal-cru) tem o dever de avisar ao público quando o produto requer a incorporação de peças de amianto porque "estará em uma posição melhor do que o fabricante de peças para alertar sobre o perigo do produto integrado". Já para os votos minoritários, a norma jurídica que "faz mais sentido hoje" é aquela que impõe o dever de alertar à parte "em melhor posição para compreender e alertar os usuários sobre os riscos do produto", que seria o fabricante de peças de amianto.

Em seu contra-argumento GZ assinala que o caso DeVries não apenas refuta a posição de Sharkey, como apoia a deles, na medida em que, tanto a maioria quanto as opiniões divergentes no julgamento implementam análise do "cheapest cost avoider" com base na análise econômica do direito, porém de uma maneira que não explica ou justifique o resultado, pois alcançam conclusões opostas, demonstrando que o conceito carece de substância e determinação. Em suma, a decisão da Suprema Corte reforça o ponto nevrálgico de que os tribunais não são competentes para se envolver em raciocínios de law and economics.

Conforme pondera Calabresi, o fato de alguns juízes discordarem sobre como implementar o princípio pelo qual a responsabilidade civil deva minimizar os custos de acidentes não significa que o conceito careça de substância ou determinação (aliás, o mesmo é verdade para qualquer outra abordagem do direito civil, incluindo aquelas baseadas na responsabilidade moral). Todavia, o ponto fundamental é que é um erro pensar que a busca pelo "cheapest cost avoider" converte todo e qualquer julgamento em uma análise de custo-benefício. Se assim fosse, realmente teríamos que nos preocupar com a viabilidade e os custos de tal sistema. O esquema não valeria a pena.

GZ está certo de que a teoria do "civil recourse" é o que os tribunais fazem na maior parte dos casos, com base em uma abordagem prática, levando a responsabilidade civil ao pé da letra em sua perspectiva relacional demandante/demandado (embora, com o crescimento dos seguros sociais, muitas vezes seja menos relacional do que GZ insiste). Esse é o lado privado da responsabilidade civil.

Contudo, existem também os "grandes" casos que fazem a lei, assim como os casos mais comuns em que os tribunais, em diálogo com outros tribunais, legislaturas e administradores, moldam para onde vai a lei. O fato é que o direito trabalha com categorias. Em comum a esses casos, por razões instrumentais, delibera-se para onde encaminhamos as categorias. Este é o lado público da responsabilidade civil.

Isso é o que Calabresi compreende como o duplo nível da responsabilidade civil. Existe o micronível - isto é, o nível do caso - que muitas vezes, embora nem sempre, é "privado" em algum sentido, e que muitas vezes - embora nem sempre - é explicado pela associação ilícito/reparação. Mas há ainda o macronível - isto é, o nível estrutural - que muitas vezes é "público" em algum sentido, pois frequentemente explicado por várias considerações instrumentalistas, como a distribuição de riscos ou de perdas.

Ocasionalmente, os magistrados procuram construir etapas entre os níveis. Eles empurram o julgamento em direção ao lado público da responsabilidade civil enquanto decidem um caso com base no aspecto privado, ou seja, da aferição da reparação com base no delito. Pode-se exemplificar com o caso *Palsgraf v. Long Island Railroad Co*, de 1928. Em resumo, um homem saltou para o espaço aberto no final de um vagão quando o trem estava saindo da estação da ferrovia. Dois funcionários da ferrovia tentaram estabilizá-lo, puxando-o para dentro do trem, acidentalmente desalojando um pacote embrulhado em um jornal que o passageiro segurava debaixo do braço. Os condutores não sabiam que o pacote continha fogos de artifício, que caíram nos trilhos, explodindo com o impacto e causando reverberações ao redor da estação. Como resultado, uma grande balança de metal, localizada na plataforma a cerca de dez metros de distância de onde o pacote caiu, tombou sobre a Sra. Palsgraf, uma cliente que estava esperando outro trem. Ela processou a ferrovia por negligência. GZ argumenta que a lição do caso Palsgraf diz respeito ao requisito relacional de "legitimidade substantiva" da responsabilidade civil, atribuindo a autora da ação poder para perseguir uma reparação em face da ferrovia. Nada obstante, Sharkey aduz que o renomado juiz Benjamin Cardozo, não pareceu neste caso o mesmo Cardozo que em 1916 escreveu a opinião majoritária em *MacPherson v. Buick Motor Co.* oportunidade em que foi expressamente instrumentalista, assinalando que: "O princípio de que o perigo deve ser iminente não muda, mas as coisas sujeitas ao princípio mudam. Eles são o que as necessidades da vida em uma civilização em desenvolvimento exigem que eles sejam." Além disso, em MacPherson, Cardozo raciocinou em termos de "cheapest cost avoider". Porém, no caso Palsgraf, Cardozo aplicou o princípio "the loss should lie where it falls", considerando por bem deixar o dano ficar onde ele caiu - na pessoa da Sra. Palsgraf, que definitivamente não era a parte que poderia ter evitado o acidente pelo menor custo.

Como explica Calabresi, Palsgraf é um exemplo maravilhoso da dinâmica de direito público/privado da responsabilidade civil. Há quase 100 anos, o Juiz Cardozo vivia em um mundo em que a e a imputação de danos por negligência, e não a responsabilidade objetiva, era a lógica dominante. É óbvio que no caso Palsgraf, a Long Island Railroad Company não foi negligente. Não havia nada negligente em empurrar o portador de fogos de artifício para dentro do trem já em movimento. Cardozo, assume a questão da negligência, para remeter o caso para o aspecto público da responsabilidade civil, sem violar nenhum princípio de direito privado. A infeliz Sra. Palsgraf não tinha o direito de ser indenizada pela Companhia Ferroviária sob quaisquer princípios de responsabilidade civil então vigentes porque a Companhia não foi negligente.

Estes são exemplos de um juiz empurrando a lei na direção do aspecto público da responsabilidade civil, preservando o resultado privado estabelecido. Trata-se de uma consciente construção de etapas que concilia necessidades privadas e públicas da lei. Em algum momento, outro juiz se encontrará no topo de uma escada "construída" por um predecessor, conduzindo-o ao nível macro - e com a oportunidade de remodelar a lei. Então, ele estará de volta ao micronível. Nada tão distante da "chain novel" de Dworkin.

B) "ELO REVERSO" DA RESPONSABILIDADE CIVIL.

Como pontua Calabresi, se em princípio o ilícito civil deriva das necessidades regulatórias da sociedade, a responsabilidade civil acaba por operar em duas direções. Os juízes que pouco a pouco modelaram a responsabilidade civil iniciaram com uma pequena coleção de ilícitos básicos. De tempos em tempos, refinaram e revisaram a coleção, que apresenta tanto os "clássicos" quanto novas importantes obras. Pode-se imaginá-los, como obras de arte de gêneros semelhantes, agrupados em salas organizadas tematicamente. Ocasionalmente, novos quartos são adicionados para abrigar novos ilícitos. A responsabilidade civil é assim: uma galeria construída com uma curadoria de ilícitos. Entretanto, assim como um curador seleciona obras com base nos valores da sociedade, ao selecionar obras o curador culmina por moldar os valores da sociedade. A "galeria" de ilícitos civis é, portanto, um reflexo - e um fundamento - de nossos valores coletivos.

Consideremos, por exemplo, os *punitive damages*. Eles refletem um desejo de multiplicar as indenizações de tal forma que a sanção esperada para conduta ilícita seja igual ao seu custo social. Em certos contextos, tais indenizações também podem refletir um desejo de normalizar a transferência de direitos, de modo a privilegiar a "property rule" em detrimento da "liability rule". Com o passar do tempo, a aplicação dos *punitive damages* em certas condutas ilícitas, estimulam as pessoas a acreditar e considerar a conduta antijurídica mais custosa e, portanto, mais valiosa para evitar. Ou seja, como resultado de seu tratamento em casos de responsabilidade e da expectativa de reparação das pessoas, determinado comportamento passará a ser visto como mais caro. E isso, por sua vez, afetará os "cheapest avoiders", que evitam esses custos.

Uma história semelhante pode ser contada sobre a indenização por danos emocionais, sobre os quais a responsabilidade civil impõe limitações substanciais. Tais danos frequentemente não são compensados. Por que? Será que a vítima de tais danos seria a parte considerada mais barata para evitar tais danos? Se assim for, quanto mais uma sociedade compensar as pessoas por danos puramente emocionais, mais pessoas se sentirão emocionalmente prejudicadas e, em certo sentido, experimentarão mais danos e pleitearão mais indenizações. Calabresi não pretende sugerir que danos puramente emocionais não sejam reais. Eles são reais e devem ser reconhecidos de alguma forma. Mas ao decidir se - e como - reconhecer legalmente os ilícitos emocionais, uma sociedade pode estar considerando também os seus efeitos. Alguns, como a angústia que se sente ao ver um ente querido morto, a sociedade aceitará com tranquilidade. Outros, como o sentimento de angústia que todos temos quando vemos um trágico acidente de trânsito, a sociedade pode preferir reduzir, negando qualquer possibilidade de reparação, pois a indenização afeta os custos que, por sua vez, afetam o direito de reparação.

Conclui Calabresi que é justamente por essas idas e vindas entre o privado - meu direito de buscar reparação por um ilícito - e o público - um ilícito é o que a sociedade decide que deve ser reparado e como - que a responsabilidade civil se torna o campo fascinante que é.

Longe de "palpitar" em um embate dos pesos-pesados do tort law norte-americano, tenho apenas a acrescentar, em uma perspectiva brasileira, que em nosso país o aspecto privado da responsabilidade civil tem sido corretamente desenvolvido, com centralidade no princípio da reparação integral. Cabe agora, em uma necessária ponderação, trazer os holofotes para o seu aspecto público, de forma a desenvolvermos a máxima latina "casum sentit dominus", ou como preferem os ingleses "let the loss lies where it falls". Só assim conciliaremos o direito fundamental à indenização e a proteção dos bens jurídicos do lesado com a tutela de liberdade de atuação do lesante, com base em critérios de utilidade social que presidam o regime de imputação de danos ex delicto. A final, como proclama Oliver Wendell Holmes "é boa politica, deixar as perdas ficarem onde se registram, exceto quando se demonstre haver uma razão especial para interferir".

A NATUREZA DOS *PREVENTIVE DAMAGES*

INTRODUÇÃO

Desde há algum tempo que os estudiosos do direito civil questionam se nos confins da responsabilidade extracontratual há espaço para uma indenização apartada da função compensatória de danos, nas hipóteses em que não se manifesta um prejuízo propriamente dito, porém alguém realiza despesas com o objetivo de impedir que um dano alcance um interesse digno de tutela. Neste contexto, a doutrina necessita encontrar uma justificativa para a ampliação do conceito de dano ou, alternativamente, promover uma via metodologicamente sustentável, apta a fundamentar uma indenização que abarque gastos preventivos de danos consequentes à prática de um ato ilícito.

Em trabalho dedicado ao tema sob o viés da English Private Law, intitulado "Preventive damages" - indenização preventiva - Donal Nolan utiliza um exemplo para explorar o instigante assunto. O autor se socorre do caso do "incêndio na floresta de pinhos": B negligentemente permite que o fogo que se iniciou em sua propriedade, alastre-se e fuja ao controle, ameaçando alcançar a propriedade vizinha de A e destruir a sua valiosa floresta de pinhos. Alertado do perigo, A contrata uma esquadra especializada de bombeiros que enfrentam as chamas no limite das duas propriedades e, com êxito, impedem que o fogo entre em sua propriedade e cause prejuízos. Pelo fato de que o fogo jamais entrou na terra de A, B não cometeu um ilícito convencional - como o de *negligence* ou *nuisance*. Todavia, as despesas incorridas por A podem ser recuperadas em face de B? Ou melhor, uma regra que permite a recuperação de despesas preventivas pode ser conciliada com as regras gerais da responsabilidade civil? E caso as despesas preventivas possam ser recuperadas, isto se dará a que título?

Talvez, o caminho seja desviar o foco da compensação pelos prejuízos causados pelo demandado e mirarmos para o ilícito sofrido pelo demandante, vislumbrando uma ampliação dos espaços da responsabilidade extracontratual na qual a indenização não servirá primordialmente para conter danos, porém para prevenir comportamentos antijurídicos, remover lucros ilícitos ou restituir despesas decorrentes de um fato contrário ao direito.

PRIMEIRA OPÇÃO: A FUNÇÃO PREVENTIVA DA RESPONSABILIDADE CIVIL

O exemplo do incêndio na floresta não se relaciona a uma omissão ilícita pura e simples, mas um ilícito comissivo por omissão. Vale dizer, a própria omissão provocou o processo causal e o proprietário do solo de onde o fogo se alastra se abstém de adotar medidas necessárias para que a sua atividade não cause danos contribuindo para a situação de perigo. Neste evento, a causa adequada do resultado é justamente a omissão em si. A omissão não é apenas uma concausa para os danos. Via de consequência, as despesas preventivas se voltam face àquele que se absteve de adotar precauções necessárias para que a sua atividade não causasse danos.

Há uma natural tendência de se justificar a indenização ao proprietário do terreno contíguo com base na função preventiva da responsabilidade civil. Este é o caminhado adotado pelas jurisdições da *common law*, onde ilícitos convencionais demandam dano para que se convertam em torts e permitam a atuação da função compensatória da responsabilidade civil. A recíproca é admissível: alguns ilícitos como *trespass to land ou private nuisance* - ambas interferências desproporcionais sobre a fruição da propriedade alheia - dispensam a constatação do dano, pois a violação a esfera do demandante acarreta o ilícito de per se. Ocorre que no exemplo da floresta de pinhos não houve o ilícito de violação da propriedade e as despesas que razoavelmente foram antecipadas para evitar a iminência da intromissão ao direito alheio correspondem a uma espécie de extensão de uma *injunction*.

Não por outra razão, o § 919 do *Second Restatement of Torts* do *American Law Institute* dispõe que: "ao determinar se as despesas incorridas para evitar danos foram razoáveis, há de se observar a gravidade do dano iminente, o grau de probabilidade que ocorra e a provável despesa assumida pela pessoa ameaçada são elementos que devem ser considerados".

O mérito deste raciocínio consiste em uma admissão da funcionalização da responsabilidade civil: de modelo exclusivamente direcionado à contenção de danos para um mecanismo de contenção de comportamentos antijurídicos, desestimulando o agente à prática de ilícitos e, simultaneamente, reconhecendo o mérito da conduta daquele que mitiga o próprio dano mediante a antecipação de despesas. A compensação não é o único objetivo do *tort law*, o que aconselha um dinâmico balanceamento entre aquela e a função de desestímulo, cada vez mais considerada em uma noção mais ampla do impacto instrumental da responsabilidade civil. Em acréscimo, o recurso ao *preventive damages* seria menos oneroso do que à *preventive injunction*, enquanto aquelas estão disponíveis antes do dano ocorrer e demandam certo comportamento, a indenização preventiva é apenas concedida quando o autor se engaja em uma conduta que causa danos e tal como as injunções são concebidas para evitar futuras incursões em direitos protegidos.

Não teríamos dificuldade de lidar com esta ideia em uma acepção ampla da tutela preventiva, como um efeito colateral de qualquer indenização, haja vista que a ideia de desestimulo especial (ao autor do ilícito) e desestimulo geral (em face de potenciais agentes) perpassa qualquer condenação, mesmo aquelas puramente compensatórias, despidas de um acréscimo por *punitive/exemplary damages*.

Nada obstante, no sentido estrito da função preventiva, materializado pela tutela inibitória e de remoção do ilícito, a proteção se dirige, respectivamente, contra a probabilidade de ilícito e o ilícito praticado, pois a probabilidade de dano e o dano se encontram fora de seu nexo de imputação. O dano é requisito da tutela ressarcitória, seja na forma específica, seja pelo equivalente ao valor do dano. O desiderato de A no exemplo referido não foi o de impedir a prática ou a reiteração do ilícito de B, porém o de evitar o fato danoso temido, questão que não compõe o mérito de uma tutela genuinamente preventiva. Na realidade brasileira, enuncia o parágrafo único do art. 497 do CPC: "Para a concessão da tutela específica destinada a inibir a prática, a reiteração ou a continuação de um ilícito, ou a sua remoção, é irrelevante a demonstração da ocorrência de dano ou da existência de culpa ou dolo". Se este é o mérito da tutela genuinamente preventiva, não há espaço para a discussão respeitante às despesas realizadas pelo demandante para evitar ou mitigar o dano temido.

Se a nossa opção consiste em recusar a natureza compensatória ou puramente inibitória do remédio da "indenização preventiva", urge identificar uma resposta alternativa. A nosso viso, o modelo jurídico dos *preventive damages* se amolda a uma espécie de remédio restitutório. Não se trata de uma pretensão voltada à compensação de um dano, porém de uma pretensão hábil a reintegrar o patrimônio do demandante ao estado pré-ilícito, em função de critérios objetivos que afiram a razoabilidade das despesas realizadas pela violação de um direito diante da probabilidade de um dano, independentemente de sua constatação. Assumimos aqui um conceito ampliado do princípio da reparação integral, que não se resume à transferência dos danos do patrimônio do ofensor ao do ofendido, mas sim o de reequilíbrio patrimonial entre as partes - em um âmbito de justiça corretiva - que também se dará pela via da restituição de ganhos obtidos pelo demandado com a prática do ilícito ou, ainda, com a restituição de despesas não por ele assumidas quando da intromissão em um direito alheio, incluindo-se aí os gastos que o demandante razoavelmente antecipou para evitar a referida intromissão.

A nosso viso a indenização das despesas preventivas pelo incêndio na floresta é uma condenação pecuniária que atua como tutela restitutória do ilícito. O modelo da *common law dos preventive damages* abrange um conjunto de casos em que o escopo do demandante é o de recuperar despesas por ele realizadas para evitar que um ilícito convencional seja praticado pelo demandado.

Caso B seja condenado a restituir as despesas enfrentadas pelo proprietário A, como podemos definir o fundamento da referida indenização? Não se trata de um dano no conceito estrito da função compensatória, haja vista que a propriedade de A não foi consumida pelo fogo, sequer parcialmente. Todavia, houve uma lesão a um interesse patrimonial merecedor de tutela do demandante que lhe defere uma pretensão em face de B. Consequentemente, cabe invocar um remédio que transcenda à epiderme do dano e possa ser aplicado nos limites da responsabilidade civil.

Ainda no que diz respeito às interferências no direito de propriedade, especificamente no capítulo do direito de vizinhança o CC/02, dispõe o art. 1283 que "As raízes e os ramos de árvore, que ultrapassarem a estrema do prédio, poderão ser cortados, até o plano vertical divisório, pelo proprietário do terreno invadido". Assim, se as raízes da árvore de um vizinho ameaçam causar dano estrutural ao prédio vizinho, há a previsão de autotutela, independentemente de prejuízo ou nocividade para o vizinho, autorizando-se o proprietário invadido a atuar fundado no princípio da liberdade. Contudo, nada menciona o dispositivo sobre uma eventual pretensão a ser exercitada judicialmente, na qual o vizinho afetado pela intromissão postulará a restituição pelas despesas preventivas.

Na discussão sobre as despesas preventivas, para além das referências às opções adotadas pelas jurisdições do *common law*, cabe acrescentar o ingrediente brasileiro da excepcional "autotutela das obrigações de fazer". De acordo com o art. 249 do CC/02 de 2002: "Se o fato puder ser executado por terceiro, será livre ao credor mandá-lo executar à custa do devedor, havendo recusa ou mora deste, sem prejuízo da indenização cabível. Parágrafo único. Em caso de urgência, pode o credor, independentemente de autorização judicial, executar ou mandar executar o fato, sendo depois ressarcido". Em princípio, vislumbra-se imediata incidência do dispositivo na tutela preventiva do inadimplemento de obrigações com fonte contratual. Ilustramos a sua incidência, com a hipótese da contratação de uma firma para demolição de prédio em risco iminente de desabamento, que se abstém injustificadamente do cumprimento da obrigação de fazer. Poderá o próprio credor (proprietário do prédio) determinar que outra empresa pratique a conduta omitida, sem que, para tanto, seja necessária a obtenção da autorização judicial, como originariamente exigir-se-ia nessas hipóteses. Apenas a posteriori o credor demandará o ressarcimento pelos danos decorrentes do descumprimento e dos valores pagos para a execução do fato, convertendo-se a originária obrigação de fazer em obrigação de restituir o valor correspondente.

Para além do termo "credor" a hermenêutica do parágrafo único admite extensão ao campo do ilícito extracontratual, repercutindo nas situações de provável risco de dano para terceiros. Prosseguindo no mesmo exemplo, o vizinho ao prédio que ameaça cair também ostenta legitimidade para efetuar despesas preventivas diante da inação do proprietário vizinho em espontaneamente realizar as obras de contenção estruturais. O CC/02 presume a premência da realização de despesas preventivas perante a inação daquele sobre o qual deveriam recair tais gastos. Bem explica Paulo Lôbo que o devedor poderá provar em juízo que não houve a urgência e, portanto, descabe a obrigação de reembolsar as despesas preventivas. De qualquer forma o equívoco da redação consiste no uso da palavra "ressarcido" ao invés de "restituído", pois não se trata de tutela contra o dano, mas de indenização restitutória de despesas.

NOSSO POSICIONAMENTO: A INDENIZAÇÃO PREVENTIVA COMO REMÉDIO RESTITUTÓRIO NA RESPONSABILIDADE CIVIL

A nossa posição quanto às despesas preventivas assumidas pelo demandante tem como premissa a noção de que a justiça corretiva transcende a tarefa de compensar danos, exigindo por vezes um trabalho mais amplo, consistente na reintegração do patrimônio da vítima ao estado pré-ilícito. Isto ocorre quando danos não são identificados, mas o comportamento antijurídico acarreta lucros indevidos ao infrator, ou ele se beneficia de uma economia de despesas, ou mesmo, a necessidade de se repelir um dano iminente impõe a realização de despesas preventivas por parte daquele exposto a uma lesão econômica e/ou a sua integridade psicofísica.

O importante é que exista um critério objetivo que afirme a razoabilidade das despesas realizadas, solução esta alcançada pelo Código Civil da Eslováquia no § 419: "Qualquer pessoa que tenha custeado o dano iminente terá direito ao reembolso dos custos incorridos razoavelmente e a os danos que tenha sofrido, inclusive contra a pessoa em cujo interesse tenha atuado, em particular e na medida em que se evitou o dano". O dispositivo corretamente aparta a função restitutória da responsabilidade civil (reembolso dos custos) da cumulação com a compensação dos eventuais danos sofridos, deixando claro que a restituição independe do sucesso das medidas profiláticas.

É certo que não podemos generalizar, a ponto de afirmar que todo o custo de prevenir interferências danosas em face da pessoa ou propriedade do demandante se conecta a um remédio restitutório. Excluímos, prima facie, aqueles casos em que as despesas enfrentadas pelo demandante concernem à mitigação de danos posteriores à ocorrência do fato lesivo, a fim de evitar que as lesões iniciais se agravem (v.g. gastos com procedimento cirúrgico para atenuar as consequências de uma agressão física). Aquilo que se nomeia como *mitigation damages* não nos interessa, haja vista que opera em um contexto posterior à violação de um interesse patrimonial ou existencial do demandado no qual o ofensor terá que arcar não apenas com as perdas, mas também com os custos de mitigação.

Reconhecemos a importância de regras redigidas de forma a apartar os remédios restitutório e compensatório no setor da responsabilidade civil. Nada obstante, cremos que a melhor alternativa é sistêmica. Com efeito, para instalarmos a indenização preventiva como remédio autônomo na responsabilidade civil não basta apartamos esse modelo jurídico das alternativas das respostas compensatória (pelo recurso ao dano abstrato) ou preventiva (como uma variação da tutela inibitória). É necessário encontrar um apoio legislativo e isto somente será possível mediante uma ressignificação do princípio da reparação integral. Requer-se uma funcionalização do conceito de indenização, no sentido de que possa atender da melhor forma a dimensão relacional que inspira o princípio da reparação integral. O objetivo de "reconstituição" hipotética das partes ao estado anterior ao ilícito demanda uma análise bilateral, que, para além do ofensor, compreenda a posição do agente.8 Na medida em que o ofensor obteve um lucro ilícito, economizou despesas com a violação de uma certa posição jurídica, ou então o demandante incorreu em despesas que não assumiria se não houvesse o ilícito, naturalmente a "melhor indenização" terá que incluir dentre os seus critérios alternativos a restituição de gastos ou o resgate de benefícios econômicos, sob pena de violentarmos a justiça corretiva que anima a *restitutio in integro*. Seja o foco nas perdas como nas despesas preventivas, a restauração da situação existente encontra acolhimento na dimensão relacional da obrigação de indenizar, restrita à bilateralidade das razões correlatas às partes.

A essência da filosofia Aristotélica se traduz na necessidade de restauração do equilíbrio em uma relação comprometida uma ação injusta. As duas partes, em suas perdas e ganhos são conectadas pelo conceito de *synallagma*, e ofensor e ofendido formam uma relação jurídica decorrente do ilícito, da qual todos os demais membros da sociedade estão excluídos, pois em razão de uma injustiça, apenas o ofendido tem um vínculo com os lucros do infrator. Todavia, até os tempos atuais mantemos uma perspectiva unilateral do problema, pois a justiça corretiva foi examinada por uma perspectiva Tomística, centrada na neutralização de perdas em detrimento da abordagem Aristotélica.

A vertente instrumentalista da responsabilidade civil se enriquece se virarmos o foco do dano para o ilícito e o associarmos aos remédios. Os remédios da responsabilidade civil são o resultado de um balanceamento de interesses em ambos os lados e não apenas uma resposta reflexa a um negativo rumo dos acontecimentos. Destarte, ampliando a acepção das ações indenizatórias, agora como condenações pecuniárias a obrigações extracontratuais que perfaçam a finalidade de recomposição do sinalagma entre demandante e demandado, poderemos enfrentar o fenômeno da ilicitude por três vias: a) restituição do demandante a situação anterior ao dano injusto pelo remédio compensatório; b) restituição de ambas as partes à situação anterior ao ilícito por meio do remédio da fixação de um preço razoável ou pela restituição das despesas assumidos pelo demandante diante da intervenção inconsentida em sua esfera patrimonial ou existencial; c) restituição do demandado à situação anterior ao ganho ilícito por meio da remoção dos lucros decorrentes da violação de interesses protegidos do demandante.

PERSPECTIVAS DA RESPONSABILIDADE CIVIL NOS LITÍGIOS CLIMÁTICOS NAS JURISDIÇÕES DO *COMMON LAW*

A característica mais marcante da legislação sobre danos climáticos nas jurisdições do *common law* é a escassez de responsabilidade civil para obter compensação dos agentes negligentes e punição em face daqueles que, de forma imprudente ou intencional, causam danos. É consenso científico que a queima de carvão, petróleo e gás provoca o aquecimento global. No entanto, a responsabilidade civil possui um histórico excepcionalmente tíbio em sancionar os poluidores ambientais. Por exemplo, derramamentos de óleo no porto de Sydney e uma explosão subsequente foram considerados danos muito "remotos". Derramamentos químicos poluindo as águas subterrâneas de Cambridge também foram reputados como consequência demasiadamente "remota" para gerar compensação de danos. Vale dizer, qualquer demanda contra emissores enfrenta profundos desafios doutrinários, em cada etapa do processo.

Em matéria de responsabilidade civil, no tradicional ilícito de negligência, surgem três questões principais: houve dano, violação ao dever de cuidado e nexo de causalidade, que não seja muito remoto? Primeiro, há um número crescente de eventos que resultam em danos climáticos, cada vez mais extremos: inundações no Reino Unido, incêndios florestais na Austrália, furacões na América. Isso resulta em danos à propriedade, lesões a integridade psicofísica e morte. Em segundo lugar, há uma violação a um dever de cuidado? Isso depende se o dano é razoavelmente previsível, há proximidade, e é justo, justo e razoável impor um dever. Danos climáticos já estavam previstos em 1965, e empresas de combustíveis fósseis como a Exxon realizam extensa pesquisa sobre o assunto desde 1977. Se uma pessoa sensata deveria saber que sua ação poderia causar danos, mas age de qualquer maneira, há uma violação do dever.

Terceiro ponto, as ações de uma empresa de combustíveis fósseis causam danos ao clima? Vários agentes poluem a atmosfera em diferentes quantidades, contudo apenas 90 empresas são responsáveis ??por 63% de todas as emissões históricas. Há incerteza científica sobre a ligação entre qualquer fonte de emissões e os danos resultantes, porque as emissões em um só lugar levam a padrões globais desiguais de aquecimento. Todavia, em face de tal incerteza, foi estabelecido em *Fairchild v Glenhaven Funeral Services Ltd* que um infrator é responsável pela ampliação material do risco que ele causa. O princípio preferível parece ser que os infratores são solidariamente responsáveis, embora uma teoria alternativa é que eles podem ter responsabilidade proporcional, uma regra que importa onde algumas empresas se tornaram insolventes. A regularidade e gravidade desses eventos aumenta gradativamente, o que significa que a probabilidade percentual de que qualquer evento seja causado por danos climáticos se acentua. Quanto à indagação se a cadeia causal é muito "remota", a resposta deve ser negativa, já que os danos climáticos dos combustíveis fósseis são esperados e bem compreendidos.

Provavelmente, quando demandados, os emissores de combustíveis fósseis colocarão maior peso no argumento da causalidade. No tribunal estadual alemão de Essen, um caso em andamento chamado *Lliuya v RWE AG* admitiu que uma grande empresa de energia, a RWE AG, poderia ser responsabilizada em princípio por danos a uma geleira no Peru. A aldeia de Lliuya, Huaraz, ficava perto de uma geleira montanhosa derretida, aumentando o tamanho do lago Palcacocha e exigindo defesas contra inundações. Foi alegado que a RWE contribuiu com 0,47% das emissões globais de carbono e, portanto, deveria ser responsável por 0,47% do custo da proteção contra inundações. Enquanto o Tribunal Estadual indeferiu o pedido, argumentando que não havia 'cadeia casual linear', em novembro de 2017 o Tribunal Superior admitiu a passagem para a fase probatória no tocante à ameaça de deslizamentos de terra, e a contribuição exata da RWE, a ser avaliada por peritos.8 Evidentemente, se um caso estabelece a responsabilidade de uma empresa por danos climáticos, todas as empresas sob a jurisdição da Alemanha podem ser processadas por sua contribuição: isso provavelmente tornaria as empresas de combustíveis fósseis insolventes. Uma simples aplicação dos princípios vigentes no direito inglês conduz ao mesmo resultado.

Uma outra questão pode ser acrescentada: Magistrados devem decidir questões profundamente políticas? Deixando de lado a guerra e o holocausto nuclear, nenhuma questão é tão importante quanto o futuro da vida na Terra. Isso levanta a questão da "justiciabilidade", como forma específica de exigibilidade em juízo. Nas jurisdições do common law, o fundamental ilícito de "negligence", requer que se pondere se é justo, e razoável impor um dever de cuidado por dano climático. Pode-se argumentar que o Acordo de Paris de 2015, ou a Lei de

Mudanças Climáticas de 2008, deveria substituir a legislação sobre responsabilidade civil aplicável às emissões de gases de efeito estufa. Nos EUA, um argumento semelhante teve sucesso. Em 2007, a Suprema Corte dos EUA decidiu por 5 a 4 que sua Agência de Proteção Ambiental tinha o dever de regular as emissões de gases de efeito estufa sob a Lei do Ar Limpo de 1963. Essa aparente vitória durou pouco, pois no caso *American Electric Power Co v Connecticut*, decidiu-se por 8 a 0 que, dada a jurisdição da EPA, impediu-se a aplicação da lei federal de responsabilidade civil. A lei inglesa não replica esse raciocínio: em questões ambientais não há impedimento à aplicação da responsabilidade civil em nenhum nível, sem que hajam palavras explícitas no estatuto. A Suprema Corte dos EUA sugeriu que as leis estaduais de responsabilidade civil fossem aplicadas, contudo, em casos subsequentes tribunais podem concluir que, como os reflexos danosos cruzam as fronteiras estaduais, leis estaduais se tornam inoperantes, tornando a ação do poder executivo necessária no EUA para controlar a poluição em nível federal, posição esta incompatível com um sistema de justiça eficaz.

É cada vez mais aceito que o sistema do *common law* deve ser interpretado à luz dos direitos humanos, particularmente sob a Convenção Europeia de Direitos Humanos. Por esse motivo, a decisão da Suprema Corte Holandesa em *Urgenda v Estado da Holanda* tornou-se influente. Ela sustentou que o governo holandês tinha que reduzir as emissões de gases de efeito estufa em 25% antes de 2020, um padrão retirado da Convenção-Quadro das Nações Unidas sobre Mudanças Climáticas em 2007 na qual são listados os países desenvolvidos que devem reduzir as emissões entre 25% e 40% até o final de 2020 para ficar 2 graus abaixo do limite para danos climáticos. A Suprema Corte Holandesa considerou que o não cumprimento até mesmo do limite inferior dessa meta violou tanto o direito à vida no artigo 2° da CEDH quanto o direito à vida privada e familiar no artigo 8.26 da CEDH. Em 2021, em um caso semelhante de Mudança Climática em 2021, o Tribunal Constitucional alemão considerou que o governo tinha o dever de acelerar suas medidas de proteção climática, como parte de seu dever constitucional de proteger os direitos à vida e ao meio ambiente sob a *Grundgesetz* 1949, artigos 2° e 20. O significado de uma decisão com base nestes fundamentos é que, se seguido por outros tribunais em toda a Europa, os tribunais do Reino Unido terão fortes fundamentos para interpretar as normas do *common law* de modo compatível com a proteção do direito à vida e à privacidade. Há então uma escolha a ser feita sobre a aptidão da responsabilidade civil desempenhar um papel positivo, auxiliando a mitigar os danos causados pelos combustíveis fósseis.

No litígio *Friends of the Earth v Royal Dutch Shell plc*, o Tribunal Distrital de Haia considerou que, de acordo com o Livro 6, seção 162(2), do Código Civil

Holandês o não cumprimento do artigo 2° (1) do Acordo de Paris de 2015 seria ilícito: que é "o que, de acordo com a lei não escrita, deve ser considerado como conduta social adequada". Ao interpretar este dever geral de responsabilidade civil, a Corte levou em consideração os artigos 2° e 8° da CEDH sobre os direitos à vida e à vida privada, familiar e doméstica. vida. Observou-se que "as consequências graves e irreversíveis das perigosas mudanças climáticas na Holanda... representam uma ameaça aos direitos humanos dos residentes holandeses". Frisou-se que a Shell tinha o dever de reduzir suas emissões de acordo com as obrigações do Acordo de Paris em 45% até 2030, fossem elas geradas diretamente por seu grupo corporativo ou indiretamente pelos compradores de seus produtos. Após o caso, a Shell plc excluiu "Royal Dutch" de seu nome e anunciou a mudança de sua sede para Londres, presumivelmente na esperança de escapar do julgamento, embora previsivelmente suas operações de relações públicas negassem tal fato.

O episódio mais recente no universo do *common law* se encontra na Nova Zelândia, em *Smith v Fonterra,* cujo objetivo é processar os maiores emissores por negligência e incômodo público (*public nuisance*). Alega-se que essas grandes corporações violaram o dever de cuidar dos neozelandeses ao contribuir materialmente para a mudança climática. Evidentemente, há muita teoria de responsabilidade civil no argumento dos réus, concentrado na falta de conexão causal entre os emissores e o Sr. Smith. O Interessante no caso é a interação do *Tikanga Maori* (lei consuetudinária maori) com a legislação de responsabilidade civil, pois o Sr. Smith representa pessoas da maior tribo na Nova Zelândia. Não é todo dia que você vê uma pessoa processando um grupo de grandes corporações no valor de dezenas de bilhões de dólares sobre danos a propriedades costeiras. Ele argumentou que o prejuízo foi causado pelo maior minerador de carvão da Nova Zelândia, uma refinaria de petróleo, uma usina de energia e outros emissores.

A demanda chegou à Suprema Corte depois que os tribunais inferiores se recusaram a ouvir o caso de Smith. Os juízes entenderam que o resultado buscado por Smith representa uma mudança dramática na política nacional de mudança climática, e que ao parlamento democraticamente eleito incumbe a mudança de rumos, não os tribunais. Perante o Supremo Tribunal os demandados sustentam que os danos climáticos ocorreriam de qualquer maneira, que as suas emissões coletivas seriam "minúsculas" e que pessoas razoáveis no lugar dos réus não poderiam ter previsto o dano. Ademais, tal dano seria um resultado improvável ou distante das emissões dos réus.14 Esse raciocínio contradiz o famoso precedente Rookes v Barnard, no qual a *House of Lords* estabeleceu que *punitive damages* são aplicáveis quando a conduta é calculada para gerar lucro: "Onde um Réu com um desrespeito cínico pelos direitos de um Autor", disse Lord Devlin, "calculou que o dinheiro a ser ganho por seu delito provavelmente excederá os danos em risco, é necessário que a lei mostre que não pode ser quebrado impunemente".

Contudo, o demandante solicita ao tribunal que seja ousado: Talvez a questão mais importante, se os tribunais não vão fazer isso, o que eles vão fazer? Com efeito, nesta batalha sem precedentes de 'Davi e Golias', esticam-se as cordas legais na tentativa de forçar uma intervenção sobre as mudanças climáticas. O fato é que os sete grandes emissores que Smith levou ao tribunal atuam tecnicamente dentro de seus poderes, sem violar nenhuma lei escrita aprovada pelo parlamento. O caso de Smith apela para a responsabilidade civil por atos ilícitos e solicita ao sistema de direito consuetudinário da Nova Zelândia que determine que os grandes emissores estão causando danos e não devem continuar com os negócios como de costume. Em uma analogia com a acepção clássica do delito de negligência, se você está andando de bicicleta, não presta atenção e bate no carro de uma pessoa rica: você é responsável por negligência pelos danos causados. Ademais, no que tange ao ilícito de incômodo público, há um comportamento que interfere na vida e no prazer público. Se tudo isto falhar, propugna-se pela criação de um novo *tort*: o ilícito por mudança climática, um convite para os juízes inventarem uma forma mais ecológica de tratar o seu próprio direito.

Enfim, é difícil compreender por qual razão os tribunais inferiores da Nova Zelândia não tiveram a presença de espírito de raciocinar de maneira semelhante ao tribunal holandês. Talvez eles simplesmente não se importem com os tratados internacionais de direitos humanos que a Nova Zelândia assinou e ratificou. Porém, a premente questão do câmbio climático impõe outro questionamento: quanto à capacidade institucional dos Tribunais de fazer políticas amplas. Isso não quer dizer que medidas urgentes não devam ser tomadas neste tema. Em vez disso, é indagar se os Tribunais estão em posição de tomar e ordenar as medidas necessárias.

KANYE WEST E AS RAÍZES NORTE-AMERICANAS DAS "CLÁUSULAS MORAIS"

Na história do marketing esportivo, empresas se envolvem em decisões difíceis por atitudes temerárias de seus contratados. Ilustrativamente, depois que a infidelidade de Tiger Woods entrou no holofote do público, foi difícil para a Nike dispensá-lo, devido ao vulto do negócio. A Nike fez uma pausa na marca Kobe Bryant até que o seu julgamento de estupro fosse arquivado. Todos lembram da dolorosa quebra da relação da Nike com Lance Armstrong em razão de seu envolvimento em escândalo de *doping*.

Este é o contexto para a decisão da Adidas de interromper seu relacionamento com "Ye", rapper-estilista também conhecido como Kanye West, em virtude de seus reiterados e repugnantes comentários antissemitas. Celebrado em 2016 e programado para durar até 2026, o acordo com West permitiu que licenciasse a marca Yeezy para a Adidas em troca de royalties de aproximadamente 15% das vendas dos produtos, monetizando a propriedade intelectual. O que torna a polêmica fascinante é o tamanho do negócio encerrado: trata-se da maior resolução contratual na história do marketing esportivo. O custo da decisão de interromper a Yeezy (que representa 4 a 8% da receita anual da Adidas) resulta em uma perda de US$ 10 bilhões, além do incalculável tráfego digital que canaliza à marca. Em perspectiva, apenas uma marca sai mais caro: a Jordan Brand. Como consequência as ações da empresa caíram acentuadamente.

Malgrado o enorme custo financeiro, os executivos da Adidas perceberam que, no longo prazo, estar do lado certo da história é mais importante que o balanço contábil. A empresa alemã possui um histórico marcado por conexão com os nazistas (O fundador da Adidas, Adi Dassler, era membro do partido nazista, fez sapatos para a juventude nazista e fechou sua fábrica para ajudar a Alemanha durante as Guerras Mundiais). Assim, tal como fizeram Balenciaga e GAP, a gigante de roupas esportivas não teve escolha a não ser cortar os laços. Como já cantou Kanye: "When it starts to get crazy, then run away". A Adidas rapidamente seguiu o seu conselho. West é um homem notoriamente misógino, conhecido por desrespeitar aqueles ao seu redor e há muito divulga uma quantidade notável de comentários vergonhosos, tanto em público quanto em suas letras. Para a Adidas, a sua reputação é maior ativo intangível e, consequentemente, o zelo pelas cláusulas morais nos contratos das marcas com celebridades e atletas. Isto ficou claro no comunicado da empresa: "comentários e ações recentes de West foram inaceitáveis, odiosos e perigosos, e violam os valores da empresa de diversidade e inclusão, respeito mútuo e justiça".

Por meio das chamadas "morals clauses", a pessoa pública se compromete a não se envolver em escândalos ao longo de seu compromisso com o contratante. Embora ilícitos criminais geralmente se enquadrem na definição de atos proibidos, comportamentos que não infringem a lei penal igualmente podem violar uma cláusula moral, tal como condutas escandalosas e ofensivas.

O conceito jurídico de imoralidade em ajustes contratuais deriva do direito romano, a partir dos juristas Gaius e Julianus que formularam específicos exemplos de acordos que não criam obrigações pois o seu propósito é contrário a boa moral (contra bonos mores). Este conceito se prende ao que a doutrina atual entende como autonomia privada e autodeterminação, evitando que restrições excessivas violem direitos fundamentais. Evidente que juristas romanos não tratavam de direitos humanos, porém de pietas (o senso de dever e a afeição perante a família); existimatio (o respeito e estima desfrutados pela pessoa em sociedade) e verecundia (o inato senso de vergonha). Um ato imoral seria aquele no qual a pessoa ofendesse "pietatem existimationem verecundiam nostram".[12]

Os comentários do direito romano exerceram considerável influência sobre o direito inglês medievo. Contra bonos mores era utilizadas nos tribunais ingleses no século XVIII, ocasião na qual juízes se negavam a executar contratos que significassem prejuízo ao bem público. Todavia, comparativamente às jurisdições do civil law, o conceito de imoralidade como freio à contratação teve um papel bem limitado.[13] Na tradição inglesa, um contrato apenas é considerado como contrário à ordem pública se restringe a liberdade individual a ponto de reduzir a pessoa uma condição de escravo, tal como no precedente Horwood v. Millar's Timber[14] no qual um contador fez um mútuo com um agiota e o contrato previa que o mutuante só poderia residir no endereço atual e largar o seu emprego

---

12. ZIMMERMAN, Reinhard. The law of obligations. Clarendon press, Oxford 1996, p. 706/15.
13. MANSOOR, Zeeshan; CHANTAL MAK, Aurelia Colombi; Immoral contracts in Europe, p. 9/14. Cambridge: Intersentia, 2022.
14. Horwood v. Millar's Timber and trading co (1917) 1 KB 305.

com om consentimento do mutuante. O contrato foi tido como ilegal, contudo, trata-se de extrema ofensa à liberdade individual.

Justamente por esse mais claro distanciamento entre direito e moral, a inserção de cláusulas morais recebeu o seu berço contemporâneo na indústria de Hollywood. Elas encontraram seu lugar em ajustes com atores libertinos nos loucos anos vinte, após o escândalo Roscoe "Fatty" Arbuckle em 1921.[15] O texto da cláusula da Universal Studios de 1921 dizia o seguinte: "O ator (atriz) concorda em se comportar com o devido respeito às convenções e moral públicas e concorda que não fará ou cometerá nada que tenda a o degradar na sociedade ou levá-lo ao ódio público, desprezo, desprezo ou ridículo, tendendo a chocar, insultar ou ofender a comunidade ou ultrajar a moral ou decência pública, ou tendendo ao preconceito da Universal Film Manufacturing Company ou da indústria cinematográfica. No caso de o ator (atriz) violar qualquer termo ou disposição deste parágrafo, a Universal Film Manufacturing Company tem o direito de cancelar e anular este contrato, mediante aviso prévio de cinco (5) dias ao ator (atriz) de sua intenção de fazê-lo".

Com o "Red Scare"[16], as cláusulas se tornaram populares como forma de "caça às bruxas" quando o macarthismo atingiu Hollywood. Justamente por esse DNA autoritário das listas negras, a partir dos anos sessenta as cláusulas morais foram proibidas por acordos coletivos. Contudo, recentemente elas retornaram no contexto do "#MeToo", como uma tentativa de impedir o mau comportamento de artistas, roteiristas e diretores. Para agravar, geralmente não são rotuladas propriamente como cláusulas morais. Ao invés, são integradas ao texto por letras miúdas em termos padronizados como anexo ao contrato principal. No caso de atletas, os patrocínios continuam sendo extremamente lucrativos, porém a explosão das mídias e da vigilância social tornou muito mais difícil para eles se

15. Em 1921, Roscoe Fatty Arbuckle foi acusado do assassinato de uma jovem atriz chamada Virginia Rappe. Ele foi julgado 3 vezes e isso destruiu sua reputação e também sua carreira como uma das estrelas mais bem pagas da era do cinema mudo. A maioria dos escritores nos 100 anos seguintes argumentou que Arbuckle foi vítima e inocente das acusações.

16. "Red Scare" é a percepção de um terror generalizado de potencial ascensão do comunismo ou outras ideologias de esquerda. É frequentemente caracterizado como propaganda política. O termo é associado a dois períodos da história dos Estados Unidos. O primeiro susto vermelho, que ocorreu imediatamente após a Primeira Guerra Mundial, girou em torno de uma ameaça percebida do movimento trabalhista americano, da revolução anarquista e do radicalismo político. O segundo susto vermelho, que ocorreu imediatamente após a Segunda Guerra Mundial, preocupou-se com a percepção de que comunistas nacionais ou estrangeiros estavam se infiltrando ou subvertendo a sociedade americana e o governo federal. O nome refere-se à bandeira vermelha como um símbolo comum do comunismo.

comportarem mal sem serem pegos. Some-se isto a uma tolerância social reduzida ao mau comportamento dos ídolos, fazendo que com que as empresas estejam conscientes de que certas relações lucrativas podem rapidamente se tornar tóxicas.

De acordo com as leis em vigor de Nova York e Califórnia, é possível resolver o contrato de um ator que viole uma cláusula expressa de moral, em cujo conteúdo se exija conformidade com convenções públicas e decência. Tal conduta transcende o dever de obedecer à lei, porém o de abster-se de comportamentos que tendam a "chocar, insultar e ofender a comunidade e a moral pública", trazendo o artista ao "descrédito, desprezo, escárnio e ridicularização", ou refletir desfavoravelmente sobre o empregador do artista ou a indústria em geral. Determinar se uma cláusula moral expressa foi efetivamente violada é uma questão de fato, dependente da redação da cláusula moral e da conduta em questão.[17]

O fato é que a partir dos EUA, tais cláusulas ganharam o mundo, tornando-se clara tendência empresarial para proteção de marca e reputação, a final, a celebridade que se engaja em comportamentos questionáveis pode equivocadamente conduzir a opinião pública a crer que há um apoio da marca que ostenta, o que lhe ocasiona o chamado "reputational harm". As grandes empresas podem sair de negócios com relativa facilidade caso tenham problemas com o comportamento do contratado, sem enfrentar demandas por quebra de contrato, em função da cláusula moral.

Com efeito, no common law o remédio da "termination" permite que a parte vítima da violação contratual seja a partir deste instante liberada das obrigações contratuais, o que comumente ocorre quando houver ofensa a uma cláusula na qual se ajustou uma circunstância definida, bem como foram previstas detalhadamente as consequências do término. O contratante inocente delibera por noticiar ao outro contratante sobre o seu intuito de imediata e irrevogavelmente desfazer o ajuste, sem necessidade de recorrer a um tribunal ou conceder ao lesante uma oportunidade de remediar o ilícito antes do exercício do "right to terminate".[18]

Não é o nosso objetivo, tratar da cláusula moral no contexto brasileiro.[19] Todavia, diferentemente das jurisdições do civil law, que em razão do princípio

17. Kressler, Noah B., Using the Morals Clause in Talent Agreements: A Historical, Legal, and Practical Guide. Columbia Journal of Law & the Arts, Vol. 29, Available at SSRN.

18. CARTWRIGHT, John. An introduction to the English law, p. 283.

19. Recomendamos a leitura do texto de Ana Paula Parra Leite e Zilda Consalter, intitulado, O caso Ryan Lochte e a aplicação da cláusula moral no direito negocial brasileiro. As autoras aduzem "Tendo em vista a aplicação do princípio da autonomia da vontade

da boa-fé são cautelosos em admitir a resolução automática das avenças, o direito inglês não possui uma regra geral exigindo que as partes em contratos civis exercitem os seus direitos com razoabilidade. Particularmente em contratos comerciais as cortes geralmente interpretam e aplicam as cláusulas estritamente como ajustadas. Qualquer movimento contrário à exequibilidade das cláusulas gera insegurança jurídica.

Porém nem tudo são flores... a "termination clause" conduz à algumas questões econômicas específicas no caso West: O que a Adidas pode fazer com os designs daqui para frente? Embora a empresa enfatize a propriedade dos direitos de design dos produtos, corre o risco de responsabilidade por violação de marca registrada, no caso de usar o nome Yeezy sem autorização da West para vender sapatos (mesmo que titularize os designs). Embora a declaração da Adidas feche definitivamente a porta para a venda de produtos da marca Yeezy, ela abre outra porta para a estratégia de renomeação dos designs. A Adidas não poderá utilizar marcas registradas individuais, contudo os designs podem ser reutilizados porque são de sua propriedade. Simplificando, "Yeezy" pode ser de propriedade de Ye. Mas os designs dos sapatos Yeezy são propriedade intelectual da Adidas. Entretanto, cortar laços com Kanye, mas continuar a vender o mesmo calçado que os estilos que oferecia anteriormente sob o nome Yeezy com a marca genérica "adidas" pode não agradar aos consumidores.

Evidente que a grande discussão jurídica passa pela hermenêutica do significado preciso e o escopo de cláusulas morais, particularmente quando as empresas mantêm a linguagem definidora das condutas censuráveis de forma vaga e imprecisa, de maneira a cobrir uma gama de comportamentos que violariam o acordo. As cláusulas se servem de termos subjetivos como "descrédito público, humilhação, desprezo, escândalo ou ridículo", significando essencialmente que qualquer coisa que faça uma empresa parecer ruim pode ser motivo para resolução imediata. Em resumo: "Se você não se comportar, podemos demiti-lo". A discricionariedade da cláusula não se aplica apenas ao trabalho que é objeto

---

que informa o direito contratual brasileiro, seria perfeitamente possível a inserção expressa de uma cláusula moral tal como a utilizada no Direito norte-americano, estabelecendo quais comportamentos do contratado violariam a cláusula moral, bem como quais as suas consequências. Ademais, e sob as luzes da liberdade de contratar, bem como para evitar lacunas e possíveis controvérsias, o ideal seria que as próprias partes estipulassem quais comportamentos acarretariam a violação a` cláusula moral, bem como quais seriam as consequências de sua violação, pois ha´ vários aspectos que podem influenciar na sua incide^ncia,28 tais como quais são as partes envolvidas, quais são os riscos potenciais do relacionamento entre elas e quais os potenciais danos se sobrevier um evento reprovável". Revista Brasileira de Direito Civil V. 12 | Abr-Jun 2017.

do contrato, porém a qualquer coisa que o contratado tenha feito em sua vida e que venha à tona. Ilustrativamente, uma acusação crível de conduta proibida é suficiente para o fim do contrato, ou deve haver um ônus para a marca no sentido de estabelecer que a atitude proibida ocorreu?"

Portanto, é muito importante que a cláusula seja detalhada quanto aos comportamentos inadmissíveis. Assim, no caso Nadar v. ABC, 330 F. Supp.2d 345 (SDNY 2004), o Tribunal confirmou a resilição pela ABC de um contrato de estrela de novela por vender cocaína a um policial disfarçado com base em uma cláusula de moralidade que proibia uma conduta que "poderia tender a refletir desfavoravelmente na ABC". Porém, a falta de especificidade em uma cláusula moral levou um outro tribunal a rejeitar a demissão de uma funcionária da arquidiocese que engravidou por inseminação artificial. Dias v. Arquidiocese de Cincinnati, 2012 WL 1068165 (SD Ohio 2012). O Tribunal considerou que a inseminação artificial não foi expressamente referida na cláusula.

De fato, uma cláusula comportamental vaga, impondo sanção sem qualquer benefício correspectivo, situa-se em um patamar bem distinto das chamadas "cláusulas éticas", que na verdade se tratam de cláusulas de bônus por performance, como indução ao atleta no sentido de evitar propaganda prejudicial que possa manchar a imagem da empresa. Ilustrativamente, a dita cláusula no contrato de Neymar com o PSG o proíbe de fazer comentários públicos negativos sobre o clube, exigindo comportamento exemplar do jogador. Neymar deve ser "cortês, pontual, amigável e disponível para os fãs". Se evitar qualquer controvérsia, recebe um adicional de cerca de £ 5,5 milhões por ano. Como já alertou a doutrina, "Quando o valor negocial do contrato é intrinsicamente ligado ao "garoto-propaganda" e sua respectiva projeção social, é legítima a expectativa negocial por parte do contratante de que a figura do titular dos direitos de imagem corresponda a certas expectativas, ou, ao menos, não cause uma espécie de prejuízo à marca patrocinadora por fatos alheios ao seu controle". Ou seja, através do paralelo do direito da personalidade à imagem-atributo, aplica-se ao contrato de licença de uso da imagem, a ideia de que pessoa contratada projete sua personalidade no meio social conforme pré-determinado na avença contratual, como condição necessária ao recebimento dos valores convencionados.[20]

Os problemas de aplicação das cláusulas de moralidade não se resumem à imprecisão e ao desigual poder de barganha dos contratantes, alcançando ainda à liberdade de expressão e a privacidade. O célebre astro do Beisebol, Babe Ruth se viu sujeito a uma cláusula moral em seu contrato de 1922 que

20. OLIVEIRA ALMEIDA, Jonathan de; PIRES, Caio Ribeiro; FERNANDES, Micaela Barros Barcelos. O caso Neymar Jr. e as 'cláusulas morais'.

o proibia, entre outras coisas, de ficar acordado depois da 1 h da madrugada antes de um dia de jogo. Direitos fundamentais ingressam no debate como argumento pela invalidade de tais cláusulas. Contratos podem restringir a a liberdade criativa de artistas?

Nos ajustes da Disney a "termination clause" pode ser acionada por qualquer ato ou omissão que em tese "possa" fazer com que a Disney incorra em descrédito público, cause ofensa à comunidade ou a qualquer extrato substancial dela. A reputação da empresa atua como mecanismo de controle nas relações econômicas e os incentivos reputacionais exigem algo semelhante ao monitoramento - observação acurada do comportamento dos colaboradores - para ter sucesso.[21] Todavia, esse compliance agressivo é particularmente rígido para artistas politicamente ativos que se envolvem em comportamentos que podem ser ofensivos para certos grupos. Pedir a alguém que assine um contrato permitindo que a Disney seja o árbitro da moral é problemático por razões óbvias.

21. Langevoort, Donald C., Monitoring: The Behavioral Economics of Inducing Agents' Compliance with Legal Rules (June 26, 2001). Available at SSRN.

OS MÚLTIPLOS INDENIZATÓRIOS: A LEI 14.470/22, O CENÁRIO BRASILEIRO E O NORTE-AMERICANO

No Brasil a responsabilidade civil avança, mas aquém do necessário. Persistimos no equívoco do paradigma puramente compensatório, pelo qual o único fator avaliado quando da prática de um ilícito são os danos patrimoniais e morais sofridos pela vítima. Essa é a lição do art. 944 do Código Civil: "A indenização mede-se pela extensão do dano". Contudo, para além da reparação de danos, o ato ilícito gera outras eficácias: a prevenção de condutas antijurídicas, a punição por comportamentos demeritórios e o desapossamento de lucros ilicitamente auferidos. Em sociedades plurais o direito civil deve atuar de forma mais eficaz em reação à proliferação de ilícitos. Isso só será possível, quando a responsabilidade civil for revisitada em um viés multifuncional, no qual o ordenamento não se restrinja ao objetivo de restituir as vítimas ao *status quo* (o que é uma ficção!), porém, passe a avaliar os aspectos relacionados as atividades desempenhadas pelos agentes, delimitando cada uma das funções da responsabilidade civil mediante critérios objetivos e razoáveis.

Alguns diriam que é possível ao Judiciário brasileiro aplicar condenações que suprimam os ganhos ilícitos do ofensor, mesmo contrariamente a previsão do art. 944 do CC. Isso se faria pela aplicação dos chamados "equivalentes funcionais": dano moral, enriquecimento injustificado, ações coletivas, sanções administrativas ou, naquilo que aqui nos interessa, pelos múltiplos compensatórios.

No tocante aos múltiplos compensatórios, a recente Lei 14.470/22 altera a Lei 12.529/11, determinando que as vítimas de infrações à ordem econômica serão ressarcidas em dobro. O chamado "double damage", gera grande desincentivo à prática do ilícito. Conforme explica Bruno Maggi na coluna do Migalhas de responsabilidade civil de 24/11/22, a persecução privada dos danos concorrenciais é essencial para complementar a iniciativa pública de punição dos infratores, tornando o ilícito financeiramente inviável, na medida em que o violador restituí o lucro obtido com a ilicitude, acrescido de multa Estatal. Há potenciais ganhos derivados do fato de que a taxa de detecção das violações pelo Estado é inferior a 100% e que também são poucas as vítimas que buscam o ressarcimento por seus danos. Assim, a implementação do dano em dobro reequilibra o jogo.

Aproveitando a novidade legislativa brasileira, breves considerações devem ser dedicadas ao modelo *suis generis* dos múltiplos indenizatórios (*enhanced damages*). Seriam as indenizações extracompensatórias uma variação dos *punitive damages*? Não existem *standards* que expliquem a racionalidade e o propósito subjacentes a esse remédio, mas apenas o fato de que a sua quantificação se atrela a uma indenização compensatória, o que a um primeiro olhar soa inusitado, pois compensação e punição reunidas reverberam um contrassenso diante da evolução da responsabilidade civil direcionada à autonomização de suas funções.

A necessidade de clarificação deste aparente paradoxo é também um desafio para a doutrina brasileira. Exemplificativamente, os art. 939 e 940 do Código Civil cuidam das sanções aos credores que demandarem judicialmente os seus devedores antes de vencida a dívida ou quando ela já houver sido paga. Dentre elas, destaca-se a pretensão do devedor de haver o dobro do que lhe foi cobrado. Se houve engano justificável do autor a pena será elidida, na medida em que a sanção pelo múltiplo só se justifica se comprovada a conduta maliciosa do autor, sob pena de inibir o ajuizamento de demandas. Refere-se o art. 941 às aludidas sanções como "penas". Não por outro motivo, Pontes de Miranda aduz que a possibilidade do prejudicado pela cobrança indevida postular indenização suplementar revela "uma pena privada, com presunção de culpa". Seria possível cumular a sanção dos artigos 939 e 940, com uma pretensão de perdas e danos pelos prejuízos que o demandado demonstrar haver sofrido? Cláudio Godoy responde afirmativamente, salientando que quantias previstas nos referidos dispositivos encerram verdadeira pena privada, então por consequência a indenização, com diversa finalidade, poderia ser sempre cumulada, tal qual, de resto, ocorre com a litigância de má-fé no sistema processual civil, revertendo multa e indenização em favor do demandante inocente.

Adiante, dispõe o parágrafo único do art. 42 do Código de Defesa do Consumidor: "O consumidor cobrado em quantia indevida tem direito à repetição do indébito, por valor igual ao dobro do que pagou em excesso, acrescido de correção monetária e juros legais, salvo hipótese de engano justificável". Ao se exigir em dobro do fornecedor os valores cobrados extrajudicialmente, é extraída da norma uma finalidade essencialmente pedagógica, voltada a intimidar o agente econômico a não mais reiterar tal ilícito. No caso ilustrado, pelo fato da condenação objetivamente exceder os limites estritamente necessários à reconstituição do equilíbrio econômico ("o dobro"), acidentalmente a sanção punitiva é mensurada em uma análise comparativa em termos quantitativos ao valor da restituição. Mas, essencialmente ela será qualitativamente indiferente com relação a este aspecto - posto a sua peculiar natureza em termos de estrutura e finalidade, tratando-se de uma retribuição ao autor da violação, sem ter em conta a diversa questão do pagamento indevido.

Nos exemplos aqui referidos, passamos ao largo do *disgorgement*. Esses dispositivos dispersos podem ser reconduzidos a um grupo de "penas privadas legais", da mesma forma que a cláusula penal é por vezes uma "pena convencional contratual", quando convencionada de modo a alcançar valor superior a eventuais perdas e danos - e independente da ocorrência destes - convertendo-se em uma sanção punitiva.

Contudo, para uma aproximação maior com situações mais comuns no direito comparado, vale colacionar um múltiplo compensatório de matriz jurisprudencial, que trata de uma condenação por uso não autorizado de software em "dez vezes o valor de mercado de cada programa utilizado ilicitamente", partindo-se da premissa de que "A pena pecuniária imposta ao infrator não se encontra restrita ao valor de mercado dos programas apreendidos" e de que "a responsabilidade civil, como sistema de natureza complexa onde transitam uma série de finalidades sociais, que não se exaurem numa mera função compensatória, necessita de uma aplicação punitiva que traga ínsita não apenas o caráter compensador mas, ainda, o inibidor da prática do ilícito". O STJ aplicou a condenação com paradigma o art. 102, da Lei 9.610/1998: "O titular cuja obra seja fraudulentamente reproduzida, divulgada ou de qualquer forma utilizada, poderá requerer a apreensão dos exemplares reproduzidos ou a suspensão da divulgação, sem prejuízo da indenização cabível".

Pode-se dizer que o STJ aplicou ao campo da violação da propriedade imaterial aquilo que nos Estados Unidos são conhecidos como enhancing damages ou supra-compensatory damages. O modelo do Copyright act prevê no § 504 - Remedies for infringement: Damages and profits - as seguintes opções: a) os danos reais sofridos pelo demandante, acrescidos de quaisquer lucros adicionais obtidos pelo infrator que não tenham sido levados em conta para a fixação da indenização; b) uma indenização fixada em lei, que poderá alcançar o montante máximo de $150,000 se provado o dolo do infrator; c) se o demandado for proprietário de estabelecimento comercial, sem prejuízo das alternativas anteriores, o demandante poderá obter um prêmio adicional de duas vezes o montante da taxa de licença que o titular do estabelecimento deveria ter pago àquele pela utilização do direito autoral durante o período anterior até 3 anos. Em suma, há uma soma de indenizações compensatórias, restitutórias e punitivas.

Outro exemplo norte-americano persuasivo provém do § 284 da Patent Act (35 U.S.C, de 2007), estabelecendo um múltiplo indenizatório do triplo dos danos resultantes do ilícito (treble damages). A calibração da indenização conforme o maior grau de desprezo do demandado pelos direitos do demandante, objetiva preencher o propósito do sistema de patentes, a otimização do incentivo à inovação. Ademais, parte-se de uma racionalidade econômica, pautada em um reequilíbrio do mercado, tendo em vista que a maior parte dos ilícitos não será identificada.

Nada obstante, ao criar um múltiplo reparatório sem base legislativa com "aparência" de perdas e danos, o Superior Tribunal de Justiça implicitamente aplicou punitive damages, desrespeitando a fundamental reserva legal. *Exemplary damages* são "penas privadas judiciais", emanam de condenações cíveis e no sistema de *civil law* demandam respaldo legislativo, tratando-se de sanções formalmente privadas, mas materialmente penais.

Definitivamente, a proteção da propriedade intangível seria mais efetiva caso a própria norma já antecipasse o múltiplo indenizatório (v.g., 3 x, 5 x ou 10 x o valor do dano) - tal como fez a recente Lei 14.470/22 - como uma espécie de *punitive damages*, preferencialmente acompanhada de critérios objetivos que demarcassem os limites mínimo e máximo da condenação. Alternativamente ao modelo de uma sanção punitiva, uma interessante mudança de rumos seria a de substituir a fórmula adotada pela Lei de Direitos Autorais pelo modelo do Código de propriedade Industrial (lei 9.279/1996) - aplicável a patentes e marcas - para consagrar que em qualquer forma de violação à propriedade imaterial seria deferida maior autonomia ao demandante, na medida em que pode optar entre a clássica indenização por danos, a estipulação de um preço pelo uso inconsentido do bem (*reasonable fee*) ou então a remoção de lucros ilícitos (*disgorgement*). Este é o caminho para aliar o private enforcement a uma responsabilidade civil multifuncional.

Retomando a perspectiva dos danos concorrenciais com o advento da Lei 14.470/22, determinando que as vítimas de infrações à ordem econômica serão ressarcidas em dobro, lembramos da longa experiência norte-americana nas sanções aos cartéis. Os Estados Unidos impõem um arsenal diversificado de sanções contra o conluio: *disgorgement* para as empresas envolvidas, prisão e multas para os funcionários corporativos envolvidos. As vítimas diretas e indiretas podem processar por danos triplos e honorários advocatícios. Essa multiplicidade de sanções forjou à sabedoria convencional fortemente sustentada - porém nunca examinada seriamente - no campo antitruste, de que essas sanções não são apenas adequadas para impedir o conluio, mas também excessivas.

Todavia, importante pesquisa empírica demonstra que o nível combinado das atuais sanções é de apenas 9% a 21% maiores do que o necessário para proteger vítimas potenciais de cartelização de forma otimizada. Consequentemente, o nível médio das sanções anticartel dos Estados Unidos deve ser aproximadamente quintuplicado. Corporações e indivíduos que praticam conluio ilegal serão dissuadidos apenas se as recompensas esperadas forem menores que os custos esperados, ajustados pela probabilidade de a atividade ilegal ser detectada e sancionada. Isso significa que, apesar das sanções existentes, o conluio continua sendo uma estratégia comercial racional. A cartelização nos EUA é um crime que ainda compensa e, na verdade, paga muito bem. Imagine no Brasil...

AS ZONAS CINZENTAS DA RESPONSABILIDADE CIVIL NO DIREITO EUROPEU

Em 2005, o *European Group on Tort Law* (EGTL) publicou o texto e comentários de seus "Principles of European Tort Law" (PETL). Com o art. 4:201 o PETL incluiu uma regra sobre a inversão do ônus da prova da culpa que objetivou cobrir a zona cinzenta entre a responsabilidade baseada em culpa e a responsabilidade objetiva. Quase 18 anos após a publicação do PETL, a jurista Barbara Steininger revisita essas zonas cinzentas (Art 4:201 Petl: *Revisiting the Grey Areas between Fault-Based and Strict Liability* (June 9, 2023). *Graz Law Working Paper No. 11-2023, Available at SSRN*). Ao fazê-lo, primeiramente delineia o que se entende pela noção de áreas cinzentas entre responsabilidade objetiva e culposa. Em um segundo momento, examina a forma como essas áreas cinzentas são tratadas nos Princípios e, por fim, esboça comentários sobre o art. 4:201 PETL e o caminho a seguir.

O QUE QUEREMOS DIZER COM ÁREAS CINZENTAS?

Para alcançar tal objetivo, primeiramente precisamos definir o significado da responsabilidade por culpa e da responsabilidade objetiva. À primeira vista, isso parece relativamente simples. A responsabilidade que pressupõe culpa e, portanto - como Pierre Widmer colocou em seu comentário ao Capítulo 4 do PETL - requer alguma "culpa dirigida ao autor de um evento danoso por não ter observado os devidos cuidados para evitar danos". A responsabilidade objetiva, por outro lado é mais difícil de lidar. Pode ser entendida em um sentido lato, abrangendo qualquer tipo de responsabilidade que não pressuponha uma conduta censurável por parte da pessoa responsável e, neste sentido, incluiria, por exemplo, também a responsabilidade indireta. Pode, no entanto, também ser entendida em um sentido restrito como uma responsabilidade absoluta onde não há defesas possíveis. No sentido que o termo é utilizado no PETL, inclui responsabilidade sem culpa por danos causados por riscos que emanam da esfera do réu, particularmente de certos objetos ou de atividade humana perigosa, mas não de responsabilidade vicária, que é abordada separadamente nos princípios.

Não obstante teoricamente clara, a linha divisória é tênue na prática, pois pesquisas comparativas mostraram que na maioria das jurisdições europeias o grau de rigor da responsabilidade varia. Por um lado, a responsabilidade baseada na culpa é frequentemente tornada mais rigorosa, nomeadamente através do aumento do nível de cuidado ou da inversão do ônus da prova. Exemplos típicos encontram-se no domínio da responsabilidade por animais ou construções. Ilustrativamente, o art. 56 do Código Suíço de Obrigações, estabelece que o detentor de um animal é responsável pelos danos por ele causados, a menos que prove que tomou todos os devidos cuidados ao manter e supervisionar o animal.

Por outro lado, a responsabilidade objetiva pode ser suavizada por meio de defesas que permitem ao demandado elidir a obrigação de indenizar sob certas circunstâncias, em particular quando adere à um padrão de cuidado bastante alto. Nesse sentido, ainda tendo como referencial a lei austríaca, o detentor de um veículo motorizado pode escapar da responsabilidade de acordo com o § 9º da EKHG (Lei de Responsabilidade de Veículos Motorizados e Ferroviários) provando que ele e seus auxiliares tomaram todos os cuidados devidos de acordo com as circunstâncias.

Isso mostra que a responsabilidade por culpa e a responsabilidade objetiva não são categorias completamente separadas, mas, em sua forma pura, representam as duas pontas de uma cadeia contínua. Para citar as palavras de Horton Rogers: "A responsabilidade objetiva e a responsabilidade por culpa são alternativas convenientes em termos de classificação e exposição, mas um exame mais minucioso sugere que, em termos de substância, há realmente um continuum em vez de duas categorias".

Outro fator que dificulta uma delimitação clara é que o ponto de partida formal para um regime de responsabilidade não permite necessariamente uma conclusão quanto ao rigor do regime de responsabilidade em substância. Em outras palavras, embora uma responsabilidade possa ser formalmente baseada em culpa, é possível que seja tratada de forma que na prática seja convertida em objetiva. Por exemplo, se o nível de cuidado exigido for tão alto que dificilmente possa ser cumprido por qualquer pessoa. Este é, por exemplo, o caso da responsabilidade holandesa dos motoristas de veículos motorizados em relação aos passageiros. Como o regime especial do art. 185 *Wegenverkeerswet* (Lei de Trânsito Rodoviário) só se aplica a participantes não motorizados no trânsito, tais casos se enquadram no regime normal de responsabilidade por culpa do art. 6:162 do Código Civil Holandês. No entanto, habilidades quase sobre-humanas são exigidas dos motoristas. Nesse caso, a responsabilidade será substancialmente objetiva, embora formalmente baseada em conduta culposa. Embora seja compreensível que os tribunais, não tendo um regime de responsabilidade objetiva à sua disposição, voltem-se a tais táticas, tanto a segurança jurídica quanto a coerência sistemática sofrerão pela dicotomia entre redação e interpretação das regras em questão.

Conclui-se não apenas que existe um continuum e nenhuma delineação clara entre responsabilidade baseada em culpa e responsabilidade objetiva, mas também que a etiqueta da nomenclatura da responsabilidade não é necessariamente decisiva. Embora responsabilidade por culpa e objetiva possam ser claramente identificadas como, por um lado, áreas em que uma conduta censurável justifica a responsabilidade e, por outro lado, áreas em que a ideia de risco ou perigo são decisivas, existe uma ampla área intermediária onde tanto a conduta quanto o risco desempenham um papel. Com base nessas observações, fica claro que existe de fato uma área cinzenta entre a culpa e a responsabilidade objetiva. Dependendo de qual dos dois aspectos - conduta ou risco - é mais importante, um determinado regime de responsabilidade estará mais próximo da responsabilidade baseada em culpa ou mais próximo da responsabilidade objetiva.

ZONAS CINZENTAS NO PETL

O Grupo Europeu de Responsabilidade Civil reconheceu essas zonas cinzentas em seu trabalho preparatório, abordando-as explicitamente. Os artigos 4:201 e 4:202, incluem duas disposições claramente focadas nessas áreas onde tanto a conduta censurável quanto o risco desempenham um papel. O presente trabalho centra-se na art. 4:201 PETL:

> Arte. 4:201. Inversão do ônus da prova da culpa em geral.
>
> § 1° O ônus da prova da culpa poderá ser invertido em razão da gravidade do perigo representado pela atividade.
>
> (2) A gravidade do perigo é determinada de acordo com a gravidade dos possíveis danos em tais casos, bem como a probabilidade de que tais danos possam realmente ocorrer.

O elemento central desta disposição é a gravidade da periculosidade da atividade em questão. Ou seja, a regra permite a inversão do ônus da prova da culpa em face da gravidade do perigo apresentado pela atividade. Os Princípios não incluem uma regra geral sobre o ônus da prova, mas cada parte deve provar os fatos relevantes para a determinação da responsabilidade. A inversão do ônus da prova por culpa no art. 4:201 PETL significa, portanto, que caberá aos réus provar que agiram de acordo com o padrão de conduta exigido.

O caput do art. 4:201 PETL refere-se à inversão do ônus da prova da culpa em geral. A disposição é geral no sentido de que não usa casos específicos como danos causados por animais ou por edifícios como ponto de partida, onde tal inversão do ônus da prova pode ser encontrada em várias jurisdições. Generalizar para todos os casos de amplificação do perigo é um passo além, que pode ser tido como excepcional.

Não obstante, o art. 4:201 O PETL possui um design específico: é concebido para permitir um reforço da responsabilidade com base em um perigo elevado da atividade da qual o dano emanou. Não é, no entanto, uma regra geral sobre como e em que circunstâncias o ônus da prova da culpa pode ser invertido ou uma disposição destinada a ajudar os demandantes que não podem provar seu caso. Dificuldades de prova não são mencionadas e o texto refere-se apenas à gravidade da periculosidade de uma atividade. O que estamos, portanto, enfrentando quando olhamos para o art. 4:201 PETL é uma norma substancial levando em consideração que a responsabilidade pode não apenas ser justificada por conduta censurável ou um certo risco, mas também por uma combinação de ambos os fatores.

Um pedido de indenização é justificado se as condições estabelecidas para a compensação pela lei forem cumpridas. Infelizmente, muitas vezes é difícil o tribunal determinar o que realmente aconteceu. Para garantir que o juiz possa decidir um caso mesmo que os fatos permaneçam obscuros, em uma situação chamada *non liquet*, existem regras sobre o ônus da prova dos fatos, com base nos quais a culpa pode ser avaliada e geralmente recairá sobre o demandante. Se esses fatos não puderem ser apurados, o juiz decidirá como se não houvesse culpa. Somente se a culpa for comprovada pelo demandante, o réu será responsabilizado. A inversão do ónus da prova da culpa significa, portanto, que o tribunal decidirá como se a culpa fosse provada, mesmo que não haja prova dessa culpa. Um réu pode, portanto, ser responsabilizado sem que sua culpa seja provada: ele pode ter cometido falta, o que simplesmente não foi provado, ou pode não ter cometido culpa alguma, mas não conseguiu provar isso.

Em caso de inversão do ónus da prova da culpa, o risco de os fatos não serem apurados recai, portanto, sobre o demandado. Consequentemente, uma inversão do ónus da prova da culpa conduz a um agravamento da responsabilidade, uma vez que o réu será responsabilizado se tiver cometido apenas uma culpa potencial. Nesse sentido, tem-se argumentado que o estreitamento da responsabilidade por meio da inversão do ônus da prova só pode ser justificado se houver fatores adicionais que justifiquem a responsabilidade.

O fator que justifica o agravamento da responsabilidade previsto no art. 4:201 PETL é a periculosidade. A responsabilidade de acordo com o art. 4:201

se baseia em uma combinação de conduta censurável e periculosidade: enquanto a responsabilidade em princípio requer uma violação do padrão de conduta exigido, a presença de um perigo de certa gravidade justifica uma inversão do ônus de prova, ou seja, uma responsabilidade por culpa meramente assumida por parte do réu.

A questão interessante é claramente o que deve ser entendido como um perigo que justifica a responsabilidade no sentido deste artigo? O caput do 4:201 PETL refere-se apenas à gravidade do perigo e o parágrafo 2° define a gravidade do possível dano e a probabilidade de dano como fatores decisivos para determinar a gravidade do perigo. Embora esses fatores sejam comumente usados para definir a periculosidade, eles não fornecem orientação quanto ao grau de periculosidade exigido. Embora isso não seja expressamente mencionado na disposição, deve ser claramente um nível de gravidade maior do que aquele inerente a qualquer cenário de falha regular. Por outro lado, será inferior às atividades anormalmente perigosas reguladas no art. 5:101 PETL. No entanto, faltam mais orientações quanto à gravidade. Isso deixa em aberto a questão de saber em que circunstâncias o art. 4:201 PETL será aplicado.

O ponto de partida do PETL é uma responsabilidade baseada em culpa com um *standard* objetivado. A responsabilidade por culpa prevista na PETL já poderia, portanto, ser considerada mais objetiva do que a responsabilidade por culpa em sistemas com um conceito subjetivo de culpa. Além disso, ao avaliar o padrão de cuidado, o art. 4:102 (1) A PETL estabelece que "a periculosidade da atividade" é um dos fatores que devem ser levados em consideração ao determinar o padrão de conduta exigido. Embora ainda estejamos claramente na área central da responsabilidade por culpa, a periculosidade tem um papel a desempenhar mesmo aqui.

Por outro lado, o PETL também inclui uma regra de responsabilidade objetiva. Originalmente, foi prevista uma cláusula geral de responsabilidade objetiva por fontes de alto perigo, mas o Grupo não conseguiu chegar a um acordo sobre essa disposição, que acabou levando ao art. 5:101 PETL, segundo a qual a responsabilidade objetiva só se aplica a atividades anormalmente perigosas que não são de uso comum.

Embora esteja claro que, nos PETL's, a periculosidade é o fator central tanto para a responsabilidade objetiva quanto para o estreitamento da responsabilidade nas áreas cinzentas, limitar a regra da responsabilidade objetiva à margem das atividades anormalmente perigosas mudou claramente o cenário. Outra consequência dessa cláusula de responsabilidade objetiva limitada é que as áreas cinzentas dos Princípios agora se estendem muito mais: Uma disposição como o art. 4:201 O PETL poderia preencher a lacuna entre a responsabilidade por culpa e um regime regular de responsabilidade objetiva. Mas esperar que ele faça a ponte entre a responsabilidade por culpa, por um lado, e a responsabilidade objetiva por atividades anormalmente perigosas, por outro, vai longe demais.

OBSERVAÇÕES FINAIS

É uma grande conquista dos Princípios abraçar a ideia do continuum entre responsabilidade baseada em culpa e responsabilidade objetiva, construindo uma ponte entre essas responsabilidades por meio da introdução de regras que cubram as áreas cinzentas. Isso auxiliará a alcançar soluções consistentes e transparentes sem a necessidade de práticas legais para corromper a responsabilidade baseada em culpa ou a responsabilidade objetiva.

No entanto, ao observar como o art. 4:201 PETL é formulado, problemas consideráveis são perceptíveis. Em primeiro lugar, o dispositivo pode ser mal interpretado como regra geral para inverter o ônus da prova em casos de problemas estruturais para os autores provarem a culpa. Isso, no entanto, não é algo que o artigo 4:201 do PETL pode ou deva alcançar.

Além disso, e mais importante, uma mera referência à gravidade do perigo sem qualquer orientação quanto ao nível de tal perigo que justifique uma inversão do ônus da prova é problemática. Qualquer mudança legal é um desafio à segurança jurídica. Os Princípios deveriam, portanto, ao menos deixar claro qual o grau de periculosidade que justifica a inversão do ônus da prova, em particular citando exemplos. Tal como está, o art. 4:201 O PETL não fornece nenhuma orientação.

Este problema é intensificado pelo fato de que os Princípios fornecem apenas uma cláusula de responsabilidade objetiva para atividades anormalmente perigosas. Isto significa que a disposição destinada a abranger áreas em que é necessária uma combinação de comportamento e periculosidade para justificar a responsabilidade também deveria ser aplicada aos casos em que o perigo por si só deveria ser suficiente. Uma cláusula que preveja uma inversão do ónus da prova para abranger zonas cinzentas é uma boa ideia, mas só pode funcionar quando tanto a responsabilidade baseada na culpa como a responsabilidade objetiva também estiverem integralmente abrangidas pelo sistema em questão. Se revisitar a área cinzenta o art. 4:201 PETL certamente faz sentido, seria fundamental primeiramente remediar a incompletude das regras de responsabilidade objetiva dos Princípios.

AS FRONTEIRAS ENTRE A RESPONSABILIDADE CIVIL E CRIMINAL NO DIREITO EUROPEU: UMA VISÃO COMPARATISTA DOS VEÍCULOS COMPENSATÓRIOS

Todos os sistemas jurídicos compartilham um desafio comum: como reagir diante de um comportamento humano danoso? Qual é a linha que se deve estabelecer entre a repressão de condutas antissociais que ameaçam a ordem social e a compensação das vítimas? Cada ordenamento deve delimitar as fronteiras entre a responsabilidade civil e a criminal. Algumas vezes estas linhas são firmes, por outras obscurecidas e, por vezes sequer existem.

Algumas tendências gerais podem ser identificadas em torno das diversas legislações: a) o direito penal é centrado no réu enquanto o direito civil foca na vítima; b) o ponto de partida para a intervenção legal no direito penal é o comportamento do agente, enquanto no direito civil são as consequências da conduta; c) o direito criminal é centrado na pessoa e em uma conduta antijurídica que se enquadra em uma moldura fixada em lei, enquanto a justiça cível quer compensar por certos atos, que não são necessariamente atos ilícitos.

Se alguns sistemas oferecem contornos nítidos entre as responsabilidades civil e criminal, em outros o cenário é embaçado e as tensões mais evidentes. Todavia, mais importante do que extrair distinções, importa considerar como estas diferenças podem ser levadas em consideração, retirando-se lições e oferecendo explicações para o estado da arte no direito brasileiro e para onde caminha, conforme a sua história e tradição legal.

ESPANHA: AS OBSCURECIDAS FRONTEIRAS ENTRE A RESPONSABILIDADE CIVIL E A CRIMINAL

O direito espanhol intencionalmente persegue uma total erradicação entre as distinções das responsabilidades civil e criminal. Como petição de princípio, todo ato ou omissão tipificado como crime que causa dano gera responsabilidade civil. Em razão de um longo processo histórico, as regras de compensação de ilícitos que sejam simultaneamente comportamentos antijurídicos civis e crimes estão contidas no Código Penal e não no Código Civil.

Em razão da conexão factual das duas consequências legais, dentro do procedimento criminal o Ministério Público está obrigado a ajuizar a ação civil em prol da pessoa que sofre danos derivados do crime, mesmo que a vítima não solicite essa providência formalmente. Ou seja, automaticamente o promotor de justiça subsidia a reparação de danos ao pedido de condenação pela conduta típica, a menos que a vítima expressamente atravesse um pleito de renúncia à indenização ou expresse a sua preferência por ingresso na justiça cível tão logo termine o procedimento criminal, sendo-lhe vedada essa alternativa antes da decisão penal.

Note-se que o promotor de justiça não é um representante daquele que sofreu um dano, pois exercitará a ação civil mesmo nos casos em que a vítima atue como parte civil no processo criminal. Também não se trata de um substituto processual, pois não defende o direito de um terceiro em seu próprio nome ou interesse. Lado outro, vítimas podem agir como promotores privados nos casos em que o Ministério Público se oponha à persecução penal, pois a reserva de ações civis em processos penais precedentes, não impede um processo civil posterior contra pessoas não acusadas nem condenadas penalmente. Em síntese, a corte criminal assume jurisdição "por adesão" para decidir a ação civil e sua competência para tanto é garantida *secundum eventum litis*: ou seja, apenas se alcança a questão reparatória se o réu for condenado criminalmente. Isso necessariamente não exclui a responsabilidade civil, questão que será decidida na jurisdição civil.

Um dos mais questionáveis resultados deste embaçamento entre as responsabilidades é um excesso de criminalização. Casos tipicamente resolvidos pela justiça cível em outras jurisdições da civil law e *common law* terminam nas cortes criminais, porque os demandantes optam por registrar queixas criminais independentemente da posição do promotor e justiça em casos de violações contratuais, danos ambientais, reparações por produtos defeituosos, dentre outros. Isto se explica pelo fato de que no sistema espanhol o direito penal captura a maior parte das tarefas da justiça cível, de uma forma mais fácil, rápida, com menos risco e maior efetividade. Some-se a isto a possibilidade de juízes investigadores abrirem casos por iniciativa própria e a ausência de um instituto semelhante ao modelo das class actions, o que acaba direcionando vítimas de ilícitos multitudinários para a justiça criminal. Em adendo, a prática constata que muitas condenações duvidosas são produzidas unicamente para que a vítima seja indenizada, mesmo que o magistrado tenha consciência da injustiça da decisão e acabe substituindo a pena de prisão por uma multa ou prestação de serviços comunitários. Problemas adicionais surgem para a vítima quando o promotor de justiça estima os danos em um valor inferior ao por ela desejado - nada restando a ser feito pela parte civil - ou quando a indenização é adequada, porém o ofensor não possui condições de ressarcir, o que acarreta uma complexidade adicional ao processo criminal e, mesmo um atraso ao seu desfecho.

Neste sentido, a hibridização entre as responsabilidades acarretou uma "monetarização" da justiça criminal e a fragilização de sua capacidade de regulação social, uma expressiva função do direito penal. Se o direito criminal deve lidar apenas com as mais notórias transgressões a valores comunitários, o ato de "carimbar" com a marca criminal aquelas decisões que lidam apenas com questões civis fragiliza a expressiva função do direito criminal. Se tudo for direito penal, então nada será direito penal.

FRANÇA - A PARTE CIVIL

Diversamente do que sucede na ação penal na Espanha - onde o Ministério Público compulsoriamente inaugura a demanda cível a despeito da vontade da vítima - em França, à vítima de um crime com efeitos danosos é deferida uma escolha procedimental entre o juízo cível e o criminal: se ela optar por um requerimento indenizatório na justiça criminal, esta possuirá jurisdição para decidir sobre a existência de um crime agora acrescida da responsabilidade civil do réu. Esta jurisdição foi pioneira na criação do conceito de parte civil ("partie civile"), permitindo a vítima se tornar um player no processo criminal, não só por perseguir uma compensação na justiça criminal com por contar com amplos poderes procedimentais. Os conceitos de vítima/parte civil nem sempre coincidem, pois enquanto a vítima é a pessoa que sofre o dano causado pelo ilícito criminal a parte civil é a pessoa cuja ação tenha sido admitida pela corte criminal.

A ação civil mantém a natureza "civil" na justiça criminal, ostentando dupla perspectiva: é uma ação indenizatória como também uma demanda com propósitos extrapatrimoniais, fundamentada no desejo da vítima de corroborar o interesse público subjacente à persecução e ver estabelecida a culpa do réu. Neste sistema opt-in, a parte civil poderá intervir em uma ação penal já iniciada pelo Ministério Público, ou então ajuizar ação a demanda perante um magistrado criminal mesmo que o promotor não tenha iniciado uma ação penal (v.g por inação ou por entender que as evidências eram insuficientes). Neste caso, a vítima constrangerá o Ministério Público a abrir a ação penal e o juiz decidirá tanto esta, como a pretensão de natureza reparatória. Esta possibilidade, sob uma perspectiva política, fortalece a vítima, aproveitando ao seu interesse no resultado do processo, beneficiando-a pessoalmente. Nada obstante, enquanto no direito espanhol inexistem implicações ou riscos em iniciar a ação civil (pois compensar danos é parte da obrigação estatal), perante a lei francesa a aptidão para a parte civil constranger um procedimento é excepcional, daí se este se revelar abusivo ou dilatório poderá a parte civil ser multada e obrigada a indenizar.

A Alemanha também normatizou o processo de adesão, contudo optamos pela referência à França considerando que naqueles país raramente as vítimas se servem do processo criminal para a obtenção de compensação civil.

Responsabilidade civil e criminal possuem caracteres distintos no direito francês: um sistema objetivo na responsabilidade civil, generoso com as vítimas ao propiciar indenização independente da existência de culpa. Todavia, o modelo da parte civil adiciona um link entre as duas responsabilidades, consistindo, simultaneamente em uma maneira de respeitar os propósitos do direito penal e de abrir uma oportunidade para a compensação de danos no processo criminal, cujo resultado nesta parte será o alcance de uma sentença cível e uma execução igualmente civil. Através desse procedimento, o viés subjetivo e moral da lei penal - direcionado à punição do ofensor - levará em consideração às necessidades das vítimas, aplicando regras da responsabilidade civil.

INGLATERRA - A COMPLETA SEPARAÇÃO

A distinção entre as responsabilidades civil e criminal na Inglaterra foi há muito delineada. Se por um lado as formas de ação não permitiam que uma demanda fosse etiquetada como "civil" ou "criminal", desde 1200 já se realizava a distinção entre "tort" e "crime", a primeira objetivando compensação e a segunda, punição. Portanto, o direito inglês sempre relutou em envolver as cortes criminais em uma condenação esplêndido isolamento recíproco até que na década de 70, os juízes criminais passaram a ordenar compensação. Atualmente, ACT 2000 - Powers of Criminal Courts -, permite que o tribunal determine uma ordem de compensação para danos e lesões pessoais.

Desta forma, o direito inglês passou a aceitar um liame entre as responsabilidades civil e criminal, frequentemente atingindo o que considera um equilíbrio pragmático. Incluir a compensação no âmbito do direito penal foi um "trade-off", pois se executada por meios civis envolveria uma corte criminal concedendo uma ordem civil e transferindo ao demandante todo o peso da execução. Assim, a ordem compensatória é um híbrido, pois detém natureza criminal, efetivada por mecanismos punitivos mesmo que a vítima não esteja envolvida no processo. Consequentemente, a compensação será obtida pela vítima de uma forma mais fácil que em França, onde a execução é um mandado civil.

Como contrapartida, dentro das garantias penais e, diversamente do que ocorre no juízo cível, a corte criminal não se servirá do critério da reparação integral para "esvaziar os bolsos" do condenado, mas com base em sua aptidão econômica restringe o teto compensatório ao valor de £ 5.000 (cinco mil libras), permitindo-se que a vítima busque o restante perante a justiça cível. Ademais, a ordem compensatória é cabível mesmo que não exista responsabilidade civil, pois a corte criminal tem a discricionariedade de deferir o remédio unicamente com base na capacidade econômica do ofensor e a conveniência moral de fazer o réu pagar, independentemente da aferição das perdas financeiras da vítima, aspecto que é relegado ao campo da responsabilidade civil. Por fim, a compensação pode ser negada naqueles casos complexos que demandarão tempo, energia e expertise para a resolução de fatos incertos, sem que isto exclua a possibilidade do demandante se dirigir ao juízo cível posteriormente.

A execução também difere. Se o demandado (ou o seu segurador) não puder pagar, ele até poderá ser submetido à falência, mas não encarcerado ou punido, pois a prisão não pode ser uma via oblíqua para sancionar àqueles que não possuem condições de cumprir as suas obrigações. Esta medida extrema só se aplica se os juízes tiverem evidências sobre a capacidade econômica do ofensor. Aliás, a ordem compensatória é proibida quando o réu possui capacidade econômica debilitada, privado de condições de ofertar o pagamento imediatamente, ou em prestações por um período razoável.

A DIRETIVA 2012/29/EU

A Diretiva 2012/29/UE estabelece *standards* mínimos sobre direitos, apoio e proteção às vítimas de crime. Ela coloca a vítima no centro do sistema de justiça criminal que em muitos Estados-Membros europeus se concentrava principalmente no papel da acusação, do juiz e nos interesses do Estado em geral. De acordo com o seu artigo 16, "1. Os Estados-Membros garantirão que, no curso de processos criminais, as vítimas têm o direito de obter uma decisão sobre indenização pelo infrator, dentro de um prazo razoável, salvo nos casos em que a legislação nacional preveja tal decisão feitos em outros procedimentos legais.

2. Os Estados-Membros promoverão medidas para incentivar infratores a fornecer uma compensação adequada às vítimas".

Um total de 24 Estados-Membros transpôs o direito a uma decisão sobre indemnização das vítimas em processo penal, embora nem todos especifiquem que o dinheiro deve ser retirado do infrator. O direito a uma decisão sobre compensação é mais claro nos casos de mediação ou justiça restaurativa, quando a vítima é claramente informada de seus direitos. Alternativamente, existem esquemas de compensação estatal na maioria dos Estados-Membros (o que não se encontra no escopo da diretiva), que justificam que determinado Estado não aplique a diretiva. Em alguns Estados há um modelo de compensação indireta, no qual a vítima é indenizada antecipadamente pelo Estado e os custos são cobrados ao infrator. Em alguns países, há disposições legais que autorizam o juiz a impor condições específicas para garantir que a vítima receba indenização (v.g. Bélgica, França). O estado pode congelar ou apreender a propriedade da pessoa acusada se houver receio de que ela não compense a vítima (Bulgária). Em outros casos, o Estado impôs um teto indenizatório que pode ser devolvido à vítima (por exemplo, 15.000 euros na França).

Destaca-se a Autoridade sueca de compensação e apoio a vítimas de crimes, cujo objetivo é o de promover os direitos das vítimas de crimes. A autoridade administra o fundo como um mecanismo único para as vítimas de crimes: é financiado principalmente com dinheiro pago pelos infratores, além de doações, contando com um aporte de cerca de 2,7 milhões de euros por ano. Um conselho conectado à autoridade determina quem receberá o dinheiro. Policiais e promotores são obrigados a fornecer informações à vítima sobre as possibilidades de receber compensação por crimes, que precisam ser apresentadas ao tribunal pela promotoria, se a vítima solicitar.

O *ALIEN TORT* NORTE-AMERICANO E A RESPONSABILIDADE CIVIL POR ILÍCITOS CORPORATIVOS CONTRA DIREITOS HUMANOS

Em artigo intitulado "Responsabilidade Civil Empresarial por Violações de Direitos Humanos nas Cadeias Globais de Suprimentos" escrevi sobre a recente evolução jurisprudencial na Suprema Corte da Inglaterra, que inovou positivamente no campo das demandas de responsabilidade civil contra as "holdings" em relação às atividades de suas subsidiárias no exterior. A questão principal concerne sobre quando caberá uma lide diretamente contra a empresa controladora por violações de direitos humanos no exterior.

Neste artigo centramos a atenção na recentíssima abordagem norte-americana da temática, cujas origens se encontram no *Alien Tort Statute*, também conhecida como *Alien Tort Claims Act (ATCA)*, seção do Código dos Estados Unidos que concede jurisdição aos tribunais federais sobre pretensões movidas por estrangeiros por atos ilícitos cometidos em violação do direito internacional. Foi introduzida em 1789, sendo uma das leis federais mais antigas ainda em vigor nos EUA. O ATS foi raramente citado por quase dois séculos após sua promulgação. Contudo, desde 1980, os tribunais interpretam o ATS de modo a permitir que estrangeiros busquem remédios nos tribunais dos EUA para violações de direitos humanos cometidas por corporações outras nações, desde que haja uma conexão suficiente com os Estados Unidos.

Em 17 de junho de 2021, no caso *Nestlé USA, Inc. v. Doe, 593 U. S.*, a Suprema Corte dos Estados Unidos estabeleceu as bases sobre as quais os demandantes podem buscar reparação nos tribunais dos Estados Unidos por abusos de direitos humanos ocorridos no exterior. Por uma votação de 8-1, o Tribunal considerou que para a aplicação nos EUA do *Alien Tort Statute* - 28 U.S.C. § 1350 -, os reclamantes devem demonstrar uma conduta doméstica e não apenas uma atividade corporativa geral.

A luz da redação do Alien Tort Statute (ATS) "os tribunais distritais terão jurisdição original para qualquer ação civil movida por um estrangeiro apenas por ato ilícito, cometido em violação da lei das nações ou de um tratado dos Estados Unidos" (25 de junho de 1948, cap. 646, 62 Estat. 934.).

O caso foi apresentado em 2010 no U.S. District Court, Central District of California, por seis indivíduos do Mali que alegam que quando crianças foram sequestrados e traficados para a Costa do Marfim como escravos para a produção de cacau. As empresas americanas, Nestlé USA, Inc. e Cargill, Inc, não possuem ou operam fazendas de cacau na Costa do Marfim, mas adquirem cacau de fazendas locais e fornecem a essas fazendas recursos técnicos e financeiros. Os demandantes alegaram que esse arranjo auxiliou e incentivou a escravidão infantil, na medida em que os demandados "sabiam ou deveriam saber" que as fazendas exploravam crianças escravizadas, porém continuavam a fornecer-lhes recursos. Ou sejam detinham influência econômica sobre as fazendas, mas não a exerceram para eliminar a escravidão infantil. Embora a distribuição de recursos e as lesões tenham ocorrido fora dos Estados Unidos, os demandantes postularam em um tribunal federal norte-americano, tendo em vista que os demandados supostamente tomaram todas as decisões operacionais importantes dentro dos Estados Unidos.

Todavia, considerando que as lesões sofridas pelos demandantes ocorreram no exterior e a única conduta doméstica alegada pelos entrevistados foi a atividade corporativa geral, o Tribunal Distrital rejeitou a pretensão como uma aplicação extraterritorial inadmissível do ATS sob o precedente da SCOTUS, *Kiobel v. Royal Dutch Petroleum Co., 569 U.S. 108* (2013), oportunidade em que se deliberou que "a mera presença corporativa" nos Estados Unidos não se afigura conduta doméstica suficiente. Nada obstante, na apelação, o Nono Circuito reverteu a decisão do Tribunal Distrital, concluindo que tinha jurisdição para revisar o caso na medida em que a conduta dos demandados era relevante para o foco do ATS, sendo que outras cortes federais já haviam admitido processos de ATS contra corporações dos EUA.

Em razão de um "writ of certiorari" o processo chegou a Suprema Corte para verificação de dois aspectos: se houve alegação suficiente de fatos de conduta interna para apoiar o recurso ao ATS e, se de forma geral, as corporações dos Estados Unidos poderiam ser responsabilizadas civilmente de acordo com o ATS. O SCOTUS reafirmou a decisão de que o ATS não se aplica extraterritorialmente, presunção que não será superada mesmo quando uma empresa dos EUA foi acusada de ter supervisionado suas operações estrangeiras de sua sede, se os atos ilícitos foram cometidos no exterior. "Decisões de financiamento" tomadas nos Estados Unidos em relação à estabelecimentos no exterior são insuficientes para converter o cenário em uma demanda interna.

Escrevendo pela maioria, o juiz Clarence Thomas explicou que os estatutos dos EUA só se aplicam à extraterritorialidade onde houver uma indicação clara e afirmativa de que a conduta relevante para a adoção do Alien Tort Statute ocorreu nos Estados Unidos. Ademais, A ATS concede aos tribunais federais jurisdição para ouvir reclamações apresentadas por um estrangeiro apenas por um ilícito civil cometido em violação da lei das nações ou de um tratado dos Estados Unidos. Quer dizer, em princípio, retomou-se o caso Sosa v. Alvarez-Machain, 542 US 692 (2004), no qual o Tribunal considerou que o ATS era um estatuto jurisdicional que não criava nenhuma nova causa de ação além das reivindicações envolvendo três delitos principais que eram comumente aceitos como violações do direito internacional quando o ATS foi decretado no século XVIII: (1) ofensas contra embaixadores; (2) violação de condutas seguras e (3) pirataria. Os tribunais só poderiam exercer discrição judicial para reconhecer uma nova causa de ação, que não seja para essas três originárias, em circunstâncias restritas.

Segundo Thomas, consoante a estrutura de duas etapas (*two-step framework*) da Suprema Corte para analisar questões de extraterritorialidade, primeiramente presume-se que uma lei se aplica apenas internamente e indaga-se se o caso oferece uma indicação clara e afirmativa que refuta a presunção. Tanto em Nestlé como no precedente Kiobel, o ATS não refuta a presunção de aplicação interna. Não se admite a criação de uma "cause of action" pelo judiciário, sob pena de invasão de atribuição do parlamento. Adentrando na segunda etapa, quando a lei não se aplica extraterritorialmente, os demandantes devem estabelecer que a conduta relevante para o enfoque do estatuto tenha ocorrido nos Estados Unidos, mesmo que outra conduta tenha se verificado no exterior. Vale dizer, reiterando-se o que havia sido decidido em *RJR Nabisco, Inc. v. European Cmty.*, 136 S. Ct. 2090, 2101 (2016), considerou-se que o ATS só se aplica nos Estados Unidos quando "the claims touch and concern the territory of the United States with sufficient force to displace the presumption". Todavia, quase todas as condutas que os demandantes afirmam ter auxiliado e estimulado o trabalho forçado - fornecendo treinamento, fertilizantes, ferramentas e dinheiro para fazendas no exterior - ocorreram na Costa do Marfim.

Malgrado tenham alegado os demandantes que decisões operacionais importantes foram tomadas nos Estados Unidos, o Tribunal as considerou como alegações de atividade corporativa geral - atividade comum à maioria das empresas - sem uma conexão suficiente ao ilícito alegado. Como o Tribunal colocou: "The presumption against extraterritorial application would be a craven watchdog indeed if it retreated to its kennel whenever some domestic activity is involved in the case". ("A presunção contra a aplicação extraterritorial seria de fato um cão de guarda covarde se recuasse para seu canil sempre que alguma atividade doméstica estivesse envolvida no caso"). Assim, a SCOTUS culminou por reverter a decisão do Nono Circuito, no sentido que os demandantes haviam suficientemente defendido uma causa de ação.

Uma observação: A Suprema Corte não definiu o significado dos conceitos indeterminados "mera presença corporativa" ou "atividade corporativa geral". O Tribunal não se aprofundou nos meandros da relação matriz-subsidiária (incluindo como eles são considerados nas áreas sobrepostas de direito em outras jurisdições), e o que o escopo de tais "decisões operacionais" poderia significar para diferenciar entre uma atividade corporativa geral em oposição a um limite superior de atividade. O Tribunal também não discutiu o que é a "devida diligência" ou o dever legal de cuidado da controladora corporativa em relação à subsidiária quanto a tornar a conduta comissiva ou omissiva da subsidiária diretamente imputável à controladora ou, pelo menos, torna-la negligente por não cumprir suas próprias responsabilidades legais independentes sob sua devida diligência para com a subsidiária e suas partes interessadas. O Tribunal também focou exclusivamente sua lente interpretativa para reivindicações de ATS nos tribunais dos Estados Unidos, sem considerar a trajetória mais ampla da interpretação das responsabilidades de devida diligência da empresa-mãe sobre subsidiárias em jurisdições estrangeiras, como o Reino Unido em casos históricos de *Vedanta v. Lungowe* e como *Okpabi v. Royal Dutch Shell* decidido pela Suprema Corte do Reino Unido, em litígios de direitos humanos.

Contudo, e tão importante quanto: a Suprema Corte não resolveu a segunda questão que lhe foi posta, qual seja, se a ATS isenta as corporações de pretensões judiciais de ATS. Neste particular, 5 dos 8 ministros que conduziram o ponto de vista majoritário consideraram que, a priori, as corporações não são imunes a processos nos termos da ATS. O juiz Gorsuch pontuou que o ATS nunca fez distinção entre demandados pessoas naturais e jurídicas e que as ações por atos ilícitos contra corporações dos EUA e outras entidades legais, como navios, há muito são reconhecidas nos Estados Unidos. Da mesma forma, a juíza Sotomayor afirmou que não há razão para isolar as corporações nacionais da responsabilidade por violações da lei simplesmente porque são pessoas jurídicas e não naturais.

Se, por um lado, o caso Nestlé, indica que a Suprema Corte estreitou o âmbito jurisdicional do ATS e, que em princípio, a América corporativa pode se tranquilizar quanto à impossibilidade de indiscriminada sujeição à responsabilidade por danos puramente extraterritoriais, não se pode negar que permanece aberta a via para que empresas americanas sejam eventualmente responsabilizadas civilmente nos EUA por reivindicações de ATS com fundamento mais substancial. Embora as opiniões desses cinco juízes não sejam vinculativas, acabam por revelar a disposição da Corte sobre a questão dois. O texto e o propósito do ATS, bem como a longa e consistente história de responsabilidade corporativa em atos ilícitos, demonstram que, no mínimo, a SCOTUS não encerrou categoricamente ações judiciais de ATS contra corporações dos Estados Unidos e que pretensões de responsabilidade civil por violações extraterritoriais ainda podem ser apresentadas contra empresas.

Apresar desta "brecha jurídica", o mais preocupante no caso Nestlé é que uma corporação dos EUA pode evitar a responsabilidade de ATS, mesmo se tiver conhecimento real de que seus vínculos offshore violam o direito internacional. Contanto que a conduta doméstica da empresa norte-americana em relação à violação consista em não mais do que atividade corporativa geral, a empresa norte-americana provavelmente estará imunizada de demandas de ATS. Este padrão "pós-Nestlé" é temerário, porque reduz incentivos de mitigação de danos por parte das corporações dos EUA cujas atividades internacionais violam direitos humanos, envolvendo abusos trabalhistas (no limite da escravidão), danos ambientais e crimes de guerra. Doravante, essas empresas podem reconhecer abertamente essas violações, nada fazer para impedi-las e ainda evitar a responsabilidade ATS sob a nebulosa alegação de que a conduta corporativa nos Estados Unidos não se deu fora do "curso normal dos negócios", definição que permanece aberta a futuras interpretações judiciais.

APOLOGY: O PEDIDO DE DESCULPAS NA RESPONSABILIDADE CIVIL

> *"A stiff apology is a second insult. The injured party does not want to be compensated because he has been wronged; he wants to be healed because he has been hurt." (G. K. Chesterton).*

Em recente publicação no Migalhas de Proteção de dados, tive a oportunidade de tratar da polissemia da responsabilidade civil no *common law*. Há um termo que classicamente se ajusta perfeitamente ao sentido legal da responsabilidade. Trata-se da "liability", ou seja, a eficácia condenatória de uma sentença como resultado da apuração de um nexo causal entre uma conduta e um dano, acrescida por outros elementos conforme o nexo de imputação concreto, tendo em consideração as peculiaridades de cada jurisdição. A *liability* é a parte visível do iceberg, manifestando-se *ex post* - após a eclosão do dano -, irradiando o princípio da reparação integral (*full compensation*).

Porém, este é apenas um dos sentidos da responsabilidade. Ao lado dela, colocam-se três outros vocábulos: "responsibility", "accountability" e "answerability". Os três podem ser traduzidos em nossa língua de maneira direta com o significado de responsabilidade, mas na verdade diferem do sentido monopolístico que as jurisdições da *civil law* conferem a *liability*. Em comum, os três vocábulos transcendem a função judicial de desfazimento de prejuízos, conferindo novas camadas à responsabilidade, capazes de responder à complexidade e velocidade dos arranjos sociais. Cremos ser importante enfatizar o sentido de cada um dos termos utilizados na língua inglesa para ampliarmos o sentido de responsabilidade. Palavras muitas vezes servem como redomas de compreensão do sentido, sendo que a polissemia da responsabilidade nos auxilia a escapar do monopólio da função compensatória da responsabilidade civil (*liability*), como se ela se resumisse ao pagamento de uma quantia em dinheiro apta a repor o ofendido na situação pré-danosa. A *liability* não é o epicentro da responsabilidade civil, mas apenas a sua epiderme. Em verdade, trata-se apenas de um *last resort* para aquilo que se pretende da responsabilidade civil no século XXI, destacadamente na tutela dos dados pessoais.

Particularmente, interessa-nos a acepção de "responsibility", trata-se do sentido moral de responsabilidade, voluntariamente aceito e jamais legalmente imposto. É um conceito prospectivo de responsabilidade, no qual ela se converte em instrumento para autogoverno e modelação da vida. Não existem regras oficiais para a *responsibility* e nenhuma autoridade capaz de decidir se uma conduta é ou não responsável, trata-se de uma decisão diária posta a cada pessoa em seu dever de não interferir indevidamente na esfera alheia. A *responsibility* assume um viés preventivo que atua em caráter *ex ante* ao princípio do *neminem laedere*. Enquanto a *liability* se situa no passado - sempre atrelada a uma função compensatória de danos - a *responsibility* é perene, transitando entre o passado, o presente e o futuro. Sempre seremos responsáveis, não apenas perante um certo demandante, mas por toda a humanidade e pelas gerações futuras.

Se, em princípio, *liability e responsibility* se apartam, pertencendo a sistemas normativos distintos, naturalmente não podem ser completamente separados pois todo sistema jurídico é fundado em princípios éticos, havendo uma recíproca influência entre eles. Ilustrativamente, mesmo diante de um dano consumado, ao invés da resposta estatal oficial da obrigação de indenizar pode o autor do ilícito buscar alguma forma de restauração que mais se aproxime de uma restituição em espécie, notadamente diante de danos extrapatrimoniais que não são verdadeiramente remediados por dinheiro. Ou seja, a *responsibility* pode também atuar *ex post*, informando como o ofensor deve se comportar após a ocorrência do dano.

E aqui se coloca a nossa questão central: a noção moral de um pedido de desculpas é capaz de servir ao legislador como uma diretriz de como a legislação de responsabilidade civil pode ser eticamente modelada e estruturada? A função das desculpas perante a responsabilidade civil ainda não é clara. O ponto de partida é a aposta dos legisladores quanto ao fato de que *apologies* são capazes de reduzir litígios, com base em um pretenso senso comum de que é isso é o que as vítimas realmente anseiam, reforçando a ideia de responsabilidade pessoal, porque as desculpas são uma forma de o transgressor assumir a responsabilidade por suas ações. Ou seja, para além da *responsibility*, utiliza-se a expressão "taking responsibility" quando o agente atua no sentido de restaurar a vítima ao estado em que se encontraria se o evento não houvesse ocorrido.

A relação entre as ideias jurídicas e morais de responsabilidade sempre foi objeto de discussão. Um positivista estrito aduziria que não há nenhuma relação necessária. Em sentido oposto, outros argumentam que há uma forte congruência entre eles. No meio termo, encontram-se os que admitem que embora possa não haver uma correlação estrita entre as noções legais e morais de responsabilidade, se não houver nenhuma correlação, a lei provavelmente perderá sua legitimidade dentro de uma certa comunidade. Nesta linha, tratamos do pedido de desculpas no campo das relações privadas, parte integrante da vida social comum e que, a despeito da pluralidade de significados, nos mais diferentes grupos sociais de alguma forma invariavelmente interage com a lei.

A melhor forma de inserir as desculpas no interno da responsabilidade civil é pela via da justiça corretiva Aristotélica, pois é da sua essência a conexão entre a lei e a moralidade, pois na natureza transacional entre o agente e a vítima, surge uma específica obrigação do causador do dano de corrigi-lo ou repará-lo de certa forma. Aliás, esse é o núcleo do direito privado, fundamentado na estrutura bipolar de suas relações e nas ideias de justiça corretiva, tão propaladas nas jurisdições do common law pelo jusfilósofo Ernest Weinrib, com claro sentido epistêmico. A culpa ocupa um papel relevante por sua conexão com a responsabilidade pessoal e o seu reconhecimento por meio da *apology* releva no aspecto do equilíbrio relacional que idealmente é incapaz de ser recuperado por meio de dinheiro, mas através de dignidade. Vale dizer, um pedido de desculpas pode servir como mecanismo de mitigação de danos para a fração não econômica da sentença, a final danos extrapatrimoniais, podem ser melhor reparados por *apologies* do que por uma premiação em dinheiro.

Assim, a justiça corretiva parte do pressuposto de que as pessoas possuem bens patrimoniais e existenciais dignos de inviolabilidade por ato de outrem, sendo que qualquer rompimento desse equilíbrio gera injustiça, a partir da implantação de uma desigualdade ilegítima e injustificável. O valor da justiça corretiva será realizado na medida em que o equilíbrio e igualdade anteriormente existentes se reestabeleça, seja por ato voluntário das partes (como um pedido de desculpas), seja por decisão judicial, momento em que se nota que o direito violado da vítima corresponde a um dever violado pelo ofensor, dever esse que corresponde ao direito da vítima, motivo pelo qual a justiça corretiva está diante de uma injustiça que tem duas faces no cerne de uma relação bilateral e relacional.

Para estabelecermos premissas adequadas, a qual "desculpas" referimo-nos como objeto da responsabilidade civil? Sob o ponto de vista moral, um verdadeiro pedido de desculpas necessariamente incluirá um reconhecimento de culpa. Não há pedido de desculpas a menos que a pessoa expresse arrependimento e também assuma a responsabilidade por um ilícito que cometeu. Esta é a *responsibility*. Ademais, a pessoa se desculpa por um comportamento antijurídico, e não por um dano, pois se este é um problema para a vítima, a questão moral à qual o pedido de desculpas responde é se houve um ilícito. Portanto, trata-se de um "full apology" e não uma mera expressão de arrependimento (*partial apology*), o famoso "sinto muito". No contexto da responsabilidade civil, desculpas "parciais" também são chamadas de desculpas "seguras" (*safe apologies*) por se tratar de um pedido de desculpas sem reconhecimento de culpa, que não gera o risco de responsabilidade civil.

Quando se trata de um total pedido de desculpas, instala-se um verdadeiro processo que se inicia pelo fato (*event*), há uma chamada à comunicação (*call*) no qual as desculpas (*apologies*) são seguidas de um perdão (*forgiveness*) e de uma reconciliação (*reconciliation*). O pedido de desculpas insincero pode desencadear mais agressões, a final, a credibilidade de um pedido de desculpas é considerada em termos do "custo" para quem pede desculpas e, se este não for suficiente, o pedido de desculpas será rejeitado. O perdão não será dado em troca e não haverá reconciliação. Por conseguinte, as desculpas são importantes instrumentos morais - "atos moralmente ricos" - que operam para reforçar as normas em uma comunidade e para restabelecer o equilíbrio entre as duas partes. As desculpas são capazes de reparar a humilhação da vítima, suprimir a vergonha do agressor, auxiliando a curar as feridas emocionais associadas a um ilícito. Os infratores precisam se reposicionar como seres morais na comunidade e com a vítima, assim, o pedido de desculpas opera como uma transformação moral do ofensor.

Porém, supondo que o pedido de desculpas foi seguido do perdão da vítima, qual seria a sua evidência no contexto de responsabilidade civil? O perdão significa que a vítima assume todo o fardo do ilícito a ponto de abrir mão da possibilidade de compensação ao decidir não litigar? A questão não é tão simples. De fato, há um forte argumento de que um dos principais motivadores para as pessoas processarem é o desejo de ter certeza de que a pessoa que errou sabe que fez o errado e está assumindo a responsabilidade por isso, para que não o faça novamente. Em princípio, o pedido de desculpas pode ser preponderante para uma decisão de não processar. Todavia, há uma gama de fatores que afetam esta decisão, incluindo custos e benefícios e probabilidade de compensação, aliados a uma atitude cultural de culpabilidade. Aliás, por puro pragmatismo a vítima pode optar por alcançar um acordo com o ofensor, evitando custos judiciais e a morosidade inerente ao processo, ou, mesmo após a aceitação das desculpas, avançar com a pretensão indenizatória. Ou seja, é possível que mesmo uma pessoa que se sinta muito bem em relação a um ofensor, sinta-se obrigada a processá-lo por uma necessidade econômica.

Empiricamente, um conjunto de estudos experimentais considerou que os entrevistados estavam muito mais inclinados a aceitar uma oferta de acordo quando um pedido de desculpas completo fosse oferecido (*full apology*), em grau menor para desculpas parciais e muito menos quando nenhum pedido de desculpas fosse oferecido. O relatório também observou que os entrevistados consideraram o ofensor o indivíduo mais moral, mais perdoável e mais provável de ser cuidadoso no futuro, quando restauram a confiança oferecendo desculpas completas, ao invés de parciais. O pedido de desculpas parcial pareceu criar incerteza nos participantes quanto a aceitar a oferta. Também houve evidências de que, quando uma lesão era grave, um pedido de desculpas parcial pode ser mesmo prejudicial.

Estudos no contexto médico tendem a apoiar essas conclusões. A relação privada entre o médico e o paciente continua sendo um elemento significativo da forma como as desculpas são utilizadas. Neste setor - permeado por normas médicas baseadas na tradição profissional de autorregulação e na assimetria da relação entre médico e paciente - a cultura da negação é exacerbada pelo aconselhamento jurídico tradicional de não pedir desculpas, como se fosse uma "admissão" de responsabilidade (inclusive pelo temor da resolução do contrato de seguro pela violação de cláusula proibitiva de admissão de responsabilidade). Outro obstáculo para o pedido de desculpas é a divulgação da conduta culposa e seus reflexos no prestígio e clientela do profissional. Entretanto, evidências sugerem que pode haver uma redução significativa na propensão da vítima a processar e um acréscimo na disposição de resolver precocemente a questão quando há uma divulgação aberta de um pedido de desculpas juntamente com a admissão de culpa. *Apologies* se manifestam por palavras claras com o reconhecimento de que algo errado aconteceu e que medidas serão tomadas para prevenir eventos futuros, e uma expressão de sincero pesar.

Atualmente existem regras sobre desculpas em algumas jurisdições do *common law*, podendo ser destacada a *Apology Act 2006*, da Columbia Britânica. As duas funções principais das normas especiais são as de proteger as desculpas (independentemente de como definidas) de serem consideradas admissões de responsabilidade ou de serem admitidas como evidências de uma admissão de responsabilidade. Quando o legislador decide que normas morais assumam o status de normas legais criando um novo conjunto de regras, de alguma forma acaba "confinando" a norma moral. Daí surge a questão de como regramentos sobre desculpas podem impactar no sistema moral de onde elas se originam.

No aspecto teórico, de um lado se colocam as teorias autopoéticas de Luhmann e Teubner e, de outro, Habermas, que percebe os sistemas como interpenetrativos, preocupando-se com a extensão em que a lei "coloniza" outras partes do 'mundo da vida'. Para Luhmann, o sistema jurídico é fechado porque trabalha com o binômio "legal" ou "ilegal". Todavia, o sistema jurídico é "cognitivamente aberto"; permitindo que uma noção moral se torna legal, por vezes mantendo o seu significado (como no caso das desculpas). Em sua Teoria da Ação Comunicativa, Habermas frisa que a colonização do mundo da vida depende exatamente de como a juridificação opera. Para ele, as questões próximas a moralidade são 'instituições jurídicas', sendo possível converter contextos socialmente integrados ao meio do direito, o que provoca distúrbios funcionais, pois a juridificação perturba a lógica interna da questão do mundo da vida - e aqui ingressa a visão da comunidade moral sobre as desculpas.

O ponto fulcral consiste em saber se trazer o pedido de desculpas para o domínio legal, tutelando-a, confere as *apologies* um significado distinto ao que era quando apenas parte do subsistema moral de uma comunidade, onde exerce a função precípua de manter a sua civilidade. A final, o conselho jurídico comum para que o autor do ilícito não se desculpe, deriva do entendimento de que o pedido de desculpas possui um significado jurídico - o de uma admissão de responsabilidade - que provavelmente nunca teve. Cumpre investigar se a interação entre as normas morais e as normas legais é capaz de propiciar um espaço cultural no qual negociar uma disputa possa ser melhor para todas as partes ou se a interação entre elas cria algo que altera o mundo jurídico de uma forma perigosa.

A nosso sentir, a visão de Habermas de que a lei juridifica o mundo da vida, ou pode colonizá-lo, parece absolutamente justificada no câmbio do pedido de desculpas para se adequar aos requisitos legais. Se o pedido de desculpas for alterado em seu efeito substantivo ao ser normativamente internalizado, ele não atuará da forma conhecida no mundo da vida. Uma pessoa que pede desculpas, assim age independentemente de seus efeitos jurídicos, mesmo sabendo que isso pode não influenciar na disposição do ofendido para obter a totalidade de uma indenização por danos. No pedido de desculpas categórico, completo e moral o indivíduo *take responsibility*, mesmo sabendo que a *liability* eventualmente permanecerá. Todavia, quando desculpas completas são protegidas pela lei e suas consequências regradas, a par da legítima tentativa de importação da influência civilizadora e moral do processo de desculpas e reconciliação para o processo legal, é possível que parte da força do impacto moral deste pedido de desculpas possa ser desvirtuado, notadamente pelo fato de que muitos tentarão simplesmente corromper o sentido moral das desculpas, servindo-se processualmente da chamada "desculpa estratégica".

E o que temos hoje para o direito brasileiro? Constata-se que a jurisprudência nacional tende a encarar as formas não monetárias de reparação do dano moral de maneira casuística, a depender de específicas previsões legislativas, não situando a reparação natural como regra geral do sistema de responsabilidade civil. Parte-se, assim, da falsa premissa de que os modos específicos de reparação, que não se identifiquem com a solução monetária, sujeitar-se-iam à necessidade de explícito acolhimento normativo, sem o qual não seria possível o emprego de expedientes não pecuniários de recomposição de bens jurídicos existenciais.

Apostamos nossas fichas no otimismo. A despeito de considerarmos um pedido de desculpas como algo "legal" ou "moral", acreditamos que os sistemas jurídicos que induzem comportamentos virtuosos como uma *full apology*, serão realmente eficazes na redução dos danos. Como bem evidenciou Maria Cândida do Amaral Kroetz em obra coletiva publicada pelo IBERC, comparado a outros métodos de resolução de disputas, para o direito brasileiro a mediação provou ser um fórum ideal para a formulação do pedido de desculpas, porque os princípios de confidencialidade e autodeterminação que governam o processo permitem que ocorra o perdão e a reconciliação, restaurando o equilíbrio de poder entre vítima e ofensor.

A SINGULAR TRAJETÓRIA DOS *PUNITIVE DAMAGES* NA INGLATERRA: O "PATINHO FEIO" DO *COMMON LAW*

Na práxis norte-americana a maior parte das reparações é fruto de decisões do júri, sendo os *punitive damages* comumente aplicados. Todavia, na Inglaterra, as indenizações são determinadas por juízes e tribunais, sendo os *exemplary damages* (nomenclatura inglesa para os *punitive damages*) aplicados em hipóteses restritas, definidas em precedentes. Com efeito, ao contrário do que acontece nos Estados Unidos e em outras jurisdições do *common law,* na Inglaterra os *punitive damages* são vistos pelos tribunais com desconfiança, como uma espécie de remédio anômalo no direito privado, na medida em que a punição não se insere neste setor do ordenamento jurídico. Este entendimento é tão enraizado, que sequer é desafiado no setor doutrinário. Para um civilista brasileiro ou de outra jurisdição da *civil law* tal assertiva soa surpreendente, na medida em que encaramos o *common law* como uma unidade quando, na verdade, são gritantes as especificidades de cada jurisdição.

Progressivamente, desde 1760, a Lei Inglesa permite que em situações excepcionais, em adição à indenização compensatória, a decisão estabeleça uma condenação por *punitive damages,* pela necessidade de sancionar um comportamento ultrajante, no qual o ofensor demonstre profundo desprezo pela vítima. Ao contrário dos *compensatory damages, nos punitive damages* não se quer conter danos, porém condutas demeritórias. Desde 1964 o poder de *aplicar punitive damages (ou exemplary damages),* vem sendo restringido na Inglaterra. Como observou Lord Bingham em *Watkins v Secretary of State for the Home Department,* a política é a de simplesmente desencorajar os juízes a sua aplicação. 1 Uma limitação geral foi estabelecida nos designados "categories test", estabelecidos na *House of Lords* no célebre *Rookes v Barnard.* Neste julgamento, Lord Devlin descreveu os *punitive damages* como "an anomaly in the law of England" em razão de sua agenda retributiva, o que motivou a decisão de confinar os *punitive damages* a três categorias, de modo a demarcar os limites entre um remédio excepcional, essencialmente distinto das demais espécies indenizatórias, na medida em que *exemplary damages* "confuse the civil and criminal functions of the law".

A caracterização dos *punitive damages* como uma aberração tem sido corroborada desde a decisão em *Rookes*. Allan Beever observou que há quase um sentido universal em se considerar que os *punitive damages* "are anomalous". Embora esse mantra tenha sido refutado ocasionalmente, o fato é que ainda não houve uma contestação incisiva a essa posição ortodoxa sobre a ojeriza aos *punitive damages*, não obstante o fato de que pareça evidente que este remédio não ostente o monopólio das penas civis na responsabilidade civil. Pelo contrário, a entronização da noção dos exemplary damages como uma espécie de intruso no direito privado, culmina por reconduzi-los a outras espécies indenizatórias, quase que como uma tentativa de sua total eliminação. Como disciplinou a *Law Commission*: "the modern boundaries of the remedy of exemplary damages have been fashioned by the courts on the assumption that they are an anomalous civil remedy". Este estado de coisas prossegue até o presente. Em uma recente decisão em Axa Insurance *UK Plc v Financial Claims Solutions Ltd Flaux LJ*, observou-se mais uma vez que *punitive damages* "are anomalous. it would . be inappropriate to extend the circumstances in which they can be awarded".

Com efeito, em relação à aplicabilidade dos *punitive damages* na Inglaterra, o precedente *Rookes* é decisivo. O teste impede a sua incidência, exceto se a demanda couber em uma destas três categorias: (1) envolvendo conduta opressiva, arbitrária ou inconstitucional cometida por funcionário do governo agindo como tal; (2) quando o réu calculou que poderia lucrar com o seu ilícito após o pagamento de uma indenização compensatória; e (3) quando algum estatuto estipular que *punitive damages* sejam concedidos. A menos que o caso concreto se subsume a uma das três realçadas *fattispecies, punitive damages* não serão fixados, independentemente da gravidade do comportamento do demandado.

Existem vários condicionamentos à primeira categoria. Uma limitação é a exigência de que o réu seja um destinatário do poder público. Assim, o simples fato de o servidor ter agido de forma opressora, não trará um caso dentro da primeira categoria. Contudo, o caso não cairá na primeira categoria simplesmente porque o réu foi investido com o poder público. Fundamental é que tenha exercido o poder público ao cometer o ilícito. Por exemplo, um servidor que conduza operações comerciais ao invés de desempenhar funções governamentais não pode incorrer na responsabilidade de pagar *punitive damages* na primeira categoria. Passando para a segunda categoria, ela apenas captura casos envolvendo um "cálculo cínico de vantagem mercenária" por parte do réu. Portanto, é insuficiente que o erro tenha sido cometido apenas em um contexto empresarial.

A terceira categoria quase não estende o poder de conceder *punitive damages*, uma vez que a legislação inglesa raramente autoriza os tribunais a assim agir. *Punitive damages* podem ser concedidos sob a lei em apenas um punhado de circunstâncias ecléticas, incluindo por violação de certas convenções ambientais, para a conversão de bens de militares e por certos ilícitos cometidos por demandados por meio da imprensa.

Em adendo às três referidas categorias, os demandantes devem ultrapassar não menos do que seis obstáculos para o alcance de uma indenização punitiva. Aliás, ainda que superados os obstáculos, a pena civil não se torna impositiva ao juiz, mas apenas uma questão de discricionariedade.

Primeiro, deve ser demonstrado que a conduta do demandado foi suficientemente repreensível para merecer uma condenação punitiva. Nada obstante, inexiste um teste preciso para satisfazer esse requisito. A jurisprudência fornece um "whole gamut of dyslogistic judicial epithets" que sugerem indicações sobre o tipo de condita excepcional sujeita a uma resposta punitiva. Esses epítetos oscilam entre 'high-handed', 'outrageous', 'egregious', 'exceptional', 'insulting', 'cynical', 'flagrant', 'appalling' e 'contumelious'.

Segundo, o demandante deve satisfazer o 'if but only if' test, permitindo a aplicação de punitive damages somente quando, por si só, compensatory damages sejam insuficientes para punição e desestímulo. Esta restrição é estampada na anotação de Lord Nicholls's em *Kuddus v Chief Constable of Leicestershire Constabulary*, pela qual *punitive damages* atuam como um 'remedy of last resort'. Trata-se de uma significativa limitação no poder de aplicação dos punitive damages que é frequentemente enfatizada nas cortes inglesas. No recente caso *Mohidin v Commissioner of Police of the Metropolis*, o magistrado Gilbart J recusou a aplicação de punitive damages por agressão e prisão injustificada, mesmo havendo evidência de um comportamento opressivo (1. Categoria de Rookes) pois a condenação por compensatory damages já seria uma punição adequada para o demandado.

Terceiro, existem restrições que se aplicam quando o ilícito envolve múltiplas vítimas. Mesmo quando uma das vítimas tenha uma clara "cause of action" contra o demandado, a não ser que todas as demais vítimas estejam perante o juiz, a indenização será rejeitada pois em tais circunstâncias não será possível determinar a justificativa para uma punição generalizada.

Quarto, simetricamente, outras limitações surgem quando existem vários réus. Quando o demandante litiga contra múltiplos demandados, solidariamente responsáveis pelo mesmo ilícito, punitive damages só se aplicam se houver necessidade de punição em relação a todos eles e esta necessidade não houver sido aplacada pela condenação por compensatory damages.

Quinto, o fato de que o demandado tenha sido sancionado administrativamente ou criminalmente pelo mesmo ilícito impedirá a aplicação de *punitive damages*. Trata-se de uma vedação semelhante ao *double jeopardy* do direito norte-americano.

Sexto, deve se verificar ainda se a demanda se adequa a uma "cause of action" na qual *punitive damages* são viáveis. Essa restrição antecede ao *leading case Rookes*, tendo sido conhecida como 'pre-1964 test' ou 'cause of action test', impedindo a concessão de *punitive damages* em demandas como fraude, abuso de poder por autoridades e perturbação da ordem pública. Mesmo que no não menos importante caso *Kuddus, a House of Lords* tenha mitigado tais restrições, os punitive damages ainda se sujeitam a uma série de limitações. Assim, não podem ser aplicados em causas relacionadas a *breach of contract*, com relação a *equitable wrongs* ou com base no *Human Rights Act* 1998, bem como no *Consumer Protection Act* 1987. Existe séria divergência quanto ao fato de que *punitive damages* possam ser aplicados pelo ilícito de "negligence", talvez pela percepção de que uma conduta meramente negligente é insuficiente para merecer uma resposta punitiva.

As restrições relatadas até agora dizem respeito às circunstâncias em que *punitive damages* são deferidos. Contudo, as limitações não incidem tão somente sobre a disponibilidade do remédio, mas também sobre a sua extensão. Em Rookes, Lord Devlin instou que condenações por *punitive damages* devem ser moderadas, ameaçando impor um teto indenizatório se a exortação se mostrasse insuficiente, que não se oficializou, pois, os tribunais seguiram o principio da moderação, ou seja, a condenação deve ser fixada no mínimo necessário para satisfazer os propósitos públicos subjacentes a esse remédio, nomeadamente, punição e desestimulo. Conforme uma análise empírica em todas as partes da UK - entre 2000 e 2015 - de todos os casos acessíveis eletronicamente nos quais punitive damages foram reivindicados (exceto da Escócia, que não reconhece o remédio), o valor médio das condenações por *punitive damages* é de £18,181. Tal número é relativamente modesto, quando comparado aos de outras jurisdições do *common law*. Portanto, a verificação sobre o poder de se aplicar *punitive damages* ocorre duas vezes: primeiro, em conexão com a decisão de concedê-los e, novamente, em relação a sua quantificação.

Em adendo ao princípio da moderação, ao menos três regras adicionais limitam o *quantum* dos *punitive damages*. Primeiro, quando a corte determina que vários réus devam indenizar, o valor deve refletir a punição reservada ao menos culpado entre eles, sendo irrelevante que um ou mais dentre eles tenham agido de forma bem mais repreensível. Esta regra expressa uma preferência em favor de uma inadequada punição ao invés de uma excessiva punição. Segundo, em casos envolvendo mau comportamento policial, as condenações são confinadas entre limites predeterminados. Terceiro, ao avaliar *punitive damages*, o juiz pode considerar a incitação pelo demandante como uma consideração mitigadora do *quantum*.

De tudo que foi dito, observa-se um nítido contraste entre o regime dos *punitive damages* na Inglaterra e demais jurisdições do *Common law*. Três constatações demonstram que o sistema inglês é bem mais parcimonioso no manejo desse remédio do que em outros quadrantes do *commonwealth* (o que exclui os EUA desta verificação).

Primeiramente, o chamado "categories test" foi repudiado nas demais jurisdições da Commonwealth, o quê é significante, pois esta é a mais rigorosa constrição ao poder judicial e concessão de punitive damages. A eliminação de tal restrição possui importante repercussão prática, permitindo a aplicação do remédio em um sem número de condutas repreensíveis que jamais poderiam ser sancionadas na Inglaterra. Segundo, em outras jurisdições não se aplicam as restrições em termos de "cause-of-action". Enquanto na Inglaterra *punitive damages* apenas se aplicam no contexto da responsabilidade aquiliana (torts), no Canadá eles incidem também no âmbito dos *equitable wrongs* e em certas circunstâncias por *breach of contract*. Terceiro, a quantificação dos *punitive damages* em outras nações é mais ampla que na Inglaterra. A maior condenação verificada na UK se deu em *Rees v Commissioner of Police for the Metropolis* no valor de £150,000. A posição na Austrália é radicalmente diferente. Uma recente investigação sobre a quantificação de *punitive damages* naquele país encontrou condenações médias em torno de A$105,059,37 (quase o triplo da média inglesa), sendo que a maior indenização alcançou o montante de A$4,167,202 valor várias vezes superior aquele estipulado no citado caso Rees.

Tamanhas distinções denotam que as próprias jurisdições da *common law* são bastante heterogêneas. Notadamente, há uma profunda distinção estrutural entre o direito inglês e o direito norte-americano. Essa diferença é tão pronunciada, que se por um lado faz sentido cogitar de uma tradição anglo-americana no sentido histórico, qualquer insinuação sobre um direito anglo-americano é equivocada.

DIRETIVA (UE) SOBRE O DEVER DE DILIGÊNCIA/ SUSTENTABILIDADE: REFLEXOS PARA A RESPONSABILIDADE CIVIL

Coautoria: Fabrício de Souza Oliveira e José Luiz de Moura Faleiros Júnior

A classificação dos estágios de desenvolvimento do Direito Societário da atual União Europeia, proposta por Stefan Grundmann, nos é útil para a compreensão do contexto em que é aprovada a Diretiva relativa ao dever de diligência das empresas em matéria de sustentabilidade e de Direitos Humanos. O professor da Humboldt-Universitat identifica três estágios para o seu desenvolvimento: a Black-box, a Red-box e a Green-box. Cada um desses estágios será tratado brevemente, seguindo algum comentário sobre a nova Diretiva e suas potenciais repercussões para os empresários brasileiros (especialmente as sociedades subsidiárias de controladoras europeias e as sociedades fornecedoras de sociedades europeias).

No primeiro estágio - Black-box - relativo às décadas de 1970 a 1990 -, a harmonização do Direito da União Europeia (à época Comunidade Europeia), no que se refere ao Direito Societário, em sentido amplo, concentrou-se na construção de medidas para garantir informações necessárias para que as pessoas que não participam do controle superassem a assimetria de informações existente entre os que participam do controle e aqueles outros investidores que não participam. Essa assimetria de informações, em relação ao regime jurídico que rege o caso, é particularmente forte quando os respectivos Direitos dos Estados-membros da União divergem em relação a alguns parâmetros centrais (não harmonizados), especificamente aqueles relacionados à confiabilidade jurídica e econômica das estruturas que acomodam o investimento. Em tal abordagem, o interior da empresa não é uma preocupação especial - daí a denominação

Black-box; tudo gira em torno da confiabilidade externa. Os outsiders, nesse contexto, são principalmente credores e investidores, inclusive investidores em ações não integrantes do bloco de controle. Por credores e investidores compreende-se aqueles que concedem crédito de longo prazo, muitas vezes de grande porte, a seus parceiros em transações e dependem particularmente de uma base confiável para essa relação credor-devedor.

Durante os anos de transição, ou seja, na década de 1990, tanto o foco no Mercado Interno como a principal meta da União, quanto o respectivo ator racional e o modelo de informação foram questionados, modificados e, de certa forma, substituídos.

Esses anos também trouxeram uma grande facilitação do movimento intracomunitário ou da União, maior fluidez e melhores instrumentos e mercados para instrumentos financeiros, especialmente ações. Isso sustenta uma atitude diferente em relação ao empoderamento de grandes círculos de atores, com uma variedade de origens, bem como tipos variados de possibilidades de troca dentro da União. Em outras palavras, os anos de transição prepararam o terreno para uma abordagem Red-box, cujo desenvolvimento jurídico principal ocorreu na década de 2000.

Alguns desses desenvolvimentos na década de 1990 se destacam. Por exemplo, o foco no Mercado Interno como o principal objetivo da Comunidade foi substituído pelo objetivo da Comunidade de se tornar uma União política, que, por sua vez, foi decididamente realizado com o Tratado de Maastricht (1992). Entre os elementos consagrados nesse Tratado, destacam-se a concepção e os critérios para a introdução e a admissão de uma moeda comum em 1999/2002. Outros desenvolvimentos fundamentais incluem a Política Externa e de Segurança Comum, incluindo a Defesa (2° pilar) e a Cooperação nas áreas de Justiça e Assuntos Internos (3° pilar).

Com esse terreno preparado, a década de 2000 (Red-box) apresentou movimento legiferante em nível da União Europeia visando o empoderamento dos tomadores de decisão, em vários níveis, e tornando-o o impulso central do desenvolvimento do Direito Societário da UE. Esse conceito foi fundamentado em três aspectos principais: (i) a participação dos acionistas; (ii) a participação em vários níveis foi incentivada, incluindo a capacitação dos acionistas no momento das aquisições e dos trabalhadores para participarem da tomada de decisões com relação ao ambiente de trabalho; (iii) o terceiro, mais relacionado ao cenário institucional, se deve à capacitação da voz multifacetada que passa a ser vista em nível da UE e é sustentada por normas que facilitam e aprimoram a base de informações para a tomada de decisões adequadas.

O momento do atual desenvolvimento do direito societário da União Europeia é classificado por Stefan Grundmann como sendo o da Green-box. O conceito central proposto pelo professor da Humboldt-Universitat baseia-se na ideia de que a responsabilidade para com a coletividade e entre gerações é primordial, tanto nas atividades econômicas como no direito societário. O professor menciona três exemplos claros dessa visão identificados nos megaprojetos do direito das sociedades da EU, os quais estão presentes na última década: (i) não externalização dos efeitos adversos da ação privada para a coletividade; (ii) proteção proativa dos valores fundamentais, quando a economia europeia é a fonte de riscos para esses valores; e (iii) apelos aos mais importantes decisores para que partilhem as suas estratégias, as tornem visíveis, as submetam à crítica e, além disso, se abstenham de injustiças.

Situada nesse derradeiro estágio, a nova Diretiva adota uma estratégia de regulação, atendendo aos valores europeus fundamentais e impondo obrigações às empresas constituídas em conformidade com a legislação de um Estado-Membro e que preencham os requisitos previstos em seu art. 2.°. Com essa estratégia, visa à proteção dos Direitos Humanos e da Sustentabilidade Ambiental em três eixos: o das próprias operações da sociedade (medidas de controle interno da gestão); o das operações das filiais (medidas de controle das subsidiárias); e o das operações das sociedades integrantes da cadeia de valor (medidas de controle externo).

Para cumprirem as obrigações em matéria de direitos humanos e de ambiente, as empresas hão de observar o dever de diligência. O conteúdo desse dever é explicitado nos cinco artigos da Diretiva (4.° a 8. °). No essencial, tal dever traduz-se na adoção de procedimentos e medidas adequados para identificar os efeitos negativos, potenciais ou reais, nos direitos humanos e no ambiente relacionados com as operações da sociedade, de suas filiais (subsidiárias) e/ou das sociedades integrantes das respectivas cadeias de valor, prevenir ou atenuar os efeitos negativos potenciais e fazer cessar ou minimizar os efeitos negativos reais.

A violação do dever de diligência pode levar à aplicação de sanções de natureza administrativa (art. 20) e de responsabilidade civil (art. 22). Essa responsabilidade civil pressupõe o fato ilícito e culposo (doloso ou negligente) advindo da quebra do dever de prevenir e/ou atenuar efeitos negativos potenciais ou de fazer cessar/minimizar efeitos negativos reais; um dano ou prejuízo (patrimonial ou não patrimonial) sofrido por pessoas protegidas; e o nexo de causalidade entre aquele fato e o dano.

Dos três eixos componentes da estratégia regulatória da Diretiva, os dois últimos possuem o potencial de impactarem em sociedades sediadas no Brasil:

o das operações das filiais (medidas de controle das subsidiárias); e o das operações das sociedades integrantes da cadeia de valor (medidas de controle externo).

Cuidamos de início das operações das filiais: Coutinho de Abreu adverte que, neste eixo regulatório, a Diretiva provoca um alargamento considerável na harmonização comunitário-europeia do direito dos grupos empresariais. Por um lado, consagra-se o dever de diligência ou de cuidado das sociedades controladoras em matéria de direitos humanos e meio-ambiente para com partes interessadas das sociedades subsidiárias e a responsabilidade correspondente. Mas também se consagra, por outo lado, e em contrapartida, o direito (o poder-dever) de as sociedades controladoras darem instruções vinculantes às controladas nessas matérias.

Sobre o último aspecto, destacamos que no Direito Societário brasileiro não há a denominada reserva de matéria para a gestão na generalidade das sociedades, cabendo, desde que lícitas, as instruções vinculativas da assembleia ou reunião de sócios - dominadas pelo controlador - para os administradores.

Sobreleva dizer que, em sede deste breve comentário, a regulação europeia atinge o plano material da formação da vontade social, isto é, dos critérios que parametrizam a responsabilidade dos gestores - em contraste com medidas alternativas que impactariam na composição e atribuição dos órgãos responsáveis pela formação da vontade social (plano formal).

A razão disso, perspectivando pelos fundamentos, é a de que o nexus contratual, como afirmava Oliver Williamson, não é neutro. Há discricionariedade dos administradores e controlares (inclusive da sociedade controladora) na tomada de decisões que manifestam, em última análise, o comando hierárquico que, numa abordagem coaseana, caracteriza a empresa: identificar esse comando nas estruturas societárias componentes do grupo e parametrizá-la, via responsabilização, parece-nos ter sido a opção do legislador europeu de 2024.

Por fim, tendo em conta a cadeia de valor ("as atividades relacionadas com a produção de bens ou a prestação de serviços por uma empresa, incluindo o desenvolvimento do produto ou do serviço e a utilização e eliminação do produto, bem como as atividades conexas das relações empresariais estabelecidas a montante e a jusante da empresa") - parece-nos - indica a potencial caracterização do conhecido controle externo entre o potencial contratante europeu e as potenciais sociedades (mas não só) fornecedoras brasileiras: há diversas medidas previstas pela Lei europeia que repercutem virtualmente no controle e no funcionamento de eventuais contratadas: ilustrativamente, citamos o dever que incide sobre as empresas contratantes de "[p]rocurar obter garantias contratuais dos parceiros diretos com os quais tenham uma relação empresarial estabelecida de que se comprometem a assegurar o cumprimento do código de conduta e, se necessário, do plano de medidas corretivas, nomeadamente procurando obter garantias contratuais correspondentes junto dos seus parceiros, na medida em que façam parte da cadeia de valor (contratação em cascata)" (alínea *c* do número 3 do art. 8º da Diretiva).

IX

DIREITO CIVIL E NOVAS TECNOLOGIAS

O *COMPLIANCE* E A REDUÇÃO EQUITATIVA DA INDENIZAÇÃO NA LGPD

Em outra oportunidade, abordei as múltiplas variáveis e dimensões do termo "responsabilidade" e as suas possíveis aplicações na LGPD. Tratei da correta especificação dos vocábulos *liability, responsibility, accountability e answerability* e suas repercussões na lei 13.709/18. Enquanto a *liability* remete à uma indenização cujo núcleo consiste em um nexo causal entre uma conduta e um dano, os três vocábulos restantes extrapolam a função judicial de desfazimento de prejuízos, conferindo novas camadas à responsabilidade, capazes de responder à complexidade e velocidade dos arranjos sociais.

Especificamente quanto à *accountability*, ampliamos o espectro da responsabilidade, mediante a inclusão de parâmetros regulatórios preventivos, que promovem uma interação entre a *liability* do Código Civil com uma regulamentação voltada à governança de dados, seja em caráter *ex ante ou ex post.* No plano *ex ante* a *accountability* é compreendida como um guia para controladores e operadores, protagonistas do tratamento de dados pessoais, mediante a inserção de regras de boas práticas que estabeleçam procedimentos, normas de segurança e padrões técnicos, tal como se extraí do artigo 50 da LGPD. Impõe-se o *compliance* como planificação para os riscos de maior impacto negativo. Não por outra razão, ao discorrer sobre os princípios da atividade de tratamento de dados, o art. 6° da lei 13.709/18 se refere à "responsabilização e prestação de contas", ou seja, *liability e accountability.*

Lado outro, na vertente *ex post*, a *accountability* atua como um guia para o decisor, tanto para identificar e quantificar responsabilidades, como para estabelecer os remédios mais adequados. Assim, ao invés do magistrado se socorrer da discricionariedade para aferir o risco intrínseco de uma certa atividade por sua elevada danosidade – o desincentivo ao empreendedorismo é a reação dos agentes econômicos à insegurança jurídica –, estabelecem-se padrões e garantias instrumentais que atuam como parâmetros objetivos para a mensuração do risco concreto em comparação com outras atividades.

Todavia, cremos ser possível a conciliação entre a *accountability* nos dois planos referidos, com expressivo impacto na LGPD. A questão a ser concisamente enfrentada, consiste em avaliar se o investimento em *compliance,* com efetividade, por parte do agente causador do dano, poderá acarretar a redução equitativa da indenização, a teor do parágrafo único do art. 944 do Código Civil.

Se quisermos alcançar uma resposta bem fundamentada, precisamos alcançar a essência da responsabilidade civil e a sua adequação à sociedade tecnológica.

O receio de uma sanção negativa impele o ser humano a adotar condutas cautelosas no sentido de não violar a esfera econômica ou existencial de um terceiro. Desde Roma o "neminem laedere" traduz a eficaz imposição de um dever geral de abstenção. E por qual razão a responsabilidade civil é e sempre foi assim? A resposta reside no senso comum de moralidade humana. É um fato básico que é mais fácil prejudicar os outros do que beneficiá-los. Nossa responsabilidade é baseada na causalidade, assim, sentimo-nos responsáveis por um resultado, conforme a nossa contribuição ativa para ele. Intuitivamente, cremos que somos muito mais responsáveis pelo mal que causamos por nossos atos do que pelos males cotidianos derivados de nossas omissões. Por isso, todos os deveres morais e obrigações nos impelem a não ofender a incolumidade de terceiros, sem que existam deveres positivos que estimulem os indivíduos à cooperação. Tudo isso explica a enorme aversão que temos diante de perdas, sem que haja uma inversa atração pelos ganhos sociais de comportamentos beneméritos, que possam irradiar solidariedade.

Nas relações obrigacionais a boa-fé objetiva desperta "o melhor de nós", no sentido de converter partes antagonistas em parceiros de um projeto contratual, realçando deveres de cooperação, proteção e informação. O prêmio para os que seguem os "standards" de lealdade e confiança é o adimplemento dos deveres preexistentes. Diferentemente, a responsabilidade civil extracontratual é o *habitat* das pessoas que são estranhas umas às outras. Quando não há um prévio vínculo entre seres humanos, o que encorajaria alguém a transcender o dever moral e jurídico de não ofender a órbita alheia, a ponto de ser empático e se disponibilizar ao engajamento na colaboração recíproca com pessoas de culturas e nações distintas, ou até mesmo para beneficiar as gerações futuras? Será que o nosso senso de justiça sempre será limitado ao pequeno número de pessoas a quem devotamos a nossa afeição ou um dever contratual?

Dentre os diversos iluminismos do século XVIII, sempre fui um entusiasta do iluminismo britânico, não do francês. São as virtudes sociais, mais do que a razão, que unem as pessoas. A ideia francesa da razão não é disponível às pessoas comuns e não possui nenhum componente moral ou social. Todavia, a benevolência é uma virtude mais modesta do que a razão, mas talvez uma virtude mais humana. Preocupados com o homem em relação à sociedade, os filósofos morais escoceses e ingleses perseguem o "éthos" da valorização do senso comum do certo e do errado e a compaixão como base para uma sociedade humana na qual a pessoa virtuosa é movida pela afeição natural por sua espécie. No Brasil, Adam Smith é identificado como o autor da obra "A Riqueza das Nações". Porém, em sua terra natal, mais do que economista político, foi notabilizado como filósofo moral. A sua obra de maior estima é a "Teoria dos Sentimentos Morais". Em uma magistral passagem, Smith sublinha que "sensibilizar-se muito pelos outros e pouco por nós mesmos, refrear nosso egoísmo e favorecer nossas afecções benevolentes constitui a perfeição da natureza humana. O homem naturalmente deseja não apenas ser amado, mas ser amável. Ele naturalmente teme não só ser odiado, mas ser odiável. Ele deseja não apenas louvar, mas ser louvável. Nós desejamos tanto ser respeitáveis quanto respeitados. Nós tememos ser tanto desprezíveis quanto sermos desprezados". Enfim, são essas as virtudes "positivas" incitadas pelo senso de solidariedade que Smith elevou sobre aquelas que chamava virtudes "negativas" da justiça.

Infelizmente, a cultura brasileira herdou a tradição das virtudes negativas e artificiais da justiça, distanciando-se das virtudes positivas e naturais da ética. Some-se a isso o fato de que incorporamos não apenas o iluminismo francês, mas o sistema de responsabilidade civil dele tributário, que consiste apenas em um arremedo de proteção social para vítimas de acidentes, pois o seu real desiderato foi o de legitimar a liberdade econômica daqueles que realizam atividades que expõem terceiros a riscos de prejuízos e lesões. Consolida-se a função compensatória da responsabilidade civil, mediante uma ficção pela qual a neutralização de danos por intermédio de uma indenização é suficiente para restituir as partes a um estado de pacificação.

O Art. 944, *caput*, do CC verbaliza essa arraigada mentalidade, positivando a regra de ouro da responsabilidade civil: "A indenização mede-se pela extensão do dano". O princípio da reparação integral foi sintetizado pela doutrina francesa com um adágio: *tout le dommage, mais rien que le dommage* ("todo o dano, mas nada mais do que o dano"). Extrai-se desse enunciado que o princípio da reparação integral possui dupla função: a) piso indenizatório (todo o dano); b) teto indenizatório (não mais que o dano).

Nada obstante, em caráter inovador, o legislador trouxe uma exceção ao princípio da *restitutio in integro*. Conforme o parágrafo único, do art. 944, "Se houver excessiva desproporção entre a gravidade da culpa e o dano, poderá o juiz reduzir, equitativamente, a indenização". A mensagem é clara: O valor da indenização não pode ultrapassar a extensão do dano, preservando-se a função de teto do princípio da reparação integral, porém pode ficar aquém, indenizando-se menos do que o montante total dos prejuízos sofridos pelo lesado. Isto se dá quando o agente, agindo com uma mínima negligência causa danos vultosos. Nas situações prosaicas da vida, ilustramos com o condutor de uma motocicleta de categoria básica que, por uma distração, colide com luxuoso automóvel, acarretando consideráveis danos patrimoniais. O valor do motociclo não é suficiente para arcar com a totalidade do prejuízo. O exemplo demonstra que o legislador tinha em mente evitar que a "desgraça" fosse transferida do ofendido para ofensor em razão de um mero descuido.

A meu sentir, o referido dispositivo é um ponto de partida para aproveitarmos as enormes potencialidades do *compliance*, alargando os horizontes da responsabilidade civil, destacando a sua "função promocional", na qual a tônica será a aplicação das sanções premiais, tão decantadas por Norberto Bobbio. Para além de compensar, punir e prevenir danos, a responsabilidade civil deve criteriosamente recompensar a virtude e os comportamentos benevolentes de pessoas naturais e jurídicas.

Pode-se definir o 'encorajamento', com Norberto Bobbio, como aquela forma de persuasão em que Y tentará influenciar X a fazer, assegurando uma consequência agradável caso X faça. Enquanto o momento inicial de uma medida de desencorajamento é uma ameaça, o da medida de encorajamento é uma promessa que obrigatoriamente será mantida pelo promitente juridicamente autorizado. A técnica de encorajamento é conexa com a predisposição e a atuação das sanções positivas, com função promocional (ou propulsiva), de estímulo a atos inovadores. Ao contrário da sanção negativa, a sanção positiva não é devida. O prêmio pelo mérito não se encontra no nível estrutural da norma, mas psicológico daquele que agirá em busca da recompensa. Certamente, as sanções positivas surgirão eventualmente no ordenamento, isto por duas razões: (a) o sistema não possui recursos para premiar todo e qualquer comportamento meritório; (b) o direito não pode ser visto como um mínimo ético, mas um máximo ético. Neste sentido, colhe-se a função de incentivar o adimplemento e não o de reagir ao inadimplemento. A título ilustrativo, tenha-se a hipótese do bônus previsto no contrato de seguro de responsabilidade civil pela circulação de veículos. Trata-se de um prêmio, uma recompensa a um comportamento.

O direito não se presta a um papel conservador e inerte de mera proteção de interesses mediante a repressão de atos proibidos, mas preferencialmente o de promover o encontro entre as normas e as necessárias transformações sociais. Na senda da eficácia promocional de direitos fundamentais, é possível fazer do direito privado um local em que algumas normas sirvam não apenas para tutelar, como também para provocar efeitos benéficos aos valores da solidariedade e da igualdade material. No plano funcional, as sanções positivas atuam de maneira a provocar nos indivíduos o exercício de sua autonomia para alterar sua forma de comportamento. Se uma sanção pretende maximizar comportamentos conformes e minimizar comportamentos disformes, deverá se servir do instrumento de socialização, que com técnicas variadas investe o indivíduo na condição de membro participante de uma sociedade e de sua cultura. A socialização – que obviamente se aplica à pessoa jurídica – cria uma disposição para a observância das regras que comandam o grupo. Quando o processo de socialização não funciona para algum indivíduo, em um segundo momento se estabelecerá a técnica de controle social. Quando este processo quer encorajar não apenas comportamentos conforme o direito, mas em "superconformidade", recorrerá às sanções positivas, pela via de prêmios e incentivos.

Nessa toada, creio que uma legítima situação de incidência da função promocional é o citado parágrafo único do art. 944 do Código Civil. Para a doutrina majoritária, a referida norma só poderá ser utilizada na teoria subjetiva da responsabilidade civil, seja pela própria literalidade do dispositivo, como também pelo próprio apelo à orientação sistemática pela qual no nexo de imputação objetiva será expurgada qualquer discussão sobre a culpa. Quer dizer, quando determinada atividade econômica, pela sua própria natureza, independentemente de quem a promova, oferece riscos que a experiência repute como excessivos, anormais, provocando danos patrimoniais ou existenciais em escala superior a outros setores do mercado, a orientação dada ao empreendimento pelos seus dirigentes será irrelevante para a avaliação das consequências dos danos, relevando apenas a aferição do nexo de causalidade entre o dano injusto e o exercício da atividade.

Entretanto, se assim for, priva-se de qualquer efeito jurídico qualquer ação meritória em sede de teoria objetiva. Quer dizer, o fato do condutor da atividade – ciente de seu risco anormal – propor-se a realizar investimentos em segurança e *compliance* perante os seus funcionários ou terceiros em nada repercutirá positivamente em caso de produção de uma lesão resultante do exercício desta atividade. Daí nasce a questão lógica: se inexiste qualquer estímulo para provocar um comportamento direcionado ao cuidado e à diligência extraordinários, qual será a ênfase de um agente econômico em despender recursos que poderiam ser direcionados a várias outras finalidades, quando ciente de que isto nada valerá na eventualidade de um julgamento desfavorável em uma lide de responsabilidade civil? Esta indagação se torna ainda mais veemente quando o empreendedor percebe que os seus concorrentes "arregaçam os braços" ou se limitam a esforços mínimos em termos de cautela, canalizando os recursos excedentes para outras vantagens mercadológicas perante contratantes e consumidores.

O debate avulta em um cenário de afirmação de um direito fundamental autônomo à proteção de dados, desconectado do direito à privacidade. Aqui, a responsabilidade civil não se restringe à mera condição de ferramenta de resguardo, porém a de promover e difundir o direito fundamental à proteção de dados. Não obstante os dissídios doutrinários, quanto ao nexo de imputação de danos adotado na LGPD, alinhamo-nos a Rafael Dresch e Lilian Stein, que preconizam que a forma de responsabilidade civil adotada enquadra-se em uma categoria especial de responsabilidade objetiva que se dará ante o cometimento de um ilícito: o não cumprimento de deveres impostos pela legislação de proteção de dados, em especial o dever de segurança por parte do agente de tratamento. É o que se extrai, inclusive, da análise do dever geral de segurança do qual esse se incumbe, conforme disposição do art. 44 da LGPD, e cuja violação é que acaba por ensejar sua responsabilização civil. Em outras palavras, faz-se fundamental observar eventual cumprimento ou não dos deveres decorrentes da tutela dos dados pessoais, face à legítima expectativa quanto à possível conduta do agente, o que se faz por meio de *standards* de conduta – critérios que, não atendidos, apontam para o não cumprimento do dever de segurança. O ilícito objetivo previsto na LGPD demanda apenas a análise externa das práticas do agente de tratamento, de sua conduta de forma objetiva, para verificar se tal conduta está em conformidade (*compliance*) ou não com o padrão de conduta que se pode exigir de um agente de tratamento com base em *standards* técnicos de mercado e regulatórios.

Face ao exposto, propomos a existência de três "standards" de diligência em sede de exercício de atividades potencialmente danosas na LGPD: (a) ausência de diligência; (b) diligência ordinária; (c) diligência extraordinária. No primeiro caso – ausência de diligência –, a ausência de previsão legal de um modelo jurídico similar aos *punitive damages*, não impede que em resposta às infrações cometidas por Agentes de Tratamento de Dados, a Autoridade Nacional de Proteção de Dados, sirva-se da *accountability* para a estipulação de sanções de natureza punitiva e quantificação de multas, conforme previsão do artigo 52 da LGPD. No segundo caso – diligência ordinária – aferindo-se que os parâmetros de vigilância do empreendedor se encontram na normalidade de seu setor econômico, o resultado será neutro no aspecto punitivo, resumindo-se a sanção por danos injustos à medida de sua reparação, tanto na esfera patrimonial como extrapatrimonial.

Naquilo que nos interessa – a terceira hipótese – na LGPD, a excepcional diligência da pessoa do agente se afere não apenas pela conformidade à regulação de gestão de riscos, como por práticas proativas de sua mitigação, seja por parte de um desenvolvedor de tecnologias digitais emergentes como de um agente de tratamento. O art. 50 da lei 13.709/18 estatui que controladores e operadores, pelo tratamento de dados pessoais, poderão formular regras de boas práticas e de governança – levando em consideração, a natureza, o escopo, a finalidade e a probabilidade e a gravidade dos riscos e dos benefícios decorrentes de tratamento de dados do titular. Resta evidenciada a função promocional, mas, paradoxalmente, o referido dispositivo não dialoga com outro que concretamente proporcione benefícios aos agentes que cumpriram o *script* à risca.

Ou seja, como muito bem colocado por Adalberto Simão Filho e Janaina de Souza Cunha Rodrigues, se o Artigo 50 da lei usa claramente a expressão "poderão formular regras de boas práticas e de governança" isso significa que se trata tão só de mera faculdade e, portanto, não se precisará destinar neste momento, recursos, ativos e trabalhos para o desenvolvimento de políticas internas que possam atender a esta disposição. Então, qual será o atrativo para que se implantem as políticas sugeridas?

Aqui se situa o parágrafo único do art. 944, reforçando a centralidade do Código Civil perante o microssistema jurídico destinado à proteção de dados. Através da mitigação equitativa da obrigação de indenizar, o dispositivo atua como uma forma desejável de estímulo a todo e qualquer agente econômico que, não obstante o risco inerente à sua atividade, não meça esforços para refrear a possibilidade de causação de danos a terceiros. Esta é a eficácia do *compliance* em termos de *liability*. Contudo, em nível de *accountability*, é papel do regulador criar uma espécie de cadastro positivo de louváveis agentes econômicos, cuja publicidade propicie um aceno a uma "corrida por incentivos", derivados de uma percepção positiva da sociedade em termos de imagem, com reflexos patrimoniais e morais. Indubitavelmente, a credibilidade é um bem imaterial de enorme valor em sociedades que objetivam implantar mecanismos meritocráticos. Ressalte-se o efeito pedagógico de se inibir o ingresso em determinado setor do mercado de potenciais concorrentes sem o potencial de fazer frente às exigências de uma competitividade pautada na eficiência em detrimento do compadrio e paternalismo, tão evidentes nas sociedades oligárquicas.

Corroborando o argumento, a própria LGPD toma em consideração o merecimento do agente de tratamento para fins de mensuração de sanções administrativas. Em seu art. 52, dentre os parâmetros e critérios que informarão as peculiaridades do caso concreto, no rol do § 1º ressalta: VII – a cooperação do infrator; VIII – a adoção reiterada e demonstrada de mecanismos e procedimentos internos capazes de minimizar o dano, voltados ao tratamento seguro e adequado de dados; IX – a adoção de política de boas práticas e governança; X – a pronta adoção de medidas corretivas; e XI – a proporcionalidade entre a gravidade da falta e a intensidade da sanção.

O fato é que o mercado é suscetível aos estímulos derivados do ordenamento jurídico. Não precisamos recorrer a "law and economics" para percebermos que o emprego difuso de técnicas de encorajamento, através de recompensas em termos de redução de custos, motiva o empreendedor a coordenar os seus meios aos fins eleitos pelo sistema jurídico. Ao invés de um castigo, um prêmio. Quando os incentivos estão mal alinhados é apropriado para o sistema jurídico retificar esse problema, realinhando-os. Abordagens baseadas em incentivos se mostram eficientes e eficazes, sem desrespeitar a liberdade de escolha dos agentes econômicos. Trata-se de um sistema que recompensa ao invés de punir e, para alcançar este propósito, não se furta a oferecer os melhores incentivos. Os arquitetos de escolhas públicas querem guiar as pessoas em direções que irão melhorar as suas vidas. Estão dando uma cutucada. Cutucadas não são ordens, mas orientações, tais como aquelas que pais virtuosos transmitem aos filhos.

A POLISSEMIA DA RESPONSABILIDADE CIVIL NA LGPD

You cannot escape the responsibility of tomorrow by evading it today.

Abraham Lincoln

Muito se discute sobre responsabilidade civil na LGPD. A responsabilidade civil insculpida na lei 13.709/18 seria objetiva ou subjetiva? Caso considerada objetiva, o nexo de imputação remeteria ao risco da atividade (em razão do exercício – art. 42) ou ao defeito do produto/serviço (tratamento irregular – art. 44)? Em sendo a responsabilidade apreciada como subjetiva, assume-se a culpa como fator atributivo, ou nos serviremos de um conceito objetivo de ilícito? Em sendo assim, a eliminação da culpa excluiria a responsabilidade subjetiva (como em França) ou só se alcança a real obrigação objetiva de indenizar quando afastamos a ilicitude, tal como na legislação da Alemanha ou Portugal?

Esse debate é importante – bem como as diversas soluções até então construídas –, mas não esgota as múltiplas variáveis e dimensões do termo "responsabilidade" e as suas possíveis aplicações na LGPD. Em verdade, a controvérsia sobre o exato fator de atribuição da responsabilidade civil concerne tão somente à qualificação da obrigação de indenizar, para que se proceda à reparação integral de danos patrimoniais e extrapatrimoniais a serem transferidos da esfera da vítima para o patrimônio dos causadores de danos.

No *common law* há um termo que se ajusta perfeitamente ao clássico sentido civilistico da responsabilidade. Trata-se da "liability". Várias teorias desenvolvem a *liability* no contexto da responsabilidade civil. Em comum, remetem à uma indenização cujo núcleo consiste em um nexo causal entre uma conduta e um dano, acrescida por outros elementos conforme o nexo de imputação concreto, tendo em consideração as peculiaridades de cada jurisdição.

Porém, este é apenas um dos sentidos da responsabilidade. Ao lado dela, colocam-se três outros vocábulos: "responsibility", "accountability" e "answerability". Os três podem ser traduzidos em nossa língua de maneira direta com o significado de responsabilidade, mas na verdade diferem do sentido monopolístico que as jurisdições da *civil law* conferem a *liability*, como palco iluminado da responsabilidade civil (artigos 927 a 954 do Código Civil). Em comum, os três vocábulos transcendem a função judicial de desfazimento de prejuízos, conferindo novas camadas à responsabilidade, capazes de responder à complexidade e velocidade dos arranjos sociais.

Cremos ser importante enfatizar o sentido de cada um dos termos utilizados na língua inglesa para ampliarmos o sentido de responsabilidade. Palavras muitas vezes servem como redomas de compreensão do sentido, sendo que a polissemia da responsabilidade nos auxilia a escapar do monopólio da função compensatória da responsabilidade civil (*liability*), como se ela se resumisse ao pagamento de uma quantia em dinheiro apta a repor o ofendido na situação pré-danosa. A *liability* não é o epicentro da responsabilidade civil, mas apenas a sua epiderme. Em verdade, trata-se apenas de um *last resort* para aquilo que se pretende da responsabilidade civil no século XXI, destacadamente na tutela dos dados pessoais.

Começando por "responsibility", trata-se do sentido moral de responsabilidade, voluntariamente aceito e jamais legalmente imposto. É um conceito prospectivo de responsabilidade, no qual ela se converte em instrumento para autogoverno e modelação da vida. No campo do tratamento dos dados pessoais, assume duas vertentes: para agentes de tratamentos, significa a inserção da ética no exercício de sua atividade; para os titulares dos dados, a educação digital, no sentido de "...capacitação, integrada a outras práticas educacionais, para o uso seguro, consciente e responsável da internet como ferramenta para o exercício da cidadania" (art. 26 MCI). Se uma pessoa não sabe o que acontece com os seus dados, não poderá se proteger. Conceitos como de "anonimização de dados", sequer são dominados por advogados, quanto mais pelo cidadão em geral. Por isto a educação digital não se confunde com o direito fundamental à inclusão digital (tratado neste espaço na coluna de 23/10 por Carlos Edison do Rêgo e Diana Loureiro). A educação digital extrapola a ideia de acesso à internet, alcançando o sentido de uma autodeterminação informativa, tal como delineado entre os fundamentos da LGPD (art. 2°, II, lei 13.709/18).

Avançando para a "accountability", ampliamos o espectro da responsabilidade, mediante a inclusão de parâmetros regulatórios preventivos, que promovem uma interação entre a *liability* do Código Civil com uma regulamentação voltada à governança de dados, seja em caráter *ex ante* ou *ex post*.

No plano *ex ante a accountability* é compreendida como um guia para controladores e operadores, protagonistas do tratamento de dados pessoais, mediante a inserção de regras de boas práticas que estabeleçam procedimentos, normas de segurança e padrões técnicos, tal como se extraí do artigo 50 da LGPD. Impõe-se o *compliance* como planificação para os riscos de maior impacto negativo. Não por outra razão, ao discorrer sobre os princípios da atividade de tratamento de dados, o art. 6°. da lei 13.709/18 se refere à "responsabilização e prestação de contas", ou seja, *liability e accountability*. Aliás, ao tratar da avaliação de impacto sobre a proteção de dados, em um viés de direitos humanos, a GDPR da União Europeia amplia o espectro do *accountability* para que os *stakeholders* sejam cientificados sobre operações que impactem em vulneração ao livre desenvolvimento da personalidade, causem discriminação, violem a dignidade e o exercício da cidadania.

Já na vertente *ex post*, a *accountability* atua como um guia para o magistrado e outras autoridades, tanto para identificar e quantificar responsabilidades, como para estabelecer os remédios mais adequados. Assim, ao invés do juiz se socorrer da discricionariedade para aferir o risco intrínseco de uma certa atividade por sua elevada danosidade – o desincentivo ao empreendedorismo é a reação dos agentes econômicos à insegurança jurídica –, estabelecem-se padrões e garantias instrumentais que atuam como parâmetros objetivos para a mensuração do risco em comparação com outras atividades. Aliás, se o causador do dano houver investido em *compliance*, com efetividade, pode-se mesmo cogitar da redução da indenização, como espécie de sanção premial, a teor do parágrafo único do art. 944 do Código Civil. Em acréscimo, a ausência de previsão legal de um modelo jurídico similar aos *punitive damages*, não impede que em resposta às infrações cometidas por Agentes de Tratamento de Dados, a Autoridade Nacional de Proteção de Dados, sirva-se da *accountability* para a estipulação de sanções de natureza punitiva e quantificação de multas, conforme previsão do artigo 52 da LGPD.

Não se pode afastar a possibilidade de que, em reação a perspectiva de uma *liability* acrescida de uma *accountability*, os agentes econômicos respondam ao esforço conjunto de legislação e regulação, mediante a padronização de arranjos contratuais aptos à diluição dos custos dos acidentes. O recurso à gestão contratual dos riscos, pode ser dar mediante a limitação de responsabilidade ou a sua transferência ao usuário ou a seguradoras. Mas não podemos olvidar da assimetria informativa dos usuários, associada à sua frequente condição de consumidores, para a rígida aferição das cláusulas contratuais gerais.

Por último, entramos na seara da *answerability*. O termo é traduzido ao pé da letra como "explicabilidade", impondo-se como mais uma camada da função preventiva da responsabilidade. A *answerability* é um procedimento de justificação de escolhas que extrapola o direito à informação, facultando-se a compreensão de todo o cenário da operação de tratamento de dados. No âmbito da LGPD ela amplia o seu raio, convertendo-se em uma "ability to appeal", ou seja, o titular dos dados tem direito a solicitar a revisão de decisões tomadas unicamente com base em tratamento automatizado de dados pessoais que afetem seus interesses, incluídas as decisões destinadas a definir o seu perfil pessoal, profissional, de consumo e de crédito ou os aspectos de sua personalidade (art. 20, lei 13.709/18). Prioriza-se uma revisão extrajudicial por humanos, de decisões produzidas por inteligência artificial. A *liability* surgirá em um momento posterior, se eventualmente eclodem danos em razão de atos ou atividades danosas que vulneram o *profiling* da pessoa ou alcançam situações existenciais.

Responsibility, accountability e answerability executam exemplarmente as funções preventiva e precaucional da responsabilidade civil, eventualmente complementadas pela função compensatória (*liability*). Ao contrário do que propaga a escola clássica da responsabilidade, distancia-se o efeito preventivo de um mero efeito colateral de uma sentença condenatória a um ressarcimento. Aliás, a multifuncionalidade da responsabilidade civil não se resume a uma discussão acadêmica: a perspectiva plural da sua aplicabilidade à LGPD é um bem-acabado exemplo legislativo da necessidade de ampliarmos a percepção sobre a responsabilidade civil. Não se trata tão somente de um mecanismo de contenção de danos, mas também de contenção de comportamentos. Transpusemos o "direito de danos" e alcançamos uma responsabilidade civil para muito além dos danos.

Evidencia-se, assim, uma renovada perspectiva bilateralizada: a responsabilidade como mecanismo de imputação de danos – foco da análise reparatória – no qual o agente se responsabiliza "perante" a vítima, convive com a responsabilidade "pelo outro", o ser humano. Aqui, agrega-se a pessoa do agente e a indução à conformidade mediante uma regulação de gestão de riscos, sobremaneira a sua mitigação, seja por parte de um desenvolvedor de tecnologias digitais emergentes como de um agente de tratamento (*accountability/answerability*). Porém, em uma noção de reciprocidade, a mitigação de ilícitos e danos também incumbe a cada um de nós, mediante a paulatina construção de uma autodeterminação responsável que nos alforrie da heteronomia e vitimização (*responsibility*), pois como já inferia Isaiah Berlin "O paternalismo é a pior forma de opressão".

DANOS CAUSADOS A DADOS PESSOAIS: NOVOS CONTORNOS

Carlos Edison do Rêgo Monteiro Filho[1]
Nelson Rosenvald

Uma das vantagens de compreendermos os direitos da personalidade em um enfoque de cláusula geral de tutela da pessoa humana é o de percebermos a sua permeabilidade, a vagueza do conteúdo semântico e a aptidão evolutiva das situações existenciais conforme a sociedade e a cultura que lhe conferem substrato. Não há *numerus clausus* em matéria de direitos da personalidade, pois o ser humano se exibe em inesgotáveis manifestações[2]. Destarte, para além de um direito geral da personalidade – globalmente considerado – há um direito especial da personalidade composto por bens intrínsecos já mapeados (só para ficarmos nos limites do Código Civil direito ao corpo, imagem, nome, honra e intimidade), sem que isso impeça a progressiva decantação de novas zonas de relevância ainda não proclamadas de um conceito elástico, em permanente expansão[3].

---

1. Professor titular e ex-coordenador do programa de pós-graduação em Direito da Faculdade de Direito da UERJ. Doutor em Direito Civil e mestre em Direito da Cidade pela UERJ. Procurador do Estado do Rio de Janeiro. Presidente do Fórum Permanente de Direito Civil da Escola Superior de Advocacia Pública da PGE-RJ (ESAP). Vice-presidente do Instituto Brasileiro de Estudos de Responsabilidade Civil (IBERC). Associado Fundador do Instituto Avançado de Proteção de Dados (IAPD). Advogado, pareceirista em temas de Direito Privado.
2. Talvez Saramago tenha explicado o conceito de personalidade de forma mais clara do que qualquer jurista: "Dentro de nós há uma coisa que não tem nome, essa coisa é o que somos". SARAMAGO, José. Ensaio sobre a cegueira. Lisboa: Editorial Caminho, 1995.
3. "O que está em causa nos direitos da personalidade não é apenas a tutela de um aspecto particular da pessoa humana, mas sim a tutela da pessoa humana globalmente considerada, podendo abranger novas zonas de relevância. Trata-se da pessoa não apenas perspectivada estaticamente, como ser humano, mas também em devir,

Na sociedade tecnológica, defende-se abertamente a existência de um direito da personalidade à proteção de dados pessoais com autonomia perante o direito à privacidade[4]. Em todas as suas derivações, a privacidade revela aquilo que a pessoa tem ou faz em um contexto espacial delimitado. Todavia, em matéria de dados pessoais a informação extrapola o âmbito da pessoa. Ela ainda é um bem em si, mas capaz de ser objetivado e tratado longe e a despeito dela. Em um cenário de despersonalização, no qual a premissa antropocêntrica do ordenamento é subvertida pela coisificação do ser humano em um conjunto de algoritmos passíveis de transação no mercado, a consolidação de um direito da personalidade à tutela dos dados – voltada aos poderes público e privado – converte-se em pré-condição de cidadania na era eletrônica. O conceito dinâmico de autodeterminação informativa demanda mesmo um estatuto jurídico de dados, afinal, eles definem autonomia, identidade e liberdade da pessoa[5].

Paradoxalmente, a IA e outras tecnologias digitais emergentes não desafiam a gama já existente de danos reparáveis. Em países que seguem a tradição francesa, o dano como pré-requisito para a obrigação de indenizar é um conceito flexível e qualquer lesão a um interesse lícito pode ser o ponto de partida para a responsabilidade extracontratual[6], cujo controle se dará pela verificação do nexo

em desenvolvimento" PINTO, Paulo Mota. Direitos da personalidade e direitos fundamentais. Coimbra: Gestlegal, 2018, p. 334.

4. "O esforço a ser empreendido pela doutrina e pela jurisprudência seria emo nosso ponto de vista uma interpretação dos incisos X e XII do art. 5º. que seja mais fiel ao nosso tempo, reconhecendo a intima ligação que passam a ostentar os direitos relacionados à privacidade e à comunicação de dados. Dessa forma, a garantia da proteção dos dados pessoais, em si próprios considerados, com caráter de direito fundamental representa o passo necessário à integração da personalidade em sua acepção mais ampla e adequada à sociedade de informação" DONEDA, Danilo. O Direito fundamental à proteção de dados pessoais. In: MARTINS, Guilherme Magalhães; LONGHI, João Victor Rozatti. Direito digital, 3. Ed, Indaituba: Foco, 2020, p. 52.

5. Neste conceito dinâmico do direito à proteção dos dados pessoais já se insere o direito à portabilidade dos dados: "trata-se de uma ferramenta posta à disposição dos titulares para incrementar o controle dos mesmos sobre os seus dados pessoais de uma forma ativa, concorrendo dessa maneira para o exercício da autodeterminação informativa, ou seja, o controle das informações que lhe digam respeito, evitando que os ados se tornem mero objeto de transação". CRAVO, Daniella Copetti; KESSLER, Daniela Seadi e DRESCH, Rafael de Freitas Valle. Responsabilidade civil na portabilidade de dados. In: MARTINS, Guilherme Magalhães; ROSENVALD, Nelson. (orgs.) Responsabilidade civil e novas tecnologias. 1ed. Indaiatuba: Foco, 2020, p. 187.

6. Art. 927 CC/2002: "Aquele que, por ato ilícito (arts. 186 e 187), causar dano a outrem, fica obrigado a repará-lo. Parágrafo único. Haverá obrigação de reparar o dano, independentemente de culpa, nos casos especificados em lei, ou quando a atividade normalmente desenvolvida pelo autor do dano implicar, por sua natureza, risco para os direitos de outrem".

causal entre o dano e o comportamento culposo ou o risco de uma atividade. Por conseguinte, o interesse em jogo pode ser mais ou menos significativo e a extensão do dano a esse interesse também pode variar, com impacto na avaliação quanto à justificação da indenização em um caso concreto[7].

Nada obstante, algumas incipientes categorias de danos podem ser mais relevantes em casos futuros do que em cenários tradicionais de responsabilidade civil[8-9]. Os danos causados ??aos dados pessoais podem resultar em responsabilidade civil quando a responsabilidade surge do contrato[10]; ou quando a responsabilidade decorra da interferência de terceiro no ambiente em que os dados foram armazenados[11]; ou ainda, naquilo que nos interessa de maneira

7. Neste sentido, o artigo 2º:102 parágrafo 1, do PETL (Principles of European Tort Law): "O alcance da proteção de um interesse depende de sua natureza; sua proteção será mais ampla, quanto maior seja o seu valor, a precisão de sua definição e sua obviedade".

8. Exemplos sugeridos no Report from the expert group on liability and new technologies-New technologies formation-European Union 2019.

9. A utilização de dados pessoais para alimentar os novos sistemas de inteligência artificial e a sua utilização para tomar decisões proporcionam uma acurácia bastante significativa para um número crescentes de aplicações. Isto abre espaço para, ao menos, dois temas centrais para os debates sobre autonomia e direitos fundamentais nos próximos anos: os efeitos que a utilização desses sistemas causará para a pessoa e sua autonomia pessoal, bem como a necessidade de qualificar a natureza desses instrumentos e sistemas de inteligência artificial. (DONEDA, Danilo Cesar Maganhoto; MENDES, Laura Schertel; SOUZA, Carlos Affonso Pereira de; ANDRADE, Norberto Nuno Gomes de. Considerações iniciais sobre inteligência artificial, ética e autonomia pessoal. In: Pensar: Revista de Ciências Jurídicas, v. 23, n. 4, p. 1-17, out./dez. 2018, p. 3).

10. Ilustrativamente, A armazena os seus arquivos no espaço em nuvem fornecido pelo provedor B com base contratual. B não protege adequadamente o espaço na nuvem, e, aproveitando-se disso, um hacker exclui todas as fotos de A. B será responsável perante A pela violação contratual, com fundamento em danos patrimoniais consubstanciados nos custos que A assumiu para restaurar os arquivos. Porém, pode-se acrescer os danos extrapatrimoniais pela perda de memórias familiares.

11. Exemplificando, os arquivos de A estão armazenados no espaço em nuvem fornecida por C. Sem nenhuma negligência da parte de C, B danifica negligentemente os seus servidores e todos os arquivos de A são excluídos. Não está claro por que deveria fazer diferença na responsabilidade de B se os arquivos continham texto ou fotos sobre os quais A detinha os direitos autorais; os arquivos continham texto ou fotos sobre as quais terceiros detinham os direitos autorais, ou, por fim, os arquivos continham "machine data" de grande valor econômico, sobre os quais ninguém ainda titularizava direito autoral ou outro direito de propriedade intelectual. Trata-se da necessidade do ordenamento assegurar a tutela dos referidos interesses legais protegidos com eficácia contra terceiros. Um ponto de partida para a incidência da responsabilidade pelo ato ilícito é a semelhança dos danos aos dados com a ofensa à propriedade.

mais próxima, o dano foi causado por conduta antijurídica (violadora do dever geral de não lesar)[12].

Não é universalmente aceito que destruição de dados seja equiparada à perda de propriedade, uma vez que em alguns sistemas jurídicos a noção de propriedade é limitada a objetos corporais e exclui bens intangíveis, todavia[13] o surgimento de tecnologias digitais enfatizou a importância dos danos aos dados, por meio de sua subtração, deterioração, contaminação, criptografia, alteração ou supressão[14]. Com grande parte de nossas vidas e nossas propriedades sendo "digitalizadas", é inviável, por óbvio, limitar a responsabilidade civil ao mundo tangível[15].

Referimo-nos à categoria dos *digital assets, digital property* ou bens digitais, como aqueles ativos incorpóreos, progressivamente inseridos na internet, que consistem em informações intangíveis fisicamente, de caráter pessoal

12. "Em havendo grandes fluxos de dados, grandes preocupações passam a permear a sociedade da informação, não apenas com os riscos de eventual uso discriminatório dos acervos de dados, mas também com o surgimento de potencial dependência em relação a eles e às práticas de coleta massiva e mineração (data mining). Nesse espírito, o intuito do legislador brasileiro, ao promulgar a Lei Geral de Proteção de Dados Pessoais está adequadamente alinhado ao propósito de assegurar direitos e promover o titular de dados - aqui visto como vulnerável". (MARTINS, Guilherme Magalhães; FALEIROS JÚNIOR, José Luiz de Moura. Compliance digital e responsabilidade civil na lei geral de proteção de dados. In: MARTINS, Guilherme Magalhães; ROSENVALD, Nelson. (orgs.) Responsabilidade civil e novas tecnologias. 1ed.Indaiatuba: Foco, 2020, p. 271).

13. Ilustrativamente, enuncia o § 90 do Código Civil da Alemanha - BGB: "conceito de coisa: apenas objetos corpóreos são coisas, como definido por lei".

14. "Le tecnologie dell'informazione non solo si impadroniscono della nostra vita, ma costruiscono un corpo elettronico, l'insieme delle nostre informazioni personali custodite in infinite banche dati, che vive accanto al corpo físico". (RODOTÀ, Stefano. Persona, libertà, tecnologia. Note per una discussione. In: Diritto e questioni pubbliche, v. 5, 2005).

15. Quando B ingressa no espaço na nuvem e exclui os arquivos de A, para além da esfera cível, o comportamento doloso se qualifica como ilícito criminal. Na União Europeia o art. 82 do Regulamento Geral de Proteção de Dados (RGPD) explicita que há responsabilidade quando os danos foram causados pela intencional violação dos seus requisitos. Ao definir tais regras o legislador assume a relevância dos dados como ativo e a sua ubiquidade. Se em tese é possível introduzir uma regra declarando amplamente a proibição de acesso ou modificação de quaisquer dados controlados por outra pessoa, atribuindo responsabilidade se esse padrão for violado, isso pode resultar em um desbalanceamento, na medida em que todos nós, constantemente acessamos e modificamos dados controlados por outras pessoas.

– conteúdos postados ou compartilhados no ambiente virtual –, que trazem em si utilidade, tenham ou não conteúdo econômico[16].

No terreno da responsabilidade extracontratual, uma adaptação recorrente é a de traduzir os danos aos dados como danos ao meio físico no qual os dados foram armazenados. Assim, se A armazena os seus arquivos na unidade de disco rígido de seu computador pessoal em casa e um colega de faculdade negligentemente danifica o computador, tornando os arquivos ilegíveis. Independentemente da qualificação dos danos aos dados, em qualquer caso, a ilicitude se dirigiu à propriedade tangível de A (a unidade de disco rígido) e, apenas por esse motivo, B já seria responsável. Contudo, não é adequado simplesmente equiparar o tratamento normativo entre ambos objetos. Basta uma pequena modificação no exemplo, para o caso em que o proprietário do computador não coincida com a pessoa que tem um interesse digno de tutela nos dados. Seria o caso de classificar esse interesse merecedor de proteção semelhante à propriedade como propriedade intelectual ou um segredo comercial, ou a necessidade de tutelar o progresso intelectual em nada se relaciona com o resguardo de um "hard disk" inserido em computador?

Seja como for, da lesão a dados pessoais podem decorrer danos patrimoniais ou extrapatrimoniais, nas mais variadas correntes de qualificação da responsabilidade, de seus fundamentos e de sua justificação. Caberá aos juristas, estudiosos do direito de danos e das novas tecnologias, a árdua tarefa de construir um sistema de responsabilidade civil adequado que, ao mesmo tempo que possibilite a efetiva prevenção e a reparação dos danos residualmente sofridos, permita o pleno desenvolvimento das tecnologias emergentes que tanto beneficiarão a sociedade.

---

16. LACERDA, Bruno Torquato Zampier. A responsabilidade civil no universo dos bens digitais. In: MARTINS, Guilherme Magalhães; ROSENVALD, Nelson. (orgs.) Responsabilidade civil e novas tecnologias. 1ed.Indaiatuba: Foco, 2020, p. 95. O autor se serve de quatro categorias para retratar as possibilidades de lesões a bens digitais: "a) Lesões oriundas de conduta de outro particular; b) lesões oriundas da conduta do próprio provedor; c) lesões oriundas da conduta do estado; d) lesões oriundas da conduta de familiares do titular".Op.cit, p. 97.

A NATUREZA JURÍDICA DOS *SMART CONTRACTS*

Há mais de 20 anos, Nick Szabo havia definido os 'smart contracts' como "um protocolo computadorizado que executa os termos de um contrato", tendo como principais objetivos os de atender às condições comuns contratuais (como época de pagamento, garantias, confidencialidade e mesmo a sua execução), minimizar riscos de fraudes, dispensar a necessidade de intermediários e reduzir custos de transação. Porém, esta é uma noção clássica que compreendia qualquer acordo automaticamente executado por uma máquina (v.g. a compra de um snack de uma máquina de vendas). Contudo, com a revolução do 'blockchain', o significado de um 'smart contract' foi profundamente impactado. Na medida em que aquela tecnologia atua como uma base de dados que capta um número de registros, colocando-os em blocos acorrentados a outros blocos, a cadeia pode ser compartilhada por qualquer um que tenha permissão apropriada. Assim, ao se aplicar o 'blockchain aos smart contracts', além de se tornarem auto executáveis, os pactos adquirem o atributo da descentralização, diante da ausência de um banco de dados central e da possibilidade de as cláusulas serem montadas com transparência em colaboração com terceiros estranhos aos contratantes. Se antes as organizações registravam os seus contratos em arquivos – ou em uma fase mais evoluída já gerenciavam os contratos de forma centralizada - com o conteúdo em 'smart contracts' a base contratual em vocabulário é desconstruída em cláusulas semanticamente marcadas – traceáveis e reutilizáveis – simplificando-se a negociação, celebração e execução dos direitos e obrigações demarcados.

Por conseguinte, em 2019 uma busca pela expressão 'smart contracts' revela uma gama de definições ainda não consensuais. De qualquer forma algumas linhas mestras já estão bem definidas: 'smart contracts' são palavras escritas em linguagem de computador ('software') automaticamente executadas por uma máquina; estes contratos se executam em um 'blockchain' ou tecnologia similar de registro e são automaticamente executados, dispensando a intervenção humana (e, portanto, 'smart'). Contudo, o 'status' jurídico dos 'smart contracts' ainda é incerto, oscilação que é refletida pela incipiente regulação específica sobre o tema. O fato é que esta imprecisão não impede que princípios gerais sejam aplicáveis a 'smart contracts'. Portanto, a pergunta que se abre é a seguinte: 'smart contracts' são bens tutelados pela legislação de propriedade intelectual, uma forma preventiva de autotutela ou então apenas contratos ordinários, contudo disfarçados pela tecnologia? Qual destas três opções seria a mais adequada?

Relativamente às tradicionais categorias de propriedade intelectual, em sentido geral, tanto os 'smart contracts' como os 'blockchain' se adequam à esfera protetiva dos direitos autorais, na medida em que consistem em pedaços de um 'software', programas de um computador. Ademais, desde que estas tecnologias sejam inovadoras e sujeitas a aplicações industriais, também se torna viável a proteção das invenções e 'softwares' pela via da patente. Nada obstante, alguém é proprietário de um 'blockchain'? A realidade é que a uma incerteza sobre quem tem a titularidade de 'blockchain' para o propósito de se atribuir aos 'smart contracts' a natureza de propriedade intelectual.

Alternativamente, alguns poderiam considerar os 'smart contracts' como uma forma preventiva de autotutela, adotada pelas partes para garantir o cumprimento mútuo de suas prestações, sem a necessidade do eventual 'enforcement' pela clássica via judicial. Realmente, isto é o que usualmente ocorre quando os contratantes alcançam o acordo e consequentemente o traduzem para um 'smart contract', deixando a sua execução para um computador. Nada obstante, se esses contratos forem paulatinamente se incorporando à prática cotidiana, torna-se importante que as partes prefixem a lei e jurisdição aplicáveis em caso de uma execução judicial. Na medida em que 'smart contracts' apenas se prestam aos fins para os quais foram programados, a realização de um contrato escrito em separado será uma segurança no sentido do detalhamento do que acontecerá quando se verifiquem fatos imprevistos, que estejam além do controle das partes.

Finalmente, sugere-se como uma terceira via que os 'smart contracts' sejam compreendidos como acordos vinculativos, o que pareceria para muitos um 'nonsense', pois 'smart contracts' não criariam obrigações no real sentido jurídico. Contudo, essa afirmação é questionável, pois 'smart contracts' são acordos entre partes, com a particularidade de que se expressam em código digital, o quê os torna suscetíveis de eficacização não apenas na legislação brasileira, mas em qualquer outro sistema jurídico que defina um contrato como um acordo de vontades que estabeleça, regula ou possa extinguir uma relação patrimonial entre as partes, tendo como requisitos o consenso, a causa, o objeto e a forma (quando prevista em lei). Estes requisitos são sindicáveis não apenas nos contratos tradicionalmente orais ou escritos no papel, mas também aplicáveis aos acordos digitais na forma de um 'smart contract'. Assim, eles se coadunam ao direito contratual, sujeitos às normas aplicáveis aos requisitos de validade e eventuais sanções de anulabilidade e nulidade. A nosso viso, 'smart contracts' claramente criam obrigações exigíveis, independentemente de seu código digital, ou das partes delegarem ao computador a performance em seu nome. Ilustrativamente, se houver um "bug" em um 'smart contract' pelo qual uma parte se obrigara a transferir propriedade em troca de uma soma em dinheiro, o contratante continuará responsável pela transferência da coisa mesmo diante da falha do 'software' (tal como ocorre quando colocamos a moeda/ficha na máquina em troca de uma mercadoria, sem que, contudo, haja a entrega por uma falha no equipamento). O fato de que o 'Netflix' permita que os seus usuários se beneficiem do serviço de 'streaming' em troca de um valor mensal e o 'software' automaticamente suspenda o serviço em caso de inadimplemento, - independente de uma atuação humana - não é relevante para desidratar a natureza contratual da relação jurídica, tratando-se apenas de uma particularidade no plano da sua eficácia.

Assim, cremos que os estandardizados 'smart contracts' dispensam a formulação de um novo regramento ou uma nova categoria legal. Mantém a essência de negócio jurídico bilateral, sendo suficiente que os princípios vigentes sejam adaptados normativamente ou atualizados pela jurisprudência para o adequado tratamento das novas tecnologias, apesar do natural 'gap' existente entre a sua introdução e os ajustes jurídicos necessários. A despeito de serem digitalmente expressos, cada 'smart contract' é regulado pelas normas do Código civil e CDC, sendo os contratantes livres para buscar uma compensação de danos em casos em que o mal funcionamento do sistema propicie a execução de um acordo inválido, ou um acordo válido não possa ser executado. Isto significa que mesmo sendo caracterizados como uma forma revolucionária de implementação de negócios, os 'smart contracts' não suplantaram a teoria geral dos contratos, da mesma forma que a técnica da adesão não destruiu a principiologia dos contratos negociados, mas apenas a adaptou às suas vicissitudes.

PRINCÍPIOS EUROPEUS SOBRE A IMPLEMENTAÇÃO DO DIREITO DOS TRABALHADORES À DESCONEXÃO (R2D)

O mundo do trabalho passa por uma revolução digital. A crescente utilização de ferramentas digitais e tecnológicas nas últimas décadas tornou possível trabalhar em qualquer lugar e a qualquer hora. A pandemia de Covid-19 apenas aumentou o ritmo deste desenvolvimento. Embora a digitalização do trabalho e a expansão do teletrabalho apresentem vantagens potenciais em termos de flexibilidade, produtividade e conciliação, estas tendências também podem resultar numa intensificação do trabalho, em longos horários de trabalho, na indefinição dos limites entre trabalho e tempo de descanso ou no aumento do stress resultante desde vigilância contínua e monitoramento de desempenho e produtividade. Esses fatores podem, por sua vez, afetar negativamente a saúde física e psicológica dos colaboradores.

Consequentemente, parece necessário regulamentar alguns aspectos do novo ambiente de trabalho digital com o objetivo de compensar pelo menos alguns dos impactos negativos decorrentes da utilização frequente de ferramentas de trabalho digitais. É neste contexto que o direito à desconexão (R2D) torna-se relevante. Os dez princípios fundamentais (Princípios Orientadores) definidos pelo ELI (European Law Institute) estabelecem uma base regulamentar equilibrada para o R2D na Europa.

Os Princípios Orientadores, que se destinam a todos os sistemas jurídicos europeus, têm um âmbito propositadamente amplo. Na medida em que o problema da conectividade excessiva se estende por toda a Europa, parece restritivo limitar a análise à UE. Tanto a legislação nacional como os documentos legislativos e políticos da UE são importantes fontes de inspiração mundo afora, inclusive para o Brasil. Particularmente desafiador é o nível em que as regras sobre desconexão devem ser aplicadas e as pessoas que devem visar. A subsidiariedade, a articulação das fontes e do âmbito são, portanto, aspectos fundamentais a considerar.

A tensão entre uma regulação aplicável em larga escala e a necessidade de adaptar ao R2D às especificidades de cada país, setor e empresa, a fim de garantir a sua aplicação eficiente e harmoniosa, está refletida nestas Diretrizes. Foi dedicada especial atenção à articulação cuidadosa das fontes reguladoras, a fim de combinar flexibilidade e adaptabilidade com princípios de proteção claros. Assim, embora o R2D se destine a ser aplicado uniformemente em toda a Europa, as regras e modalidades específicas para a sua implementação são deixadas principalmente à negociação coletiva ou, na falta desta opção, a serem regulamentadas a nível da empresa ou dos trabalhadores. A ideia é responder às realidades de cada local de trabalho. Contudo, isto não impede a introdução de regras claras que garantam a implementação eficaz do R2D. O resultado é, um equilíbrio delicado entre princípios e implementação.

No que diz respeito ao âmbito (Princípio Orientador 2), as Diretrizes propõem um R2D que se aplica a todos os trabalhadores, conforme definido na legislação da UE e na legislação nacional. Isto é coerente com os seus objetivos: a proteção da saúde dos trabalhadores e a consecução de um melhor equilíbrio entre vida profissional e pessoal. Isto implica que o R2D não se limita a categorias específicas de trabalhadores: aplica-se a todos aqueles que exercem as suas atividades sob condições de controle e subordinação, o que incluirá, de forma crítica, os falsos trabalhadores autônomos. Por outro lado, são incluídos os quadros dirigentes, na medida em que se encontrem numa posição comparável à dos trabalhadores. Porém, mesmo que um gestor deva usufruir do R2D, em princípio, da mesma forma que os seus subordinados, o âmbito e os termos de tal direito não serão os mesmos. Mesmo, devido às peculiaridades de suas responsabilidades e atividades.

Por último, deve ser dada especial atenção à correspondência entre as exigências e expectativas impostas aos empregadores e a realidade econômica. É importante considerar a dimensão das empresas em causa e garantir que as suas obrigações não representam um fardo excessivo. A adaptação das suas obrigações (Princípio Orientador 3), bem como as negociações coletivas sobre o R2D (Princípio Orientador 5) são suscetíveis de salvaguardar os interesses dos empregadores, independentemente da sua dimensão e recursos.

Estes Princípios Orientadores são o resultado de reflexões e discussões coletivas, que conduziram a determinadas propostas e escolhas. O objetivo global é conciliar os interesses de todas as partes e, em particular, os imperativos de proteção e flexibilidade, garantindo ao mesmo tempo uma ampla aplicação do R2D a todos aqueles que dele necessitam.

Nas últimas décadas, os avanços tecnológicos levaram a uma revolução nas tecnologias de TI, abrindo novas oportunidades para o mundo do trabalho. As ferramentas digitais permitem comunicar em qualquer lugar e a qualquer hora, permitindo infinitas possibilidades de teletrabalho e trabalho remoto, contribuindo assim para o desaparecimento do conceito de local de trabalho como espaço físico. Estes desenvolvimentos podem resultar em benefícios e vantagens económicas e sociais, tais como maior flexibilidade e autonomia, potencial para melhorar o equilíbrio entre vida profissional e pessoal e redução dos tempos de deslocação, mas também trazem potenciais problemas e desvantagens, em especial para algumas profissões. Entre estes problemas, destaca-se o potencial das ferramentas digitais que levam à intensificação do trabalho e ao alargamento do horário de trabalho, confundindo as fronteiras entre o trabalho e a vida privada. Quando conduzem a uma cultura "sempre ligada", a utilização de ferramentas digitais no mundo do trabalho tem efeitos prejudiciais na limitação do tempo de trabalho, com um impacto negativo no equilíbrio entre vida profissional e pessoal, bem como na saúde física e mental dos trabalhadores. Além disso, a cultura "always on" está em contradição com as políticas de sobriedade digital que perseguem objetivos de proteção ambiental. Os problemas acima mencionados foram agravados pelas mudanças resultantes da pandemia de COVID-19 e, em particular, pelo aumento do teletrabalho, que até então era um fenómeno minoritário na UE. A investigação da Eurofound revela alguns resultados reveladores: mais de um terço dos trabalhadores em toda a UE começaram a trabalhar a partir de casa durante a fase de confinamento da pandemia, em comparação com 5% que normalmente trabalhavam a partir de casa, e houve um aumento substancial na utilização de ferramentas digitais para fins de trabalho.

Exige-se, portanto, uma melhor aplicação da legislação existente sobre o tempo de trabalho e/ou intervenção regulamentar, com vista a proteger os trabalhadores dos efeitos negativos da utilização excessiva de ferramentas de trabalho digitais. Na UE, O R2D não está explicitamente regulamentado. Alguns Estados-Membros introduziram disposições legais sobre R2D nas suas ordens jurídicas, outros, baseiam-se principalmente na negociação coletiva para regular a questão, e a maioria não tendo adotado qualquer medida. Um risco desta fragmentação é que a regulamentação equilibrada das relações laborais em toda a Europa esteja ameaçada. Isto acontece apesar de o tempo de trabalho ter sido regulamentado a nível da UE, estabelecendo períodos mínimos de descanso aplicáveis, como regra geral, em toda a União. Dado que o estabelecimento de regras adequadas em matéria de R2D não pode ser suficientemente realizado pelos Estados-Membros individualmente, mas, devido à sua fundamentação, escala e efeitos, ser mais bem alcançado a nível da União, a ação da UE em matéria de R2D parece adequada, estando em conformidade com os princípios da subsidiariedade e da proporcionalidade consagrados no artigo 5.º do Tratado da União Europeia (TUE).

Não surpreendentemente, o Parlamento Europeu apelou a uma proposta de diretiva para garantir que os trabalhadores sejam capazes de exercer eficazmente o R2D. Esta diretiva complementaria a Diretiva 2003/88/CE relativa a certos aspetos da organização do tempo de trabalho, a Diretiva (UE) 2019/1152 relativa a condições de trabalho transparentes e previsíveis, a Diretiva (UE) 2019/1158 sobre o equilíbrio entre vida profissional e familiar para pais e cuidadores, e Diretiva 89/391/CEE do Conselho relativa à segurança e saúde dos trabalhadores.

Uma intervenção regulamentar em nível da UE também está em linha com a Declaração Europeia sobre Direitos Digitais e Princípios para a Década Digital de 2023, emitida pela Comissão, Parlamento e Conselho da UE (Declaração Europeia, 2023). Esta declaração menciona explicitamente o R2D na sua seção sobre condições de trabalho justas e equitativas, onde afirma que a UE está empenhada em "garantir que todos possam desligar-se e beneficiar de salvaguardas para o equilíbrio entre vida profissional e privada num ambiente digital". O R2D deve ser vista como uma medida concreta para garantir que "todas as pessoas tenham direito a condições de trabalho justas, equitativas, saudáveis e seguras e a uma proteção adequada no ambiente digital, bem como no local de trabalho físico, independentemente do seu estatuto profissional, modalidade ou duração", como se pode ler na declaração.

Além disso, o R2D, enquanto direito específico, ajuda a definir os limites entre o tempo de trabalho e o tempo de descanso. O respeito pelo tempo de trabalho e a sua previsibilidade é considerado essencial para garantir a saúde e a segurança dos trabalhadores e das suas famílias. Nesse sentido, o R2D visa proteger a saúde e a segurança dos trabalhadores no trabalho, bem como alcançar um melhor equilíbrio entre vida profissional e pessoal, o que, por sua vez, tem um impacto no género.

Uma condição prévia para uma compreensão e aplicação adequadas do R2D implica, portanto, uma regulamentação consistente do tempo de trabalho, incluindo, em particular, o horário máximo de trabalho, períodos mínimos de descanso e definições claras de modalidades de trabalho, como períodos de "prontidão" e "de plantão". Nos termos da Diretiva 2003/88/CE, os trabalhadores da UE têm direito a requisitos mínimos de segurança e saúde relativos a certos aspectos da organização do tempo de trabalho. Neste contexto, a diretiva prevê o descanso diário, as pausas para descanso, o descanso semanal, a duração máxima do trabalho semanal e as férias anuais remuneradas, e regula certos aspectos do trabalho noturno, do trabalho por turnos e dos padrões de trabalho.

De acordo com o Tribunal de Justiça da União Europeia (TJUE), o tempo de permanência, durante o qual o trabalhador é obrigado a estar fisicamente presente num local especificado pelo empregador, deve ser considerado como "tempo de trabalho integral [...]], independentemente do fato de, durante os períodos de permanência, o interessado não exercer continuamente qualquer atividade profissional". Tempo de permanência, no sentido em que o trabalhador é obrigado a estar à disposição do empregador e não têm a possibilidade de dispor livremente do seu tempo, também deve ser considerado como tempo de trabalho. Além disso, o TJUE interpretou os períodos mínimos de descanso como "regras de direito social comunitário de particular importância, das quais todos os trabalhadores devem beneficiar como requisito mínimo necessário para garantir a proteção da sua segurança e saúde". No entanto, a Diretiva 2003/88/CE não prevê expressamente o R2D de um trabalhador, nem exige que os trabalhadores estejam disponíveis fora do horário de trabalho, durante os períodos de descanso ou outros períodos não laborais, mas prevê o direito a períodos de descanso diário, semanal e anual ininterruptos, durante os quais o trabalhador não deve ser contatado ou contatável.

Os Princípios Orientadores contidos no documento do ELI procuram delinear os principais alicerces para uma regulamentação comum sobre R2D em toda a Europa. Estes Princípios são o resultado de uma análise da regulamentação existente a nível nacional. Em grande medida, correspondem também aos subjacentes à proposta de 2021 do Parlamento Europeu (PE, 2021). No entanto, em aspectos específicos, os Princípios Orientadores fornecem reflexões mais extensas ou análises mais abrangentes, com exemplos nacionais, incluindo de Estados não pertencentes à UE. As jurisdições nacionais ou subnacionais analisadas para este efeito são Bélgica, França, Alemanha, Grécia, Irlanda, Itália, Luxemburgo, Espanha, Suécia, Suíça, Polónia e Portugal, algumas das quais não têm regras legais expressas em vigor no R2D. Finalmente, os Princípios Orientadores incorporam ideias e resultados de pesquisas em curso sobre teletrabalho e sua regulamentação. São propostos dez Princípios Orientadores que fornecem o conteúdo básico de um verdadeiro "direito à desconexão". Cada Princípio é comentado para explicar seu contexto e justificativa.

A ORDEM EXECUTIVA DE INTELIGÊNCIA ARTIFICIAL: UM SIGNIFICATIVO PASSO DOS EUA NA GOVERNANÇA PÚBLICA E GESTÃO DE RISCOS

Em 2022 foi introduzida nos EUA a Lei de Responsabilidade Algorítmica (*Accountability Algorithmic Act*). A AAA aborda as crescentes preocupações públicas sobre o uso generalizado de sistemas de decisão automatizados (ADS). Propõe que as organizações que implementam tais sistemas tomem várias medidas concretas para identificar e mitigar os riscos sociais, éticos e legais. Como um esforço legislativo para regular os ADS em todos os setores, a AAA dos EUA é um marco numa tendência mundial para complementar ou substituir a autorregulação neste domínio por legislação. O exemplo mais influente dessa tendência é a Lei de Inteligência Artificial proposta pela Comissão Europeia (2021).

Porém, não ficamos por aqui. Os EUA têm agora a sua política oficial de inteligência artificial mais abrangente. Na semana passada o presidente Biden assinou uma histórica ordem executiva que exige novos padrões federais para segurança, proteção e confiabilidade da IA. O estatuto lida com várias facetas da gestão de riscos e desenvolvimento da IA estabelecendo novos padrões para tutela da privacidade dos americanos, promovendo direitos civis, defendendo consumidores e trabalhadores e incentivando a inovação e a concorrência.

A ordem ampla, com quase 20.000 palavras, utiliza o termo "inteligência artificial" para se referir a software automatizado preditivo, perceptivo ou gerador que pode imitar certas habilidades humanas.

A rápida ascensão da inteligência artificial - especificamente, sistemas generativos de IA, gerou intensa preocupação e receios existenciais sobre riscos concretos e demonstráveis no presente. Ilustrativamente, os modelos de IA agravam claramente o problema da desinformação através de *deepfakes* visuais e da produção instantânea de texto. Os algoritmos de aprendizagem automática codificam preconceitos que ampliam e automatizam os padrões de discriminação existentes, podendo influenciar o comportamento humano a longo prazo. Existem ameaças à privacidade nos vastos volumes de dados recolhidos através de sistemas de IA - incluindo software de reconhecimento facial - e utilizados para treinar novos modelos generativos de IA. A inteligência artificial também poderá tornar-se uma grande ameaça à segurança nacional; por exemplo, modelos de IA poderiam ser utilizados para acelerar o desenvolvimento de novas armas químicas.

A nova ordem executiva conduz os EUA a uma governança mais abrangente da IA, pois, diversamente das ações anteriores, transcende princípios e diretrizes, na medida em que algumas seções exigem ações específicas por parte das empresas de tecnologia e agências federais.

A Ordem Executiva orienta as seguintes ações:

a) Novos padrões para segurança e proteção de IA

À medida que as capacidades da IA se intensificam, também aumentam os seus riscos potenciais e as implicações para a segurança e proteção dos indivíduos. Daí a exigência sobre desenvolvedores de sistemas de IA para que compartilhem resultados dos testes de segurança e outras informações críticas com o governo dos EUA. Isto é, a Ordem Executiva exige que empresas que desenvolvam qualquer modelo básico que represente um sério risco à segurança nacional notifiquem o governo federal ao treinar o modelo e compartilhem os resultados de todos testes de segurança. Estas medidas garantem que os sistemas de IA sejam seguros, protegidos e confiáveis antes que as empresas os introduzam no mercado.

Especificamente, o requisito aplica-se a modelos contendo "dezenas de milhares de milhões de parâmetros" que foram treinados em dados abrangentes. Esta regra de transparência provavelmente se aplicará à próxima versão do GPT da *OpenAI*, o grande modelo de linguagem que alimenta seu *chatbot ChatGPT.*

b) Desenvolvimento de padrões, ferramentas e testes para garantir que os sistemas de IA sejam seguros, protegidos e confiáveis.

O Instituto Nacional de Padrões e Tecnologia estabelecerá padrões rigorosos para garantir a segurança antes da divulgação pública. O Departamento de Segurança aplicará esses padrões aos setores de infraestrutura crítica e estabelecerá o Conselho de Segurança e Proteção da IA. Além das infraestruturas críticas, serão enfrentados os riscos químicos, biológicos, radiológicos, nucleares e de segurança cibernética.

c) Proteção contra fraudes ensejadas pela IA, estabelecendo padrões e melhores práticas para detectar conteúdo gerado por IA e autenticar conteúdo oficial. O Departamento de Comércio desenvolverá orientações para autenticação de conteúdo e marcas d'água para rotular claramente o conteúdo gerado por IA. As agências federais utilizarão estas ferramentas para que os americanos saibam facilmente que as comunicações que recebem do seu governo são autênticas.

d) Estabelecimento de programa avançado de segurança cibernética para desenvolvimento de ferramentas de IA capazes de detectar e corrigir vulnerabilidades em softwares crítico, inclusive garantindo que a comunidade militar e de inteligência dos Estados Unidos utilize a IA de forma segura, ética e eficaz nas suas missões, direcionando ações para combater o uso militar da IA pelos adversários.

O fato é que, sem salvaguardas, a IA pode colocar ainda mais em risco a privacidade dos americanos. Afinal, a IA não só facilita a extração, identificação e exploração de dados pessoais, mas também aumenta os incentivos para o fazer, porque as empresas utilizam dados para treinar sistemas de IA.

Assim, a Ordem Executiva apela ao Congresso para que aprove uma legislação sobre privacidade de dados para proteger todos os americanos, especialmente as crianças, orientando as seguintes ações:

a) acelerar o desenvolvimento e o uso de técnicas de preservação da privacidade - Incluindo aqueles que utilizam IA de ponta e que permitem treinar sistemas de IA preservando a privacidade dos dados de treinamento.

b) fortalecer a pesquisa que preserva a privacidade e tecnologias, tais como ferramentas criptográficas que preservam a privacidade dos indivíduos. A National Science Foundation trabalhará com esta rede para promover a adoção de tecnologias de ponta de preservação da privacidade por agências federais. O processo de desenvolvimento envolverá "red-teaming", ou seja, *hackers* benevolentes trabalharão com os criadores do modelo para analisar preventivamente as vulnerabilidades.

c) avaliar como as agências federais coletam e utilizam informações comercialmente disponíveis que contenham dados de identificação pessoal, reforçando as orientações de privacidade para que prestem contas dos riscos de IA.

Relativamente à promoção de direitos civis, o uso irresponsável da IA pode aprofundar o preconceito e outros abusos na justiça, na saúde e na habitação. A Ordem Executiva orienta as agências a combater a discriminação algorítmica, ao mesmo tempo que direciona as autoridades a fornecer orientações claras ao mercado para evitar que algoritmos de IA sejam usados para exacerbar a discriminação.

Para garantir a justiça em todo o sistema de justiça criminal, busca-se desenvolver as melhores práticas sobre o uso de IA em sentenças, liberdade condicional e liberdade condicional, libertação e detenção antes do julgamento, avaliações de risco, vigilância, previsão de crimes e policiamento preditivo, e análise forense.

A outro giro, a IA pode trazer benefícios reais aos consumidores -tornando produtos melhores, mais baratos e disponíveis. Contudo, a IA também amplia o risco de lesar, enganar ou prejudicar de outra forma o consumidor.

Para proteger os consumidores e ao mesmo tempo garantir que a IA possa melhorar a situação dos americanos, orienta-se o uso responsável da IA nos cuidados de saúde e no desenvolvimento de medicamentos acessíveis.

Em reforço a Ordem Executiva molda o potencial da IA para transformar a educação, criando recursos para apoiar educadores na implantação de ferramentas educacionais habilitadas para IA.

Lado outro, a IA altera radicalmente o mercado de empregos e locais de trabalho da América, oferecendo a promessa de melhoria da produtividade como também os perigos de uma maior vigilância no local de trabalho, preconceitos e deslocação de empregos.

Para mitigar estes riscos, apoiar a capacidade dos trabalhadores de negociar coletivamente e investir na formação e desenvolvimento da força de trabalho que seja acessível a todos, orienta-se o desenvolvimento de princípios e melhores práticas para mitigação de danos e maximização de benefícios da IA para os trabalhadores, evitando que empregadores subcompensem a força de trabalho, avaliem injustamente as candidaturas a empregos ou interfiram na capacidade de organização dos trabalhadores.

Relativamente à promoção da inovação e da concorrência, a Ordem Executiva garante que os EUA liderem o caminho da inovação e da concorrência, catalisando pesquisas de IA nos Estados Unidos por uma ferramenta que fornecerá aos pesquisadores e estudantes acesso aos principais recursos e dados de IA em áreas vitais como saúde e mudanças climáticas. O objetivo consiste em promover um ecossistema de IA justo, aberto e competitivo, proporcionando aos pequenos desenvolvedores e empreendedores acesso a assistência técnica e recursos, auxiliando as pequenas empresas a comercializar avanços em IA, bem como expandindo a capacidade de imigrantes qualificados para estudar e trabalhar nos Estados Unidos, modernizando e simplificando critérios de vistos, entrevistas e avaliações.

Tendo em consideração que os desafios e oportunidades da IA são globais a Ordem Executiva quer expandir os compromissos bilaterais, multilaterais e multissetoriais para colaboração na IA, gerindo os seus riscos e garantindo que a tecnologia seja segura, confiável e interoperável.

A Administração dos EUA trabalha com aliados e parceiros em um quadro internacional forte de governança sobre o desenvolvimento e a utilização da IA, colaborando com Austrália, Brasil, Canadá, Chile, União Europeia, França, Alemanha, Índia, Israel, Itália, Japão, Quênia, México, Holanda, Nova Zelândia Zelândia, Nigéria, Filipinas, Singapura, Coreia do Sul, Emirados Árabes Unidos e Reino Unido.

Enfim, são muitos primeiros passos em muitas direções. Embora a policy em si não seja propriamente uma regulamentação, é um grande avanço para uma iminente regulamentação porque recolhe uma quantidade vultosa de dados através de todos os grupos de trabalho dedicados à IA e de investigação e desenvolvimento das agências. A coleta dessas informações é fundamental para os próximos passos, a final, para regular, primeiro é preciso entender o que está acontecendo.

Contudo, por mais ampla que seja a nova política, ainda existem lacunas notáveis. A ordem executiva nada diz sobre a proteção específica da privacidade dos dados biométricos, incluindo varreduras faciais e clones de voz. Também existem lacunas quando se trata de abordar o uso de IA pelo governo em aplicações de defesa e inteligência. Mesmo naquilo que a ordem aparenta ser eficiente, pode haver uma desfasagem considerável entre o que os decisores políticos esperam e o que é tecnicamente viável. A "marca d'água" é um exemplo disso. A nova política ordena que o Departamento de Comércio identifique as melhores práticas para rotular o conteúdo gerado por IA nos próximos oito meses - mas não existe um método técnico robusto e estabelecido para fazê-lo.

Portanto, a ordem executiva por si só é insuficiente para resolver todos os problemas colocados pelo avanço da IA, posto inerentemente limitada em seu poder e facilmente revertida. Por isso, a própria ordem pede ao Congresso que aprove legislação sobre privacidade de dados. Contudo, não se pode negar se tratar de um avanço significativo que preenche uma lacuna política. A União Europeia tem trabalhado publicamente para desenvolver a UE AI Act - que está perto de se tornar lei - sem que os EUA consigam alcançar progressos semelhantes. Com a ordem executiva, há esforços a seguir e mudanças no horizonte.

As questões difíceis que precisam ser enfrentadas concernem a quais critérios de decisão e provas devem ser considerados legítimos - ou pelo menos socialmente aceitáveis - para diferentes processos de tomada de decisão públicos e privados. Responder a estas questões exige uma visão positiva do que devem ser as sociedades futuras. Os decisores políticos devem ir além das tentativas de garantir uma responsabilidade algorítmica "mínima", concentrando-se, em vez disso, na concepção de mecanismos de governança pública que permitam às organizações atingir compromissos justificáveis dentro dos limites da permissibilidade legal.

A LGPD E A DESPERSONALIZAÇÃO DA PERSONALIDADE

De acordo com o art. 17 da LGPD, "Toda pessoa natural tem assegurada a titularidade de seus dados pessoais e garantidos os direitos fundamentais de liberdade, de intimidade e de privacidade, nos termos desta Lei". O dispositivo referencia três direitos fundamentais. A conjugação entre eles transcende a visão tradicional do direito à propriedade de dados, acenando explicitamente para a sua dimensão existencial e, implicitamente para um direito fundamental autônomo à proteção de dados pessoais.

Talvez seja a hora para que, de forma sucinta, possamos estabelecer as premissas de direito civil subjacentes ao referido preceito normativo e a sua fundamentalidade como reação principiológica a uma lógica de mercado que fragiliza as premissas teóricas edificadas no final do século XX por juristas como Gustavo Tepedino, Luiz Edson Fachin, Maria Celina Bodin e Paulo Luiz Neto Lôbo.

Uma expressão consagrada em nosso direito civil constitucional é a "personalização do direito privado". Trata-se de uma ideia persuasiva que pode ser compreendida de várias formas, sendo a que me parece mais elucidativa é a da funcionalização das situações patrimoniais às existenciais, vale dizer, a repressão às iniciativas econômicas que desconsiderem a pessoa como fundamento e fonte da ordem jurídica.

Esta diretriz impulsionou doutrina e tribunais a reformular as relações de pertencimento e trânsito de titularidades, de forma a não restringir desproporcionalmente direitos fundamentais. Tal movimento antropocêntrico é claramente aferível no RE 466.343/2008, oportunidade em que o Supremo Tribunal Federal afastou a possibilidade de prisão civil do depositário infiel como sanção por inadimplemento nos contratos de alienação fiduciária. Outrossim, o traço da personalização do direito civil é patente na Súmula 364 do STJ, ao estender a proteção do bem de família aos "singles", pois, a par da garantia geral dos credores, toda pessoa tem uma parcela de seu patrimônio afetada ao seu mínimo existencial.

Contudo, no campo negocial nem sempre é singela a distinção entre os espaços existenciais e patrimoniais. Como veste jurídico-formal de operações econômicas - na acepção de Roppo -, os contratos se adaptam as transformações socioculturais e não raro aquilo que a manualística descreve como direitos da personalidade convive pacificamente com o propósito lucrativo. Já estamos habituados com negócios jurídicos que refletem a prática social de aproveitamento da dimensão patrimonial de direitos de imagem, nome e privacidade, nos quais o consentimento do titular atua como permissão para a cessão onerosa do exercício de atributos existenciais, pela fixação de um preço para a intromissão por parte de terceiros em aspectos antes impenetráveis pelo mercado.

Como resposta a esta imprecisão quanto às fronteiras entre o "eu" e o mercado, a doutrina passou a considerar uma "relativa indisponibilidade" dos direitos da personalidade, no sentido de que o atributo da intransmissibilidade a que se refere o art. 11 do Código Civil concerne ao conteúdo das projeções existenciais, mas não à possibilidade de exercício temporário por outras pessoas naturais ou jurídicas, em contratos cujo objeto seja delimitado. Da mesma forma, deu-se interpretação mais ampla a parte final do referido dispositivo para se admitir a limitação voluntária de direitos da personalidade, considerando-se que, seguindo o livre desenvolvimento da personalidade, qualquer pessoa pode praticar atos de autocontenção da integridade psicofísica ou de sua intimidade, desde que se trate de prática socialmente justificada; evidencie-se o legítimo interesse do titular (e não um ato de heteronomia); seja o ato de limitação voluntária revogável a qualquer tempo e, por último, não ofenda Interesse de terceiros. Podemos ilustrar nestes critérios objetivos, a decisão de um lutador de participar de um campeonato de vale-tudo, ou a deliberação de qualquer pessoa de expor os aspectos recônditos de sua vida nas redes sociais.

Nada obstante, mesmo nesta turva mescla entre os nossos atributos essenciais e as exigências de afirmação da pessoa na ordem do mercado, dois muros de contenção ainda permanecem de pé:

A um, o vínculo orgânico entre a pessoa e os direitos da personalidade, tornando-os indestacáveis de seu titular, inviabilizando a transferência do nosso "cerne", seja a título gratuito como oneroso. Aquilo "que somos" não pode ser expropriado. Mantém-se o controle humano sobre o objeto, limites e duração dos atos negociais referentes às parcelas econômicas da personalidade, pois como requisito de validade, o contrato requer o consentimento livre e esclarecido do cedente. Em síntese, as situações existenciais ainda preservam o discrimen teórico perante as situações patrimoniais, pois se propriedade e créditos podem ser fraturados do titular, alienados e cedidos, preserva-se a aderência do ser humano ao seu modo de ser, pela potestade inerente aos direitos da personalidade de sujeitar a sociedade e o estado a não se imiscuir naquilo que constitui a pessoa, evitando-se a usurpação do que nos é indissociável.

A dois, em comum, as situações existenciais e patrimoniais se adequam ao conceito de "direitos subjetivos" pelo seu fundamento excludente. Tradicionalmente, assegura-se ao proprietário e ao contratante uma reserva de fruição de suas titularidades, associada à faculdade de afastar o poder público e particulares do monopólio do conteúdo de exploração, dotando tais direitos de tutelas inibitória e ressarcitória, sem se excluir uma pretensão reivindicatória em caso de violação à reserva de pertencimento. Igualmente, direitos da personalidade são dotados de uma eficácia defensiva em níveis preventivo e repressivo (art. 12, CC), tutelando-se os bens jurídicos intrínsecos não apenas em face de lesões - pela pretensão de reparação por danos extrapatrimoniais (art. 927, CC) - como diante de qualquer ameaça de prática ou reiteração de ilícitos, independentemente da ocorrência de um dano (parágrafo único, art. 497, CPC).

Todavia, os direitos da personalidade transcendem os direitos subjetivos patrimoniais, por também serem dotados de uma eficácia ativa. Ao contrário da lógica econômica dos direitos patrimoniais, limitada ao direito de excluir, as situações jurídicas existenciais demandam o direito do ser humano à inclusão em sociedade. Não se trata apenas de um dever de proteção, mas também um dever de promoção, pois como reflete Dworkin, a dignidade é limite e tarefa, possuindo uma voz passiva e uma voz ativa que se conectam. A dimensão positiva da personalidade é materializada pelo livre desenvolvimento da personalidade no que concerne às deliberações existenciais fundamentais. Aqui ingressa a esfera de autodeterminação, pois o Estado Democrático de Direito reconhece no ser humano uma fonte de escolhas íntimas que deverão ser respeitadas.

A eficácia promocional das situações existenciais permite que a pessoa afirme o seu modo de ser, tornando-se protagonista de sua própria biografia, evitando-se a sua instrumentalização para fins heterônomos. Podemos ilustrar com a decisão do Supremo Tribunal Federal que permite a antecipação terapêutica do parto em caso de diagnóstico de anencefalia, prevalecendo a intimidade da gestante e a tutela a sua integridade psicofísica diante da inviabilidade de uma vida, afastando-se juízos morais estatais heterônomos. No mesmo diapasão, lembre-se decisão do STF quanto à extensão da união estável à casais homoafetivos. Em sociedades plurais, privilegia-se a privacidade do par em detrimento de uma concepção taxativa de entidades familiares. A autonomia existencial, implicitamente aludida no art. 15 do Código Civil, converte o consentimento informado em chave para a permissão de intervenções cirúrgicas ou tratamento, efetivação de negócios jurídicos que envolvam doação de órgãos e diretivas antecipadas quanto à vedação de distanásia ou procedimentos médicos desproporcionais em situações de terminalidade da vida.

Entretanto, o cenário tecnológico disruptivo rapidamente erode os dois referidos muros de contenção que sustentam as colunas antropocêntricas daquilo que se convencionou chamar de "personalização do direito privado". Principiando pela afirmação dos direitos da personalidade em nível constitucional e legislativo, passando por um segundo momento de sua adaptação a economia de mercado - no qual a precificação de emanações comportamentais ainda encontra limites bem definidos - alcançamos um terceiro estágio, que denominamos "despersonalização da personalidade", materializável em três movimentos que subvertem as premissas humanistas do direito civil constitucional: a expropriação da personalidade; a ameaça à autonomia humana através de um ataque à consciência e a conversão do ser humano em um projeto de personalização.

Relativamente à expropriação da personalidade, como coloca Shoshana Zuboff, o intitulado "capitalismo de vigilância" não consiste em uma nova tecnologia, mas em uma nova forma de mercado que reivindica de maneira unilateral a experiência humana como matéria-prima gratuita para a tradução em dados comportamentais que são disponibilizados no mercado como produtos de predição que antecipam e modelam comportamentos futuros. A visão kantiana do ser humano como fim em si é desvirtuada por um instrumentalismo, cuja base é a expropriação de nossa personalidade em prol de finalidades alheias, pois a própria sociedade se torna objeto de extração e controle.

A realidade digital converte situações existenciais em uma nova propriedade baseada na despossessão da essência daquilo que nos define, através de uma modificação comportamental, cujo legado de danos pode custar a nossa própria humanidade. A edificação do livre-arbítrio proveniente da narrativa liberal provavelmente se desintegrará quando, mesmo em sociedades supostamente livres, depararmo-nos diariamente com instituições, corporações e agências governamentais que compreendem e manipulam o que até então era nosso inacessível reino interior.

Nesta inédita forma de mercado a pessoa se atomiza no individuo, mero conjunto de algoritmos passíveis de comercialização. Infere-se que a noção de expropriação da personalidade rompe com um dos muros de contenção das situações existenciais, pois a renderização da experiência humana não equivale a uma simples cessão temporária do exercício econômico de nossa imagem, intimidade ou nome, porém do próprio confisco do conteúdo daquilo que nos singulariza, para posterior operação lucrativa no insaciável mercado de comportamento futuro. Em síntese, ao contrário da previsão do art. 11 do Código Civil, os direitos da personalidade se tornam "absolutamente disponíveis" e suscetíveis de limitação heterônoma.

Prosseguindo, o segundo movimento de "despersonalização da personalidade" consiste na ameaça à autonomia humana através de um ataque à consciência. A autonomia é a pedra angular do direito privado, significando a "regulação pelo eu", não apenas na órbita econômica - filtrada pelo conceito de "capacidade" - como pela aptidão da pessoa gerir os seus pensamentos, emoções e desejos. Paradoxalmente, o processo de despossessão do "eu" se dá em dois níveis: não apenas dispensa o nosso consentimento (informado ou não), como a nossa própria consciência quanto à expropriação da experiência humana.

Não se trata de uma violação ao direito de escolha por meio de contrato de adesão, porém do emprego de técnicas que induzem à modificação comportamental, substituindo o imperativo categórico Kantiano por imperativos de predição. Como explica Sartre, não basta ter vontade, é necessário ter "vontade de ter vontade". A habilidade de premeditação e a autoconsciência nos tornam serem autônomos que projetam escolhas e realizam julgamentos morais. Perde-se este fator civilizatório quando ferramentas de predição tomam de assalto a mente inconsciente, intervindo no momento certo para em um "nudge" provocar uma contratação de bens ou serviços, impondo uma alteração no futuro a revelia do sujeito.

O inusitado é que a expropriação da experiência humana não se dirige às informações escritas, componentes verbais ou imagens. Na economia da emoção, não somos escrutinizados pelo conteúdo, e sim de maneira sutil e oblíqua, pela forma como escrevemos, nossa respiração, tom de voz e um conjunto de metadados que decifram a pessoa, viabilizando a transferência do poder decisório. Quando sorrateiramente se liquefaz o livre-arbítrio, o indivíduo se submete a leis externas, sendo exilado do controle sobre o tempo futuro, pois onde reinava o "eu farei", entra em cena o "você fará".

A preocupação expressa por Klaus Schwab dedicada à 4 revolução industrial é que os tomadores de decisão costumam ser levados pelo pensamento tradicional linear (e sem ruptura) ou costumam estar muito absorvidos por preocupações imediatas e não conseguem pensar de forma estratégica sobre as forças de ruptura e inovação que moldam nosso futuro.

Como terceiro e derradeiro movimento de despersonalização da personalidade temos um deliberado "projeto de personalização" que camufla a própria coisificação da pessoa. O termo "personalizar" que outrora significava colocar o direito a serviço da pessoa, assume nova conotação. Pode-se dizer que não passa de um eufemismo para a monetização da vida em troca de segurança, serviços e conveniência. A personalização como ferramenta de marketing para que a pessoa tenha acesso à exclusividade, on-line e off-line. Não se trata de um acesso ao mínimo, senão ao máximo existencial, onde o supérfluo assumes ares de necessário. Produtos inteligentes feitos sob medida para as vicissitudes de cada pessoa - casas, roupas, relógios - potencializam a obtenção de superávit comportamental. O assistente digital é o protótipo deste esvaziamento da intimidade e ideia de solidão, um verdadeiro cavalo de Tróia para o qual cedemos conhecimento, autoridade e poder.

O projeto de personalização apaga a fronteira entre o eu e o mercado. Em 2011 Michael Sandel escreveu o livro "O que o dinheiro não compra". A ideia central é a delimitação dos limites morais do mercado, na medida em que a economia de mercado se transmuda em sociedade de mercado, na qual prevalece uma visão econômica da vida, marcada pela precificação de bens antes tidos como indisponíveis e agora submetidos ao cálculo racional do incentivo monetário. Sandel se vale dos argumentos filosóficos da coerção (necessidade material fragiliza a liberdade de escolha) e da corrupção (degradação de bens existenciais em mercadorias) como óbices a contratos como venda de órgãos, barriga de aluguel e remuneração de esterilização.

Passados dez anos, percebemos que no âmbito do capitalismo de vigilância a coerção é dispensada e a corrupção naturalizada. Algoritmos constituem nossa identidade e reputação, classificam nossos riscos, discriminam e manipulam comportamentos, sem qualquer transparência. Elimina-se a coerção pois a experiência humana é coletada sem a consciência quanto à contratação. Normaliza-se a corrupção, pois bovinamente aquiescemos à conversão das coisas que temos em coisas que nos têm, à passagem de um mercado para você em um mercado "sobre" você.

Finalizamos por onde começamos. O art. 17 da LGPD consiste em ponto nodal de resistência às três emanações da despersonalização da personalidade. A titularidade de dados pessoais ancorada na tríplice dimensão da liberdade, intimidade e privacidade, representa uma ampliação da esfera normativa do pertencimento, extrapolando a propriedade imaterial, para alcançar uma "titularidade inclusiva", reafirmando-se no mundo digital, a aderência das situações existenciais à pessoa natural, a extrapatrimonialidade dos direitos da personalidade e sua relativa indisponibilidade e, consequentemente, a máxima efetividade das tutelas preventiva e repressiva das projeções eletrônicas do ser humano. Cabe à doutrina extrair todas as possibilidades hermenêuticas do dito preceito, a fim de se preservar o domínio humano sobre o que lhe é inerente. Como argutamente constatou Zygmunt Bauman, na modernidade fluida a contradição mais evidente é o "O abismo que se abre entre o direito a` autoafirmação e a capacidade de controlar as situações sociais que podem tornar essa autoafirmação algo factível ou irrealista".

O *DISGORGEMENT* ALGORÍTMICO: UM NOVO REMÉDIO NA TUTELA DA PRIVACIDADE DIGITAL

Recentemente, a FTC (*Federal Trade Commission*) introduziu um novo remédio para violações de proteção à privacidade de consumidores, causadas por empresas que utilizam dados ilicitamente obtidos para treinar algoritmos de aprendizado de máquina. Esse radical mecanismo, vem sendo chamado de destruição algorítmica, algorithmic disgorgement ou simplesmente exclusão de modelo de aprendizado de máquina (*machine learning model deletion*). A eliminação algorítmica, pode ser percebida como remédio ou direito, sendo conceituada como a destruição ou expropriação de um conjunto de dados, algoritmos, modelos e outros relevantes produtos de trabalho criados por meios ilícitos.

O *disgorgement* algorítmico é um remédio preventivo extracompensatório que busca desencorajar e literalmente desfazer os meios tecnológicos danosos, privando os agentes dos benefícios de seus ilícitos. O seu *design* objetiva alterar o comportamento de organizações e máquinas, exigindo-se que empresas não apenas excluam os dados coletados indevidamente, porém, indo além, suprimam todos os modelos de aprendizado de máquina treinados nesses dados. Isto implica que as corporações reverterão os seus modelos para o momento anterior à introdução dos dados obtidos ilicitamente, cabendo a elas treinar novamente o *machine learning*.

No sistema atual, percebe-se uma inconsistência no entroncamento entre privacidade, inteligência artificial e danos algorítmicos. A chamada "Unfair AI" pode causar uma série de danos algorítmicos, tendo como base, exemplificativamente, sistemas de supervisão que mantêm uma vigilância constante no espaço pessoal do aluno e pretendem analisar objetos, emoções e voz; sistemas que rastreiam as teclas digitadas pelos trabalhadores e as combinam com outras que criam uma "pontuação de produtividade"; empresas que extraem informações sobre indivíduos, criando um perfil de milhões de pessoas para vender pelo lance mais alto. Além desses fenômenos mais recentes, os danos algorítmicos vêm na forma de ferramentas de triagem de locatários e pontuações de crédito mediante constante aprimoramento de scanners e ferramentas de avaliação de risco.

Na tutela da privacidade digital é perceptível uma mitigação da efetividade dos direitos de exclusão - direito ao esquecimento (*right to be forgotten*) e direito ao apagamento (*right to erasure*) - devido a limitações técnicas de remoção de informações em sistemas de aprendizado de máquina. O art. 17 (2) da GDPR permite ao titular dos dados invocar o direito de apagar "quaisquer links ou cópia ou replicação de dados pessoais". No mesmo sentido caminha a LGPD. Ou seja, mesmo sob os parâmetros atuais, reconhecemos que, uma vez transferidos ou tornados públicos, os dados são difíceis de apagar completamente da longa memória da internet. Assim, ilustrativamente, dados dos links removidos do Google ainda podem ser usados como parte do algoritmo de pesquisa da corporação, mesmo após a determinação judicial de remoção dos links. Isso pode influenciar futuros resultados de pesquisa.

Neste cenário de limitação de aptidão dos direitos de exclusão já legislados quanto à efetiva proteção da esfera privada, até o momento três importantes cases da FTC introduziram o *algorithmic disgorgement* como alternativa superior de tutela das situações existenciais de usuários. Em comum aos episódios, tanto a inteligência artificial utilizada para fins fraudulentos, como o aprendizado ilícito de máquina podem ser quebrados, mais especificamente: expelidos.

O primeiro processo foi o notório imbróglio da *Cambridge Analytica*, em 2019, depois que a empresa se envolveu em práticas enganosas para explorar o acesso de usuários no Facebook, coletando os seus dados sem consentimento. A FTC ordenou que a empresa excluísse ou destruísse todas as informações coletadas dos consumidores por meio de seu aplicativo e qualquer informação ou produto de trabalho, incluindo algoritmos ou equações, originados, no todo ou em parte, dessas Informações. Portanto, isso representou a eliminação de qualquer modelo de aprendizado de máquina criado com dados obtidos de forma ilícita, bem como qualquer modelo resultante, alimentado com dados de usuários ilícitos.

Na sequência, a ideia de *algorithmic disgorgement* como remédio ganhou força em 2021, com a ação da FTC contra a *Everalbum, Inc*, que havia criado uma ferramenta de reconhecimento facial para seu aplicativo, oferecendo aos usuários uma mensagem permitindo que escolhessem se desejavam ativar ou desativar o recurso. No entanto, a FTC descobriu que a Ever não concedia aos usuários uma escolha real, pois o recurso de reconhecimento facial foi ativado por padrão e não havia como desativá-lo. A Ever se valeu das fotos desses usuários para treinar seus modelos de aprendizado de máquina para reconhecimento facial, possivelmente sem o consentimento informado dos usuários. Além disso, coletou outras imagens de usuários e as combinou com dados disponíveis publicamente para criar uma variedade de conjuntos de dados utilizados para desenvolver a tecnologia de reconhecimento facial. No mais, mesmo após eventual desativação, a empresa não excluiu fotos e vídeos, mas armazenou-os. Além de exigir que a Ever excluísse as fotos e vídeos dos usuários que solicitaram a desativação de suas contas, a FTC também determinou que a empresa eliminasse todas as incorporações faciais derivadas da coleta de informações biométricas dos usuários que não consentiram a isto, assim como qualquer produto de trabalho afetado. Em última análise, como remédio para violação da privacidade, a FTC exigiu a exclusão da máquina dos modelos de aprendizado desenvolvidos com a utilização antijurídica de dados - uma radical destruição algorítmica.

Fundamental é perceber que a sanção de exclusão de modelo de aprendizado transcende a resposta tradicional de exclusão dos dados dos usuários que, como remédio, não tutela eficazmente a vítima de privacidade, na medida em que as informações ainda mantêm uma impressão duradoura no modelo de aprendizado de máquina, como marca dos dados do indivíduo. Em outras palavras, o input de qualquer dado em um sistema de aprendizado de máquina deixa uma "sombra algorítmica" (*algorithmic shadow*). O dano de sombra algorítmica representa um agravamento do dano inicial à privacidade.

Quando se alimenta um conjunto de dados específicos para treinar um modelo de aprendizado de máquina, esses dados produzem um impacto no modelo resultante desse treinamento. Mesmo que se exclua posteriormente os dados do conjunto de dados de treinamento, o modelo já treinado ainda conterá uma "sombra" persistente dos dados excluídos. Ilustrativamente, cogitemos de um sistema de aprendizado de máquina treinado para identificar se um animal em uma foto é um gato. Se treinarmos o algoritmo inserindo apenas fotos de gatos laranja, o algoritmo resultante treinado nesses dados terá mais probabilidade de reconhecer gatos laranja como gatos e menor probabilidade de prever quando um gato cinza peludo for um gato. Se alguém decidir que o algoritmo projetado e treinado é tendencioso a favor da identificação de animais laranja como gatos, será possível optar por excluir todas as fotos de gatos laranja do conjunto de dados de treinamento. No entanto, isso não teria impacto no algoritmo que já foi treinado nos dados. O algoritmo ainda irá superestimar os animais laranja como gatos. Mesmo que os dados sejam excluídos do conjunto de dados original, ainda permanecerá a "sombra" dos dados no algoritmo.

Ao exigir que as empresas excluam os modelos treinados com base nos dados dos indivíduos, a FTC elimina essencialmente a sombra algorítmica. Isto se aproxima de uma compensação integral, já que nenhuma parte dos dados violados será utilizada ativamente, pois a empresa terá que treinar novamente os seus modelos com base em algoritmos não influenciados pela sombra dos dados do indivíduo. Com efeito, a mera exclusão de dados não repara os danos psicológicos/emocionais de saber que seus dados foram mal utilizados em treinamento de modelo de aprendizado de máquina, tal como no uso de reconhecimento facial na vigilância policial, tecnologia na qual muitos não consentiriam com a inclusão de suas fotos faciais em bancos de dados para utilização no desenvolvimento de modelos de reconhecimento facial. Mesmo que a empresa de vigilância seja obrigada a excluir as fotos, o dano de ter a foto incluída no modelo de aprendizado de máquina persiste pois lá remanesce a sombra algorítmica como marca, servindo para quaisquer previsões que ele faça para vigilância. Contudo, outro resultado se alcança pela via do *disgorgement* algorítmico. Se determinado modelo, essencial para os serviços de uma empresa for irremediavelmente contaminado pela ilicitude, a eliminação algorítmica resulta na necessidade dessa empresa de destruir o modelo contaminado e começar do zero.

Adiante, o terceiro e mais recente episódio se deu em 2022. A FTC empregou o disgorgement algorítmico em um acordo com a WW International, Inc. e a subsidiária Kurbo, Inc. que coletou dados pessoais de crianças menores de treze anos, sem informações adequadas e suficientes aos pais, contrariamente à Lei de Proteção e Privacidade Online das Crianças. A empresa se obrigou a excluir ou destruir qualquer "Produto de Trabalho Afetado", ou seja, qualquer modelo ou algoritmo desenvolvido no todo ou em parte com base em informações pessoais obtidas de forma ilícita. Novamente, a FTC empregou a destruição algorítmica como remédio para uma violação de privacidade, reconhecendo que a simples exclusão de dados não é suficiente para sancionar violações de privacidade onde as empresas usam dados ilegítimos para desenvolver modelos de aprendizado de máquina.

O *disgorgement* algorítmico é uma importante concretização do princípio da "minimização de dados", que exige que se limite a coleta de informações pessoais ao que é diretamente relevante e necessário para atingir um propósito específico e pelo tempo necessário para cumprir esse propósito. A conformidade ao *data minimization* reduz o número de casos em que surge o descompasso algorítmico, enquanto a sua desconformidade - aferida por auditorias e avaliações de impacto - permite que agências de fiscalização e consumidores infiram isso como uma violação em si, que potencialmente conduzirá a destruição algorítmica se danos forem constatados.

A destruição algorítmica impede o enriquecimento injustificado, eliminando os ganhos ilícitos das empresas que violam a privacidade. Em similitude ao que ocorre com o emprego do remédio do *disgorgement* no mundo físico, objetiva-se a remoção de ganhos monetários ilícitos. Na esfera virtual, os casos aqui evidenciados demonstram que "gains based remedies" podem ser estendidos a casos de privacidade em que empresas coletam e usam os dados dos consumidores de maneira ilegal, possibilitando que os infratores suprimam não apenas os dados obtidos de forma ilícita, mas também os "frutos" - benefícios: aqui os algoritmos - gerados a partir disso dados. A premissa é singela: quando empresas coletam dados ilegalmente, elas não devem lucrar com os dados ou com qualquer algoritmo desenvolvido com base em sua utilização.

Fato é que, simultaneamente, o *algorithmic disgorgement* concebe uma penalidade financeira para as empresas e sinaliza uma neutralização de danos para os usuários que tiveram seus dados mal utilizados. A eliminação algorítmica é bem-sucedida onde a medida de exclusão de dados falha na prevenção dos danos da sombra algorítmica persistente. Em termos mais amplos, o *disgorgement* algorítmico representa uma renovação para o clássico *disgorgement*, porque pode não apenas remediar os danos subjacentes da IA, mas também reverter os incentivos estruturais para a maximização da coleta de informações e os abusos correlatos. Surge mais uma ferramenta de moderação do "capitalismo de vigilância", mediante desincentivo à extração de dados arbitrária.

Ademais, no atual estado da arte nos EUA, a destruição algorítmica é um facilitador de governança. Todo o produto de trabalho de IA de uma empresa está agora em risco se ela não proceder corretamente na coleta, segurança, procedência e higidez de dados. O desperdício algorítmico forçará a indústria às melhores práticas, nivelando o campo de jogo para a aplicação da lei, quebrando a assimetria de informação e poder entre agências e empresas de tecnologia que desenvolvem e implantam inteligência artificial e tecnologias de aprendizado de máquina. Isso permite ações de fiscalização mais rápidas e politicamente rígidas, desde que a autoridade seja capaz de identificar quais são os dados, modelos e algoritmos "envenenados"; garantir ou realizar a destruição dos dados, modelos e algoritmos apropriados; verificar se isso foi feito de maneira adequada, ou se há a necessidade de complementar o remédio com sanções adicionais.

Contudo, eventual introdução legislativa do *disgorgement* algorítmico não apenas como remédio, porém como uma nova faceta do direito à privacidade, gera controvérsias. Se em princípio um direito à destruição algorítmica tem a vantagem de ultrapassar a zona da proteção à privacidade do consumidor e tutelar a propriedade intelectual ou reforçar garantias antidiscriminatórias, por outro lado pode significar, como externalidade, um extremo efeito dissuasivo sobre os incentivos ao ambiente de inovação. A ampliação dos encargos de *compliance* e governança das empresas, torna-as excessivamente cuidadosas com o uso de dados e aprendizado de máquina. É possível que alguns desenvolvedores considerem que o risco e os custos são muito elevados para prosseguir na atividade, desencorajando novos entrantes no mercado. Particularmente, nos EUA, frear a inovação significa um papel menor na formação de normas globais em torno de IA e privacidade, portanto, reduzida capacidade de defender ideais democráticos para o futuro da tecnologia. Assim, qualquer lei que inclua como remédio a exclusão de modelo como consequência do uso indevido de dados, deve estabelecer limites para proteger organizações sem fins lucrativos, pequenas *startups* e outras partes com recursos limitados para *compliance*.

Ademais, é cada vez mais difícil para o indivíduo mensurar a extensão das violações de privacidade relacionadas à sua privacidade. No complexo ecossistema de dados, encontramo-nos em enorme disparidade de informações em comparação com as grandes corporações e governos. É bem possível que nunca tenhamos conhecimento de que nossos dados estão sendo utilizados para desenvolver um sistema de aprendizado de máquina ou que remanesça uma sombra persistente, mesmo após a exclusão deles. Usuários possuem expectativas sobre a exclusão de dados que não são corroboradas pela realidade da exclusão de dados técnicos. Acreditamos que solicitar a exclusão de dados de uma plataforma também significa que esta excluirá os dados de seu armazenamento privado, o que pode não seja o caso. Assim, uma medida de *private enforcement* cujo ônus executivo recaia sobre o indivíduo - e não sobre uma agência ou autoridade nacional - talvez seja inefetiva para proteger a sua própria privacidade.

Os críticos comparam o *disgorgement* algorítmico a um martelo cego (*blunt hammer*) e há um fundo de verdade nessa afirmação. Cego, contudo, não deve ser confundido com aleatório ou equivocado, porém contundente, com a função de eviscerar incentivos estruturais para coleta e manipulação de grandes quantidades de dados de forma despreocupada. É contundente porque dói, não como um martelo no polegar, mas pelo fato de que a *accountability* doí no começo, mas é necessária. Sim, o *disgorgement* algorítmico é um martelo, mas estamos construindo uma casa.

Por tudo que vimos e pela minha longa dedicação ao tema, reconheço que a expressão "disgorgement algorítmico" pode ser imperfeita para descrever o novo cenário. O tradicional *disgorgement* envolve a remoção de lucros que são redistribuíveis para as partes impactadas. Aqui, no entanto, embora o *algorithmic disgorgement* prive os agentes do produto do trabalho afetado, não implica a redistribuição de ganhos, em vez disso, diz respeito totalmente à destruição do modelo.

Independentemente da completa conformação da expressão, o *disgorgement* algorítmico merece endosso expresso por legisladores como ferramenta essencial para a proteção do consumidor na complexa camada de ilicitude em produtos e negócios edificados com uso intensivo de dados. Portanto, devemos levar a sério a efetivação desse remédio. A inteligência artificial se tornará cada vez mais importante em nossas vidas, sendo imperativo que colaboremos agora para criar estruturas para proteger nossos direitos e interesses em um futuro que esperamos seja melhor para todos.

DANOS CAUSADOS A DADOS PESSOAIS: NOVOS CONTORNOS

Coautoria: Carlos Edison do Rêgo Monteiro Filho

Uma das vantagens de compreendermos os direitos da personalidade em um enfoque de cláusula geral de tutela da pessoa humana é o de percebermos a sua permeabilidade, a vagueza do conteúdo semântico e a aptidão evolutiva das situações existenciais conforme a sociedade e a cultura que lhe conferem substrato. Não há *numerus clausus* em matéria de direitos da personalidade, pois o ser humano se exibe em inesgotáveis manifestações. Destarte, para além de um direito geral da personalidade - globalmente considerado - há um direito especial da personalidade composto por bens intrínsecos já mapeados (só para ficarmos nos limites do Código Civil direito ao corpo, imagem, nome, honra e intimidade), sem que isso impeça a progressiva decantação de novas zonas de relevância ainda não proclamadas de um conceito elástico, em permanente expansão.

Na sociedade tecnológica, defende-se abertamente a existência de um direito da personalidade à proteção de dados pessoais com autonomia perante o direito à privacidade. Em todas as suas derivações, a privacidade revela aquilo que a pessoa tem ou faz em um contexto espacial delimitado. Todavia, em matéria de dados pessoais a informação extrapola o âmbito da pessoa. Ela ainda é um bem em si, mas capaz de ser objetivado e tratado longe e a despeito dela. Em um cenário de despersonalização, no qual a premissa antropocêntrica do ordenamento é subvertida pela coisificação do ser humano em um conjunto de algoritmos passíveis de transação no mercado, a consolidação de um direito da personalidade à tutela dos dados - voltada aos poderes público e privado - converte-se em pré-condição de cidadania na era eletrônica. O conceito dinâmico de autodeterminação informativa demanda mesmo um estatuto jurídico de dados, afinal, eles definem autonomia, identidade e liberdade da pessoa.

Paradoxalmente, a IA e outras tecnologias digitais emergentes não desafiam a gama já existente de danos reparáveis. Em países que seguem a tradição francesa, o dano como pré-requisito para a obrigação de indenizar é um conceito flexível e qualquer lesão a um interesse lícito pode ser o ponto de partida para a responsabilidade extracontratual, cujo controle se dará pela verificação do nexo causal entre o dano e o comportamento culposo ou o risco de uma atividade. Por conseguinte, o interesse em jogo pode ser mais ou menos significativo e a extensão do dano a esse interesse também pode variar, com impacto na avaliação quanto à justificação da indenização em um caso concreto.

Nada obstante, algumas incipientes categorias de danos podem ser mais relevantes em casos futuros do que em cenários tradicionais de responsabilidade civil. Os danos causados aos dados pessoais podem resultar em responsabilidade civil quando a responsabilidade surge do contrato; ou quando a responsabilidade decorra da interferência de terceiro no ambiente em que os dados foram armazenados; ou ainda, naquilo que nos interessa de maneira mais próxima, o dano foi causado por conduta antijurídica (violadora do dever geral de não lesar).

Não é universalmente aceito que destruição de dados seja equiparada à perda de propriedade, uma vez que em alguns sistemas jurídicos a noção de propriedade é limitada a objetos corporais e exclui bens intangíveis, todavia o surgimento de tecnologias digitais enfatizou a importância dos danos aos dados, por meio de sua subtração, deterioração, contaminação, criptografia, alteração ou supressão. Com grande parte de nossas vidas e nossas propriedades sendo "digitalizadas", é inviável, por óbvio, limitar a responsabilidade civil ao mundo tangível.

Referimo-nos à categoria dos *digital assets, digital property* ou bens digitais, como aqueles ativos incorpóreos, progressivamente inseridos na internet, que consistem em informações intangíveis fisicamente, de caráter pessoal - conteúdos postados ou compartilhados no ambiente virtual -, que trazem em si utilidade, tenham ou não conteúdo econômico.

No terreno da responsabilidade extracontratual, uma adaptação recorrente é a de traduzir os danos aos dados como danos ao meio físico no qual os dados foram armazenados. Assim, se A armazena os seus arquivos na unidade de disco rígido de seu computador pessoal em casa e um colega de faculdade negligentemente danifica o computador, tornando os arquivos ilegíveis. Independentemente da qualificação dos danos aos dados, em qualquer caso, a ilicitude se dirigiu à propriedade tangível de A (a unidade de disco rígido) e, apenas por esse motivo, B já seria responsável. Contudo, não é adequado simplesmente equiparar o tratamento normativo entre ambos objetos. Basta uma pequena modificação no exemplo, para o caso em que o proprietário do computador não coincida com a pessoa que tem um interesse digno de tutela nos dados. Seria o caso de classificar esse interesse merecedor de proteção semelhante à propriedade como propriedade intelectual ou um segredo comercial, ou a necessidade de tutelar o progresso intelectual em nada se relaciona com o resguardo de um "hard disk" inserido em computador?

Seja como for, da lesão a dados pessoais podem decorrer danos patrimoniais ou extrapatrimoniais, nas mais variadas correntes de qualificação da responsabilidade, de seus fundamentos e de sua justificação. Caberá aos juristas, estudiosos do direito de danos e das novas tecnologias, a árdua tarefa de construir um sistema de responsabilidade civil adequado que, ao mesmo tempo que possibilite a efetiva prevenção e a reparação dos danos residualmente sofridos, permita o pleno desenvolvimento das tecnologias emergentes que tanto beneficiarão a sociedade.

EDITORA JusPODIVM
www.editorajuspodivm.com.br

COLOR system

JUS3752